危机传播理论与实务

主　编：周宇豪　韩冬梅
副主编：闫志强　社凌晨　闫志刚　张　晗
　　　　王嘉琳　刘松浩　李　征　毛德胜
编　委（按姓氏笔画顺序排名）：
　　　　王嘉琳　毛德胜　闫志刚　闫志强　刘松浩
　　　　李　征　张　晗　社凌晨　周安琪　周宇豪
　　　　赵林潇　曹佳艺　鲁　玥　韩冬梅

WUHAN UNIVERSITY PRESS
武汉大学出版社

图书在版编目(CIP)数据

危机传播理论与实务/周宇豪,韩冬梅主编 .—武汉:武汉大学出版社,2015.12(2025.8 重印)
ISBN 978-7-307-17440-5

Ⅰ.危…　Ⅱ.①周…　②韩…　Ⅲ. 突发事件—传播学—研究　Ⅳ. G206

中国版本图书馆 CIP 数据核字(2015)第 321973 号

责任编辑:林　莉　　　责任校对:李孟潇　　　版式设计:马　佳

出版发行:**武汉大学出版社**　(430072　武昌　珞珈山)
(电子邮箱:cbs22@ whu.edu.cn 网址:www.wdp.com.cn)
印刷:武汉邮科印务有限公司
开本:787×1092　1/16　印张:16.5　字数:393 千字　插页:1
版次:2015 年 12 月第 1 版　　2025 年 8 月第 6 次印刷
ISBN 978-7-307-17440-5　　定价:45.00 元

前　　言

危机与人类社会发展相随如影已经成为众所周知的常识。远古先人应对危机的方式至今几乎没有成文的系统文献可查，唯一可以了解人类早期应对危机的方法或许要借助先人们的图腾崇拜。实际上，自欧洲中世纪之后，随着科学和技术的发展，人类在试图通过科技手段对各种危机现象进行解码的同时，也不断地尝试用各种已有的技术方法应对危机及由危机而导致的人的物质的、精神的损害。在这样的背景下，有关危机管理的学科逐步应运而生。准确地讲，自乌尔里希·贝克提出危险社会的概念之后，有关危机及与之相关的危机管理研究在众多学科领域如雨后春笋般涌现出来。危机传播作为危机管理的一个重要环节，也早已成为诸多学科研究的重要议题。但是，很难用确凿证据支撑这样的观点：危机传播作为一门独立学科不仅是存在的，而且已经成长为成熟而系统的理论体系。尽管如此，危机传播作为危机管理不可或缺的重要补充则是一个不争的事实。由此而延伸出来一个现实问题：如何理解并在实践中应用危机传播的基本原理？因此，对于政府机构、社会组织中专门从事应对危机实践的人员和高校新闻学与传播学甚至管理学和社会学专业学生而言，出版一本具有科普性质的集学术性与实务性于一体的危机传播读物已经势在必行。

鉴于此，《危机传播理论与实务》经过长时间酝酿以及郑州大学、河南财经政法大学、中原工学院、河南工业大学和北京吉利学院等院校学者的共同努力而得以成稿。很显然，这是一本以探索为主、说教为辅的初级读物，而探索的重要特征之一从体例编排上即可体现出来。具体讲，体例上尽可能呈现科普式的“普及”性质，每一章节既有对核心概念和理论的阐释、梳理，也有实务方面的分析探究，还有视野和技能拓展延伸的训练。从章节安排中也可以看出，编者试图想做一项百科全书式的知识信息整理和补充，但事实的结果表明，编者现有的能力和水平不可能胜任这样的雄心壮志。

本书由周宇豪策划并提出整体编写大纲及写作框架，成稿后他承担了全书的统稿审定工作；闫志强、韩冬梅、刘松浩、李征做了相应的联络工作，刘松浩、李征、曹佳艺、鲁玥参与了全书成稿后的校对工作以及参考文献的整理工作。具体写作分工如下：第一章，韩冬梅；第二章，李征、张晗；第三章，鲁玥、韩冬梅、王嘉琳；第四章，王嘉琳、闫志刚；第五章，周安琪、社凌晨；第六章，社凌晨；第七章，闫志强；第八章，曹佳艺、闫志强、王嘉琳；第九章，赵林潇、张晗；第十章，刘松浩、闫志刚。

感谢武汉大学出版社为本书出版付出的艰辛劳动和努力，他们一丝不苟的工作精神和严谨执着的事业追求令人钦佩和感动。本书编写过程中参考并引用了前人大量文献资料，在此向为本书提供有益观点和材料的作者们致以诚挚的谢意，同时也为由于编者记忆原因而导致的引用注释中的疏漏或不足表示深刻的歉意。书中的缺点和不尽如人意之处，敬请各位专家和读者斧正。

编者

2015 年 8 月 23 日

目　录

1. 绪　论

☞**导论**

后工业化社会和信息时代的到来意味着人类进入了由于自然或技术而引发的各种危机不断交织发生的社会常态，而由信息技术发展产生的形态各异的媒介在为人们认识和应对危机提供方便快捷的同时，也使危机传播变得更加复杂多样。实际上，自贝克提出风险社会的概念以来，有关危机的分析研究在多学科领域如雨后春笋般不断涌现出来。本章主要对风险社会理论及风险社会特征和危机传播的修辞艺术等进行梳理介绍。

1.1　风险社会理论及风险社会特征

自人类社会产生以来，与各种危机的抗衡和斗争一直伴随着人类文明发展史。从词源学角度看，英语中的危机（Crisis）一词来源于希腊语的“Kinetin”，是指医学意义上的人濒临死亡，游离于生死之间的那种状态。现代汉语中“危机”一词来源于“危险”和“机遇”两个词语，意寓危险与机遇并存而且可以相互转化。中国最早记载“危机”一词见于《晋书·诸葛长民传》中的“贵必履危机”，《老子》中记载的“福兮祸所伏，祸兮福所倚”则从辩证法角度点明了危与机的相互依存及相互转化。此外，中国古代的“居安思危，思则有备，有备无患”和“防患于未然”等都是对危机内涵的精辟阐述。从人类社会生存延续的角度来看，人类之所以比动物植物更具生命力，主要是由于人类具有比之更强的抵抗危机的能力。人类在由被动适应危机到充分发挥主观能动性规避危机、控制危机、管理危机的实践中，逐渐形成了关于危机的学说和理论。

进入21世纪以来，世界范围内的重大公共危机接连发生。特别是2001年发生在美国的“9·11”事件及2004年印尼海啸事件造成的巨大人员伤亡和财产损失事件，可以说对人类社会影响深远。中国改革开放30多年来，随着经济发展及城市化进程的加快，城市人口密度增加，人口分布呈多样化态势，社会结构以及原有的利益格局发生巨变，各种潜在的不稳定因素不断增加，突发事件更加频繁且越来越凸显社会的脆弱性。近年来，中国的危机事件不断出现，且破坏范围及强度不断增大。2003年的SARS危机、2005年的松花江水危机、2008年初的南方雪灾、2008年5月的汶川大地震、2011年的甬温动车事故和2015年的天津“8·12”特重大爆炸事故等，都对中国的政治、经济、社会生活造成了巨大影响，同时也给政府及公共管理部门构建社会主义和谐社会提出了一系列前所未有的考验和挑战。就此而言，相伴危机而产生的危机管理及与之相关的危机传播水平成为衡量政府及社会组织应对和处置危机事件是否成功的重要标准。

很显然，危机传播是危机管理（Crisis Management）中至关重要的一个环节。从操作层面上来看，危机管理即是通过危机的传播管理来达到与相关利益人（Stakeholders）在危机过程中的良好互动来降低或减弱危机所导致的负面效应。“危机传播”与“危机管理”同宗不同源，二者的关系既密不可分又区别甚大。从二者指向的对象来看，危机管理侧重于“危机事件”，而危机传播则侧重于“危机事件中的相关利益人”。危机管理的目的在于解决危机，使组织尽快恢复到常态，并且把危机带来的损害最小化；危机传播贯穿危机管理的始终，正如危机管理学者里斯杰特所强调的，危机管理的过程，就其实质上来说就是信息传播和交流的过程。虽然危机具有极高的不确定性且难以规避，但是危机传播却可以有效地协调人们应对危机的行为，从而减弱危机对组织及相关利益人的负面效应。危机传播的作用既包括通过信息指导协调公众在危机中怎样保护自我进而降低危机的物理伤害，又包括通过信息调节来缓解危机对公众所造成的心理伤害。当然，维护和修补危机中受到重创的政府和组织形象也是危机传播的重要任务及职责。

一个明白无误的客观现实是，在现代社会由各种风险所引发的危机中，公众获取信息的渠道和来源日益多元化，并且危机中媒体的信息传播越来越具有全球化的特征，政府和媒体发布危机信息的及时性、有效性、权威性不可避免地受到社会上各种流言蜚语及小道消息的冲击，直接或间接地削弱媒体的公信力和政府的执政基础及与之相关的国家形象。

随着信息技术的发展及城市化进程的加快，借助资讯科技的发展，发布危机信息的方式、速度和内容较 30 多年前呈指数飞跃。如 1976 年 7 月 28 日中国发生的唐山大地震，人民日报于震后第二日仅发表了两篇报道，并且只报道了地震地点、时间及震级。报道中对灾情只字未提，只含糊报道了“震中地区遭到不同程度的损失”，直到多年以后才公开了地震造成的真实死亡人数。而 2008 年 5 月 12 日 14 时 35 分汶川大地震发生之后的 9 分钟，新华网就发出快讯，报道“北京地区明显感觉到有地震发生”。14 时 53 分，新华网又一次发出有关震级的快讯：“四川汶川发生 7. 6 级地震。”随后中国媒体展开了全天 24 小时以及全方位的关于抗震救灾的报道，几乎每分钟都有新的信息发布。

同时，在信息技术飞速发展的今天，危机中各种流言及谣言也得以飞速传播，导致中国在转型期内由于危机传播管理不善而形成的危机事件越来越多。例如，2003 年 SARS（非典）危机初期，中国的新闻媒体对广东出现的疫情也曾出现过集体“失语”，而信息不公开的后果是流言、谣言和“小道消息”满天飞，此时的非典病毒也随着流言和谣言迅速在全国各地蔓延。

总之，我们生活在一个持续受危机影响的世界中。这些危机可能来自自然灾害，例如飓风、海啸、森林大火，也有可能来自人类自身的活动，例如由舌尖上的任性而导致的传染性疾病、大型公司的渎职行为和愈发具有破坏力的恐怖主义。没有一个国家和民族能与危机彻底隔绝。中国作为最大的发展中国家，也同时进入了各种危机事件频发的阶段。危机事件的破坏力、影响力、波及面以及对公众造成的心理压力往往超出预计，这对中国各级政府和社会力量的应对能力提出了巨大的挑战。

改革开放 30 多年来，中国经历了从传统的计划经济占主导地位的农业、半工业社会向比较完善的社会主义市场经济体系下的高度工业化和信息化社会的转变。在社会发展经历了较长时间的相对平稳发展过程之后，现阶段中国正面临着社会转型期各种社会矛盾长期积累、容易产生突发性公共危机事件的严峻形势。近年来，无论是从世界范围还是从中国本身来看，金融危机、自然灾害、社会安全、公共卫生等各类突发性公共危机事件频发，都给中国现代化进程带来了不同程度的影响。突发性公共危机事件因其具有突发性（能量聚集期的不可预测或导火索未知）、特殊性（历史上出现同类事件的概率低或规模有差别）、环境复杂性（情景应对的复杂系统机理）、演变不确定性（事件扩散、衍生、聚合、转化等要素不确定）、群体扩散性（事件涉及群体和影响范围的无可限定边界）等特征，一旦发生往往会严重威胁社会团结与稳定，这种现象已经受到社会学家与管理学家越来越密切的关注。因此，由危机事件而引发的社会风险已经成为中国必须面对的一个严峻现实。

1.1.1 风险社会理论

德国社会学家乌尔里希·贝克在《风险社会》一书中首次提出了“风险社会”（Risk Society）概念，此后风险社会理论在政策制定、学术研究和公共舆论的影响与日俱增。贝克认为，人类历史上的各种社会形态从某种意义上说都是一种风险社会，因为所有具有主体意识的生命都能够意识到死亡的危险。对于这句话的理解，主要体现为以下两点：一是风险的“人化”。随着人类社会经济活动种类的增多和活动范围的扩大，其决策和行动对自然和社会的影响力在逐渐增强，使风险结构从自然风险占主导演变成人为的不确定性占主导。二是“制度化”风险的存在。人类行为具有多重矛盾性，既偏好投机又寻求安全。现代市场制度为投机行为提供了激励，而国家保障制度则为人类安全提供了庇护，因此无论是冒险取向还是安全取向的制度，都有可能面临运转失灵的风险。

学术界关于风险社会概念的界定主要有三种理解。第一种以“新风险”理论为代表，认为风险社会的出现是由于出现了新的、影响更大的风险，如极权主义、种族歧视、贫富分化等，以及局部性或突发性事件所引发的社会灾难，如核危机、石油危机、金融危机等。第二种是文化意义上的理解，比如凡·普里特威茨的“灾难悖论”理论以及拉什等提出的“风险文化”理论。普里特威茨认为一些现代技术的推广和运用对社会未来发展将带来较为严重的副作用，唤起了人们对社会技术灾难的新认识。第三种是制度主义的理解，以贝克、吉登斯等人为代表，贝克强调技术性风险，吉登斯侧重于制度性风险；贝克的理论带有明显的生态主义色彩，吉登斯侧重于社会政治理论叙述。尽管他们对风险社会的认识视角有所不同，但一致认为传统社会与现代社会在风险认知和风险结构上存在根本区别，并详细论述了风险的现代性。由于风险是伴随着社会的发展而不断显现的，因此可以认为风险是一个时代和社会的特征，所以才出现了“风险社会”这一说法。

从整体上讲，贝克的风险社会理论对我们正确认识和应对危机具有重要意义：一是，风险社会理论为人们提供了一个反思常态社会的新视角。长期以来，我们关注的是常态社会，坚信人的理性和社会发展的有序性，认为社会发展领域中不存在无法追寻因果关系的“裂变”。风险社会理论打破了这一传统思维方式，唤醒了人们的反思和自省，提醒人们社会本身就是一种风险形态。二是，风险社会理论增强了人们的风险意识，帮助人们树立了正确的风险观。和平年代使我们的风险和危机意识变得淡薄，当面对突发性事件时，因心理准备和实际应对不充分，容易产生群体性恐慌。风险社会理论的提出使人们认识到，随着社会的不断发展，人类将面对与以往不同抑或更多的危机，强调人们应时时刻刻保持防范风险的意识和加强应对危机的能力。三是，风险社会理论有助于推动政府制度的变革与角色的转换。传统的政府制度意在推动社会经济发展，而风险理论的提出要求政府制度应逐渐朝着维护社会公平和确保社会稳定方向转变，并不断修正政府在社会中所扮演的角色。总之，风险社会理论的提出让人们充分认识到现实社会中的多种危机，并指引人们利用相关理论和方法来应对这些危机。

从根源上来讲，风险是内生的，是人类各种决策和行为的结果，现代社会风险的产生可以归结为以下三个原因：

第一，风险社会是现代化的一种后果。如果说现代化是一种应然的判断的话，风险社会就是一种实然的判断。以现代化为核心的现代性不仅创造了丰富的物质财富，也大大推进了人类文明的进步，同时，现代化犹如一柄"双刃剑"，给社会的发展带来了诸多不可低估的消极后果。正如吉登斯在"时—空延伸"分析中所揭示的那样，现代化的扩散已经使越来越多的社会过程和事件超出了传统自然共同体"同时同地"的范围，在"时—空"结构上高度伸延，在越来越大的程度上将时间和空间分离开来。人们的社会活动的方式越来越依赖于在时—空"缺场"情况下的互动，并通过象征符号系统和专家系统两种"脱出"机制来实现。处于分离和"缺场"状态下的人们依靠符号系统和专家系统获得信息，达成共识，形成共同行为，从而维持相互依赖。但风险也就随之产生。如果提供信息和解释信息的符号系统和专家系统出现问题，现代社会在时—空结构上的相互依赖就会受到极大损害，可能陷入风险和危机所带来的高度紧张与混乱之中。

第二，风险社会是科学技术发展与人类对工具理性的依赖。科学技术发展到今天，已经成为一个高度复杂的系统，这不仅表现为其内部学科分化和涉及内容的高度复杂性，也表现为科技对人类社会生活影响的高度复杂性。科学技术在给人类带来巨大福祉的同时，所带来的后果和威胁也越来越难以预测与控制，比如核风险、化学产品风险、基因工程风险、生态灾难风险等，由此，成为现代社会风险的重要来源。同时，对工具理性的过度依赖和对自身主体性的过分张扬致使人们在认识上错误地用主客二分的方法人为地将人与自然对立起来，这也是酿成风险的重要原因，今天的风险往往就是昨天的理性决策。

第三，风险社会是全球化的推进。"全球化"是指"由多大陆之间形成的相互依存网络构成的一种世界状态"，"某个场所发生的事物受到遥远地方发生的事物的制约和影响，或者反过来，某个场所发生的事物对遥远地方发生的事物具有指向意义，以此种关系将远隔地区相互联结，并在全世界范围内不断加强这种关系"①。这是一种由多元关系构成的、全球范围的网络，包含着政治、经济、军事、环境、社会、文化等多个维度。"冷战"时期的十年间，人类社会经历了全球化高速猛进的历史阶段，全球化带来的负面效应也日渐凸显，风险社会就是其中之一。随着全球化进程的不断展开，与之相伴随的社会交往、社会流动和社会传播等也在以极快的速度和极大的规模不断拓展，这样就使任何风险将不再局限于个别地域、个别人群，任何一个局部风险在全球化的背景下，都有可能对整个系统产生影响，导致现有社会结构、制度和关系向更加复杂、偶然和分裂的状态转变，引发社会危机，给公共安全和公共利益带来巨大的危害。同时，源于宗教信仰、民族传统和地区

① 巴里布赞．全球化与认同：世界社会是否可能？［J］．浙江大学学报，2010，45（5）：33-34.

差异等方面的冲突和矛盾也变得日益尖锐，提高了风险和危机发生的几率。

此外，政治方面的极权主义和强权势力、经济方面的南北差异和贫富差距、文化方面的价值冲突和道德失范，以及人类活动对环境的破坏和对资源的掠夺等问题，也是导致现代风险的重要因素。

1.1.2 风险社会的特征

风险在人类社会的发展过程中一直存在，但它在现代社会中的实质、表现形式和影响范围都与传统风险存在非常大的区别，呈现出高度复合性和复杂性的特征，已经从制度上和文化上改变了传统的现代化社会的运行逻辑。在传统的现代化社会中，人们相信科学和理性的力量可以控制自然和社会，使人类有秩序、有规则地向前发展，这种对社会的看法可以称为一种“常态社会”的观点。但是，随着社会现实的变动，这种观点已经不能符合社会的实际情况。从整体上看，风险社会呈现如下特征：

1.1.2.1 表现形式日趋多样

现代社会中的风险逐渐从以往的自然风险转向经济风险、社会风险、政治风险等人为风险，从物质利益风险转向文化风险、道德风险、理论风险等非物质风险。一方面，人类的各种行为破坏了自然环境和自然规律，从而引发了“温室效应”、沙尘暴、赤潮等问题，加剧了自然界本身所具有的风险。另一方面，社会的生产创造、技术发明、制度安排以及做出的各种决策、采取的各种行动本身往往也蕴含着风险，利益、价值、观念等方面的冲突不断被引发，由此所形成的社会张力和社会风险也随之增加。

1.1.2.2 跨越时空，波及范围和破坏程度不断扩大

现代社会的风险是一种普遍的可延展的存在，已经从个别、区域性风险转向整体、全球性风险，影响到人类社会生活的方方面面，并在很大程度上改变了社会的运行逻辑。例如，从社会制度层面上说，“风险社会”中社会不平等的机制已经有了根本性的变化。如果说在传统的现代化社会中，社会不平等主要表现为一种收入和财富的不平等的话，那么在“风险社会”中，现代风险，特别是环境风险、核技术风险、化学污染风险等对社会成员的影响将是“平均化”分布的，无论是发达国家还是发展中国家，无论是穷人还是富人。一旦空气或水等受到大面积污染，每一个社会成员都会不可避免地被波及。同时，在现代性制度背景下，个体的价值、意义都平等地受到现代性制度的挤压，个体日益丧失了自由和安全。由此，现代风险所带来的危机，其原因和结果往往也是世界性的，发生在某一国的危机往往具有全球化特征，并且具有“倍增加速”的性质，从而使社会进入当代著名政治理论家安东尼·吉登斯所言的“高风险社会”的时代。

1.1.2.3 具有高度的不确定性和不可预测性

传统社会中的风险通常可以从现实的图景中显示出来，人们可以切身感知到其存在及影响。但现代风险是隐形的，风险的冲突点和始发点往往没有必然的联系，风险的传递和运动往往是潜在的、内在的，风险中的因果关系也不再是简单的线性关系，风险的主体及

其产生的后果从单一转向多重。因此，人们获取风险真实经验的可能性越来越小，风险的控制也变得越来越困难，往往在为处置风险提供越来越完美的解决办法的同时，可能造成新的、更大的风险。

1.1.2.4　影响的社会性和深刻性

风险社会给人类社会带来的影响是深刻的、全面的和不可回避的。在风险社会的阴影下，个体生存和发展的成本和压力不断增大，人们心理更加紧张和焦虑，人与人之间的信任感和责任感逐渐丧失。出于自我保护的需要，人们不仅需要掌握越来越多的知识和技能，还需要有足够的能力对未来做出预测和判断，由此导致人们在经济和社会生活中的交易成本不断增加。在这样的情况下，社会的发展效率和稳定机制受到双重威胁。一方面，风险社会及其引发的公共危机将对公众的生命财产安全以及整个社会的经济运行带来巨大损失；另一方面，政府的执政能力和合法性也遭到前所未有的挑战，沟通的缺乏或失效会导致公众对政府认同的降低，甚至由信任危机导致更大的社会动荡和危机。

1.2　自媒体时代危机传播面临的挑战

随着互联网的快速发展和广泛普及，每一个社会成员除了现实社会中处于线下（off line）的自己外，还有一个在线上（on line）体现自己的个性、思想以及发布各种信息的虚拟的“自己”，能够随时与虚拟的“别人”沟通交流。在这种背景之下，互联网这一高度开放的“新型媒体”带给传统媒体几乎颠覆性的变革，成为社会影响日益增强的新的信息媒介。特别是被学界称为“自媒体”的概念的出现，更是深刻地影响并改变着人的思维模式、生活方式和社会结构。

1.2.1　自媒体的含义

自媒体的概念源于国外，最早出现在2002年《圣何塞水星报》专栏作家丹·吉尔摩对其“新闻媒体3.0”概念的定义中，他将媒体发展归结为三个阶段：“1.0”的传统媒体或旧媒体；“2.0”的新媒体；“3.0”的自媒体①。2003年7月在美国新闻学会媒体中心出版的一份研究报告中，谢因波曼与克里斯威利斯两位作者提出了“自媒体”的概念，该媒体中心副主任戴尔·帕斯金在该报告导言中对自媒体作了如下定义：自媒体是通过数字技术链接全球知识，从而提供一种了解普通大众如何提供和分享自身经历和新闻的途径。随着博客等自媒体在国内出现并受到普遍接纳，传播格局产生了新变化。这一现象开始引起国内学者的关注。在CNKI上输入主题“自媒体”，时间跨度从2003年1月1日到2013年4月5日，共显示1066条结果。最早的一篇是2005年王冰发表在《学术论坛》上的一篇题为《自媒体的“歧路花园”——博客现象的深层解读》。学术论文的篇数每年较前年都有递增，并在2011年和2012年增速最快，这与社交网站、微博等自媒体在国内的发展速度密切相关。国内学者对“自媒体”的研究主要集中在以下几个方面：第一，

① 郝卿．自媒体环境下大学生思想教育创新途径探究[J]．新西部（理论版），2015（6）：111.

比较传统媒体与自媒体的传播特性；第二，从管理学角度对自媒体影响下的舆情进行研究，提出公共管理主体传播策略；第三，从传播学角度研究媒体在自媒体时代的传播变化；第四，从社会学角度解析自媒体时代社会伦理变化。自媒体主要以博客、微博、播客、论坛、即时通信软件等为载体，其中即时通信软件中的 MSN、ICQ 出现最早。但真正标志着自媒体时代到来的是博客的广泛运用。如今，微博的普及更好地诠释了自媒体自由和个性的传播精髓。目前，最有代表性的自媒体托管平台是美国的 Facebook 和 Twitter，以及中国的 Qzone 和 Weibo。

1.2.2 自媒体时代的特征

自媒体改变了以往传播者与接收者的固定模式，淡化了两者的界限。普通大众成为了传播的主体，大家可以通过自媒体发布信息、分享信息、参与讨论，改变了传统传播模式中只能被动接收的受众角色。每个人都可以成为一名记者，“生产”新闻；也可以成为一名评论员，发表看法；甚至成为一名“救护员”，拯救生命……庞杂的传播群体和简便的技术操作赋予自媒体强大的力量，冲击着传统媒介形式。越来越多危机事件的爆料、公共事件的处理都有自媒体的参与。许多事实表明：平民媒体在某种程度上更有效力。2001 年 9 月 11 日，当恐怖分子劫持着满载乘客的飞机撞向美国双子楼时，整个世界震惊了。现场的市民纷纷拿起自己的手机、相机、摄像机记录下当时的情境，网络世界也随之沸腾了。有些市民将图片、视频上传到网上；有些市民将自己的所见、所想发到网上，分享自己的亲身经历和感受。这些鲜活的信息让世界各个地方的人都如同亲历现场，第一时间了解到了事件的发展过程。对“9·11”事件的报道，最及时、最真实、最生动的记录不在《纽约时报》上，而是出现在博客日志中。美国专栏作家安德鲁·沙利文表示：博客正在改变媒介世界，它可能酝酿出一场有关新闻在我们的文化中将如何发挥功能的革命①。

2012 年，永州上访妈妈唐慧成为了舆论关注的焦点。由于不满法院对强迫女儿卖淫的案犯作出的判决，她多次在湖南、北京上访。8 月，因唐慧“严重干扰了单位秩序和社会秩序，造成了极坏的社会影响”，永州市劳动教养管理委员会决定对其劳教 1 年 6 个月。很快，永州上访妈妈被劳教的消息出现在了新浪微博，引来大批知名人士和普通网民的关注，该微博被转发评论达 14 万余次。主流媒体也随即跟踪报道，事件最终引起了湖南省高层的关注。官方和民间两个舆论场遥相呼应，强大的舆论压力让唐慧得到了自由。该事件也进一步推动了中国劳教制度的改革。

国内网络传播研究者闵大洪对自媒体做了这样的阐释：自媒体指普通人利用当时当地能够得到的简便传播工具打造自己的传播平台，探讨切身的议题，交流彼此的观点，发出自己的声音，甚至串联集体的力量展开集体行动②。它在技术上的重要特点是，可通过简便的科技手段建构起公众能够参与的媒体。这个定义非常贴切地反映了自媒体的特性。与传统媒体相比，在一些重大、突发的危机事件传播中，自媒体展现出了强大的能量。信息

---

① 汪宇．博客现象及其对主流媒体的启示[J]．学术界，2007（3）：261.

② 何霞．自媒体影响下的我国政府危机传播研究[D]．成都：电子科技大学，2010：31.

传送的快捷、互动功能的多样、思想观点的多元等，都与自媒体的特点息息相关。具体讲，自媒体有以下几个方面的特征：

1.2.2.1　主体多元化、平民化、个性化

（1）多元化。自媒体的传播主体来自不同地方、不同职业、不同领域，与传统媒体传播主体单一的知识结构相比，拥有更多元的知识、更强的专业性。在对某些事件的剖析和把脉上，他们会发挥自己所长，汇集出更具体、更清晰、更准确的信息，还原事件真相。在"华南虎事件"中，国内的动、植物学家以及摄影家、非政府组织、图片处理高手等都参与揭发假华南虎。他们通过观察图片，寻找资料，并结合各自的专业知识和实践经验，做出了详细的论证，最终确定此虎为假。再如对国策的讨论，2013 年 1 月 14 日，国家计生委称"将坚持计划生育基本国策这个根本不动摇"。对此国策应否改革，在微博引起了一番论战：胡锡进表示支持计划生育大格局；潘石屹认为需要反思；梁建章、茅于轼、许小年等经济学家和人口学者发起停止计划生育建议书，呼吁新一届领导人立即停止计划生育政策。这是继 2012 年多位学者和经济学家呼吁放开二胎后，微博发起的又一次讨论。

（2）平民化。美国著名硅谷 IT 专栏作家丹·吉尔默给自己所写的《自媒体》一书起的副标题是"草根新闻，源于大众，为了大众"。这个标题道出了自媒体最根本的特点——平民化。自媒体的传播主体多数为社会普通百姓，即大家所称的"平民阶层""草根阶层"。这些非专业的新闻传播者有着他们独特的发掘视角和播报方式，区别于传统媒体的新闻从业人员公式化的选材角度和模式化的报道方式，他们对新闻事件的报道往往更真实，判断往往更客观，语言往往更朴实。每个平民的角色从原来的"倾听者""旁观者"变成了"亲历者""参与者"，位置也从被动的"受者"转变为主动的"传者"。自媒体让每个平民都可以拥有自己的网络电台、网络电视、网络报纸和网络短信。

（3）个性化。每个人都有不同的性格和喜好，自媒体为人们提供了展现个性的平台。人们可以自主地在自己的媒体上想什么写什么、想什么说什么，每个"草根"都可以利用网络来描述自己的生活点滴，表达自己的个人观点，装扮自己的私人空间，建立自己的社交网络等。人们在真实空间喜欢追求个性，如今虚拟空间也提供了展现个人的专属平台。中国著名的新闻传播学者喻国明将自媒体形象描述为"全民 DIY"：简单来说，DIY 就是自己动手制作，没有专业的限制，想做就做，每个人都可以利用 DIY 做出一份表达自我的"产品"来。

1.2.2.2　进入门槛低、运作简单

对广播、电视、报纸、杂志等这样的传统媒体来说，媒体的正常运作往往需要多个团队的合作以及大量资金的支持，牵涉到多个部门和多个环节。不仅需要记者、编辑、主持人、技术人员等分工明确的新闻从业人员，还需要耗费大量的财力物力去维护技术平台、改善技术装备。在中国，媒体作为党和政府的"喉舌"，其设立是一个非常复杂的过程，需要国家相关部门层层把关、审核。门槛之高，测评之严，对于一个团队来说是个非常艰巨的任务，更不要说对个人了。但是，在这个互联网操作要求较低的自媒体时代，普通大

众要想成立一个属于自己的媒体已经可以随遇而为。在像新浪微博、网易博客、QQ 空间等网站上，用户只需要填写简单的免费注册申请，选择自己喜欢的空间模板，就可以登录自媒体平台，在上面写文字，上传音乐、图片、视频等，创建自己的媒体。一篇博客从起稿到发布只需非常短的时间，非常简单的鼠标点击，这是传统媒体无法相比的。零成本，低技术要求，再加上操作简便，让自媒体大受欢迎，发展神速。

1.2.2.3 传播迅速、互动性强

自媒体时代人们可以不受时间、地域和格式的束缚，在任何时点、任何地点，通过网络用任何形式经营和维护自己的媒体。自媒体的传播是多向互动的，加上传播主体拥有庞大的社会网络，使其传播方式呈几何裂变式，信息以惊人的速度扩散传播。信息的反馈与发布可谓同步、即时，自媒体让受众与信息、受众与受众实现零距离。2011 年 10 月 13 日，佛山年仅 2 岁多的女童小悦悦惨遭车祸，7 分钟内从小悦悦身边经过的十几个路人对她视而不见，任其躺在事发地点。小悦悦事件被报道后牵动着无数网友的心，大家互相转发、发表感想。从事发当天到 10 月 21 日小悦悦离开人世，微博共搜索到 113 712 条相关结果。

1.2.2.4 缺少“监管人”，可信度较低

自媒体的使用者绝大多数是“草根”，网络的匿名性又为网民提供了随心所欲的释放空间。在公民权益不断扩展的今天，想表达、爱表达的人越来越多。有些自媒体平台或个人为了追求高点击率，编造、传播假新闻，又加上自媒体缺少像传统媒体审稿人这样的角色，导致自媒体传播的信息可信度较低。2010 年 12 月，网上疯传金庸先生去世的消息，引来了许多网民的围观，一些金庸迷表示沉重哀悼，还有一些网民则对此表示怀疑。最终，金庸先生助理出面澄清，才粉碎了谣言。

但是，网络媒体在危机传播中可以利用其自身特点填补传统媒体的空缺。首先，网络信息的透明特性在一定程度上保障了民众的知情权。在危机处理过程中，政府充分利用其信息公开平台，及时准确地向公众传递信息，提高危机处理部门工作的透明度，有利于民众对危机事件做出理性的分析判断，从而采取自救措施，减少人身伤亡和财产损失。其次，网络传播方式上的特点也有利于实现危机传播。传统媒体按照一定的程序，定时发布新闻，网络媒体的新闻则可实时更新。在危机传播的三个阶段，网络媒体的实时更新使信息传递具备了速度上的优势。同时，传统媒体碍于版面或内容含量的限制，只能有选择地提供其认为最重要的信息，然而不同侧面的信息对于身处危机不同阶段的民众意义各异。而网络媒体海量容量和超文本链接的特点，打破了这一局限，能够对危机事件做出深度和连续性报道，需求不同的公众可以选择自身较为关切的方面，如危机事件产生的前因后果、事态的进展或控制、政府对事件的态度和措施等。再次，电子互联网络与卫星监控网络等高效网络的建设，有助于建设快捷的信息反馈机制。拥有网络媒体话语权的公众可以通过网络就政府对危机事件的处理直接发表意见，这使政府能够及时掌握舆情民意，从而制定更加合理、更加有效的危机对策。然而网络传播并不像传统媒体的传播那样容易掌握和控制，政府危机传播既要借助网络传播的方便、快捷及时向公众发布信息并获得公众的反馈信息，也要防止网络媒体的不可控制性所带来的负面影响。

1.2.3　新媒介与危机传播

媒体在现代社会发挥着信息传播、监控社会、文化传递、社会守望等重要作用，当前我们已经进入了媒介化社会。“媒介化”是对媒体影响和效果的一种高度概括，美国学者李普曼在《公共舆论》一书中曾有过关于媒介对社会影响力的精辟论述，他认为现代社会越来越巨大化和复杂化，人们由于实际活动的范围、精力和注意力有限，不可能对与他们有关的整个外部环境和众多的事情都保持经验性接触，对超出自己亲身感知以外的事物，人们只能通过各种“新闻供给机构”去了解、认知①。这样，人的行为已经不再是对客观环境及其变化的反应，而成了对新闻机构提示的某种“拟态环境”的反应。所谓“拟态环境”，并不是现实环境的镜子式的再现，而是传播媒介通过对象征性事件或信息进行选择和加工、重新加以结构化之后向人们提示的环境。这种拟态环境便是媒介化的现实或者媒介化世界的最初原型，人们依赖于大众媒介制造的媒介事实来认识围绕在自己身边的“真实世界”，并以这样的认识来达成自己的判断，得出想法，并指导行动。在今天，人们获取信息的媒介不仅是报纸、广播、电视等大众媒介，还包括形形色色的信息传播工具和载体，如手机、Email、BBS、QQ等，加之近年来微博、微信的大规模快速崛起，这些与以往大众媒体不同的传播形式，使人们惊呼“自媒体”勃兴时代的到来。这也就意味着，现代社会中的危机通过新媒介主导的传播将成为一种常态。

1.2.3.1　互联网传播

在互联网的覆盖下，任何个人和团体都能够从中获取信息，也可以为互联网提供信息。互联网既有权威消息的发布网站，也有平民百姓运用的“自媒体”，如博客、论坛、播客、Email等。前者多为政府喉舌的网络版，发布的信息与传统媒体相差无二，直接传达政府在社会公共危机事件中的态度和处理办法，其把关人仍然为传统媒体里面的把关人，不能完全真实反映民间舆论；后者多为个人新闻中心，更能反映出公众在社会公共危机事件的发展中所起到的作用，这是新媒体区别于传统媒体的关键所在。互联网综合运用文字、图片、声音、影像等多种方式，全面满足人们的视觉、听觉和思想要求，流媒体技术的发展还可以让人们边下载边收看，大大节省了等待信息的时间。

1.2.3.2　手机短信传播

手机硬件和移动通信软件的更新换代速度越来越快。智能化手机、3G手机层出不穷，它们多半具备拍照、录影、上网等功能。互联网为其提供了海量的信息，用手机上网的人越来越多。现在，3G网络的兴起让手机集所有媒体的信息传播优势于一体，手机的小巧便捷性能，让手机使用者可以随时随地采集、编辑、发布信息，它传播社会公共危机信息不仅仅是以文字的形式，还包括拍摄图片、视频等多媒体形式，使社会公共危机信息更加真实、全面、具体。再者，手机里存储的联系人多半为机主所熟悉的，在熟悉的人群里传播信息，信息会更具有可信度，所以，手机传播社会公共危机信息也更加迅速。2005年7

---

① 邵静.《纽约时报》和《华盛顿邮报》的涉华报道研究[D].上海：上海大学，2011：26.

月7日，伦敦地铁发生连环爆炸案，爆炸现场的一位市民用手机拍下了现场照片，传到朋友的手机上，朋友通过博客将这一爆炸信息发布到网上。中午，这张照片被BBC新闻台、纽约时报、华盛顿报等纷纷转载，手机成为了突发事件现场的采编机器。

1.2.3.3 户外新媒体传播

随着细分概念的普及，每一个受众接触点都成了新媒体诞生的理由，户外新媒体就是在这样的环境中兴起的。传统意义上，把室外的媒体称为户外媒体，户外媒体从网络、渠道、定位、效果、技术和盈利方式等方面突破了以往的方式，延伸到数小时的接触、互动，到达有效的“家外传播”，即所谓的户外新媒体。户外新媒体分为楼宇电视、移动车载视频、LED显示屏等形式，这些媒体通常存在于人流密集的地点，我们在家以外的所有空间已经被户外新媒体完全包围，我们处于等待中的时间也已经被户外新媒体所充斥。在户外新媒体的包围下，人们别无选择，它以其强制性在人脑海中反复强调信息。在与传统媒体的比较中，这种户外新媒体又以其图文并茂的声画优势吸引着人们的眼球。现在，具有互动功能的户外新媒体也越来越多，如非常多商业圈都摆放了供公众选择消费的“上·生活”服务机，人们可以手动查询消息咨询，打印优惠券。户外新媒体的优势诸多，它一方面针对不同的人群，如公交线路不同，人群会有一定差异，一方面又聚合起相对大量的受众，具有大众传播和分众传播相结合的优势；户外新媒体的流动性和公众的流动性，让信息的传播面非常广，接受环境的封闭性，也确保了信息传递的有效到达；虽然现在的户外新媒体多用于广告的发布，楼宇电视的发起人“分众传媒”就认为楼宇电视应该只播广告，但是户外新媒体的这些优势，也使其在社会公共危机传播领域能作出自己的贡献，承担起应急信息发布的任务，而且，户外新媒体如果加入部分与受众切身利益相关的信息，它的吸引力会更加巨大。2009年2月17日下午，广州一辆204路公交车发生扒窃事件，司机为了隐蔽地保护乘客的生命财产安全，在公交车LED屏上打出“危机事件SOS请求报警”的字样，向街道上大量的市民和警察传递危机信息，路人发现这样的求助信号后，拨打电话报警，警方在最短的时间内截获这辆公交车，解决了危机。这一新兴的危机传播手段被报纸报道以后，引起了人们的广泛重视，目前，这种针对在封闭车厢发生紧急扒窃、抢劫等进行的隐蔽报警手段已经在广州的公交车里广泛推广开来。

这是目前第一个利用公交新媒体传播危机信息的案例，户外新媒体的这一作用还可以广泛普及楼宇、商场、机场等各个地方。一方面可以让没有机会接受大众传播媒体的受众在封闭的环境中知晓外界的紧急危机情况，另一方面可以发挥户外新媒体潜移默化的影响功能。现在是“甲流”危机蔓延的严峻时刻，不少车载视频和楼宇电视都在播放预防“甲流”的生活常识，对于没有机会收看电视广播、报纸和使用手机、电脑的人，他们可以通过楼宇电视等接受“甲流”常识，阻断危机的恶化。

美国学者马克·波斯特在《第二媒介时代》一书中，将播放型传播模式的盛行时期定义为“第一媒介时代”，他认为在电影、广播和电视中，“为数不多的制作者将信息传送给为数甚众的消费者”①。随着信息技术的发展，“信息高速公路”的介入以及卫星技

① 钱珺．第二媒介时代下的危机传播模式初探[J]．新闻知识，2007（2）：80.

术与电视、电脑和电话的结合，一种集制作者、销售者、消费者于一体的“双向的去中心化的交流”模式产生，即进入“第二媒介时代”。有学者认为，以门户网站为代表的触控时代“类似于报纸或杂志的网络版，尽管它应用了网络技术，却在理念上更接近第一媒介时代”，而以博客为代表的 WEB2.0 时代，“网友而非网站工作人员成为主角，它在理念上更接近第二媒介时代”。随着新浪、搜狐等门户网站开辟自己的博客频道或专版，各大博客网站亦建立起类似于门户网站的首页，一个融合第一媒介时代和第二媒介时代的第三媒介时代呼之欲出。

所谓“第三媒介时代”，其实就是网络技术与传统媒体理念相结合的一个时代。以往，处于第一媒介时代的危机传播，人们只能获取大概的信息，对细节无从获知。到了第二媒介时代，人们被无数的信息碎片包围，却又缺乏对整个事件的全面及权威了解。第三媒介时代，相当于整合了第一媒介时代和第二媒介时代的传播优势。可喜的是，目前媒体技术的发展已显示出了新媒体技术与传统媒体的融合趋势。例如，手机和电视结合构成手机电视，公交和电视结合构成移动电视，楼宇和电视结合构成楼宇电视，等等。这些结合体既具有传统电视媒体的权威性和议程设置功能，能够引导正确的社会舆论，又具有新媒体即时接收、即时反馈、信息源丰富的特性，产生的是“一加一大于二”的传播效应，在危机中能够较为准确地实行对信息接收终端的控制。如果把它们纳入到危机传播体系，实现资源的优势整合，将以最经济的成本预算取得最大化的危机传播效应，大大减少危机造成的各种破坏。但同时，我们也应该看到，由于新事物的出现总会带来各种机遇和挑战，媒体技术的发展和演变也仍将在危机传播中继续发挥“双刃剑”作用。因此，如何最大化发挥媒体的正向传播效应，仍将是未来几十年业界、学界需要努力的目标。

1.3　基于危机公关的修辞艺术

1.3.1　当下危机公关的重要性

进入新世纪以来，国内外发生的一系列重大危机事件给人类社会生活造成了深刻影响。2002 年 8 月 6 日，印度尼西亚旅游胜地巴厘岛发生连续爆炸案，导致多人死亡；2003 年春天，中国、新加坡、加拿大等国家受到一种新型传染病病毒侵袭，造成大量人员感染及死亡；2004 年初，在全球范围内爆发的禽流感病毒造成禽畜养殖业的重大损失；2004 年 12 月 26 日，印度洋海底发生里氏级地震并引发海啸，造成印度尼西亚、泰国、斯里兰卡等国近 30 万人死亡，数百万人受灾；而 2008 年的中国，更是一个“天灾人祸”年：1 月南方雪灾，3 月拉萨事件和火炬境外传递受辱，4 月火车相撞，5 月四川汶川地震，9 月三鹿牛奶事件；2011 年日本发生地震引发特大海啸，中国发生了“7·23”甬温动车事故；2012 年四川映秀地震；2013 年天安门广场遭受“东突”势力袭击事件；2014 年马航 MH370 事件和马航 MH17 事件；2015 年中国天津发生特重大危化品爆炸事件。这些都表明一个无可争议的事实：人类已经进入了公共危机多发期。

另一方面，自 20 世纪 90 年代中期以后，中国社会进一步转型，市场经济的深层次改革引发了环境破坏、失业人数不断增加、地区之间和内部收入差距日益扩大等社会问题。

近年来，中国不仅连续发生重大的自然灾害，而且几乎在各个领域也发生了不同程度的危机事件。在经济领域里，由于国有企业改革尚未到位、农村发展不足、移民安置不当等引起的群体性事件常有发生。在政治领域，转型期间政府职能的界定尚未明晰，腐败渎职现象严重，严重影响党和政府在广大人民中的公信力。与此同时，个别司法机构腐败、滥用职权造成社会矛盾激化，以致出现了暂死抗法、暴力袭警等现象。此外，国内社会贫富差距继续扩大，经济秩序亟待调整，人们的心态容易失衡，一旦社会管理不善，极易引发各种冲突危机。在国际上，随着全球化的不断发展，中国作为世界上最大的发展中国家将面临越来越多的经济、政治挑战。

由于突发性公共事件频繁发生，如何借助危机公关与公众相互沟通，相互支持处理好危机已经成为整个国际社会关注的议题。2002 年 10 月，中国国际公关协会学术工作委员会发布中国首批公关学术研究课题时，将“突发事件处理与政府危机公关”排在了前列。但是，目前中国的危机管理体系还非常不完善，危机理论研究尚处于起步阶段。

在网络时代，人们通过纵横交错的互动式信息网络来实现信息的交流和共享，不管是生活方式还是交往方式都发生了革命性的变化。随着网络技术的提高，互联网以及各种网络传播平台亦成为政府公共关系活动的新舞台。截至 2015 年 6 月，中国网民数量已经达到 6.68 亿人，位居全球第一①。其显著特点是年轻化、知识性、有主见。他们关注社会事件，乐于发表评论，与网络媒体一道形成了活跃的网络舆论。随着网络影响范围的日益扩大及其对人们生活方式、价值观念的不断渗透，这股力量越来越不能被忽视。网络媒体给政府的危机公关带来了全新的挑战。特别是在危机事件中，依靠传统的“封”、“堵”、“截”和被动延迟发布消息的模式已经远远不能适应网络媒体环境了，甚至会对政府形象和工作带来不良影响。

1.3.2 危机公关相关概念辨析

1.3.2.1 什么是危机公关

危机公关的概念原本来自企业。1906 年，公关工作的早期创始者艾维·李成功地介入工业矿井崩塌事故的处理可以被看作是危机公关最早的案例之一。从那时起，人们开始意识到，危机是无处不在的，而作为危机解决手段之一的危机公关也日益显得重要。企业的危机公关是由于企业的管理不善、同行竞争甚至遭遇恶意破坏或者是外界特殊事件的影响给企业或品牌带来危机，企业针对危机所采取的一系列自救行动，包括消除影响、恢复形象等公关活动。作为公共关系活动的一个分支，危机公关是在企业的信誉、形象等遇到突如其来的危机时，作为当事人的企业所应采取的一系列的公关活动。它包括危机事件的发生、处理和消亡三个过程。有效进行预防，并在危机发生时能够快速切掉危险源的继续蔓延，将损失降到最低的公关活动就是成功的危机公关。危机公关对企业的形象和信誉，对企业的品牌，都会产生巨大的影响，成功的危机公关可以“扶大厦于将倾”，而失败的公关，则可以置企业于死地。国外的许多大公司、企业都已经设立了首席风险官专门处理

① 我国网民数量已达 6.68 亿人[N]. 新华网，2015-7-23.

企业危机，进行危机公关。对可能出现的情况比如高层离职、诉讼、媒体负面报道都做了计划和工作流程，一旦出现问题，会迅速采取相应的应急计划加以解决。而目前中国的危机公关多以设立组织的新闻发言人为主要形式。需要注意的是，危机公关与危机管理不完全是同一个概念，公共管理理论认为，危机只能“管理”，即尽力减少其危害，而不能“解决”。作为广义的危机管理而言，就是要针对组织自身的情况和外部环境，分析预测可能发生的危机，然后制定出相应措施，预防危机的产生，一旦危机发生也能积极应对、化解危机、重新恢复信誉的一整套机制。而危机公关是对已经发生的危机事件进行处理。它与危机处理比较接近。任何一类危机的处理实质上都可以看成公共关系的处理，都必须做好与这一事件中相关公众的协调与沟通，求得公众的谅解和支持。

1.3.2.2　危机公关与公关危机

危机公关是指面对组织已经出现的危机事件，用公关的手段去化解和预防，它体现的是处理危机的一种方式，但并没有表明危机的诱因或危机事件涉及的领域。公关危机，上文已有解释，其实是公共关系危机的简称，是指一个组织在公共关系运行中遇到的危机事件，它是危机的一种类型，阐明的是企业危机发生的领域，但没有确定利用哪种手段去解决危机。二者虽然乍看相似，但却有着实质区别。一个是化解和预防危机的方式，一个是企业危机的类型。

1.3.2.3　危机公关与危机管理

危机公关相比危机管理来说，是一个较小的概念。它是危机管理的一部分，不论是在危机的预防或是解决上，都更多地强调一些技巧性以及公关性的方法，例如怎样用公关的手段预防危机，怎样对公众表态，如何进行产品召回、受害赔偿等善后处理，记者招待会何时召开，选择合适的发言人等。总体说来，主要是指在公共关系的实践领域内进行的一系列活动，范围较小。危机管理包含危机公关，它是指企业在经营过程中，针对可能面临的或正在面临的危机所进行的一系列管理活动的总称。除去公关方面的活动，它还包括一些其他方面的深入到企业的经营管理方面的活动，例如企业在发展战略、战术上的调整，企业在产品价格、定位上的变动以及企业在财务、信息方面的完善等。其范围较大，较为全面。

1.3.3　危机话语

危机话语的概念需要从这个词所包含的两个部分“危机”与“话语”入手。首先，我们应对“话语理论”本身有清晰的认识。“话语理论”来源于文学领域，最早多见于语言学领域，现已成为近年来使用频率最高的术语之一。将话语作为一个术语，可以追溯到20世纪初瑞士著名的语言学家索绪尔，他把人类的语言现象区分为：语言与言语。用他本人的话讲，言语是说话主体借以用语言规则表达个人思想情感即言语行为的产物，其基本意义由语言系统规定。这里需要点明的是，言语往往被认为存在两种形式：口头语和书面语。最初只有听说者共现于同一时空，并存在活动的口头语才叫作话语，而书面语则被称作文本。现代话语理论认为话语是“以口语和文本出现的语言形式”，即话语除了包括口头语外还包括书面语，即文本。后者被看作是话语的一部分，只有当话语仅指文本时，两者的外延才是一致的。在此基础上，话语后来被划分为广义话语与狭义话语。狭义话语是指“构成一个相当完整的单位的语段”，广义话语是指“一切拥有意义的口头的或者书面的陈述”。

真正确立话语理论的是苏联思想家巴赫金。他认为，人与人之间离不开互相依存的对话关系，“语言”不足以回答语言意义的变换与更迭。在巴赫金看来，话语作为一种独特的意识形态符号，其意义完全体现在它的符号功能之中。巴赫金在人们对话交际中研究语言，他的“对话理论”以及“意识形态语言观”从新的视角为我们揭示了各种传播活动的深层机制。正是在这一点上，话语被赋予越来越多的含义。

在后现代主义代表人物福柯眼中，话语开始成为指向“本身生产与运作过程中存在的意识形态、阶级、性别以及政治、经济等深层权力关系的相互纠缠与争斗”的表现形式。总之，“话语”不再是一个单纯的语言学概念，它更主要的是一个多元综合的关于意识形态再生产方式的实践概念。因此，话语的研究内涵比语言要丰富。话语研究除了研究语言本身的规则以外，更注重语言的社会性，不仅仅研究语言符号本身，更注重探讨这些符号所指代的事物、表达言说者的意图以及话语背后所隐藏的权力。所以它涉及的是思想和传播的交互过程和最终结果，体现出制造和再造意义的社会化过程。福柯认为，话语首先是一种陈述，所有有意义的口头语或是文本并且能够对现实世界产生效果的语言或是符号实践，都被认为是话语；其次，话语具有群体的言语特征，它们在某种程度上具有规律性和连贯性。这里，“群体”也暗示了一定的时空属性，也即特定情境范围或者领域的存在。同时，福柯还把话语看作是一种用来解释以上陈述的实践，一种能够产生特定文本或是言语的规则和结构，即话语背后所蕴含的制约话语具体语言实现的意识形态。

关于危机话语的概念，学术界至今没有形成统一定论。根据危机的影响面，基本上可以将危机归结为两类。其一，许多学者认为危机与损害密切相关：危机具有紧迫性、威胁性、潜在损害性等特点。如，里宾杰在其所著《危机管理者》中将危机定义为“对组织的名誉、利益、成长及生存，已经或有可能造成威胁或危害的事件”，认为危机轻则损及组织形象，重则危及组织生存。这也是危机“事件说”的主要代表观点。其二，视危机为一种“双重情境状态”，认为危机既是一种威胁也蕴含着转机。这不同于其一的观点，是将危机认定为一个可以发挥人的主观能动性进行动态转换的情境状态。这一方面重新定义了危机的性质，另一方面也提升了危机作为“状态”对人的现实意义。

危机是一种特殊状态，这种状态通过人的干预可以进行转化。这一认识是本研究可以将危机情境作为切入点的前提条件。一方面，它准确地反映了危机的实质，有利于我们加深对危机的认识和理解；另一方面，它明确了危机研究的方向，也即“异化生存状态向正常生存状态转化”。这使人为干预成为可能和无法跨越的考量，并为危机的积极应对提供支持。既然在危机面前，人的主观能动性至关重要并且能够产生作用，那么，在接下来的危机应对过程中，如何干预以及干预的效果如何就变成了需要研究的问题。这是本研究选择该课题的一个首要的出发点。

综合以上两个方面的特点，危机话语主要指的是在危机这种特殊的情境状态下产生的或者由修辞主体双方创设的体现意识形态再生产方式的话语文本和实践。作为危机状态的表现形式，危机话语是情境化了的语言。危机话语既具有一般话语的特点，即反映人们的心理、意识和观念倾向，同时又有不同于其他话语形式的个性，体现在危机话语的创设和解读、危机中特定群体的语言及言语使用规则和规律、危机话语组织的策略以及危机话语所处的特殊情境要求等。

事实上，危机话语涉及面比较广泛，根据话语发出者的不同，可以有政治话语、公众话语、媒介话语等形式，这三类话语归根结底，都是某一社会阶层根据事实，在危机发展的不同阶段对情境的有意或无意的引导和干预，都体现了所属群体的利益、意识形态、语言特色、修辞习惯、文化背景等，都能够表达某种意图，都是用来参与整个危机状态下交际意义的建构。因此，我们可以得出，危机话语，不论哪种形式，实质上都是一种态度性话语，它体现情境参与者的立场，从而与受众进行交流并影响受众，促成认同，其最终目的是消除危机。同时，危机话语又是一种情境话语，既是情境的实质需要，又是情境的生成方式。危机话语是危机状态中主体意识形态的实体化，反映危机状态下修辞主体实际的思想倾向。从功能和价值取向上来看，危机话语的产生有助于危机状态中的交流和叙述、界定与协商，在引起受众响应、激发合作、消除危机方面具有重要价值和意义。总之，危机话语是在危机情境中应运而生的，并干预危机情境的发展，既包括语言规则的具体运用，又是危机情境下意识形态、思想范式的集中体现。

1.3.4　危机修辞

首先了解一下“话语修辞”的缘起和研究范畴。结构主义语言学以及结构主义修辞学等都研究语言、词汇、句子等所具有的修辞手段、修辞同义现象等语言修辞。20 世纪中叶，受到话语语言学的影响，修辞学理论也得到了相应的发展。我们所说的话语修辞学主要研究话语的句际关系、衔接手段、对话分析（对话种类、对话结构、对话规则）、语篇分析（话题、话语层次、话语意义、话语基调、话语规则等）。徐鲁亚对几个话语相关概念进行了比较和界定，认为言语、话语、语篇、篇章这几个概念有一个共同之处，即是指大于词和句子的语言，也即广义的语言单位。在来源和名称上，言语出自索绪尔的“语言”与“言语”的划分，译成英语便是 speech，有时也用 utterance；“话语”和“语篇”则译成 discourse 或者 text，根据库尔萨德，前者指口头“话语”，而后者多指书面“文本”。篇章则一般指书面语中的“篇”和“章”（chapter）。因此，在对危机话语修辞进行界定之前，为避免混淆，我们将口头与书面的文本统一称为“话语”，其在言语交际中具有语篇的一般特征。20 世纪中叶，以语言学家哈里斯和米歇尔为代表的西方学者开始研究超句结构。他们两人研究的都是口头语。前者首先利用了话语分析。话语研究的代表性著作为库尔萨德的《话语分析导论》。在这部著作中，库尔萨德主要讨论了口头话语，内容包括言语行为与会话、会话分析、语调、文学话语分析①。研究对象虽然以口头话语为主要形式，但是却主要集中在文学口头活动，即作品人物的言语行为。例如，语言

---

① 王懋康．危机话语修辞情境理论研究［D］．上海：上海外国语大学，2013：27-32.

教学与习得、问题风格、阅读与写作研究、语病等，将一系列理论，如语言学、社会人类学、哲学、心理学等结合了起来，并反映了这些领域的最新研究成果。由于话语研究语言使用，所以总是将“话语”与“语用”紧密结合。尤其关注在对话及协商环境下参与者对意义的理解，并强调这个过程是互动的：既可能是话语中的交互过程，也可能是阅读与写作中的非交互过程。对话与分析有两种方法：一种是强调组织和包装；另一种是强调社会关系与互动。可见，语言交际的形式一般不是单个的、孤立的句子，而是与一定语言环境相联系的语言整体，也就是言语或话语，包括句群和语篇，并且具有语篇的一般特征，比如连贯性或者一致性等。而这种连贯的话语是话语修辞学的研究对象。话语理论以话语或语篇分析为主体，也就是说，话语修辞建立在这种话语分析的基础之上，体现在语篇分析的过程中。话语本身就是修辞。话语组成、话语切分、话语综合、话语信息等都与修辞密切相关。

那么，此处所涉及的修辞到底又是什么呢？修辞作为专门术语在对西方修辞原则和实践的研究中已有至少2500年的历史，此间正如任何学术名词所经历的一样，修辞的定义也是经历了非常大程度上的发展和重新审视。当然，如何界定修辞仍然是一项十分困难的工作。现代西方修辞学界的普遍共识是修辞活动的主要特点是演讲。由于大众媒介的影响，修辞过程几乎扩大到涵盖一切修辞活动。在后现代主义将一切符号化、话语化的趋势下，修辞把“人与人”“组织与组织”之间的一切交往都认为是修辞活动；尽管如此，修辞活动从根本上来说还是没有发生变化，只不过研究修辞活动的理论和角度发生了变化。

下面，我们来看一下中外修辞学界对于这一概念的基本界定。汉语修辞不同于西方修辞。汉语修辞大体上采用了“为了什么目的采用什么手段达到什么效果的模式”，并侧重于修辞的言辞美化功能，尤其以修辞格、风格效果以及修辞手段的研究为主。西方修辞的含义则更加广泛，一方面也包括这类内容，强调为实现某种目的采取修辞的方式取得相应的效果，也即有效表达的技巧；除此之外，西方由于“功能主义语言学”及“话语理论”的影响，侧重修辞功能和操作。例如，亚里士多德对修辞的最原始、最权威的定义是：修辞是一种能够在任一问题上找出可能存在的说服方式的能力。这个定义的关键是“能力”和“方式”。

普拉科斯对于修辞有另外一种理解：“Rhetoric is，first and foremost，an invitation to change.”这一方面表明修辞风格多变，更被理解为是修辞对政治的威胁。尽管这句话带有强烈的政治色彩，暗示了修辞会引发社会变革，却明显揭示了新修辞学对解决社会问题的兴趣和功能。由此，我们可以看到修辞开始走向一个较为广阔的社会应用领域，开始对人类的实践活动产生影响。斯瓦茨还认为修辞是一种思维方式，一种能力，一种经过训练的某人以特定的方式体验世界并做出反应的能力。这种能力符合亚里士多德的说法：修辞训练能够帮助人们看清客观状况，也即对修辞行为所产生的情境进行识别、判断和策略性地应对。斯瓦茨认为对于修辞的界定必须要考虑语言的认识论特征，也就是要策略性地使用语言。他所谓的策略性，强调整体意义而非具体行为。这一界定不仅强调技巧，还强调修辞者的话语与受众的认同，强调了影响思想应用和使用场合。

上述有关修辞的界定与定义虽然各不相同，但却为我们展示了关于修辞内涵的几个方面：修辞是为了更有效地使用语言，其中理性的劝说以及风格效果都可以看成是有效地使用语言；修辞文本涉及的对象不仅包括口头语，还包括书面等符号应用形式；修辞的核心实质是偏离并体现出能够自我修正的能力，这使修辞可以对自身以及外界通过话语进行作用。我们认为，这也重申了修辞本身就是言语交际。修辞过程如何、修辞对象如何、修辞策略如何都直接影响到言语交际的结果。修辞本身具有交际性。修辞是语言交际过程中的一个有效手段，或者更确切地说是一种操作方式。我们可以看到有的定义侧重传统的修辞学的“劝说”，而有的定义则反映出新修辞学所强调的“同一”。修辞是一种话语的实践，而危机是一种动态的“情境—话语”集合体，所以，危机话语修辞实际上首先应是一种适应危机情境的话语实践。

现代修辞学研究的是人类使用符号相互交流的能力，这种能力是人类所特有的，人类使用符号来构建自己的世界，来认知自我，并与他人一起互动，使生活更有意义。发生在20世纪的“修辞学转向”，使得修辞学的研究范围不仅仅局限在传统意义上的言语或演讲，还包括几乎所有的话语形式：书面语和口头语，甚至所有用符号进行交流的形式都包括在内。比如，有学者就把服饰作为一种符号系统进行修辞分析，他们认为服饰代表社会地位，服饰因此具有了意义，服饰是一种可以进行修辞性分析的交流形式。还有学者认为，甚至自然现象也具有思想意义，所以，饥饿不只是一种生理事实，还是饥饿者在社会意义系统下进行的阐释。

修辞学关注一切象征符号的运用方式，关注意义的生成途径，并为产生意义并影响意识形态再造的情境范畴提供研究依据。因此，作为话语的一种特殊形式，危机话语自然地就可以划归为修辞学的研究范畴。那么，根据修辞的定义，研究危机话语中象征符号的有效和综合使用的学问便是危机话语修辞。危机话语修辞主要考察危机话语的基本规则、运用和效果，还考察危机话语修辞的策略，也即影响危机中话语创设与产生、解读与评价的基本要素及其功能，从而为更好地实施危机话语修辞提供依据。

危机话语修辞是一个全新的概念，它不同于一般的话语修辞。由于它将修辞话语的范围限定在危机话语这种话语的子类型中，根据话语的类型，它的研究目的类似于其他相关的话语修辞概念，如女性话语修辞、传媒话语修辞等。危机话语修辞是将修辞运用到危机研究领域，结合该领域的特点，如危机的紧迫性、复杂性等，来研究其中涉及和体现意识形态、价值观、权力等的话语创设与理解等综合运用情况的特点与规则的特殊领域修辞。

危机话语修辞具有一般意义上修辞的实质属性，也因其研究对象的不同，而具备了新的限制。作为沟通交流主要途径的话语在危机中处于至关重要的地位，无效的危机话语将不利于或严重危害危机状态中的沟通，高效的危机话语则不仅可以胜任这项工作，更可以促进危机的消解。因此，本研究认为如何指导危机话语的产生与创设，并有效引导危机话语的解读，通过进行评价，总结出特殊情境下话语组织的原则和规律，在事实层面上，有利于促进危机的消解；在精神层面上，则有利于意识形态的传输与再造（价值引领）。这正是危机话语修辞所要解决的主要问题。简言之，危机话语修辞是在危机情境下研究如何“说”的学问。这里的“说”，不仅是话语所包括的“书面语和口头语”，它包括一切象征符号的使用情况，即语言的和非语言的。

思考题：

1. 自媒体时代危机传播的新特点是什么？
2. 风险社会的特点是什么？
3. 自媒体的时代特征是什么？
4. 什么是危机公关？
5. 什么是危机修辞？
6. 风险社会理论的主要内容是什么？

推荐阅读书目：

1. 《危机传播》，吴宜蓁著，苏州大学出版社
2. 《危机传播：信息流及噪音分析》，钟新著，中国传媒大学出版社
3. 《危机传播与新闻发布：理论·机制·实务》，史安斌著，清华大学出版社
4. 《危机传播研究新论》，杨魁著，中国社会科学出版社
5. 《危机传播管理》，汤景泰主编，经济日报出版社

2. 危机传播概念及理论方法

☞**导论**

在危机传播已有的研究成果中，许多基本理论问题目前学术界尚未达成共识，这是因为不同学者在研究视角和研究取向上各有不同，从而形成了危机传播研究的不同理论语境。本章第一节首先明确危机与危机事件的定义，以及其特点和影响；接着对危机传播相关的概念与理论成果进行梳理总结；最后运用传播学、公共关系学和管理学三个学科的理论范式，概括目前危机传播模型研究的一些发展。

2.1 危机与危机事件

2.1.1 危机的定义

2.1.1.1 危机的定义

人们一直试图全面而确切地对危机下个定义，但是实际上危机事件的发生却有着千变万化的现实场景，很难一言以蔽之。有人认为，只有中国的汉字能圆满地表达出危机的内涵，即“危险与机遇”，它是组织命运“转机与恶化的分水岭”。很显然，有关危机的概念可以说纷繁复杂，这里列出六种有代表性的定义：

（1）危机是当人们面对重要生活目标的阻碍时产生的一种状态。这里的阻碍，是指在一定时间内，使用常规的解决方法不能解决的问题。危机是一段时间的解体和混乱，在此期间可能有过多次失败的解决问题的尝试。

（2）危机是生活目标的阻碍所导致的，人们相信用常规的选择和行为无法克制这种阻碍。

（3）危机之所以是危机，是由于个体知道自己无法面对某种境遇作出反应。

（4）危机是一些个人的困难和境遇，这些困难和境遇使得人们无能为力，不能有意识地主宰自己的生活。

（5）危机是一种解体状态，在这种状态中，人们遭受重要生活目标的挫折，或其生活周期和应付刺激的方法受到严重的破坏。它指的是个人因某种破坏所产生的害怕、震惊、悲伤的感觉，而不是破坏本身。

（6）危机的发展有三个不同的时期：出现了一个关键的境遇，并分析一个人的正常应付机制是否能够满足这一境遇的需要；随着紧张和混乱程度的增加，逐渐超越了个人的应付能力；需要解决问题的额外资源（如咨询）。

凯普兰最先系统地提出危机的概念。他认为，每个人都在不断努力保持一种内心的稳定状态，保持自身与环境的平衡与协调①。当重大问题或变化发生使个体感到难以解决、难以把握时，平衡就会打破，内心的紧张不断积蓄，继而出现无所适从甚至思维和行为的紊乱，即进入一种失衡状态，这也就是危机状态。简言之，危机意味着稳态的破坏。危机形成的过程大致分为以下几个阶段：危机前状态、易感期、重整期。

在通常状态下，个体通过应用已拥有的应付技巧和解决问题的技巧，能保持自身与环境间的平衡，可视为一种稳态。

然而，个体可能会遭遇应激强度非常大的事件，在这里我们称之为"有害事件"，即对个体的生活目标或自我形象等重要方面构成威胁的事件。此时，个体会一如既往地动员所有解决问题的常规技能，但结果却发现仍不足以摆脱困境，在这种情况下，不安感开始产生。有害事件的发生，揭开了危机发展过程的序幕。

在危机期，紧张和焦虑达到难以忍受的程度，个体处于渴求解脱的状态。这一时期有一定的时限，一般不会超过 6~8 周。在这一时期，个体往往不得已而求助于专业人员。有些人会因难以忍受强烈的焦虑和高度的紧张而出现精神和行为的紊乱，还有些人会通过不良行为来减轻焦虑，如大量饮酒或滥用某些镇静剂。

在危机期之后，是所谓重整期。此时，焦虑水平降低，某些方面开始恢复正常。个体在危机之后的适应水平可能与危机前相当，也可能低于或高于危机前的水平。通过专门的干预，治疗者可帮助患者至少恢复到危机前的状态，若能借机使其达到更高的适应水平就更为理想。

除了上面列举的有关危机的界定之外，还有一些学者从不同角度对危机进行理解判断：

赫尔曼：危机是指一种情境状态，在这种形势中，其决策主体的根本目标受到威胁且作出决策的反应时间非常有限，其发生也出乎决策主体的意料之外。

福斯特：危机具有四个显著特征：即急需快速作出决策、严重缺乏必要的训练有素的员工、相关物资资料紧缺、处理时间有限。

罗森塔尔：危机是对一个社会系统的基本价值和行为架构产生严重威胁，并且在时间性和不确定性非常强的情况下必须对其作出关键性决策的事件。

巴顿：危机是一个会引起潜在负面影响的具有不确定性的事件，这种事件及其后果可能对组织及其员工、产品、资产和声誉造成巨大的伤害。

班克思：危机是对一个组织、公司及其产品或名声等产生潜在的负面影响的事故。

里宾杰：危机是对于企业未来的获利性、成长乃至生存发生潜在威胁的事件。他认为，一个事件发展为危机，必须具备以下三个特征：其一，该事件对企业造成威胁，管理者确信该威胁会阻碍企业目标的实现；其二，如果企业没有采取行动，局面会恶化且无法挽回；其三，该事件具有突发性②。

如果从整体角度看，以上定义或多或少都有些偏颇。从企业的角度来说，我们可以把

① 姚萃群．体育赛事危机事件与媒体传播[J]．新闻研究导刊，2014（14）：80.

② 胡百精．危机传播管理——流派、范式与路径[M]．北京：中国人民大学出版社，2009：3-4.

危机定义为一种使企业遭受严重损失或面临严重损失威胁的突发事件。这种突发事件在非常短的时间内波及非常广的社会层面，对企业或品牌会产生恶劣影响。而且这种突发的紧急事件由于其不确定的前景造成高度的紧张和压力，为使企业在危机中生存，并将危机所造成的损害降至最低限度，决策者必须在有限的时间限制下，做出关键性决策和具体的危机应对措施。

2.1.1.2 危机与紧急事件、突发事件的比较

紧急事件强调对事件处理的时间紧迫，而突发事件强调事件发生的不可预测性，这两者都属于事故，不能等同于危机。保夏特与米德罗夫举了一个非常形象的例子说明这两者之间的区别：一个工厂里的水龙头坏了，如果仅仅导致会议时间被拖延，那就是事故；但如果由此造成工厂停产，甚至引起倒闭，那就成为了危机。也就是说，事故影响较小，是对企业的局部破坏；而危机则影响较大，会对企业造成根本性的毁坏。

2.1.1.3 危机与风险的比较

所谓风险，是指发生对组织不利事件的可能性。对风险防范不善，造成的危害达到较大的程度时，危机就会发生。也就是说，风险的存在是导致危机发生的前提。对风险进行有效的评估和管理，可以防范危机的发生。企业如果对各种风险熟视无睹，或者对已经认识到的各种风险不采取有效的措施，今天的风险就会演变成明天的危机。因此危机与风险的区别可以概述为两点：一是风险是危机的诱因；二是并非所有的风险都会引发危机，只有当风险所造成的危害达到一定程度时，才会演变为危机。

2.1.2 危机事件的定义

危机事件的定义应与危机进行区分。危机强调的是一种状态，是静态的。然而危机事件则是一系列的事情，是动态的。在国内，专门研究公共危机事件的薛澜教授将突发公共危机事件定义为：政府公共管理领域所遭遇的紧急情况，并且需要迅速做出决断，有时需要付出沉重代价才能摆脱困境的一系列事件。也就是说，危机事件是指因自然因素或者人为因素而突然发生的，会产生或者可能产生非常大的人员伤亡、财产流失、生态破坏和严重社会危害，威胁到公众安全的事件。根据不同的划分标准，可以把危机事件进行以下分类：

按危机事件的属性分类，可以分为自然危机事件和人为危机事件。所谓自然危机事件，即自然灾难，如雪灾、旱涝、泥石流等，这些危机事件大多是由于异常自然现象引发的。近几年自然危机事件频发，如继 2008 年汶川地震以来，接连发生了玉树地震、舟曲泥石流以及 2011 年 3 月日本大地震等自然灾害，这些均属于自然危机事件。

所谓人为危机事件，即人为灾难，如暴乱、交通事故、传染疫情等，这些危机事件是由于人为因素引起的灾难。如 2009 年 2 月 10 日中央电视台失火事件和 2011 年“7·23”甬温动车事故，都是由于有关部门违规导致的人间悲剧。这些危机事件本来是可以避免的，但是由于当事人疏忽或者违规，却导致了灾难的发生，对个人和社会都造成了非常大的损失。

按照可预料性来分，危机事件可以分为完全不可预料的危机事件和不可完全预料的危机事件。完全不可预料的危机事件，就是在事发之前完全无征兆，是人们完全没有预见到的，这类危机事件通常具有非常大的灾害性。不可完全预料的危机事件，就是在事发之前已经预料到会发生，只是对发生的具体事件或者地点带有不确定性。通常在事发之前，相关人员会做好一些基本的预防和防护措施，这样就大大减少了危机的破坏性。

按照危机事件的关系主体来分，危机事件可分为个人及组织危机事件和国家危机事件。个人及组织危机事件，是指以个人或者组织为事发对象的危机事件。这类危机事件主要是针对个人或者组织的，如2005年肯德基苏丹红事件，是牵扯肯德基连锁餐饮店及相关组织的一次危机事件。国家危机事件，是指关系到国家形象的危机事件，如自然灾害。事实上，有些企业或者组织的危机事件有时也会演变成一个国家的危机事件。一个企业有时并不是自身的代表，当与外国人打交道时，更多的是代表所在国家的国家形象。因此，国家危机事件指有可能关系到国家形象的所有危机事件。

2.1.3 危机事件形成的主要原因

危机事件起源于人们通常所说的“天灾人祸”，也就是说，所有危机事件都是由于各种自然因素或人为原因造成的灾难性恶果，主要包括自然灾害和人为灾难两种。前者常见的有大气圈和水圈灾害如洪涝、干旱、台风、沙尘暴、海啸、赤潮，地质灾害如地震、泥石流、荒漠化，生物细菌灾害如传染性疾病、农作物和森林草原的病虫鼠害、自然因素引发的各种火灾；后者一般是指战争，恐怖事件如人质绑架、暗杀，有害物质泄漏如核泄漏、危险化学品泄漏，人为事故如矿井透水、瓦斯爆炸等。无论是哪种危机事件，都会在一定程度上危及人们的生命财产安全，影响社会的发展。

总体而言，危机事件形成的原因可以归纳为以下几点：

(1) 自然变化规律。宇宙中的万事万物都处在不断的运动中，除了地球上的人类活动，自然界本身、地球与其他星球等宇宙物质也都在发生变化并相互作用着，会发生如太阳黑子、地壳运动等现象，并由此引发地震、海啸、泥石流、火山爆发、彗星撞击、陨石等情况。在人类尚没有完全掌握其变化规律、无法控制这些情况时，它们都可能导致危机事件的发生。2004年12月发生在印度洋海底的地震引发海啸，导致印度尼西亚、泰国、斯里兰卡等国近万人死亡，就是一个典型的例子。

(2) 人口增加。据统计，截至2015年7月世界总人口已达到73亿，并仍然处于增长膨胀状态，预计到2050年将达到97亿①。人口增加至少带来三个方面的问题。其一，由于经济不发达，很多国家和地区的人民生存空间有限，生活环境恶劣，不少人生活在灾难多发区而又缺乏基本必要的预防措施。一旦发生灾难极有可能引发公共危机，并且人口数量庞大也会导致受灾后难民数量激增；其二，越来越多的人涌向城市，使城市人口密度过大，如果发生传染性疾病等危机，会在极短时间内造成大面积人员感染，引起严重后果；其三，人口结构与人口素质问题。老龄化社会无疑会加重公共卫生系统和社会保障系统的压力，而人口素质偏低也不利于危机的处理，会在一定程度上扩大事件的后果。

---

① 联合国报告. 世界人口总量在2015年预计达97亿[N]. 人民网，2015-7-30.

（3）新发现传染病源。从古至今，人类始终面临着传染性疾病的威胁。无论男女老幼，也无论贫富贵贱，每一个人都可能受到病菌的感染与侵害。传染病一直是导致人类死亡的最常见的原因之一，对于传染病的预防与治疗也是全世界面临的共同课题。中国2013年修订通过的《中华人民共和国传染病防治法》中将传染病分为甲、乙、丙三类。甲类是指鼠疫、霍乱。乙类是指病毒性肝炎、艾滋病、百日咳、黑热病、疟疾等。丙类是指肺结核、血吸虫病、麻风病等。随着医疗科技的发展，人类已经发现可以通过抗生素等药物治疗某些传染病，如自从发明“牛痘”技术以来，天花逐渐被彻底消灭了，而百日咳、白喉、脊髓灰质炎即“小儿麻痹症”等也可以通过接种疫苗得到有效预防。由于医疗卫生条件和居民营养状况的改善，人们的身体素质得到了显著增强。不过，旧的病毒被征服的同时也出现了一些新的情况，如淋病、梅毒等通过性传播的疾病有死灰复燃之势，此外如莱姆病菌、埃博拉病毒、西尼罗河病毒等都具有强大杀伤力，而新型病毒如艾滋病毒可以在短时间内造成大量人员感染。2003年春天在中国和其他一些国家爆发的“非典”危机、北美一些地区发作的大规模流感以及影响全球禽畜养殖业的禽流感，都证明传染病依然是人类健康的“第一杀手”。

（4）恐怖主义势力抬头。2001年9月11日，美国本土遭受了有史以来最严重的恐怖主义袭击——两架被恐怖分子劫持的飞机先后撞向纽约世界贸易中心的“双子大楼”，造成数千人伤亡和难以估量的损失。这一事件不仅标志着长期困扰世界各国的恐怖主义毒瘤开始恶性爆发，同时也促使国际社会加深对恐怖主义危害性的认识。此后，恐怖主义逐渐成为危机传播研究的焦点之一。21世纪，恐怖主义活动与以往相比有了质的变化：一是恐怖分子及组织的实力显著增强，出现了军事化、科技化的恐怖集团，个别集团甚至可能已经掌握了大规模杀伤性武器，“基地组织”、“东突”等一些跨国恐怖组织除了采用暴力手段威胁公众的生命安全外，还有可能在袭击中使用生化武器。从普通的食物中毒到炭疽粉末的传播，如此广泛的覆盖面和强大的杀伤力，使得恐怖主义的攻击力和破坏力远远超出了一般的有组织刑事犯罪；二是恐怖活动日趋公开化，一些国家和地区的恐怖组织甚至公然与政府和军队对抗。恐怖主义势力和组织已成为严重威胁世界和平与稳定的国际公害。

（5）科学技术的发展。不可否认，科学技术的发展为人类生产生活带来了极大的便利，促进了世界文明的进步。然而，科学技术是一把“双刃剑”，使用不当将会产生灾难性甚至是毁灭性的后果。2003年8月和2004年4月，由于从事细菌病毒科学研究的实验室管理不当，就曾导致“非典”病毒在一些亚洲国家和地区再度出现。再如美国曾在海湾和巴尔干地区大量使用的贫化铀弹药，是集放射—生物—化学三位一体的“大规模杀伤性武器”，对人体及自然界都具有严重危害性。此外还有核武器技术、克隆技术以及其他病毒研究技术，一旦这些高新科技被恐怖分子所掌握并运用，其产生的恶性后果将不堪设想。

2.1.4 危机事件的特点

危机事件是指那些导致社会系统或其子系统的基本价值和行为准则趋于崩溃，在较大程度上和较大范围内威胁到人们生命和财产安全、引起社会恐慌和社会正常秩序与运转机制瓦解的事件。危机事件之所以能够对“社会可能性”造成致命的威胁，源自于危机事件的固有特征。

2.1.4.1 意外性

千里之堤，毁于蚁穴。由于内部因素所导致的危机爆发前都会有一些征兆，但由于人为疏忽，人们对这些事件习以为常，视而不见，因此危机的爆发经常出于人们的意料之外。危机爆发的具体时间、实际规模、具体态势和影响深度，是始料未及的。

1987年11月8日，晚上7:30左右，英国伦敦地铁站出口的电梯着火。但是人们都不相信会有火灾发生，都只是敷衍了事。一位经理级的雇员查看了一下火源，却未能启动灭火系统。而在场的乘客也表现得非常无所谓，没有人大喊着火，更没有人奔跑逃命。7:50左右火势开始蔓延，直至凌晨4:12，大火才被扑灭。官方统计确认有30人丧命，20人严重受伤。随后展开的调查表明，这次大火的火源是地铁站使用非常久的木质结构的电梯。在过去的45年里，这种电梯已引发了18起火灾。而这不能不说是严重的失误，这种失误必须避免，否则危机还会发生。这次火灾后，有关部门提出了157条改善意见，如在电梯上安装热监测器，装置自动灭火器，拆除木质结构的电梯，让员工参加应急管理课程培训等。

而企业外部因素所造成的危机，如2003年初的SARS和2004年初的禽流感，以及地震、洪水等自然灾害，另外如反倾销、经济制裁或国家政策调整等社会性因素所带来的损失，是人们无法控制的，具有非常大的突发性和不可控性。

2003年5月2日，美国五河电子发明公司、国际电子业兄弟会、国际电子产品、家具和通信工会联合向美国商务部和国际贸易委员会提出对中国出口美国的普通彩电进行反倾销的申诉。申诉方称，由于中国彩电出口美国数量巨大和速度剧增，不公平进口使美国国内出货量减少，许多工厂关闭，失业增加，产量降低。申诉方要求根据美国法律规定，将中国视为非市场经济国家，以印度为替代国，由生产正常价值比较法得出倾销幅度为84.17%。2004年5月14日美国商务部正式宣布对中国彩电产品征收高额反倾销税。至此，中国企业的反倾销应诉宣告失利，中国企业从此失去前景广阔的美国彩电市场。据估计，美国数字电视观众从2002年的800万增长到2006年的8700万，如果中国企业未能占领美国巨大的数字高清彩电市场，将在全球新一代电视发展中陷入落后境地，中国彩电业超过5000万台的生产能力接近1/3会闲置。

2.1.4.2 聚焦性

进入信息时代后，危机的信息传播比危机本身发展要快得多。媒体对危机来说，就像大火借了东风一样。信息传播渠道的多样化、时效的高速化、范围的全球化，使危机情境迅速公开化，成为公众聚集的中心，成为各种媒体热炒的素材。同时作为危机的利益相关者，他们不仅仅关注危机本身的发展，而更关注组织对危机的处理态度和所采取的行动。而社会公众有关危机的信息来源是各种形式的媒体，而媒体对危机报道的内容和对危机报道的态度影响着公众对危机的看法和态度。有些组织在危机爆发后，由于不善于与媒体沟通，导致危机不断升级。

1989 年 3 月 24 日，美国埃克森公司一艘巨型油轮在美加交界的威廉王子湾附近触礁，原油大量泄出，在海面上形成了一条宽约 1 千米、长达 8 千米的黑乎乎的漂油带，大量鱼类死亡，水产业蒙受了惨重的损失，生态环境遭受到巨大的破坏，引起了环境保护组织和媒体的极大关注。事故发生后，埃克森公司既不向当地政府道歉，也不彻查事故原因，更不采取有效措施清理漂油带，致使事态恶化，引起当地政府、环保组织等对其群起而攻之，发起了一场“反埃克森运动”。最后，迫于压力，埃克森公司仅清理油污就付出了几百万美元，加上赔偿、罚款和客户的抵制，总损失达几亿美元，而其社会形象更是一落千丈。

由于互联网在中国的普及以及中国网民数量大的原因，危机事件的聚焦习惯被更好地体现出来。在微博进入中国以后，新媒体的推动更加大了危机事件的传播力度。

2014 年 3 月 31 日凌晨，著名演员文某登出婚外情道歉声明。在媒体将其出轨亲密照片传播得沸沸扬扬之后，这位 29 岁的演员承认自己与女演员姚某的婚外情，女方曾与文某合作过中国热播电视剧《裸婚时代》。文某与同为演员的妻子马某结婚已有六个年头（2008 年结婚），并且二女儿 2014 年刚刚诞生。随后马某在新浪微博发表回应文章，称：“恋爱虽易，婚姻不易，且行且珍惜。”当日凌晨 0:04，当事人文某在其微博上发表了一篇长微博首次对出轨事件进行了回应，立刻得到了众多网友的转发，这篇微博有多热呢？根据微博官方统计，其微博 2 小时互动量破 87 万，5 小时 30 分突破 130 万，9 小时突破 200 万。单条 9 小时转发 90 万，超过王菲宣布离婚微博转发总数，创微博信息扩散新纪录！而凌晨马某的微博回应，短短 13 个字，9 小时互动量也达到 174 万。

英国《每日邮报》于 4 月 1 日就此事做出报道，并称从未有过如此高人气的道歉。报道这样写道：著名演员文某于 3 月 31 日登出的婚外情道歉声明打破了中国社交媒体关注量纪录。《每日邮报》特别指出，这个道歉打破了之前微博转发和评论纪录。

2.1.4.3 破坏性

由于危机事件常具有“出其不意，攻其不备”的特点，不论什么性质和规模的危机，都必然不同程度地造成破坏，造成混乱和恐慌，而且由于决策的时间以及信息有限，往往会导致决策失误，从而带来无可估量的损失。并且危机往往具有连带效应，能够引发一系列的冲击，从而扩大事态。

2008 年汶川地震给中国特别是四川地区造成的损害，更能体现危机事件的这一特征。据民政部报告，截至 2008 年 9 月 25 日 12 时，四川汶川地震已确认有 69 227 人遇难，374 643人受伤，17 923 人失踪。据卫生部报告，截至 2008 年 9 月 22 日 12 时，因地震受伤住院治疗累计 96 544 人（不包括灾区病员人数），已出院 93 518 人，仍有 352 人住院，其中四川转外省市伤员仍住院 153 人，共救治伤病员 4 273 551 人次。据总参谋部报告，截至 2008 年 9 月 25 日，抢险救灾人员已累计解救和转移 1 486 407 人。

这次汶川地震造成的直接经济损失达 8452 亿元人民币。四川损失最严重，占总损失的 91.3%，甘肃占总损失的 5.8%，陕西占总损失的 2.9%。国家统计局将损失指标分三类，第一类是人员伤亡问题，第二类是财产损失问题，第三类是对自然环境的破坏问题。在财产损失中，房屋的损失非常大，民房和城市居民住房的损失占总损失的 27.4%；包括学校、医院和其他非住宅用房的损失占总损失的 20.4%；另外还有道路、桥梁和其他城市基础设施的损失，占总损失的 21.9%。这三类是损失比例比较大的，70%以上的损失是由这三方面造成的。

对于企业来说，危机不仅会破坏正常的经营秩序，更严重的是会破坏企业持续发展的基础，威胁企业的未来发展。日本雪印乳业公司是业界声誉卓著、信用可靠的一家公司。2000 年 6 月 27 日，它生产的低脂牛奶发生饮用者食物中毒现象。两天之后，雪印才公开承认有此事实，事情过了快一个月，雪印才在报纸以整版广告的形式向公众致歉。雪印公司由于危机处理迟缓，停产两周造成的直接损失就有 110 亿日元，而间接损失是雪印品牌形象一落千丈，丧失了公众的信任。

2.1.4.4 紧迫性

对组织来说，危机一旦爆发，其破坏性的能量就会被迅速释放，并呈快速蔓延之势，如果不能及时控制，危机会急剧恶化，使企业遭受更大损失。而且由于危机的连锁反应以及快速传播，如果给公众留下反应迟缓、漠视公众利益的形象，势必会失去公众的同情、理解和支持，损害品牌的美誉度和忠诚度。因此对于危机处理，可供做出正确决策的时间是极其有限的，而也这正是对决策者最严峻的考验。

1978 年，费尔斯通公司被卷入大量产品责任问题之中。该公司的主导产品、钢丝网子午线轮胎“费尔斯通 500”遭遇了数千起交通事故，导致了一两百例伤残，34 例死亡。美国议会监督与调查委员会为此专门召集了听证会，与会代表指责费尔斯通公司在明知存在质量隐患的情况下向社会出售轮胎，却没有向经销商和用户说明潜在的风险。然而，即便在美国国会调查做出结论之后，费尔斯通公司依然不愿承认轮胎的质量问题并召回这些轮胎。其实，在公众强烈抗议之前，这种轮胎保修期内的替换率已经高达 17%，但公司管理层坚持认为是驾驶不当和环境因素导致了交通事故。在公众越来越大的压力之下，费尔斯通公司于 1978 年自行召回了 1450 万费尔斯通 500 型轮胎，耗资 1.6 亿美元。这更加恶化了公司已经存在的财务危机。到 1979 年底，公司的负债超过了 10 亿美元，占公司总资产的 70%以上。

2.1.4.5 周期性

危机生命周期理论认为，危机有如人的生命周期一样，有从诞生、成长、成熟到死亡等不同的阶段，具有不同的生命特征。危机生命周期理论的主要内涵是指危机在不同的阶段有不同的生命特征，其一般有五个阶段：危机酝酿期、危机爆发期、危机扩散期、危机处理期、危机处理结果和后遗症期。

危机酝酿期：一般来说危机都是从渐变、量变，最后才形成质变，而量变是危机的成型与爆发，并且危机是由多个因素动态发展的结果，因此潜藏危机因素的发展与扩散是危机管理的重要阶段。

危机爆发期：突破危急的预警防线，危机便进入爆发期，并会威胁到组织的生存和发展，如果不能立即处理，危机将进一步上升，其杀伤范围与强度会变得更为严重。

危机扩散期：危机发生后，会对其他领域产生连带影响，有时会冲击其他领域，而造成不同程度的危机。

危机处理期：该阶段进入生命周期的关键阶段。后续发展完全取决于危机管理决策者的专业能力。通过建立危机预警机制，将其消灭于萌芽之中是最佳的危机处理途径。

处理结果与后遗症期：危机经过紧急处理后，可能得到解决，但无效的处理可能使危机的残余因素经过发酵，重新进入新一轮酝酿期。

很多研究者认为，在危机处理结果和后遗症期，危机风暴似乎已过，危机管理决策者压力不再那么强。但是，如果危机未能彻底解决，所疏忽的危机可能在后遗症期卷土重来，使危机不经酝酿期而再度被引爆，从而形成由危机本身带来的次生危机。

2.2 危机传播的概念与相关理论

2.2.1 危机传播的定义

随着全球化与信息化的不断加剧，地球村愈加成为人们的一种真实体验。然而，全球化与信息化也是一把双刃剑，在带给我们极大的资讯满足与快捷便利的同时，各种风险与灾难也随之而来。在充满不确定性的高风险社会，危机正在成为一种常态。荷兰莱登大学危机研究专家乌里尔·罗森塔尔（Rosenthal）认为：危机就是对一个社会系统的基本价值和行为准则架构产生严重威胁，并且在时间压力和不确定性极高的情况下，必须对其做出关键决策的事件。面对日益增多的危机事件，我们如何在危难中寻求生机？这是危机管理与危机传播所要回答的问题。危机管理在西方研究中又被称为紧急事件管理、紧急事件的风险管理和灾难风险管理。但无论危机管理的称谓有多少种，危机研究和管理的目的只有一个，那就是最大限度地降低人类社会悲剧的发生几率或者减少危机带来的损失。事实上，在整个涉及危机的研究中，危机管理、危机传播、风险管理和风险传播都是紧密相联的概念。危机管理旨在如何管理危机并最大限度地加以避免；危机传播重在最大限度地向内外公众以及媒体告知事件的信息；风险管理是识别危险并预测相关危及公众的风险；风险传播则是在危机发生的各个阶段如何与公众进行沟通。实质上，风险传播就是危机传播。美国学者将危机传播定义为在危机事件发生之前、之中以及之后，介于组织和其公众之间的传播。危机传播是危机管理的次一级研究领域，危机管理中的信息搜集、分析、处理以及沟通传播等管理内容都属于危机传播管理的范畴。

美国学者费姆·邦茨曾这样断言：“一个有效的传播不仅能减轻危机，还能给组织带来比危机发生之前更为正面的声誉，而低劣的危机处理则会损伤组织的可信度、公众的信心和组织多年来建立起来的信誉。”① 美国罗布森斯·史蒂文公司的董事长兼首席执行官罗布森斯也认为：“非常多地区性危机最终演变为全国甚至国际性问题通常是由于在地区层面时，对于信息的发布和交流的处置不当所导致的。”

传播学中的传播，指的是信息的传递和共享过程，是人与人之间所有关系赖以生成的

① 彭剑．应对重大危机：政府信息如何传播与管理——由“汶川大地震”引出的思考[J]．西南民族大学学报，2008（8）：159-159.

根本机制。传播学者约翰·迪伟认为，在人类的所有事物中，传播是最了不起的，通过传播这种社会互动行为，人们才得以建立和保持社会关系，彼此影响、相互作用。危机传播作为一种特殊的传播形态，既拥有一切传播形态的共通实质，又由于危机变量的介入，具备一些独有的特点①。例如信息发布主体更复杂、传播过程更不稳定、信息流容易产生无序变化等。从信息流的角度看，危机传播就是在危机前后及其发生过程中，在政府、媒体、公众内部和彼此之间的危机信息交流和作用的过程。

在危机事件中，新闻媒体的任务是负责危机事件中的信息流通。一方面，它及时向公众提供危机事件情况、政府处理对策等信息，解释政府行为，维护公众对政府的信心；另一方面，新闻媒体也通过舆论反馈向政府传递社会公众的感知和心理，提高政府的民意敏感度，为政府提供一定的导航功能，促进政府行政正常运作。优秀的媒体传播可以增强政府、媒体、公众三者之间的良性互动，使整个社会形成统一指挥、上下协调、反应灵敏、运转高效的危机应急机制。在近些年，媒体更承担了危机预警、调适公众心理和遏止谣言的重要功能。例如，在台风到来前，向预测受灾区域发布避灾警报；在社会弥漫紧张情绪时，调整媒体议程来转移公众视线或缓解公众心理；在虚假不实的危机信息流传时，予以辟谣，等等。从传播角度来看，社会媒体既是公众了解信息的主要渠道，同时也通过对信息量的控制、信息内容的选择、信息强度的设置、信息焦点的转移，影响着公众意见。其能否有效地进行危机信息传播，在非常大程度上会影响公众对危机的感知和行为选择，也会对政府的危机管理产生影响。具有社会责任感的主流媒体，应积极发挥“桥梁”的沟通作用，实现政府、媒体、公众三者的良性互动。

危险事件一旦被公众获知，危机将以迅速和不可预料的方式传播出去。除了主流媒体的即时报道之外，被放大的危险信号、谣言也会从各种非正式的渠道和社会网络中弥散开来。因此，政府通常感到危机难以控制，一种危机出现之后会以更严重的方式转化为另一种危机。危机的动态特性要求政府迅速、灵活、动态地做出反应。有学者指出，在一场危机中，媒体和公众往往给危机贴上“严重的”、“极有害的”标签。媒体的宣传报道事实上放大了这种“危险性”，引导着公众把注意力集中在危机的负面因素上。这样导致的结果是，公众的主要关注点从危机事件本身转移到对政府危机管理能力的考量与质疑上。

2.2.2 危机传播与媒介

危机传播是一个互动的过程。在这一过程中，信息和观点在个人、群体和组织之间流动、交换。同时，在此过程中，媒体扮演着极其重要的角色。有三个方面的因素决定着媒体报道危机事件时的态度：一是政府如何处理此次危机，二是政府以往如何进行危机管理，三是政府和媒体的关系如何。媒体对危机的报道态度将会直接影响到危机的“危险性”是被放大还是被缩小。有时，一次失败的危机传播可以将一次“事故”转化成一场危机。因此，在后工业时代，媒体拥有强大的能量来定义一场危机，进而影响并引导公众

① 任铁群．媒体危机传播对公众危机感知的影响研究［D］．合肥：中国科学技术大学，2009：11-27.

对危机的态度。除了媒体之外，其他正式或非正式的信息渠道也通过自身掌握的信息，报道并评判政府在危机管理中的所作所为。这些非主流但切实存在的信息网络时时刻刻观察着政府的反应并对其做出评价。一旦有异于政府的声音，各种信息和评论立即会从这些渠道流传出来。由此看来，在一场危机中，不同的意见、观点都会发出自己的声音，政府存在于一个多方意见交汇的焦点，进行有效的危机传播十分必要。

有关危机传播的概念至今仍莫衷一是，通常是指当危机事件出现的时候，包括危机发生前后及发展过程中，迅速地在社会组织、媒体及公众中散布流传的信息流通过程。国内学者方雪琴在《信息公开与媒体理性——试论危机传播中的舆论引导策略》一文中，将危机传播定义为“针对社会的危机现象和事件，如何利用大众传媒及其他手段，对社会加以有效控制的信息传播活动。它的目的在于，按照社会传播和新闻传播规律，对危机处理过程进行干预和影响，使危机向好的方向转化。在时间紧、非常态的情况下，大众传媒更多地被运用到危机传播中”。《危机传播与新闻发布》一书中也有对危机传播的定义，危机传播就是在危机前后及其发生过程中，在政府部门、组织、媒体、公众之内和彼此之间进行的信息交流过程。如果从传播学的角度来看待这件事情，有效地正确引导传播是可以减轻危机带来的危害的，并且能够给卷入危机的组织和个人赢得良好的声誉。但是任由危机自由传播或者是处理不当，就会严重损害相关组织的公信力和公众对该组织的信任程度，多年来积累的信誉可能会功亏一篑。这些组织是泛指，可以包括企业，还可以包括国家、政府以及一切社会组织。危机传播可以分为两种不同的属性，危机传播其实是一种特殊的传播方式，它在异化的情景中迅速散布，犹如涟漪，波及甚广。这两方面的一个属性是，它实质上也是一种传播方式，因此，遵循所有传播方式的共有特点；另一属性是它掺杂了危机变量，因此又出现非常多变数，而呈现出不同的特点，有其独特的一面。在通常情况下，信息的传播应该是一种信息共享，它通常发生在特定的传播领域，传播方和受众方应该具有一致的相通的符号体系和话语，因此能够迅速有效地对接话语。传播方和接收方在这种一致的语言环境下传播和接收信息，在双方默认的统一语义中进行话语的双向传播和信息流动。但是在危机情况下，信息传播有着其自身的许多特点，是一种不断变化的传播方式，主要是由于危机变量在其中导致的传播信息渠道和方式有了非常大的变数，容易使信息传播产生许多变数，发生渠道或者方向的偏移，从而爆发出意料之外的危机。

2.2.3 危机传播的特点

危机传播遵循所有传播形态的共同实质，又由于危机事件的特点和其他变量的介入，呈现出它独特的一面。同任何事物一样，要了解危机传播就得追本溯源，要考察危机传播的特点首先必须明确危机事件的表现和传播的实质。

认识危机事件的发展规律和传播的实质可以帮助我们更好地探索危机传播的普遍性和特殊性，了解危机传播中的关键，以便更有效地应对和解决危机。简要来说，危机事件主要呈现出突发性、复杂性、关联性、破坏性和偶然性等特性。而对危机事件的传播也遵循一般的传播规律。首先，传播是一种信息共享过程。信息在传播过程中交换、流动和扩散，并将单个或少数人占有的信息转化为两个或多个人所共有。其次，传播是在特定

"场域"内进行的特定社会关系的体现。任何传播都产生于特定的社会关系，包括经济关系、法律关系、角色关系、政治关系等，因而传播总是被设定于特定的传播语境之中。其实，从传受双方表述的内容和采取的手段，就可以了解个体本身不同的社会角色和地位。从另一个角度来看，传播是变化着的主客体互动关系。传者作为传播的发起者通常处于主导地位，然而受者也因其主观能动性，不断改变传播的势能。再者，传播是一个系统，是信息流动"过程的集合体"。换言之，它是"社会信息的流动以及社会信息系统的运行"，它既是一种社会化的行为，又是一种人际间的关系。传播是多种要素进行互动、交换和整合的过程，是依照特定规则和机制运行的动态系统。传播的系统性还表现在它不仅作为一种具体的行为或过程存在，同时也是多种行为、过程相互作用的集合体，是内在与外在不断进行能量输出与输入的有机体。

总地来说，传播是多种要素进行互动、交换和整合的过程，是依照特定规则和机制运行的动态系统。危机传播则是这个动态系统非正常机制下的一种状态，它就是一个变异了的传播系统。因此，由于在危机传播中危机变量不同方式和程度的介入，传播的特点也发生了一定的改变。具体来看，危机传播主要呈现出以下几个特点：

（1）传播载体的混乱。传播通道和传播载体的混乱是危机传播的一个显著特征，换言之，危机传播也是不确定意义和混乱符号的共享过程。在危机传播中，危机传播的复杂性缘于意义不确定性的增加，在这样的状态下，既定的符号意义被打乱，意义空间被打破，其真实性、准确性和完整性都可能无法实现，出现被误读、被误解的现象。与此同时，组织与利益相关者对符号的选择、编码和解码都面临着困境，所有传播工具和手段都可能失灵。由符号混乱和意义不确定性产生的效应和后果将相互加剧，那么，混乱的载体传递着不确定的内容，传播结构和传播系统就在这样的必然条件下失调。

（2）主客体互动的无序。在常态下，组织或危机主体拥有一定的传播强势，而当危机事件发生时，这些优势和权威都几乎不复存在，利益相关者的个体弱势也可能改变。各种舆论重压从四面八方向危机主体袭来。一方面，传播对象的利益相关者在组织上是多元的，在危机事件之前并未联动的他们也许会瞬间改变分散的态度，或者匿名产生效应。这些对象分布在各地，难以确定。另一方面，从利益相关者的角度来看，作为传播对象的组织又是可以分辨的，他们自己对危机信息产生或消极或积极或支持或旁观的选择也显而易见。在这个过程中，利益相关者的不同群体进行着主、客体角色的转换，主动或被动地互动，这个互动过程是复杂不易察觉的，但意见领袖在整个传播的"场域"角力，各显身手。

（3）信息系统的失衡。传播系统在危机传播中显示得格外脆弱，这也是所有危机的一个共同点。由于各种媒介发布的不同信息，公众对危机的发生、发展进行各种猜测，对危机的后果和影响各自评估，对引发危机或危机管理不善的组织进行指责和批判。总之，在危机爆发后，短时间内舆论出现严重的一边倒倾向。人们"趋利避害"的本能渐渐凸显，虽然纷繁芜杂的信息实质上是一致的，危机信息传播表面上的"多样性"，在一定程度上掩盖了这种内在一致性的本能，但仍然可以发现，公众有的选择旁观，有的选择走向组织的对立面。也就是说，在危机传播中，组织与利益相关者出现沟通障碍，信息不对称由此产生，两者"契约系统的多样性调适遭遇巨大挑战"。整个危机传播就是各种信息碎片的杂合体，结构和秩序的改变，使传播系统内原本有章可循的信息传播过程，在短时间内充斥着各种信息碎片。也就是说，危机传播就是基于特定结构方式的常态传播系统，由于危机事件的爆发，渐渐失去平衡，而整个传播系统也因此面临着被破坏、被消解的危险。

2.2.4 危机传播的原则

当今时代，公众获取信息的方式多种多样，既有传统的平面媒体，如报纸、书籍和电视等，也有手机、互联网等立体媒体。危机传播也呈现出多样化的情形。危机传播即是大众传播在特殊规定的方式中的一种情况，因此也会遵守大众传播的普遍原则，但也有其自身的特点和原则。下面将主要讨论危机传播的特殊原则性。

2.2.4.1 主动性原则

对于大众传播的社会功能，有几种比较著名的说法。无非是拉斯韦尔的三功能说和赖特的四功能说，再就是威尔伯·施拉姆在《传播学概论》一书中的阐释，这几种观点的主要共同点就在于都充分肯定了大众传播具有监视的功能。在危机传播发生时，这一点就表现得尤为突出。正所谓无风不起浪，在任何形式的危机传播大规模爆发之前，都有一定的症状或者前期表现。这时，新闻媒体就应该主动出击，积极探寻事情的来龙去脉，究其发生原因，找出传播特点，提出应对之策，最大程度地挖掘危机的真实信息，及时传递给广大民众，以便民众能及时掌握真实信息，以免轻信虚假信息，使民众能够有效应对危机，减少损害。

2.2.4.2 及时性原则

新闻报道本身要求及时性，信息不能及时报道就会成为旧闻，可以说及时性是新闻的实质特性。陆定一曾经说过，新闻就是对最新发生的事情的报道。之所以探讨及时性，是由于危机发生具有突然性的特点，并且又有传播的迅捷性，其破坏性后果扩散极为迅捷，如果新闻媒体不能及时发现并发布正确的事实，而任由危机肆意自由散布，就非常难以控制危机。只有第一时间把正确信息传播出去，遏制小道消息的恣意妄为，才能为政府和社会组织及时控制事态、民众及时掌握真相提供支持，民众也能争取到最大的利益，有足够的时间来应对危机，尽最大努力减少危机给民众带来的毁害性的恶果。

2.2.4.3 指导性原则

危机传播有其自身的特点，它在很多方面与一般的大众传播有明显的区别。但由于危机事件一般都有其负面的方面，在传播过程中又不免被放大扩散。所以，在报道此类事件时，就要十分注意指导原则。在报道时，要有把握地进行指导性的引导，除了应该把时间、地点、人物等新闻报道的基本要素说明白以外，还要重点向公众说明事实，提供方向，指引行动的方向，使民众获得正确信息，及时得到正确指引，采取正确的行动方向，趋利避害，更好地迎接危机，尽可能防止危机所导致的损坏。

2.2.4.4 一致性原则

在熟知的危机事件中，我们能够得出这样的结论，危机通常是一种突发性事件，它的发生一般是较低概率、超高风险的。因此，大众媒介在采访报道危机传播的时候，也要注意一致性原则。媒体既要做到不能人云亦云、随波逐流，随意放大危机事件可能的危害后果，也不能没有主见地随意评论，传达两种不同的意见，以免使得公众在相互矛盾的信息中不知道如何处理。新闻报道的一致性就是要求前后报道的内容尽量保持一致，尽可能在事实的范围内保持一致，与权威渠道的消息保持一致。在危机传播中尽量采用政府部门和权威专家的观点和建议，以便民众在危机中能得到权威一致的信息的指导，而不会在混乱的消息中无所适从。

2.2.4.5 沟通性原则

危机传播中一个重要的原则就是沟通的有效性。信息除了要及时、准确一致地传播给公众以外，还需要注意沟通的有效性，就是注意与民众的有效沟通。忽略民众的感受，一味地自说自话，就难以达到有效沟通，无法消弭危机的快速传播，使危机传播更加疯狂。由于民众无法得到有效的信息，那么就只能任由危机消息恣意乱传。因此，危机传播的主导方就应该以新闻媒体为中心，进行消息的有效传递，注重受众的感受，达到双方的有效沟通。有效的沟通不仅可以使政府和社会组织等主导方利用媒体等渠道正确发布消息，有效传达正确信息，更重要的是能够凭借沟通使两方互相谅解，彼此相信，把危机转化为机遇，为进一步的发展打下良好的基础。

2.2.5 危机传播的有关理论

2.2.5.1 斯蒂文·芬克的阶段分析理论

从危机传播研究的学术史来看，目前有两种主要的研究路径：一种是管理学取向，一种是修辞学取向。管理学取向着力于研究危机传播中的传者环节，即组织自身的自主性、专业性、决策能力等；修辞学取向则更多地聚焦于危机传播中的信息环节，旨在帮助组织运用各种话语和符号资源来化解危机，挽回形象。研究政府危机传播管理，要从政府危机管理说起。政府危机管理是西方公共行政研究的传统课题，有关政府危机管理的研究，学者普遍认为最早始于美国1962年古巴导弹危机，它首先被用来预测政治形势以及采取措施的后果和价值。在西方政府危机管理领域，最具影响力的理论著作主要有罗森塔尔（美）的《危机管理：应对灾害、暴乱与恐怖主义》、劳伦斯·巴顿（美）所著的《组织危机管理》、罗伯特·希斯（澳）所著的《危机管理》及威廉·L. 沃（美）的《应对危机四伏的生活：突发事件管理导论》等。这些学者从各自的角度，对政治危机加以分析，包括政治制度的变迁、政权的变更、政治冲突和战争等事项，其目的在于探索政治危机产生的根源，并寻求应对政治危机、维护政治稳定的途径。此外，国外学者在政府危机传播管理的研究中，还产生了不少研究成果。其中在危机传播模式的研究方面，比较系统的危机传播模式有斯蒂文·芬克的“阶段分析理论”。

斯蒂文·芬克在1986年关于危机传播提出了四段论模式。

第一个阶段是危机潜在期。这个阶段是危机处理最容易的时期，但是却最不易为人所知。

第二个阶段为危机突发期。这是四个阶段中时间最短、但是感觉最长的阶段，而且它对人们的心理造成最严重的冲击。

第三个阶段为危机蔓延期。这是四个阶段中时间较长的一个阶段，但是如果危机管理得力，将会大大缩短这一时间。

第四个阶段是危机解决恢复期。此时，组织从危机影响中完全解脱出来，但是仍要保持高度警惕，因为危机仍会去而复来。芬克的这种危机阶段分析理论的特点是提供了一个综合性的循环往复的危机全过程。

2.2.5.2 形象修复理论

形象修复理论（Image Restoration）是与危机传播理论紧密相关的一个理论体系，该理论的代表人物是美国学者班尼特（Benoit）。他认为企业在发生危机之后应该迅速对该危机承担责任，从而使得危机对企业形象造成的损害减至最低。具体而言，班尼特提出了五项具体的策略用以修复组织的形象①。

（1）否认。否认是组织在形象修复中可以首先使用的策略，班尼特认为否认包括两种形式，第一种就是直接否认，既可以向公众否认组织没有做过任何被指责的行为，也可以直接否认危机事件的发生。第二种否认方法是将指责转移给他人，也就是当组织发生危机之后没有直接否认自己有过任何失当行为而是寻找第三方，将危机发生的原因归咎于第三方，这种做法既为公众找到了一个应该攻击的目标，又将自己从危机中隔离出来。一般来说，如果公众相信组织所进行的否认，那么这一策略对于迅速将组织与危机划清界限是十分有效的，但是如果运用不当反而可能使得公众认为组织是在逃避责任，从而对组织的形象产生更加不好的影响。

（2）规避责任。对于那些不能进行否认的危机，组织通常还可以通过合理的规避责任来修复其受损的形象。这一策略具体又分为四种主要的方法：正当回应、无力控制、意外、本意良好。正当回应指的是当组织被认为要对某次危机事件负责时，组织可以向公众解释其之所以会做出不当的行为完全是对另外一种侵犯性行为的正当回应，组织之所以会犯错，是由于其在捍卫自己的正当权益。如果公众信任组织的这种解释，那么组织受损的形象就可以在一定程度上得到修复。无力控制指的是组织进行危机回应时，可以向公众宣称之所以会发生危机事件，是由于组织缺少相关信息或能力对危机进行控制，因而才造成危机的发生，这种解释表明组织不应当对危机的发生负全部责任，因而也可以在一定程度上减少公众对于组织的敌意。意外是指组织可以将危机事件或是组织曾经做出的失当行为归结为一次意外，人们一般对人为因素造成的危机更加不能原谅，而对那些不因人为因素而引发的意外事故则更加具有宽容性，因此这种方法也可以帮助组织修复形象。本意良好

① 鲁津．形象修复理论在企业危机传播中的应用——以“双汇瘦肉精”事件为例[J]．现代传播，2011（9）：49-50.

指的是组织可以向公众解释组织虽然做了某些不当的行为，但其本来的意图是良好的，即所谓的好心办了坏事，如果公众可以接受组织的这种解释，或多或少也可以减轻其对组织的敌意。

（3）减少敌意。减少敌意即指组织发生危机之后通过各种方法减少公众对于组织产生的敌意，从而减少对于组织形象的伤害。减少敌意具体包括六种方法：强化支持、最小化危机、区别化、超脱、反击、补偿。强化支持是指组织可以通过加强公众对组织的积极看法从而抵消公众心中产生的消极情绪。使用这一方法时，组织可以强调它在过去所创造的辉煌历史，以及在过去与公众培养的良好的关系。最小化危机是指组织可以尽量降低公众心中危机的严重性，当公众认为危机并没有他们想象的那么严重时，由于危机而产生的负面情绪也会在某种程度上得到消解。区别化指的是组织可以将危机事件与那些伤害更为严重的行为区别开，在对比之下使公众认为该危机并不十分严重，从而缓解对于组织的敌意。超脱指的是组织可以提醒广大公众有更为重要的事情值得关注，这样一来可以将公众的注意力从此次危机事件上转移开，从而减少公众对于组织所产生的敌意。反击指的是组织可以攻击那些指责组织的群体或个体，可以通过各种方法降低那些责备群体或个体的可信度，从而使公众减少对于组织的敌意。补偿即指组织对危机事件的受害者进行物质或精神上的补偿，以此达到减少敌意的效果。

（4）纠正行为。这一策略是指危机发生之后，组织承诺会纠正自己的不当行为，通常组织可以采取声明的形式承诺不会再发生类似的危机事件。这种纠正行为的策略既可以当作是道歉策略的一种，同时又可以在组织不承认错误的情况下直接使用。这一策略在一定程度上也可以提升组织的形象。

（5）表达歉意。毋庸置疑，犯错之后进行道歉在一定程度上是有效的，对于由组织的不当行为而引发的危机，组织在对事件承担责任的基础上，可以通过表达歉意的方式获得公众的原谅，以期修复受到损害的形象。

以上就是班尼特形象修复策略的主要内容，该策略关注的是组织在危机发生之后对外进行危机传播的内容，而该策略在实质上就是解决组织如何通过危机传播修复受损的形象。班尼特形象修复策略的使用有两个前提：一是公众认定组织对危机事件负有责任，二是公众对企业是否承担责任的看法远远大于事件本身。

2.3 危机传播模式

危机传播模式的研究主要形成了三大范式，借鉴了三个学科中的研究模型和范式，即传播学范式、管理学范式和公共关系学范式。

2.3.1 主要的传播学范式

2.3.1.1 拉斯韦尔的5W模式

1948年，美国政治学家、传播学四大奠基人之一的哈罗德·拉斯韦尔发表了《社会传播的结构与功能》一文。在这篇文章中，拉斯韦尔明确提出了传播过程及其五个基本构成要素，即：谁（who）、说什么（what）、通过什么渠道（in which channel）、对谁（to whom）说、取得什么效果（with what effect），即“5W 模式”。这个模式简明而清晰，是传播过程模式中的经典。后来非常多学者对此进行过各种修订、补充和发展，但大都保留了它的实质特点。

5W 模式的称谓来自模式中五个要素同样的首字母“W”。这五个要素又构成了后来传播学研究中的五个基本内容，即控制研究、内容分析、媒介研究、受众研究和效果研究。这五个要素各有其自身的特点：

“谁”就是传播者，在传播过程中担负着信息的收集、加工和传递的任务。传播者既可以是单个的人，也可以是集体或专门的机构。

“说什么”是指传播的信息内容，它是由一组有意义的符号组成的信息组合。符号包括语言符号和非语言符号。

“渠道”，是信息传递所必须经过的中介或借助的物质载体。它可以是诸如信件、电话等人际之间的媒介，也可以是报纸、广播、电视等大众传播媒介。

“对谁”，就是受传者或受众。受众是所有受传者如读者、听众、观众等的总称，它是传播的最终对象和目的地。

“效果”，是信息到达受众后在其认知、情感、行为各层面所引起的反应。它是检验传播活动是否成功的重要尺度。

哈罗德·拉斯韦尔于 1932 年提出并经过 16 年修正、补充而成的 5W 传播模式，第一次将传播活动明确表述为由五个环节和要素构成的过程，奠定了传播学研究的范围和基本内容，为人们理解传播过程的结构和特性提供了具体的出发点。

拉斯韦尔的功绩在于他通过这个 5W 传播模式正确地指明了传播学研究战略的主攻方向，使传播学界的主力军在近半个世纪里，把主要精力用在考察、研究传播过程的基本要素上，取得了巨大成果，为整个传播科学的长足发展奠定了深厚、扎实的基础。

2.3.1.2 香农—韦弗模式

香农—韦弗模式是用来描述电子通信过程的。在这个模式中，传播被描述为一种直线性的单向过程，包括了信息源、发射器、信道、接收器、信息接收者以及噪声六个因素，这里的发射器和接收器起到了编码和译码的功能。它的第一个环节是信息源，由信息源发出信息，再由发射器将信息转为可以传送的信号，经过传输，由接收器把接收到的信号还原为信息，将之传递给信息接收者。在这个过程中信息可能受到噪音的干扰（例如，在收看广播电视节目时，天线接收功能不好，电视信号弱而非电视信号又过强，造成图像不清晰；教室里光线过强，影响了显示在屏幕上的投影图像的清晰度；教室外过道上的谈话声过大，影响了课堂的教学授课及学生听讲等；这些都可以看作是噪声的影响），产生某些衰减和失真。

香农—韦弗模式中第一个传播过程的模式是由贝尔电话实验室的香农（Claude Shannon）提出的。开始，由于香农的工作背景，他只对传播的技术感兴趣。后来，他与韦弗（Warren Weaver）合作研究，使这个模式在其他传播问题上有了更广泛的应用，通常称为香农—韦弗的传播模式。尽管以后人们又开发了许多传播模式，但是香农—韦弗模式让我们能确定并分析传播过程中的各个重要阶段和传播要素，因而非常有用。

数学模式把传播描述成一种直线的单向传播过程，整个过程由五个环节和一个不速之客——噪音构成。“噪音”概念的引入，是这一模式的一大优点。噪音不是信息源有意传送而附加在信号上面的任何东西，它指的是一切传播者意图以外的、对正常信息传递的干扰。构成噪音的原因既可能是机器本身的故障，也可能是来自外界的干扰。克服噪音的办法是重复某些重要的信息。

在危机信息的传播过程中，危机事件自身蕴含的巨大信息量通过各种符号向外传递，如文字、声音、图像等，这属于危机的编码过程。经过编码的信息通过各种形式对外传播，如通过新闻发言人向媒体、公众公布信息，危机现场的公众通过物理现象了解信息，危机管理者通过人际传播了解信息等，这就是危机的通道。公众通过各类媒体、语言、物理现象等了解危机的相关信息，这就是危机的解码过程。在危机信息的传递过程中，信息在各个传播环节将受到各类因素的干扰，如信息失真、信息传递不及时、缺少信息传播渠道、理解失误、无关信息的干扰等，都属于噪声，噪声将对危机信息的传播起到负面影响。危机信息的接收者在感知到危机信息后，将做出相应的反应。危机发送者，如政府，在了解公众的反应后，将对危机信息的发送做出调整，这一过程就是反馈的过程。

危机信息传播过程的具体要素详解如下：

（1）危机事件。不同类型的危机事件，其对外传播的动力差异较大。公共性强的危机事件，易于被公众关注，并且易于迅速传播。同时，造成严重人员伤亡或财产损失、对国家或区域带来严重声誉影响的危机事件同样也易于被公众所关注。而频繁发生、公共性较小的危机事件，则难以引起公众的关注，如特大交通事故、矿难事故等，对公众的吸引力已经逐渐弱化。

（2）危机编码。危机编码指危机处理组织对外公布危机信息所采用的方式、策略等内容。2006 年 1 月 8 日颁布实施的《国家突发公共事件总体应急预案》规定：“突发公共事件的信息发布应当及时、准确、客观、全面。事件发生的第一时间要向社会发布简要信息，随后发布初步核实情况、政府应对措施和公众防范措施等，并根据事件处置情况做好后续发布工作。信息发布形式主要包括授权发布、散发新闻稿、组织报道、接受记者采访、举行新闻发布会等。”这些信息公开机制进一步规范了政府在危机状态下的信息传播机制和危机编码规则。

（3）通道。通道是指传递危机信息的渠道。在危机发生现场，危机信息的传递通过物理编码进行。如通过声音、热能、动能、气味、强光等传播，通过直接作用于人体，引发公众的应激反应。而危机信息在公众中的传播，主要采用的是人际传播、组织传播及大众传播方式，其传播媒介借助于报纸、电视、广播、互联网、电话等。在传统大众传播时代，报纸、电视、广播在信息传播的过程中占据着主导地位。而随着信息技术的发展，互联网等新的信息传播方式逐渐占据重要份额，其主要工具有网络、无线通信工具等。

（4）危机解码。危机解码是公众对危机信息进行解读的过程。解码过程受到公众的背景信息的影响。2003 年春的全球 SARS 事件，各国对于境外人员采取的限制态度差异非常大。这就是不同国家对于同一危机信息的个体解释不同。而公众对于接收到的同一危机信息的解码不同，将会导致巨大的差异性反应。作为政府，应尽量提高公众对于危机信息的同嗜性，引导其在危机状态下产生科学的应激反应。

（5）噪声。噪声是妨碍危机信息传播并能够造成信息失真的干扰因素，它存在于危机传播中的任一环节。如不准确的沟通语言、难以辨认的字迹、不合实际的举止、小道消息、谣言等，这些都属于噪声。噪声能够降低危机信息传递的有效性，使危机发送与危机接收之间产生较大的差异。冗余信息表示给定信息源在实际发出消息时所包含的多余的信息量。通过提高冗余信息，加强关键信息的传播频率和传播次数，能够降低信息的影响，提高传播的效果。如在危机状态下，要加强公众如何自救等信息的冗余，以此加深公众的印象，达到传播的目的。

（6）危机反馈。危机反馈是公众根据感知到的危机信息进行解码，表明自己对危机事件的态度或立场，以此来改变危机处理者处理危机的方式。通过危机反馈，公众可以对危机事件所揭示的信息或问题进行评论，形成舆论压力，以此来影响政府或危机处理者的决策。然而在传统的大众传播中，通道即媒介往往不掌握在公众手中，公众作为受体较为被动，反馈渠道往往不甚通畅，反馈信息数量有限，并且反馈得到回应继而产生效用的历时较长。

2.3.1.3 德弗勒的互动过程模式

德弗勒的互动过程模式，是主要的传播过程模式之一，它于20世纪50年代由美国社会学家M. L. 德弗勒创立，又称“大众传播双循环模式”。

德弗勒的互动过程模式是在香农—韦弗模式的基础上发展而来的，该模式的主要内容是在闭路循环传播系统中，受传者既是信息的接收者，也是信息的传送者，噪声可以出现于传播过程中的各个环节。该模式明确补充了反馈的要素、环节和渠道，突出双向性，被认为是描绘大众传播过程的一个比较完整的模式。

德弗勒的互动过程模式克服了香农—韦弗模式单向支线的缺点，明确补充了反馈的要素、环节和渠道，使传播过程更符合人类传播互动的特点。与此同时，这个模式还拓展了噪声的概念，认为噪声不仅对信息，而且对传达和反馈过程中的任何一个环节或要素都会发生影响，这一点加深了传播学界对噪声所起的作用的认识。该模式适用范围比较普遍，包括大众传播在内的各种类型的社会传播过程，都可以通过这个模式得到一定程度的说明。

该模式未能超出从过程本身或从过程内部来说明过程的范畴。从辩证法的观点来看，事物的运动过程不仅仅取决于过程的内部因素或内部机制，还会受到外部条件或外部环境的制约和影响。在德弗勒的模式中，唯一提到的一个外部影响因素是“噪声”，但是，影响传播过程的外部条件和环境因素的全部复杂性，并不是一个简单的“噪声”概念能说明的。

2.3.1.4 奥斯古德—施拉姆模式

1954年，施拉姆在C. E. 奥斯古德的观点的基础上，提出了一个新的过程模式，称为“循环模式”。这个模式强调社会传播的互动性，并把传播双方都看作是传播行为的主体，这无疑是正确的，但是其缺点是未能区分传受双方的地位差别，由于在实际生活中传授双方的地位很少是完全平等的。另外，这个模式虽然能够较好地体现人际传播尤其是面对面传播的特点，对大众传播过程却不能适用。施拉姆本人也意识到了这一点，于是在同一篇文章中又另外提出了一个大众传播过程模式，即大众传播过程模式。

大众传播过程模式充分体现了大众传播的特点。构成传播过程的分别是大众传播与受众，这两者之间存在着传达与反馈的关系。作为传播着的大众媒体与一定的信源相连接，又通过大量复制的信息与作为传播对象的受众相联系。受众是个人的集合体，这些个人又分属于各自的社会群体；个人与个人、个人与群体之间都保持着特定的传播关系。

施拉姆的这个模式在一定程度上揭示了社会传播过程的相互联结性和交互性，已经初步具有了系统模式的特点。

2.3.2 管理学和公共关系学等主要范式

2.3.2.1 危机处理 3T 原则

3T 原则是危机处理的一个法则，有三个关键点，每个点以英文字母“T”开头，所以称为 3T 原则。它是由英国危机公关专家里杰斯特在《危机管理》一书中提出的，强调危机处理时把握信息发布的重要性。

Tell Your Own Tale（以我为主提供情况），强调政府牢牢掌握信息发布主动权；

Tell It Fast（尽快提供情况），强调危机处理时政府应该尽快不断地发布信息；

Tell It All（提供全部情况），强调信息发布全面、真实，而且必须实言相告。

3T 原则是处理危机事件时非常重要的一个法则，突出强调了危机处理时的三个关键点：主动、及时、真实。

2.3.2.2 危机管理 5S 原则

目前在国内，被业界奉为经典的“关键点危机公关 5S 原则”是危机处理的主流理念。“关键点危机管理 5S 原则”是由被誉为“危机公关第一人”、知名危机公关专家、关键点公关董事长游昌乔先生倡导提出的。

（1）承担责任原则（SHOULDER THE MATTER）。危机发生后，公众会关心两方面的问题：一是利益的问题。利益是公众关注的焦点，因此无论谁是谁非，组织应该承担责任。即使受害者在事故发生中有一定责任，组织也不应首先追究其责任，否则会各执己见，加深矛盾，引起公众的反感，不利于问题的解决。二是感情问题，公众非常在意组织是否在意自己的感受，因此组织应该站在受害者的立场上表示同情和安慰，并通过新闻媒介向公众致歉，解决深层次的心理、情感关系问题，从而赢得公众的理解和信任。

实际上，公众和媒体往往在心目中已经有了一杆秤，对组织有了心理上的预期，即组织应该怎样处理，我才会感到满意。因此组织绝对不能选择对抗，态度至关重要。

（2）真诚沟通原则（SINCERITY）。组织处于危机漩涡中时，是公众和媒介的焦点。你的一举一动都将接受质疑，因此千万不要有侥幸心理，企图蒙混过关。而应该主动与新闻媒介联系，尽快与公众沟通，说明事实真相，促使双方互相理解，消除疑虑与不安。真诚沟通是处理危机的基本原则之一。这里的真诚指“三诚”，即诚意、诚恳、诚实。如果做到了这“三诚”，则一切问题都可迎刃而解。

一是诚意。在事件发生后的第一时间，组织的高层应向公众说明情况，并致以歉意，从而体现组织勇于承担责任、对消费者负责的组织文化，赢得消费者的同情和理解。

二是诚恳。一切以消费者的利益为重，不回避问题和错误，及时与媒体和公众沟通，向消费者说明消费者的进展情况，重拾消费者的信任和尊重。

三是诚实。诚实是危机处理最关键也最有效的解决办法。我们会原谅一个人的错误，但不会原谅一个人说谎。

（3）速度第一原则（SPEED）。好事不出门，坏事行千里。在危机出现的最初 12~24 小时内，消息会像病毒一样，以裂变方式高速传播。而这时候，可靠的消息往往不多，社会上充斥着谣言和猜测。组织的一举一动将是外界评判组织如何处理这次危机的主要根据。媒体、公众及政府都密切注视组织发出的第一份声明。对于组织在处理危机方面的做法和立场，舆论赞成与否往往都会立刻见于传媒报道。

因此组织必须当机立断，快速反应，果断行动，与媒体和公众进行沟通，从而迅速控制事态，否则会扩大突发危机的范围，甚至可能失去对全局的控制。危机发生后，能否首先控制住事态，使其不扩大、不升级、不蔓延，是处理危机的关键。

（4）系统运行原则（SYSTEM）。在逃避一种危险时，不要忽视另一种危险。在进行危机管理时必须系统运作，绝不可顾此失彼。只有这样才能透过表面现象看实质，创造性地解决问题，化害为利。

危机的系统运作主要是做好以下几点：

第一，以冷对热、以静制动：危机会使人处于焦躁或恐惧之中。所以组织高层应以“冷”对“热”，以“静”制“动”，镇定自若，以减轻组织员工的心理压力。

第二，统一观点，稳住阵脚：在组织内部迅速统一观点，对危机有清醒认识，从而稳住阵脚，万众一心，同仇敌忾。

第三，组建班子，专项负责：一般情况下，危机公关小组的组成由组织的公关部成员和组织涉及危机的高层领导直接组成。这样，一方面是高效率的保证，另一方面是对外口径一致的保证，使公众对组织处理危机的诚意感到可以信赖。

第四，果断决策，迅速实施：由于危机瞬息万变，在危机决策时效性要求和信息匮乏条件下，任何模糊的决策都会产生严重的后果。所以必须最大限度地集中决策，迅速做出决策，系统部署，付诸实施。

第五，合纵连横，借助外力：当危机来临时，应充分和政府部门、行业协会、同行企业及新闻媒体充分配合，联手对付危机，在众人拾柴火焰高的同时，增强公信力、影响力。

第六，循序渐进，标本兼治：要真正彻底地消除危机，需要在控制事态后，及时准确地找到危机的症结，对症下药，谋求治“本”。如果仅仅停留在治标阶段，就会前功尽弃，甚至引发新的危机。

（5）权威证实原则（STANDARD）。自己称赞自己是没用的，没有权威的认可只会徒留笑柄。在危机发生后，组织不要自己整天拿着高音喇叭叫冤，而要曲线救国，请重量级的第三者在前台说话，使消费者解除对自己的警戒心理，重获他们的信任。

2.3.3 危机传播模式的构建

模式的构建，有助于人们认识事物的普遍规律，能够帮助人们对同一类别规律进行指导。政府危机传播工作是一项长期而又艰巨的工程，在纷繁复杂的危机应对工程中，除了政府部门积极转变职能角色，从主观上来建设危机传播工作以外，更需要依照科学的理论模式，来指导帮助危机传播工作。

近年来，针对危机传播工作的理论模式构建逐步丰富起来。就目前来看，学界存在的政府危机传播模式从起初的借鉴常态传播模式到近年来更加科学的模式，已变迁更新达数十种。而对前人的总结与学习，也对本书模式重构有所帮助。下面本书将列举几个具有代表性的政府危机传播模式，以观察政府危机传播模式研究演变的规律，并试图从中总结出本书所需要的危机传播模式的内在规律。

2.3.3.1 以施拉姆大众传播模式为代表构建危机传播模式

大众传播模式是施拉姆在《传播是如何进行的》一文中结合奥斯古德模式提出的。该模式的中心是媒介组织，其构成传播过程的双方是大众传媒和受众，两者之间存在着信息传达与反馈的高度循环的传播模式，传者与受者作为传播的主体不断传出与接受信息。反馈的存在使传播过程实现了双向互动、循环往复。这个模式的贡献在于将传统的直线、单向的传播模式发展成为循环模式。这更加准确地表明了人类传播的交流、互换、共享信息的实际过程。

具体到危机传播中来看，这一模式非常好地诠释了危机传播中大众传播的具体表现形式，即大众传播媒介是重要的信息发布者，而作为受众也并非是被动和无所作为的，受众的反馈同样会影响大众媒介的传播行为和传播效果。危机传播模式就是以大众传播模式为基础建立起来的。目前危机传播模式的研究主要集中在两大方向：一是立足于传播主体，侧重从政府、公众和媒体三方入手研究和把握传播效果；二是立足于传播过程和传播要素进行研究。

2.3.3.2 以传播辐合模式为主构建危机传播模式

立足于传播过程和传播要素的危机传播模式，较为受推崇的是辐合模式。该模式由罗杰斯和金凯德提出。他们认为，传播是一个互动的循环过程，参与双方共同承载和分享信息、赋予信息以意义，以便达成共识，这一模式非常经典地阐释了每一传播都必须存在的“传播可能”。这一传播模式在描述和解释危机传播过程中具有十分重要的意义。在危机状态下，传播主体最主要的一项工作就是尽快达成与公众之间的意义共享，以实现互相理解，并在此基础上有效化解危机。

2.3.3.3 新兴媒介时代下的危机传播模式

与辐合模式相对应，第二媒介时代的危机传播模式则立足于传播主体研究。该传播模式由钱珺于 2007 年提出，探讨了以网络、手机媒介为代表的新媒体环境下的危机传播模式。该模式显示，在突发性危机的始发阶段，由手机获取最新最快的危机资讯，借由网络博客的编发功能将信息发布到公共的交流平台，一个是直接到达公众，一个是到达传统媒体的新闻采编人员，传统媒体的新闻从业人员在网络上寻找有价值的危机信息，经过去粗取精、去伪存真的过程，形成有关危机事件的比较清晰的认知，政府介入危机事件后，成立危机处理小组，由调查人员亲历现场调查事件真相，形成报告，并且出台一系列危机处理措施信息③。这些信息③连同信息②由传统媒体发布，并被网络和手机媒体转载。公众或者由传统媒体、或者由网络或手机获取这些信息，又对信息进行内容增补，或对措施发表看法④。

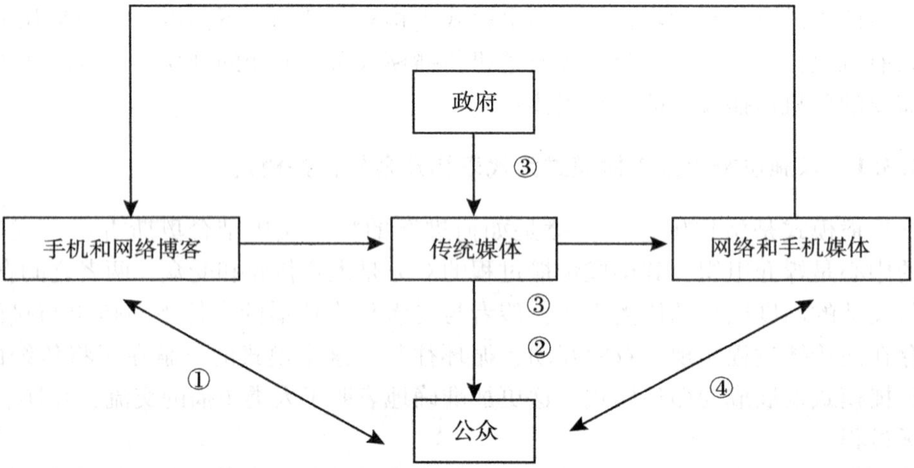

图 2-1　第二媒介时代的危机传播模式

2. 3. 3. 4　危机传播三维整合模式

无论如何，在面对危机事件的过程中，每个国家都有自身特有的国情，在众多危机传播理论传统模式的构建过程中，我们国家在借鉴他国模式的基础上，要构建符合自身的危机传播模式。因此，中国学者纷纷从危机传播的视角出发，对已有的各种危机传播模式进行吸收、借鉴和整合，并不乏许多有价值的新的危机传播模式出现。其中有代表性的是吴宜蓁的整合模式和胡百精的“事实—价值”模型。

台湾学者吴宜蓁在整合危机传播研究取向以及研究概念的基础上，构建了该模式。他将危机发生按时间顺序分成“危机前”、“危机中”、“危机后”三大部分。危机前所涵盖的变项群组可视为是危机传播策略的影响因素，危机中的因素也涵盖组织内外部环境的影响，危机后指的是危机传播效果的部分，包括媒体效能、社会效能和组织学习效能。在此基础上，中国学者杨魁提出了更加符合中国国情的危机传播“三维整合模式”。该模式充分结合危机管理和信息传播的现实需要，分别从危机事件发生的不同阶段、危机传播系统保障和危机传播信息资源配置三个维度去分析和建构危机传播中如何做好危机信息的传播和管理。

该传播模式的主要内容有三个，主要是以危机发展进程为基础，两个横轴随之提供信息资源的配置和传播系统的保障。

(1) 危机事件发展进程：危机前、危机中、危机后；

(2) 危机传播的信息资源配置：信息搜集、信息加工、信息传递；

(3) 危机传播的系统保障：组织保障、人才保障、设备保障、法律保障。

上述列举的几大研究模式，都具有各自鲜明的特色，模式构建出发点和工作重点各有千秋。随着时代发展进步，各模式之间不断增加影响因素，但各危机传播模式都无外乎体现了危机发展过程，是动态的模式图。在具体的危机事件处理中，各模式都显现出了它的合理性和科学性。

思考题：

1. 什么是危机与危机事件？
2. 危机事件的特点是什么？
3. 如何理解危机传播的概念？
4. 危机传播的特点是什么？
5. 危机传播的原则是什么？
6. 斯蒂文·芬克的阶段分析理论的主要内容是什么？

推荐阅读书目：

1. 《危机事件中的社会组织》，王向民著，华东师范大学出版社
2. 《应急管理与危机公关——突发事件处置、媒体舆情应对和信任危机管理》，唐钧著，中国人民大学出版社
3. 《大众传媒与地方公共危机传播研究》，陈秀云著，中国社会科学出版社
4. 《危机传播管理——流派、范式与路径》，胡百精著，中国人民大学出版社
5. 《公共传播研究蓝皮书：中国危机公关案例研究报告》，李华军著，华中科技大学出版社
6. 《危机传播视野下的媒介素养教育》，庞亮著，中国传媒大学出版社

3. 危 机 类 型

☞导论

现代社会正处在一个危机环伺的时代。传染性疾病、海啸、地震、战争、气候变暖、生态破坏和恐怖事件等危机，使政府机构、政党、企业等各种组织和个人随时处于危机的威胁之中。本章从文化危机、自然灾害与环境危机、产品与社会安全危机、组织与个体形象危机四个方面对危机进行分类剖析。

3.1 文 化 危 机

3.1.1 概念简述

文化危机最基本的含义可以简单地界定为特定时代中的主导性文化模式失范和断裂。即是说，当一种人们习以为常的、赖以生存的自在文化模式或人们自觉地信奉的文化精神不再有效地规范个体行为和社会运行，开始被人们怀疑、质疑、批判或在行动上背离，同时一些新的文化特质或文化要素开始介入人的行为和社会的活动，并同原有的文化模式和文化观念形成冲突时，我们可以说，这种主导性文化模式陷入了危机。

文化危机作为社会危机的一个不可分割的部分或方面，其根源在深层次上同样来源于社会发展过程中的矛盾与冲突，是社会各种矛盾与冲突的尖锐化在文化精神方面的反映与表现。具体来说，文化危机的实质是社会原有的文化系统与文化价值观念不适应人们社会实践的发展与生活变化的要求，人们的文化认同与社会实践的变化之间发生严重的冲突与对立，从而使在社会中生活的人们精神上陷入困惑与迷茫，对传统文化产生怀疑与丧失信心，传统文化的生存与延续受到威胁与挑战的一种表现①。

文化危机通常表现为文化过度、文化偏执、文化混乱以及文化失落。

3.1.1.1 文化过度

在人们以往的历史意识中，单线进化论的历史观认定文化是从野蛮状态直线性向文明进化，是从低级向高级发展。但是历史进步是有限度、有条件的，这个条件和限度就是在每个特定的具体的历史时期的人与自然关系的协调。而且这种限度和条件是当时能被人们认识到的，是人必须要自觉遵循的，因此它们是“文化限度”和“文化条件”，而超过这种限度和条件就是“文化过度”。

---

① 林剑．文化危机与文化进步[J]．江汉论坛，2011（11）：13.

随着人类生产方式和生产效率的改变，生存能力得到提高之后，人与自然的关系发生了剧烈的变化，人的思想观念也随之发生了潜移默化的改变，从过去对自然的敬畏、热爱以及有规律地获取逐渐转变成主观地攫取，这种对自然的改造，使人们对于自然的态度发生了变化。但随着自然资源由于浪费而出现的枯竭、来自自然的灾害频繁发生、人类的肆意改造带来的新的生存困难，人们开始重新看待与自然的关系，开始思考是否提高生产力就能推动人类文化和社会的进步，开始怀疑文化过度的自身目的和实质。

人们忽视人与自然关系的文化过度，表现在对自然景观的破坏，这种破坏对于世界文化造成巨大的甚至是无法挽回的损失。同时还表现在人们利用文化对生命科学、生产方式进行过度探索，例如化学美容、美体、器官移植、代孕、安乐死①。这些均是对文化的过度使用。

3.1.1.2 文化偏执

作为一个正常的人，本应该生活于一种全面的、多样性的文化系统之中，如果人为了某种刻意的执着或环境影响而忘却生活世界的文化全面性，就会产生文化偏执。

西方资本主义作为一种社会制度，甚至可以说是一种文化制度，将经济生活作为社会生活的全部，从而形成“货币决定市场，市场决定生产，生产决定社会生活”的模式，使得金钱不但可以在市场上买到商品，还可以在政治领域买到权力，在精神生活领域买到知识头衔、道德声誉和审美优雅的表象，好像货币成为文化世界的主宰，而忽略了货币只是作为一种符号被赋予了一定的属性，从而将各个方面混为一谈，并且为此披上了经济与文化的统一外衣。

到了21世纪，互联网技术的诞生与普及，使得麦克卢汉提出的地球村的概念逐渐实现，越来越多的文化发生了大规模的交流与碰撞，这种碰撞促使文化的丰富和全面，但一定程度上造成了部分群体对于文化更深的偏执。而在地区文化的博弈与较量中，经济的发达程度决定了主流文化的走向，使文化由于偏执而失去了多样性。以美国大片为代表的美国文化对新一代青少年的文化思想观念确立起着重要的影响作用，他们普遍认为西方文化是优秀的、令人崇拜和向往的，相反却对我们的传统文化以及正在发展中的现代文化嗤之以鼻。可以说他们对于文化的认识是偏执而片面的。

3.1.1.3 文化混乱

新媒体时代的到来为文化的发展带来了新的契机，信息的自由传播让人的思想得到了极大的解放，从而使得文化自由地以各种方式、形式发生传播。然而新媒体在推动文化发展的同时，也带来了文化的混乱：一方面，传统媒体的文化权威地位受到来自自媒体的冲击，市场经济的商业化浪潮席卷媒体，市场裹挟着媒体迫使文化成为一种商品，文化的属性已经发生了改变。另一方面，除了性质上的“文化变味儿”，由于新媒体传播的快速，其商业效应、文化效应和社会效应也越来越复杂化，加之文化受众缺乏一定的分辨能力，面对混乱的信息无法抓住文化的实质，文化的传播开始变得无法准确预料和控制。

---

① 李鹏程．文化危机三题[J]．江海学刊，2014（3）：14.

新的传播环境为人们提供了更多的选择，表面看来受众对于文化的选择多了，自主性增强了，实质上由于商业利益的驱动，文化的操控最终落入了媒体控制后台、有组织的营销团队等幕后推手一方。这些人中不乏打"擦边球"甚至违法违规者，他们为了获取利益而从事着低级庸俗内容的文化传播活动，在文化发展中藏污纳垢、张扬愚昧、传播迷信，对社会造成了负面消极的影响，甚至会颠覆人们的人生观、世界观、价值观。被私利左右的文化由于失去了有效的环境监督和主观上缺乏文化自觉，一经传播就出现了文化混乱。

3.1.1.4 文化失落

由于各种主客观因素，产生了严重的文化失落现象，很多民族的、传统的，在文化上甚至是人类社会发展史上弥足珍贵的文化都已失落或正在走向衰亡。除去战争、迁徙等不可抗力和追回的原因，造成文化失落的原因大抵可以分为以下两个方面：

一方面是生产方式和社会结构变迁带来的文化失落。文化作为人的创造物，其生成的基础与源头无疑是人的劳动与实践，文化的生产归根结底依赖于人的实践活动。人的实践、劳动是文化生成的最深刻的基础。因此，任何地域、环境的任何民族，我们可以看到其文化的生成与演进跟生产方式与交换方式的变迁呈现出惊人的相似性。无论是早期的农耕、游牧，还是今天的工业、科技，这些不同的生产方式都深深烙印在我们的生活方式之中，打上时间的标签，并被注入到文化历史的长河之中。它们被称为大众文化，反映了一群人、一个时期或一个群体的某种特别的生活方式。这种文化随着社会流变而发生重大变化，它们当中的一些由于时间的久远或生产方式的陌生而不被人们理解，从而造成文化断层，使许多富有价值的文化在历史的长河中逐渐走向失落。

另一方面是新媒体环境下文化自觉的缺乏造成的退步。新媒体的意义，不单是给人们提供了新的工具，更重要的是它们宣示了新的生产方式、生活方式以及社会结构。这种新的结构由于其复杂性，在文化领域原有的统治者和权威逐步淡出，实现向媒体统治的转化，而这种转化意味着拥有媒介就有可能主导文化。无论是就社会还是个人而言，这就需要一定的文化自觉来对这种文化行为进行规制。而恰恰由于缺乏这种规制，使得文化商品化、低俗化、碎片化。在这样的过程中，文化的广度也许是得到了扩展，但其深度大大降低了，缺乏商业价值的文化被文化的主宰者抛弃，因不被关注走向失落，消费及享乐的态度使文化走向下坡和失落的危机。

3.1.2 文化危机的传播特点

从传播的角度来看，文化危机的传播活动主要呈现以下几个特点。

3.1.2.1 危机传播的市场化

我国目前的文化传媒在其传播中具有明显的市场特性。20 世纪 70 年代末开启的改革开放，为我国的传媒产业提供了前所未有的发展契机，也为 2002 年开始的文化体制改革奠定了改革基石①。文化体制改革即转企改制使传媒业政企分开、制播分离，能够比较有效地完成党和政府的宣传工作，以及便于传媒业的发展和管理，使其更加适应当今市场经

① 刘钊．都市文化：危机及拯救[D]．苏州：苏州大学，2014.

济环境的发展。这种体制上的逐步放开标志着我国的文化传播朝着市场化的方向发展。

信息传播的市场化程度决定了文化危机的程度及其传播的速度，市场作为信息传播效用的衡量标准，是文化危机传播的始作俑者，随着信息传播为文化带来的复杂危机，信息的传播规律便成为了文化危机传播的原因和特点。受市场影响严重的文化危机类型如文化偏执和文化失落，会随着信息传播的市场化而进一步加深并被打上市场化的烙印。

3.1.2.2 传播形式的多元化

当前，随着经济全球化的发展，全球性的文化发展进程也在逐步加快，这也就使得那些较早发展起来的西方发达国家开始利用自身在全球化进程中的主导地位对一些发展中国家进行文化侵略。汤姆林森认为文化全球化就是非领土扩张化，这种扩张不是单一的线性扩张，而是社会合力影响下的新型扩张。这种扩张形式多元化，可通过大到经济上的压制、政治上意识形态的潜入、商品市场的掠夺，小到通过一个生活理念的表述、新鲜创意的代入都随着信息传播的即时通畅而成功实现入侵。而另一方面，不只是西方发达国家，新兴的资产新贵同传统行业掌控者之间、政府与群众之间、文化捍卫者和商人之间，他们的信息传播的相互影响碰撞，代表各自利益和主张的文化理念在传播环境下通过各种巧妙形式争夺话语权，这些也都是文化危机传播形式多元化的表现。

3.1.2.3 危机发展的去中心化

新媒体诞生了新的舆论领袖，这些舆论领袖是网络上最具有传播力、阐述力、解读力的群体，但与传统的舆论领袖和权威不同的是，他们的话语权不是通过知识文化的单方面能力比拼得来的，而是由网络技术和网民选择集体赋权的结果。网络技术使文化跳脱平面，却又出现在任何可以出现和移动的平面上，成为社会空间的延伸。由于权力掌握在技术和网民群体当中，这就意味着文化本身失去了主导地位，它的中心地位被其他因素解构。

网络舆论领袖形成的过程，往往伴随着盲目的公众聚合的过程，公众对偶像和知识精英的崇拜，在本质上就是对一种符号和标签的崇拜。与其说这种标签表达了更为丰富和更具有启蒙价值的文化，不如说它是迎合了公众对于自我身份的理想化憧憬。

文化危机的发展中并不存在何种类型的危机主导着文化危机的演变发展，因此也就很难沿着文化危机传播的中心去预防和应对。危机随着信息传播的各种复杂因素，带着不同的特点四下传播，相互影响，在传播中文化危机变得更为复杂，产生经过传播而出现两种或多种危机类型交错的复杂情况。

3.1.3 典型案例分析

3.1.3.1 传统文化的拯救

受西方文化的影响，复活节、感恩节、圣诞节、情人节这样的节日传入国内，立刻获得了国民的接收，商家也从中看到了巨大的商机，于是圣诞节这样的“洋节”受到的重视远远超过了中国传统节日，相比之下，像春节这样的传统节日显得更加冷清。同样的传统文化危机也出现在经典名著的阅读上，在@央视新闻推送的一个名为“死活读不下去”的名著排行榜中，我国的四大名著赫然在列，同时，网上调查发现，大多数读过名著的人都表示他们是通过翻看儿童插图版四大名著获知名著内容的。

对于国内现阶段出现的文化危机，作为官媒的《人民日报》于2014年9月26日发表了一篇名为《让节日回归本来的意义》的文章。文章提出如果一个国家或一个民族借助节日而建构的集体记忆中只有寥寥的“花钱”二字，我们又将如何去锚定自己飘忽不定的身份呢？该文内容如下：

> 中国有着古老的文明，自然也有着最浩繁的节日。即将到来的国庆节，属于最重要的政治类节日之一。怎样过国庆节，对这个问题的思考过程本身，就是成熟公民自然意识的体现。
>
> 世界上的国家几乎都设有国庆日，但“庆”的内容因国家历史而各不相同。美国和加拿大的国庆日都是独立日，亦即脱离宗主国英国获得自治权的日子；德国的国庆日为10月3日，乃是东德与西德在1990年统一的日子；法国的国庆日为7月14日，源于1789年这一天爆发的大革命，这场革命推翻了君主政体。我们的国庆日，则是纪念中华人民共和国的诞生。与世界各国一样，国庆日是中国人政治生活的重要组成部分。至于庆祝方式，则随时代变迁而变化。在20世纪50年代，最重要的庆典莫过于天安门广场上的国庆阅兵，新中国成立以来的14次大阅兵，有10次发生于20世纪50年代。而1999年国务院《全国年节及纪念日放假办法》的公布，使得黄金周正式出现在中国人的生活中，从根本上动摇了传统的国庆方式。而当初为了应对东南亚金融危机的黄金周，其消费习惯却成了新的传统。中国人的金钱会在这7天里风雨无阻地“拯救世界”。在某种意义上，国庆节也就成了集中消费的节日。
>
> 尽管我们不能简单认为，放假时间越长就越破坏节日本来的意义，但的确很难想象，通过旅游和消费欢度“黄金周”的国人，究竟会有多少心思去思索“爱国”的问题。阅兵仪式、集体游行和焰火晚会是中外共通的庆祝方式。但相比之下，外国的国庆日还包括很多更“有人情味儿”的民间活动。比如服饰，很多加拿大人会在国庆日穿着与国旗“同款”的枫叶服装，用“国家的象征”将身体包裹；美国人对星条旗的“穿戴”更是举世闻名，女性甚至会穿星条旗图案的胸衣。2010年美国国庆日，我恰好在加州访学，圣巴巴拉小城的国庆大游行就热闹异常。美国朋友告诉我，除了华盛顿、纽约这些地方的盛大游行会由政府部门协调组织外，大部分地方的国庆游行都是小镇居民的自娱自乐。国庆日虽犹如狂欢日，情绪上却紧扣主旨：爱国。
>
> 在中国，尽管一再强调历史内涵，政府组织推出了许多文化活动，但在大众层面，几乎所有节日都被消费冲淡。圣诞节、万圣节这些无论在现实层面还是精神层面均与中国人毫无关联的“舶来节”自不待言，就连那些最纯粹的本土民俗节日，如端午节、中秋节、上元节，以及春节，也都被裹上一层浓墨重彩的商业外衣。而这些节日所代表的传统生活方式，却日渐被人遗忘。土生土长的“乞巧节”，因牛郎织女的传说而被称为“中国的情人节”，但商业味浓重，真正的文化内涵却被遮蔽。事实上，即使是西方的情人节，也是有着独特的历史文化内涵的，绝不等于互相赠送鲜花

和巧克力这样简单。

将所有节日粗暴地改造为消费主义的仪式，无疑构成了对于文化传统的巨大创伤。如果一个国家或一个民族借助节日而建构的集体记忆中只有寥寥的“花钱”二字，我们又将如何去锚定自己飘忽不定的身份呢？让节日回归其本来的意义，关键在于弱化缺乏文化内涵的“消费”在节日庆祝方式中扮演的角色。其实，看看美国圣诞和新年的消费狂潮，在“花钱过节”的问题上，也都大同小异。关键问题是，在国家经济蓬勃发展，以至于文化上的焦虑感也快被市场繁荣掩盖的今天，我们的确需要更多反思。

作为官媒的《人民日报》通过这篇时评，指出了仅通过放假来纪念传承文化已经远远不够，甚至在引导中出现了偏颇，它谈到“如果一个国家或一个民族借助节日而建构的集体记忆中只有寥寥的“花钱”二字，我们又将如何去锚定自己飘忽不定的身份呢?”毫无疑问《人民日报》提出了一个中西方都面临的一个问题，所有的节日都被改造为消费主义的仪式，对任何文化来说都可以说是巨大的创伤。在国家经济蓬勃发展的时代，人们对于文化的发展现状或多或少会有些焦虑，这种焦虑如昙花一现，很快又被市场繁荣以及快速时尚的消费潮流掩盖。而在这样的文化危机中，《人民日报》扮演了一位批评家，通过评论引发人民的反思，揭示出这样的文化危机，对这种节日市场的狂欢给予当头棒喝。但由于其传播受众的局限性，这样的批评收效甚微。

3.1.3.2 文化综艺节目的文化坚守

电视节目作为一种重要的文化载体，其热度虽不及新媒体网络，但对我国受众的影响还是极为广泛的。如今，新一代“电视容器人”80后、90后群体正逐渐成为社会主力军，在接触大众媒体的过程中，他们由于鲜明的个性特征和独特的消费心理，潜移默化地将娱乐性、趣味性作为他们审判节目价值的重要标准之一。因此为了吸引年轻受众，与互联网媒体争夺市场，电视节目不得不挖掘受众的消费兴趣，创新形式内容，满足观众精神愉悦、身心放松的需要，而制作出诸如竞赛、游戏、文艺表演、轻松话题之类的节目，加之新媒体技术的进步，不少电视台借助电子音像和数字技术手段，运用时空转换、声光效果、情景道具、视觉造型等一系列表现方式，将舞蹈、音乐、曲艺、游戏、资讯等融为一体，通过视觉、听觉等感官刺激来吸引观众①。这种努力虽然在开始收效巨大，但随着技术的普及，节目逐渐出现井喷，内容也逐渐流于形式，这时候，各个电台和节目制作公司才开始从生活服务性等新的角度着手展开创新。

电视相对于网络是一种成熟的大众媒体，从管理、运作各方面来讲都有着成熟的机制，广电部门对节目娱乐化、低俗化现象开始予以重视。观众对于广播电视文化教育的需求水平也越来越高，希望在观看节目的同时，不仅获取丰富的娱乐和新闻信息，还能学到一定的文化知识。更重要的是，电视作为文化的载体，不仅仅是其传播内容的文化蕴涵，还在于其介质本身就是一种文化形态。正如麦克卢汉提出的“媒介即信息”，电视凭借自

① 李贞．娱乐精神与文化使命[D]．开封：河南大学，2014.

身明确的传播目的、鲜明的节目风格特征、深厚的文化内涵等，在新时代社会中承载着传播文明和文化的重要使命和责任。

电视文化娱乐节目最重要的特征就在于它可以采用灵活多样、形象生动的内容形式，深入浅出地将各种文化信息传播给广大观众，从而引起观众对时代、历史、社会、人生的不断追索与探求，使他们心甘情愿、潜移默化地接受作品思想的启迪和教育，体现出电视文化类节目的教育功能。比如凤凰卫视中文台的《开卷八分钟》、中央电视台的《子午书简》、河北电视台的《读书》等，通过“读书”的方式来传播书中的思想文化。另外，纪实类的广播电视文化节目有《话说长江》《大国崛起》《故宫》等，通过生动丰富的画面诠释历史、自然、文化、典籍、宗教，深刻而详实地传达信息。

值得一提的还有河南卫视推出的《汉字英雄》栏目，作为一种新颖的优质文化娱乐节目，对于当前青少年不良的媒介使用习惯、价值观念和消费心理有着正面的积极的引导作用。汉字是中华文明的标识之一，作为介质不仅承载着传承中华文明的重任，而且自身散发出文明的光彩，声、形、义结合具有极强的审美价值。《汉字英雄》不仅使广大青少年充分认识到汉字文化的博大精深和汉字学习的重要性，而且通过同龄人的良性竞争，激发青少年学习文化的动力和积极性，提高他们的学习质量和学习效率①。

面对强大的收视率的竞争压力，节目不应偏离自身的节目宗旨，走向过于娱乐化或者泛娱乐的道路，电视文化娱乐节目应坚守“文化使命”不动摇，在此基础上很好地掌控“娱乐精神”和“文化使命”之间的分寸。

3.2 自然灾害与环境危机

3.2.1 概念简述

台湾辅仁大学的吴宜蓁教授在《危机传播：公共关系与语义观点的理论与实证》中提到，依照发生原因分类，危机不外乎“外在造成”与“内在造成”两种，再细分又可分为“人为”与“天然”两个构面，这里我们讨论的即是“天然”这个构面的危机类型②。按吴宜蓁的观点，我们可以将自然灾害带来的危机称作外在环境引发的天然危机，而环境危机则作为内在的天然危机与前者区别开来。

3.2.1.1 自然灾害

人类自古以来就深受自然灾害的影响。可以说，从人类社会形成之日起，自然灾害就伴随着人类社会发展的整个过程，人们起初对自然灾害的认识主要源于日常生活中的朴素理解和经历，长期以来，人们习惯于把自然灾害归属于“天灾”，认为是“上天的惩罚”，因为我们往往潜意识里习惯认定“自然灾害是人力不能控制支配的，是各种自然力带来的破坏性灾难，但随着人类认识世界的程度加深，人们开始意识到，虽然天灾不可避免，

① 李冰．文化坚守与娱乐表达的共赢之道[J]．中国电视，2013（10）：19.

② 吴宜蓁．危机传播：公共关系与语艺观点的理论与实证[M]．苏州：苏州大学出版社，2005.

但伴随而来的人祸是可以通过人与社会的调整来减轻的”。

我国一直是一个自然灾害多发的国家，大量历史文献和记载表明，我国自然灾害的发生频率和强度均居世界前列。中国自古就有“三岁一饥，六岁一衰，十二岁一荒”之说。据史料记载，自公元前206年起至1949年的2155年中，中国共发生水灾1029次，较大的旱灾1056次，水旱灾害几乎每年都有发生；有统计资料显示，1900—1987年全世界重大自然灾害共发生了54次，而中国就占到7次，居世界首位；全球死亡千人以上的地震共623次，其中中国就有31次之多①。

经过长期与自然灾害的交手、博弈和探索，人类对于自然灾害的特征也有所了解：

(1) 自然灾害具有必然性。自然灾害的发生是由地球物质运动、太阳及宇宙行星运行决定的，是无法通过人力左右的、无法避免和阻止的灾害。

(2) 自然灾害具有突发性。多数自然灾害都具有这种特征，这些自然灾害发生的原因均是某种能量积累到一定程度而产生质变，爆发出形成灾害的巨大力量，这种力量往往只在一瞬间爆发出来，人类无法准确预测其发生的时间。

(3) 自然灾害危害性大。由于物质受能量的运动所造成的影响使得人类不能适应甚至束手无策，并且人类作为生活在地球上的物质也受着这种力量的影响，从支配物质的位置瞬间变成与物质一同受能量控制的被动位置，这给人类带来身体上的创伤和心灵上的重击。

(4) 自然灾害具有可预测性。自然运动的规律引导人们发掘自然灾害的规律，总结出自然灾害运行的周期。随着现代科学技术的不断发展，人类对自然灾害的监测、预警能力不断提高。

(5) 自然灾害具有系统性。蝴蝶效应告诉我们，因为地球的整体统一性，许多地区的许多灾害会直接间接引发其他地区板块运动，从而引发灾害，一些原生灾害可能引发一系列次生灾害和衍生灾害，进而形成各种灾害链。

2006年国务院颁布的《中华人民共和国自然灾害救助应急预案》中对自然灾害进行了明确的划分，包括：水旱灾害、台风、冰雹、沙尘暴等气象灾害；火山、地震灾害；山体崩塌、滑坡、泥石流等地质灾害；风暴潮、海啸等海洋灾害；森林、草原火灾和重大生物灾害等。

自然灾害危机具有以下特征：

(1) 紧急性。自然灾害的危机出现往往是突然爆发，具有极强的不确定性和突发性，这就使得任何人或组织都无法预测危机发生的时间、地点、程度、形式和一切可能发生的连锁反应。

(2) 公共性。自然灾害危机不同于其他危机类型，它不具有选择性，在自然灾害面前，任何人无法高枕无忧，这类危机影响的对象覆盖范围很广，它会影响到公众的利益，这时就需要政府和组织来通过危机预案、处理来保护公众的利益。

(3) 与政府联系密切。通常自然灾害危机出现，政府首当其冲需要主导救援，是否能够顺利度过危机，绝大多数取决于政府行为，且直接影响公众对于政府的认识和信任。

---

① 杨魁，刘晓程．危机传播研究新论[M]．北京：社会科学出版社，2011.

因此，应对自然灾害危机政府会建立一套危机管理体系，在危机发生时，以最好的状态做到从容应对，有组织有计划地开展灾后的救助和重建。

3.2.1.2 环境危机

在技术广泛扩张的今天，环境危机已成为严峻的现实问题，这涉及环境、资源、能量、人口、财富等一系列可持续发展问题。技术对其中任何一个问题都起着至关重要的作用。环境危机的错误不在于自然，而在于人。人类活动依赖于自然，反过来又影响着环境。技术决定着人的活动对环境的影响程度。现代技术的迅猛发展与影响，使自然面临灭绝的危险加剧。这不是技术的本意，是技术在自然中发生了异化①。

"异化"（alienation）之意为脱离、疏远、转让、对立。作为一个哲学概念，它用来说明主体与客体的一种关系：即主体活动的结果创造出的客体，离开主体而独立，又和主体相对立，而且主要是对立，是主体的异化。自然中的技术异化是指人类在利用技术控制自然而满足自己的过程中，自然以相应的力量反控制人类。人类以多大的力量控制自然，自然就以多大的力量反控制人类，这种自然对人的控制就表现为技术异化。在人类文明史上，发生过三次重大的异化，引起三次危机。第一次是发生在中世纪的欧洲，是宗教的异化引起社会的危机，产生中世纪的黑暗。宗教本是人的创造，却异化为控制人、奴役人的神意天定的"神圣光环"，残酷地、严密地统治着社会生活和思想文化的各个方面，使中世纪社会处于宗教黑暗的笼罩中。第二次是劳动的异化引起经济的危机，对此马克思作了深入的分析。第三次是技术的异化，引起人类目前面对的环境危机、生态危机、生存危机。这是有待我们进行深入分析和研究的课题。生态危机、环境污染、能源资源匮乏等是异常复杂的问题，向人类的可持续生存与发展提出了严峻挑战。

简言之，环境危机是由于人类企图征服自然，导致自然的反抗，即产生环境危机和资源危机。这种环境危机从形成原因上看，可以分为技术对于自然的异化和材料、能源本身的异化两个类型。

材料技术的飞速发展，是在客体主体化的过程中发生的，技术异化所引起的环境危机也突出出来。合成橡胶、人造纤维、塑料以及现代金属材料技术使材料技术的发展步入新的过程。这是以材料本身为视角，以聚合、共混、合成来改变分子之间的关系，使得到的材料性能达到或优于天然材料的性能，或者具有天然材料所没有的性能，也就是创造一种自然中不存在的物质。塑料是自然中从未有过的，人造纤维虽然代替了蚕丝，却不像蚕丝那样为自然所分解吸收，具有刚硬的主体性，不能参与自然的有机生态关系，从自然中异化出来成为必然。一方面这些材料的原料产自自然，消耗自然的生态资源，毁坏生态环境，另一方面人类使用之后，它们依然占据自然的空间，影响自然的生态过程，产生环境危机。众所周知的白色污染就是这种材料技术异化的结果。工业固体废物、危险废物和城市垃圾对人类生存的危害，是现代材料技术难逃的罪责。

技术的目的是满足人类的需要，然而技术却是以自然界的物质存在为基础的。技术的进步可以更好地实现人类的美好愿望，满足人类不断增长的需求。人类的目的和愿望也同

---

① 李世雁．环境危机的多向度分析[D]．沈阳：东北大学，2002.

样以自然界为基础，自然界是人类生存的基本保障。可是，自然界作为整体的生态系统，存在着广泛的联系，由于技术进步的控制和干预，其整体平衡受到干扰，系统内物质的彼此依赖关系遭到破坏，某些物种已经或正在消失。可以说正是先进的技术在严重破坏着自然界物质的天然存在状态，打乱原本的生态联系，技术的进步在不断地削弱着自己和人类的存在基础。人工自然的急剧扩张加剧了天然自然的压力：森林面积的减少，土壤沙化的日益严重，耕地面积的锐减，矿产资源日益耗竭。随着技术的发展，现代科学技术含量越高，这种自然危机就越来越严重，也逐渐因为经济逐渐发达而受到人们的注意和重视。

3.2.2 传播特点

3.2.2.1 自热灾害危机的传播特点

所谓自然灾害的危机传播，是在灾害发生的初期、灾害发生时以及后期进行救援、重建工作的过程中，在政府部门、组织、媒体、公众之中和彼此之间进行的信息交流活动。在新媒体环境下和社会转型风险加剧这一过程中，自然灾害危机的传播呈现出新的特征：

（1）信息传播速度快、范围广。由于互联网媒体技术的发展，信息即时传播已随着移动互联网的普及而成为常态。由于话语权的开放，一手消息已经不仅限于政府和传统媒体的发布，信息渠道增多，报道内容也更丰富，形式也越来越富于变化。信息传播国际化、透明化，使得自然灾害危机信息传播突破了地域与国界，人们可以坐在家里、办公室，甚至是在奔波的路途中，第一时间收到来自四面八方的即时消息，即使是远在异国的亲友的消息，也可以在灾害发生后迅速通过信息传播及时获知对方的消息，通过各种有效信息渠道准确了解感受现场的情况。不仅如此，自然灾害危机传播的国际化、透明化也为国际救援支持争取了宝贵的时间，这为一些条件并不足够开展救援重建工作的国家带来了新的希望和出路。

（2）参与主体类型多。移动互联网的新媒体时代下，信息传播更加开放，人人手拿麦克风，使得传播信息不再是传统媒体的特权，网站、报纸、电台、电视台等专业媒体变多，甚至以社会个体为媒介的新的传播类型也逐渐成为一种常态。在自然灾害危机传播中，人人都可以成为危机信息的传播者，并且不受时空条件的限制。此外，由于互联网信息传播的匿名性和把关人效用的极大降低，再加之网络信息传播规范目前尚不完善，网络传播者的专业素养参差不齐，传播的动机和目的千差万别，就使得网络上传播的信息真假难辨，甚至还会导致各种“谣言”的滋生和蔓延，从而会形成不利于自然灾害危机应对的消极的舆论环境，甚至还会引发社会恐慌和进一步的社会危机。

（3）各阶段特征显著。随着人类长期以来应对危机、学习危机的努力，逐渐发现危机发生有如人的生命周期的变化，从灾害爆发的征兆、预警、爆发、平息，人类逐渐总结出危机发生的周期规律，并将危机分为潜伏期、爆发期、善后期、解决期四个阶段，后又根据阶段性不同将危机的发生分为预警监测、预警通报、灾害预防和救助、灾后重建和总结四个阶段。人们清楚地认识到灾害的规律，清楚在每个阶段应该怎么做，提前根据各个阶段的特点、情势建立全面而详尽的执行预案。在传播中，人们也能最快地从信息中得知危机进展的态势，并根据自身情况作出合理的判断和安排。

(4) 对技术的依赖性强。人们在社会生活中对各种现代技术的依赖程度越来越高，如对电力供应、移动通信、计算机网络等就具有很强的依赖。事实上，在自然灾害危机传播的过程中，人们已经越来越习惯于依赖电视、广播、互联网络、手机、电话等现代媒介才能有效传递或获得关于自然灾害事件的相关信息。因此，当自然灾害突然发生时，一旦某个关键的技术环节出现故障，就有可能给正常的危机传播沟通带来严重的障碍，不仅严重影响危机应对的正常进行，而且还有可能进一步产生“多米诺骨牌效应”，引发更大范围的社会危机，产生严重的不良社会后果。

3.2.2.2 环境危机的传播特点

环境危机具有突发性和规律性，环境危机带来的影响往往是长期的、深远的，这种危机的潜伏期较长且不易引起各方面的关注，因此在传播中与自然灾害危机不同，通常有以下特点：

(1) 信息传播以观念教育为主。由于环境危机不是由短时间的个别现象造成的，而是经过长期的各种因素复杂作用的结果，因此环境危机并不像自然灾害一样，随着灾情的爆发而受到传播和关注。在日常生活中，环境危机的传播往往是以描述危机现状、传播正确观念为主。这种传播在信息上缺乏爆炸性，不能立刻吸引住受众的眼球，需要通过长时间宣传教育才能让人们认识到这种危机及其严重影响。因而对环境危机的描述上就需要运用一定的表达技巧，使非专业受众准确生动地了解环境危机的具体情况。通过上面对环境危机的描述我们可以知道，造成这种危机的根本原因是人们对于生产和自然的认识出现了偏差。在环境危机传播的过程中，观念意识的讨论也是不可少的，只有让正确的环境观念深入人心，才能有效化解环境危机。

(2) 政府机构参与主导。在我国通常是政府主导对环境危机进行宣传的，其他组织和个人由于缺乏全面科学的研究，或是缺乏有效的传播渠道，所以未能对环境危机进行传播。在环境危机出现时，政府通过及时向社会公众传达环境危机的即时信息、政府的态度、采取的措施、危机发展进度、解决的程度，来满足公众趋利避害的心理需求，缓和公众的紧张情绪，取得公众的理解和支持，建立公开、顺畅、权威的沟通渠道，对危机的发展及时进行传播，并进行应对技巧等相关教育。更重要的是，公众由于个体视角的局限性，对环境危机缺乏警惕和认识，这就需要政府主导来使公众知晓，从而保护公民的知情权，这也是政府的责任与义务。

3.2.3 典型案例分析

那是在路易斯安那州新奥尔良市（又被称为“大逍遥”、“忘忧城”）8月的一个酷热的下午。那些还冒险在外的人走路时就像在土菠萝蜜里游泳一样，室内的人在心底里对发明空调的人表示敬意，他们在电视里看到关于墨西哥湾飓风的“暴风团”警告。没有人觉得这有什么值得惊讶的……

但在第二天，风暴已经凝结成蒸汽团并朝着这座城市袭来。当这个漩涡靠近海岸的时候，100多万人开始向高地撤离。然而，还有20万人仍然待在原地——那些没车的、无家可归的、年老体弱的人以及那些顽固的、找借口不愿一起撤离的人。

这场风暴以近乎核弹头般的威力猛烈地袭击了布列塔尼海峡。将一股致命的风暴潮推向庞恰特雷恩湖之后，洪水慢慢地越过了阻止湖水溢出的大型护堤，然后倾泻而出。

新奥尔良市几乎80%的地区低于海平面，所以洪水涌了进来。成千上万的人溺死在那些混杂着污水和工厂垃圾的阴暗腐烂的水里。更多在洪水中幸存下来的人也在等待救援的过程中死于脱水和各种疾病，城市积水足足用了两个月才被抽干。那时候，这座"逍遥城"覆盖了一层厚厚的腐烂沉积物，上百万人无家可归，五万人丧失了生命。这是美国历史上最严重的自然灾害。

这是刊登在2004年10月的《国家地理杂志》上的一篇文章，这篇文章预测了一年之后发生在新奥尔良市的名叫卡特里娜的五级飓风。在此之前，对于这场灾难的预测也层出不穷，对此，新奥尔良市也建立了堤坝和防洪墙来保护城市免受密西西比河洪水的侵袭。但这种防洪堤仅能抵御常规可预见的3级飓风，当一个5级飓风要袭击新奥尔良时，强劲的风暴潮会淹没堤坝，并将其摧毁。

在危机预案方面，制定者只是假定并希望糟糕的情况不会发生。所以在建立预警的时候，并没有把最严重的可能纳入预警的考虑范围，造成危机预案后来的失效。这也成为危机预案的一个反面案例，提醒人们永远不要放松对灾害程度的认识①。

下面我们就来分析在卡特里娜飓风袭击新奥尔良市所引发的这场自然灾害危机中政府、媒体、受灾主体以及企业和组织的反应和举措。

3.2.3.1 政府行为

（1）州长联系布什总统。在卡特里娜登陆前，路易斯安那州州长写信给布什总统，恳求总统发布预警信息，并估计事故的严重程度将超过州政府和受灾地区政府的有效应对能力，提出请求联邦政府在救灾过程中予以协助，并附带了新奥尔良卡特里娜飓风时间线及政府行动表，涵盖了对于这次即将到来的飓风的各种细节、推测以及这个州能做的和该做的。

（2）市长通报呼吁。与州长同时行动的还有新奥尔良市的市长，他迅速寻找一个能在灾害发生之后不受影响的一个地点建立了指挥中心，通过建立危机预案，尽力确保灾害发生后电力通信可以不受到影响，意识到通信对于全市应对灾难和开展救援是极为重要的。

同时，市长在出席联合新闻发布会上反复告诉市民们灾难的严重性，希望引起人们的重视。随着风力开始增强，市长在电视上反复敦促劝告人们开始准备撤离和避难，并告知他们"超级穹顶"体育馆将成为有特殊需要的人员最后的避难所，并建议那些寻求庇护

① 凯瑟琳·弗恩. 危机传播：基于经典案例的观点（第四版）[M]. 陈虹译，上海：复旦大学出版社，2013.

的人们带上足够的储备食物以及必需物品。我们可以从一位新奥尔良市民的博客中看到对市长行为的描述："那是早上 8 点钟，市长纳金那张关心的面孔就已经出现在了电视新闻的摄像头里，当时他正在恳求公民尽可能迅速地撤离。"因此这位公民按照市长的请求这样做了，很多家庭亦是如此，可以说这是灾害前市长与市民沟通的一个剪影。

3.2.3.2 媒体行为

《皮卡尤恩时报》作为这座城市的都市报，在这次灾难到来前后的时间里，这家报纸对灾难的严重后果进行了全面而详细的介绍，在飓风到来之前，报纸在重要版面为人们标注了飓风的移动路径。但很可惜由于标题、篇幅排版的失误，传播效果并没有像预期的那般，许多没有认真阅读习惯的受众很容易就错过了有关灾难的重要信息。

我们观察总结了《皮卡尤恩时报》对于这场灾难全程的报道内容，对传播的危机信息大致做出了以下的归纳：(1) 从专业科学的角度预计灾难的严重程度、行经路线以及可能带来的后果，对灾害带来的各种危险做出常识性估计。(2) 为当地居民提供了避难的知识，对如何避难给出有价值的参考意见和指导，帮助政府敦促群众尽快通过各种方式安全撤离。(3) 采用图文并茂的报道，告知人们城市各个区域的受灾情况和避难现场的情况，为正在准备撤离的群众在决策时提供足够准确的信息和专业的提示。(4) 在通信受到影响的情况下，任何形式的信息传播都可能帮助人与人之间传递救援信息，报纸作为一种媒介毫无疑问地充当了人们联络、寻求救援帮助的工具之一。(5) 在灾难到来之后安定人心，向人们通报政府的救援行为和救援进展，鼓励人们不要丧失信心，耐心等待救援。

洪水涌入时，报纸的发行量立即产生了变化，由于身处其中的工作人员也被迫撤离了报社大厦，报纸的投递也无法实现，这对于报纸这种媒介无疑是最大的限制。感谢互联网新媒体为我们提供的新的途径，当时的报纸已经有了网络版 NOLA.com，在飓风到来之后，网络版代替了纸质版继续发行，网络版报纸提供新闻事件的定期更新，比印刷报纸更有规律，幸运的是，NOLA.com 的总部在新泽西，所以当其他网站崩溃的时候，它没有受到洪水的影响，它有更大的宽带。

顺便提一下这时的电视新闻，作为时效性更强的媒介，它在灾难中主要以提供现场画面信息，介绍最新灾害及救援进展为主要内容，并伴随着人物评论向人们进行信息传播。

3.2.3.3 受灾主体行为

没有选择撤离的新奥尔良人，当他们意识到洪水不可能马上退去时，便希望自己能获得救援，"911"就成了他们的第一选择。但在飓风咆哮、洪水高涨的时候，营救工作无法展开，尽管如此，接线员们还要尽力安慰那些疯狂的、绝望的求救电话，帮助他们保持镇静。这对于他们而言是陷入两难的煎熬境地。

同样两难的是新闻直升机的工作人员，他们捕捉到滞留人员的画面，但是由于新闻直升机未配备救援的设备，他们只能将看到的滞留人员信息传递给营救人员，仅此而已。

而对于逃出新奥尔良的人来说，当他们从媒体上得知整个城市淹没在洪水中时，他们就像之前寻找到避难所和食物那样疯狂地寻找其亲朋好友的消息①。业余无线电爱好者说，人们会随机拨打他们手机上的数字，希望能够打给任何一位能够传递信息的人来帮助他们。一位俄克拉荷马州人从手机上得到消息，他在新奥尔良的亲戚被困在了他们家的二楼，手机无法使用。于是，这个人打电话给红十字会，红十字会又帮助他联系到一个专门处理紧急情况的无线电爱好者组织。这个组织也无法与新奥尔良的无线电爱好者取得联系，但是，他们其中有一个人可以联系到犹他州的一位无线电爱好者，而这个人又可以联系到路易斯安那州的无线电爱好者。后来，紧急救援人员救出了这位俄克拉荷马州人的姑妈和其他的十几个人。

3.2.3.4 企业和组织行为

（1）慈善医院。尽管很多人无力支付医疗费，慈善医院作为一级创伤中心，仍然认真治疗他们。在飓风袭击过城市之后，医院没有电力来运行显示器、通风设备和空调。医院的气温达到100华氏度，厕所和电梯都不能使用。

当水位开始上升时，医务人员将50名患者送到一段阶梯上，并试图打电话给联邦紧急事务管理局和路易斯安那州国民警卫队，但都无济于事。一名医生说，联邦紧急事务管理局保证会来营救他们，但两天之后，他说："我们被遗忘了……我们已经从人们的视野中消失了五天，这简直让人难以置信。"

他们在高层的窗外悬挂了一个横幅，上面写着："亚伯拉罕上帝，拯救我们的神啊!"觉悟之下，他们向新闻媒体求助，媒体帮助医务人员和患者成功疏散。

（2）缓解危机的其他组织。在飓风到来之前，新奥尔良的博物馆给内陆地区的机构发出电邮信息，要求他们腾出空间来保存那些珍贵的艺术作品。这些艺术作品被安全地送到那些地方，这样，大多数博物馆就能比城市的多数景点更快地恢复正常。

许多雇主平日里积极参与员工关系和社区关系活动。沃尔玛公司虽然通常因为员工问题而受到非议，它却是第一个为员工问题挺身而出的大公司，不论在哪里，它都会为那些流离失所的员工提供就业机会②。不论当班与否，那些由于飓风而不得不关闭的沃尔玛超市的员工都领取到了公司给他们的三天薪水。三天过后，他们被提供了在其他沃尔玛超市和萨姆俱乐部的临时性工作。除此之外，公司还提供财政救援用于这些员工的住宿和食物，他们可以从超市经理那里领取250美元现金以备吃穿之用。

（3）诈骗组织。作为灾难发生后人们进行捐助的首选，美国红十字会在为卡特里娜受害者筹集资金的工作中，筹集到了将近20亿美元的资金。

大部分筹集的资金都是由那些关注灾区、诚实热心的市民捐赠的。但是新闻媒体敦促人们将钱直接捐给红十字会或是救世军，因为当时有大量的募捐诈骗。诈骗者主要是一些声称为卡特里娜飓风受灾群众筹款的个人或组织，他们会当面、通过电子邮件或者在线劝

① 凯瑟琳·弗恩．危机传播：基于经典案例的观点（第四版）[M]．陈虹译，上海：复旦大学出版社，2013.

② 凯瑟琳·弗恩．危机传播：基于经典案例的观点（第四版）[M]．陈虹译，上海：复旦大学出版社，2013.

说人们捐款，还有不少网站在使用卡特里娜的域名，并且大多是诈骗网站。

此外，很多网站创建得看起来像真正的新闻网站，但是如果有人点击“阅读更多”时，会被链接到秘密安置了木马病毒软件的网站中，从而可以让黑客控制他的电脑。另外还有一种通过传真和电子邮件进行的诈骗方式，这种方式会怂恿人们投资卡特里娜飓风后的股票。传真称：“任何得到一小部分业务——哪怕是1%——的公司都可以获得至少2.6亿美元的保底回报。”

3.3 产品与社会安全危机

3.3.1 概念简述

3.3.1.1 产品危机

企业的产品危机主要是指产品的质量不合格、品种单一、包装缺乏吸引力、结构失衡，产品生产经营的程序、技术、布局等方面与市场需求脱节，不能满足消费者需求，使企业产品缺乏竞争力，造成产品滞销、积压，影响企业品牌形象，使企业遭到损失。企业的产品危机往往来自企业内部，由外部环境触发。如果企业平时麻痹大意，很容易为产品危机埋下种子，而且企业的产品危机如果处理不当会造成诸如客户危机、媒体危机、公共关系危机等一系列连锁性危机，就像一个石子投入水中激起的层层涟漪扩散开来，使危机进一步加剧。

那么，导致企业产品危机发生的原因究竟有哪些呢？我们可以根据导致企业产品危机的不同环境，将企业产品危机的诱因分为企业的内部因素和外部因素两部分。从系统论的观点出发，有助于我们从战略高度理解危机发生的机理。系统论的观点认为企业的内部生产、经营、管理活动与其外部环境之间的关系是密不可分的，企业危机是由于外部环境与企业内部管理相互作用的结果；企业通过危机管理可以改善内部经营管理，降低其危害及发生的频率。

导致企业产品危机的内部因素有：

（1）生产技术、工艺落后。企业的生产技术是决定产品质量的关键之一，由于我国的一些企业在技术创新方面的投入不足，导致一些生产技术和工艺落后，出现产品粗糙、次品率高、质量得不到保证，一旦流入市场就会对消费者造成损害，处理不力就会引发产品危机。

（2）生产流程不科学。从企业材料的输入到最终产品的输出，是由研发、原材料采购、制造、入库到出库一系列活动组成的一个流程，其中任何一个环节出问题都会最终影响到产品的质量。

（3）人员素质不高，产品质量危机意识欠缺。在产品的生产经营过程中，人是能动要素，员工的素质直接到关系到企业的产品质量。如果没有一支高素质的研发团队，没有娴熟的技术工人和全体员工强烈的质量危机意识，那么产品的质量将会无从谈起。

（4）产品质量管理体系不规范。现在企业面临着国际化的大市场，对企业的产品标准有了更高的要求，企业要建立符合国际标准的质量管理体系，并要注意环保的要求。标准有了关键还是要不折不扣地执行。纵观国内发生的产品危机事件，一些企业发生危机主要是其产品质量体系混乱，缺乏标准，或者执行不力①。

导致企业产品危机的外部因素有：

（1）消费者维权意识的提高。如今企业的产品市场已转入买方市场，且随着生活水平的提高，消费者开始从关注产品数量向质量转变，维权意识开始提高。如果企业的产品或者服务损害了消费者的利益，那么消费者会选择投诉。如果企业处理不当，则很容易触发危机。

（2）国家新的标准和政策的出台。随着科学技术水平的提高，以前不被认为存在危害的成分，现在可能被认定有毒。例如，2003 年康泰克事件就是如此。国家要求企业的产品及其包装要符合环保的要求，新的标准和政策推出后，如果企业不能快速响应，就有可能触犯相应的法律、规范而爆发危机。

（3）供应商的产品质量不达标。企业的产品生产是以原材料的输入为前提的，如果供应商的产品不符合相应标准，那么最终会导致产成品的不合格。例如肯德基“含红”事件就是其调料供应商宏芳香料（昆山）有限公司供应的两批辣椒粉含有苏丹红引起的危机事件。

（4）有意或无意地污染了产品。企业在市场上出售产品会经过许多中间环节，那么，很有可能会有一些别有用心的人故意破坏和污染产品，加上媒体歪曲报道，很容易损害企业品牌形象。例如，泰乐诺“产品投毒”事件。还有产品在销售和储存过程中，由于操作不当或环境不适破坏了产品的内部结构，结果被消费者购买后，损害了消费者利益。

（5）行业内其他产品危机的牵连。行业内其他品牌的产品出现了问题，如果不及时防范往往会波及本企业的产品，甚至引发危机。例如，2001 年 9 月南京冠生园的陈馅月饼事件被媒体曝光后，使得使用同一品牌名称的上海冠生园的月饼也无辜受到牵连，导致其销售量大幅下滑，深受其害。

产品危机作为企业危机中的一个方面，同企业危机联系密切，我们把它放在下一节有关企业危机的部分一同进行讨论。

3.3.1.2　社会安全危机

公共安全事件也称社会安全事件，它是指在某一短促时间内出乎意料地发生，对公民的生命、财产和身心健康构成威胁，可产生一定强度或广度的公共影响，需要政府机构联合多方面力量，立即采取行动进行处理，且由人为因素所引起的社会安全事件。公共安全事件一般包括重大刑事案件、重特大火灾事件、恐怖袭击事件、涉外突发事件、金融安全事件、规模较大的群体性事件、民族宗教突发群体事件、学校安全事件以及其他社会影响严重的突发性社会安全事件。

整体来看，公共安全事件的一般特征主要有人为性、社会性、紧急性、原因的复杂性和事件的不确定性。大多数情况下公共安全事件是由社会结构、法律结构、经济结构失衡

① 杨魁，刘晓程．危机传播研究新论[M]．北京：社会科学出版社，2011.

导致的，表现出并不像其他类型突发公共事件一样具有突如其来性，而是一种人为的、具有预谋性的行为；并且部分社会安全事件还带有很强的社会性，有时会涉及国家的机密，因此又具有一定的保密性。具体说来，社会安全危机事件具有如下一些特征：

（1）人为性。如前所述，突发公共事件的发生由自然因素和人为因素共同交织而成。与突发自然灾害、突发事故灾难和公共卫生事件均涉及自然和人为两方面的原因不同，公共安全事件主要是由人为性因素造成的。如果说突发自然灾害并非人类所能掌控的，事故灾难的人为因素是非故意的、失误或错误操作，公共卫生事件的人为因素是故意与非故意兼具，那么公共安全事件则多侧重于有（恶）意。一般来说，公共安全事件的人为性包括有预谋、有组织的、有意的人为性和疏忽或操作不当的无意的人为性。例如，2001 年发生在美国的“9·11”事件就是一起由恐怖组织有计划、有预谋的人为性公共安全事件。

（2）社会性。公共安全事件一旦发生，就会对一定的地域范围甚至超越空间限制的多个领域和地域造成负面影响，对社会组织的正常运转、个人的正常生活产生不同程度的损害，对公民的生命财产安全构成严重威胁，从而引起社会公共性甚至全球性的危机。例如，2008 年美国房地产市场的次贷危机使美国国内的经济陷入大萧条，同时引发了全球范围的信用危机，也产生了全球范围内的通胀压力，造成石油和农产品等基础原材料的价格飙升等问题，特别是粮食和石油问题更是对许多国家尤其是发展中国家的经济安全、社会稳定构成了不容忽视的威胁。因此，社会安全危机事件的社会性往往会伴随着全球性。

（3）紧急性。公共安全事件的发生有着复杂的内在与外在原因，且往往不易被人察觉。通常情况下，公共安全事件都是当事人有预谋的危害社会公共安全的行为，虽然有发生征兆和预警的可能，但是对于无法预先获得事件的相关信息的公众来说，公共安全事件是在人们毫无预警的情况下发生的，是突发性的、不确定性的。公共安全事件一旦发生，就会在短时间内迅速扩大并产生严重的不良后果。于是，人们生活的环境可能被打乱，人们的生命安全可能受到严重威胁，事件的发展也往往超出人们的心理预期。公共安全事件发生后，急需政府部门迅速地、有针对性地采取必要的应急处理措施，防止事态进一步扩大。

（4）原因的复杂性。公共安全事件一般是由组织内部环境和外部环境的双重复杂性和组织自身的局限性所导致的，通常涉及政治结构、社会关系、文化因素、经济结构、宗教信仰、种族问题、历史遗留问题及组织自身的结构性问题，同时也包括许多不断出现的新问题。多种内部原因和外部原因交织在一起，各种潜在的社会矛盾和社会问题长期积聚，甚至一个看似偶然事件的发生就会将其突然引爆，并引起一系列的连锁反应。例如，2008 年 6 月 22 日，贵州省瓮安县一名少女投河自杀，由于当地政府未能及时公开地处理此事导致民间谣言四起，认为该女生之死是被当地青年强奸后掐死并抛尸河中，更有传言指出肇事者系地方领导的亲属，甚至具体到当地某些具体领导人。28 日，6000 多名群众走上街头，他们用铁棍、木棒殴打警察，并砸烂公安局办公大厅，进而又砸烧县委、县政府办公大楼，最终酿成震惊中外的“瓮安事件”。贵州省委副书记王富玉、副省长黄康生表示，“瓮安事件”暴露了干部与群众关系长期积聚的矛盾，少数党政干部成为黑恶势力的“保护伞”，一些部门在化解当地水库移民搬迁、城镇改造拆迁、煤炭和磷矿等矿权纠纷、国企改制等矛盾方面久拖不决，群众利益诉求难以得到及时、满意的答复，所以矛盾集中爆发。

（5）事件的不确定性。公共安全事件的不确定性是由事件起因的不确定性、环境的不确定性、公众反应的不确定性和信息的不对称性等综合因素决定的。公共安全事件的不确定性主要表现在三个方面：一是事件往往是以偶然事件为契机突然发生的，在时空上有很大的不确定性。二是作为社会系统的基本要素的人的属性是不稳定的，而且人与人之间存在着显著的差异。公共安全事件发生以后，现场秩序混乱，信息渠道中断或遭到破坏，作为公共安全事件主体的个人由于紧张、恐慌、焦虑引发的应激反应，对事件的发展有着不确定性的影响。三是在当今所处的媒介化社会环境中，信息的传播更加便捷、快速，使得公共安全事件的发生、发展和变化的不确定性更加显著，这就需要政府的应急管理机关在对公共安全事件信息认知有限的情况下，迅速地做出决策和应对。

社会安全危机事件与“突发自然灾害”、“突发事故灾难”、“突发公共卫生事件”是相对应的，同属于突发公共事件中的一种类型。根据我国政府目前的权威分类，社会安全危机事件主要包括重大刑事案件、重特大火灾事件、恐怖袭击事件、涉外突发事件、金融安全事件、规模较大的群体性事件、民族宗教突发群体事件、学校安全事件以及其他社会影响严重的突发性社会安全事件，其中尤以群体性事件在我国具有较强的代表性，其发生频率也相对较高。

（1）重大刑事案件。重大刑事案件指的是黑社会组织、邪教组织等犯罪组织或团体通过暴力手段对国家利益、社会公共利益或多数人利益形成重大危害的刑事案件。如集体越狱案件、危害国家安全的刑事案件、重大抢劫案件、灭门案件、袭击党政军领导或大规模袭击平民的刑事案件等。

（2）重特大火灾事件。重特大火灾事件是由恐怖组织、犯罪组织或不法个人蓄意纵火或者是由于用火不慎、违反安全规章制度、电器设备陈旧等原因引发的，对多数人产生严重威胁或造成社会动乱的大型火灾事故。重特大火灾事件也有可能是由火山爆发、高温、旱灾、爆炸、恐怖袭击、战争等引发的次生火灾，因此在其他灾害、事故发生时，要警惕和预防引发火灾的可能性。

（3）恐怖袭击事件。恐怖袭击事件是指某些组织、团体或个人，为了达到某种政治的或社会的目的，经过精心策划，采取恐吓或施加压力等暴力手段，有系统地对公民进行攻击或蓄意制造特定的恐怖气氛和恐慌因素的犯罪活动的事件。恐怖袭击事件一般具有三个基本要素：一是从事恐怖袭击活动的个人或组织具有一定的政治动机，当他们的政治主张不被接受，或对现实政治严重不满，便在行动上走向极端，采取恐怖暴力手段，强制推行或迫使别人接受他们的主张；二是以无辜民众作为袭击的主要目标，运用暴力手段蓄意制造特定的恐怖气氛和恐慌情绪；三是恐怖袭击事件不仅威胁本国利益，而且在一定程度上破坏国际安全秩序。

（4）涉外突发事件。涉外突发事件多是由群众的爱国热情所激发的，以非法集会、游行、严重的蓄意破坏或袭击等方式，对外国驻华领事机构、外交机构、民间机构的正常运转或第三国人员的生命财产安全造成严重威胁的，或涉及国家重大政治、经济、安全利益并造成重大影响的事件。涉外突发事件的客体一般包括外国驻华机构的第三国工作人员、高校的外籍教师和留学生、在华参加旅游的人员等。

（5）金融安全事件。金融安全事件主要包括大规模非法集资、非法设立金融机构、非法开办金融业务以及金融机构违法违规经营等引发的金融突发事件，突发性挤兑金融事件以及其他可能影响金融机构正常经营和提供正常金融服务的事件，可能严重影响保险行业正常运行、保险公司偿付能力和社会稳定的突发事件，上市公司因经营不善或退市导致资本抵偿风险等事件，抬价销售国家定价商品以及价格欺诈、价格垄断等扰乱人民生活和市场秩序等事件。这类事件主要是由在全球化和社会转型的双重作用下经过长期积累形成的社会性问题所引发的。

（6）规模较大的群体性事件。群体性事件指的是一部分具有相同利益诉求的人，为了达到特定的目的，采取非常规手段有组织地与社会公共秩序、社会公共安全发生对抗行为的事件。群体性事件主要有三种：一是由社会内部矛盾引发的，如城市拆迁安置、拖欠职工工资、农民负担过重等；二是由境内或境外的反动分裂势力煽动引发的；三是国家间的政治性、经济性冲突在国内引发的群体性事件。其表现方式通常为静坐、游行、集会、示威、罢工、阻断交通、围堵公共机关、部门和打砸抢烧等。

（7）民族宗教突发群体事件。民族宗教突发群体事件是由人民内部的民族、宗教问题，或受到民族分裂势力的怂恿及威胁而引发的，部分群众参与的，表现为游行、集会、示威、罢工、聚众闹事、暴乱、打砸抢烧等行为的事件。这类事件往往对国家团结、社会稳定和公民的人身财产安全造成不良影响或严重危害，甚至可能引发严重的社会动荡、破坏民族团结等。

（8）学校安全事件。学校安全事件指在校园内突然发生的，威胁学生、教师的生命安全或严重扰乱学校正常的学习生活的事件。这类事件的主体包括恐怖分子、由社会矛盾引起的对社会不满的极端分子、因利益冲突引发报复情绪的犯罪分子、精神病人等。学校安全事件的类型主要有校园火灾事故、楼道踩踏事故、食物中毒事件及治安事件等①。

3.3.2 传播特点

3.3.2.1 产品危机的传播特点

产品危机作为企业危机的一种，由于其影响不仅局限于企业本身，对消费者和政府来说也都有非常大的影响，因此我们要把它单独作为一种危机类型进行分析研究。产品危机的传播具有以下特点：

（1）信息在社会中传播迅速。产品危机的出现通常都是由部分消费者或消费群体发现问题而开始的，信息一经传播就会引发社会各个方面的关注。由于社会信息传播渠道的广泛，我们甚至不能确定在产品危机出现之时，到底是媒体、广大消费者、政府还是企业最先发现这一危机的。由于信息传播环境复杂，缺乏有效的辟谣机制，因此产品危机在爆发之初，常常由于谣言的干扰而导致对危机程度的误判和误传，从而引发不必要的社会安全及消费者对产品质量的恐慌。

（2）企业在传播过程中起关键作用。产品危机中，所涉企业有条件和义务来确保信

① 杨魁，刘晓程．危机传播研究新论[M]．北京：社会科学出版社，2011.

息的真实准确和公开及时，企业的信息成为产品危机传播中的一个关键的参考。企业客观真实地公开信息，对于危机的解决起着非常重要的作用，而若企业由于形象和私利而对产品及事件信息有所隐瞒和歪曲，则会引起更加深刻而严重的信任危机。

（3）政府遏制危机的进一步传播。面对产品危机政府首先难辞其咎，因此在处理上不应逃避自身的问题，但也要认识到政府在产品危机中应扮演的角色。政府不仅仅要履行监督的责任，除此之外，对于产品危机应像面对社会危机一般谨慎对待，化解企业与消费者之间的矛盾，确保双方信息的顺利传播。政府要借助政府的威信，行使政府的权利，确保危机的快速合理解决，同时针对产品危机建立有效的防范应对机制。我们不难看出，在产品危机中，政府总是在危机中后期承担了问题的解决和事件的收尾工作。

3.3.2.2 社会安全危机的传播特点

如前所述，社会安全危机事件不同于其他类型的突发事件，这是因为它经常涉及人民内部矛盾甚至是敌我矛盾。社会安全危机事件一旦发生就可能造成重大的人员伤亡和财产损失，甚至对部分地区的经济社会稳定、政治安定等构成重大威胁。因此，认识和把握社会安全危机事件的传播特点就显得尤为重要。社会安全危机的传播特点如下：

（1）非正式交流为主。所谓非正式信息交流，是指信息创造者将信息直接传送给信息接收者的过程。在社会安全事件中，事件参与者主要通过非正式信息交流，如口头交流、手机短信、内部集会等，来传递信息和获取信息。这种传播方式交流速度快，反馈迅速。同时，由于非正式信息交流过程中没有规则约束，随意性大，信息的可靠性、真实性无法核实，信息在传播过程中容易被歪曲和误传，加之事件参与或组织者可能有意捏造谣言，因此容易造成各种小道消息和流言的肆虐传播。非正式信息交流一般不借助于大众传播媒介，具有一定的隐蔽性，这样造成了难以及时、准确获取社会安全事件或群体性事件爆发前的相关信息，增大了事件预防与处置的难度。

这种非正式的信息传播方式在一些群体性事件的初发阶段表现得更为明显。一般来说，群体性事件的群体是指拥有某些规则或标准的一类人的组合，它存在这样的特征：第一，多是自发组成、自然形成；第二，有一定的群体规范，但不严格，约束性不强；第三，结构松散，无严密的权威分层体系；第四，目标指向性明确，存在主题共同性，往往以“我们”作为群体的象征，具有某种共同的目的、利益、关注点、兴趣等。换言之，在聚集群体向“事件群体”发展的过程中，达成群体共识、形成群体意识是非常重要的一步，它促使一群乌合之众走向具有共同归属、情绪、目标、规范等的“组织化群体”。

其实，在这种非正式的信息传播过程中，“观众”就是信息传播的主体，他们很容易表现出一种“看客”的心态，因此他们往往关注对事件的描述、介绍，偶或有评论，但是，因与受害方无直接的关联，其亲历者身份有助于提高信息传播的可信度，也增加了信息传播者为加强说服力而选择、复制、加工信息的可能性。这种非正式的传播以口口相传的议论为主，但是其复制性非常明显，民间影响可能在短时间内急剧扩大。但是，由于传播者大多是偶然群集，互相打探真相，因此信息传播多为单向传播；加之传播者临时经历、心理储备不足，信息的分析、综合、处理、取舍等认知、思维过程呈现明显的短促性、随机性。

（2）传播常伴随流言。美国社会心理学家 G. 奥尔波特（Gordon Willard Allport）认为，流言一般发生在和人们有重大关系的问题上，其发生与流传取决于三个条件：第一，在缺乏可靠信息的情况下，最容易产生和传播流言；第二，在不安和忧虑的情况下，会促使流言的产生和传播；第三，在社会处于危机状态下，如战争、地震、灾荒时，人们容易产生恐怖感和紧张感，流言容易传播。就此，奥尔波特还开列了著名的流言传播公式：流言=（事件的）重要性×模糊性。这个公式指出了流言的产生和事件的重要性与模糊性成正比关系，事件越重要越模糊，流言产生的效应也就越大。当重要性与模糊性一方趋向零时，流言就不会产生。

事实上，这种现象在突发公共安全事件的信息传播中表现得更为明显。在突发公共安全事件中，事件本身的重要性无疑很高，而这类事件由于涉及各种不安定因素，因此经常会表现出较高的模糊性，这就很容易导致各种流言蜚语的产生和传播。尤其在群体性事件形成阶段，很多信息并不能从官方或大众媒体渠道及时发布出来，主要信息通过与事件相关的意见领袖或主要策划者“发布”，他们“发布”的信息又被各种口头、文字等反复传播，在此过程中信息很容易被添油加醋地累加或转移，并形成一种滚雪球效应，导致信息越发复杂和多元，致使各种各样的流言肆意滋生和蔓延。也正是在这种过程中，个体群众形成相互认知、相互吸引、相互作用，并且达成群体共识、群体意识，形成同质性的关系网络。于是，在流言的主导下，群体性的意识逐渐形成并膨胀，并且最终酿成群体性事件。

（3）群体性因素影响大。在突发公共安全事件中，人的因素是最主要的，基本上大多数社会安全事件都是人为性的因素造成的。在这个过程中，人的群体性因素所发挥的作用表现得十分明显：首先，在群体中的个人会表现出明显的从众心理。法国著名的社会心理学家勒庞称之为“群体精神统一性的心理学规律”（law of the mental unity of crowds）。他认为：群体只接受简单而极端的感情；提供给他们的各种意见、想法和信念，他们或者全盘接受，或者一概拒绝，将其视为绝对真理或者绝对谬误。虽然勒庞的这一观点比较极端，但是在近几年我国发生的突发公共安全事件中，这种观点还是比较切合实际的。

其次，在群体中的个体会表现出轻信、极端和反应情绪化等行为倾向与弱点。这样就可能为一些别有动机的人提供可利用的机会。例如，在一些具体的突发公共安全事件中，那些别有用心的人往往会选择一些语言比较有感染力的人充当煽动群众的“信息—意见领袖”，采取一些断言、对语言的重复和煽动感情的方法来打动群众。所谓“信息—意见领袖”，就是在流言发布、传播与判断过程中处于中心地位的人，他可能是一个人，也可能是一个团队。他（们）形成舆论的中心，动员、组织成员，整合、组织、协调成员的意识与行动，对群体行为的走向具有重要的影响力。“信息—意见领袖”的形成，是突发安全事件发展的一个重要信号，表明事件已经由自发阶段向组织化阶段升级。一般来说，“信息—意见领袖”的产生，首先与其身份、品质和能力息息相关。其一旦形成就会对群体中的其他成员产生极大的影响。这种影响就像勒庞所说的那样，“夸大其词、言之凿凿、不断重复、绝对不以说理的方式证明任何事情，是说服群众的不二法门”。

最后，突发公共安全事件或群体性事件的发生具有一定的合理性，大多涉及人们的利益诉求。在突发公共安全事件或群体性事件中，人们往往都是要求解决其特定的利益问题，其指向可能是政府、企业、单位或者个人，也可能并没有固定的利益目标。例如，2008年发生的“6·28”瓮安事件中的大部分参与者都是与当事人没有直接利益关系的普通民众，当死者的30多名同学举着“为群众呐喊申冤”的条幅游行的时候，许多群众在“拔刀相助”的同时，发泄了他们对社会不公正的强烈不满。在事件的参与过程中，群众的非理性因素逐渐增长，群众之间相互感染，导致行为失控，进而达到了狂热的程度。在后来的事件阶段性处置情况汇报会上，贵州省委书记石宗源就指出，事件的导火索是李树芬的死因，背后深层次的原因是瓮安县在矿产资源开发、移民安置、建筑拆迁等工作中屡屡侵犯公众利益，随意动用警力，导致干群关系和警民关系紧张，是长期的“民怨”导致的。

（4）传播信息的第一原则是真实和及时。突发公共安全事件存在“危”“机”两个方面，有效、合理的危机管理能够转危为机，起到维持社会稳定、促进社会发展的重要作用。公共安全事件本质上是“危”大于“机”的负面事件，似乎按照“大事化小、小事化了”的传统处理方式，无论对社会还是个人来说好像都是成本最低的。但是，全球化、信息化和网络化的客观环境决定了今天的突发公共安全事件不可能发生得悄无声息。这是因为，一方面，事件主体希望扩大声势和影响，以吸引政府和媒体的关注，达到其预期的利益诉求；另一方面，公众也会强烈地要求了解事件的真相、进展情况、处理结果，以最大限度地满足其知情权。倘若我们目前仍旧采取“封锁消息”的传统策略，不仅在技术上已经很难做到，还会为谣言的滋生与蔓延提供温床，进而损害政府的公信力，造成更大的社会危机和损失。

2008年发生的拉萨“3·14”打砸抢烧事件就在一定程度上暴露了我们在突发公共安全事件的危机传播管理中依然存在着许多不足之处。当时事件发生后，国内的主流媒体一度未能给予较为充分和翔实的报道，从而错失了危机事件信息发布的先机。而形成鲜明对照的是，一些别有用心的西方强势媒体却一边倒地利用达赖喇嘛的说辞，肆意扭曲事实真相，竟然将这起由“藏独”分子蓄意策划的打砸抢烧事件描绘为“藏人被杀”“军事镇压”行为，致使一时国际舆论处于对我们十分不利的境地。而同样值得我们高度关注和深刻反思的是，当时在网络空间，国内外网民掀起了一场轰轰烈烈的信息争夺战。一些网民利用互联网发布帖子《惊！西方媒体竟然这样做西藏事件的新闻》、上传视频“西藏过去、现在和将来都属于中国一部分”、创建的网站 anti-cnn. com，用大量事实揭露了西方媒体移花接木、颠倒黑白的虚假报道，对西方话语霸权和所谓的“新闻真实”进行了有力的反击。

（5）信息传播国际化。全球化作为中国社会转型发展的重要背景，特别是经济全球化必然会带动政治、文化、社会以及信息传播的国际化。现时代，人们可以通过多种传播渠道了解国外的各类新闻事件和生活方式，同时国内发生的任何一起公共安全事件也会瞬间成为全球受众关注的焦点。因此，任何信息的流通都不应该局限在某个地域或空间范围内，而应该是全球的。

3.3.3 典型案例分析

2014年5月28日21时许，山东招远市一麦当劳餐厅内发生血案，一女子遭6男女围殴致死。当晚多名网友微博报道此事，并出现"出人命"、"发生血案"等敏感词汇。5月29日10时19分，招远市公安局在其新浪官方微博通报此事案情。30日，《人民日报》、央视新闻、《环球日报》、《山东日报》等多家媒体微博纷纷关注此事，相关现场图片、视频迅速爆出，"山东招远麦当劳杀人"成为当日新浪微博搜索热点，有关此事件的微博舆论迅速发酵。其中网友对招远市公安29日所发布微博公告中的"快速反应"、"因'口角'发生冲突"、"经抢救无效死亡"等表述存在不满，从而引发了"警方与施暴者勾结"等诸多质疑。与此同时，山东省公安厅官方微博迟迟不作回应更是将此事的舆论风险推向了风口浪尖，@环球时报更是发布"网友叫你"等网友的微博，督促其尽快公开案件信息，回应网友质疑。

5月31日，@公安部打四黑除四害、@山东公安以及@招远市公安局先后发布微博通报案情，博友视线才由信息公开不及时转向严惩、打击邪教犯罪。当日微博关注度出现峰值，达137 748条。此后，随着公安部严打邪教专项活动在全国范围内的展开，有关此事件谣言才逐步消解，来自微博舆情的危机方得到了有效控制。2014年5月是我国重点开展反恐反爆活动的关键时期，在这样的社会背景下，涉案罪犯公开场合实施暴力行为，凶残程度骇人听闻，且相关文字、图片、视频信息均凭借微博等自媒体工具得以裂变式传播，而有关该事件的微博舆论如何发展，是否会被激化为实体风险自然成为众人所关注的焦点。

3.3.3.1 政务微博：言辞官方，公开度低

当前，媒介技术日益革新，以微博为代表的自媒体在社会事务中的力量日渐凸显。2011年以来，我国政务微博有了明显的发展，充分显示了政府部门执政方式的创新与改变。但在近几年的微博热点事件中，部分政府部门应对微博舆论的能力着实令人担忧，出于某种畏惧心理，一些政务微博成了加大事件危机风险的"始作俑者"。招远事件中招远市公安局的新浪官方微博（即@招远市公安局）的做法即是如此。@招远市公安局上线于2011年，仅在招远事件发生后，其微博粉丝激增4万有余，可见该事件在当时所引发的社会关注度。招远事件并非普通的刑事案件，犯罪分子极为残忍的施暴手段，让许多网友不寒而栗，而受害人在公众场合因拒绝给陌生人电话号码被群殴致死更是引发了社会公众的集体恐慌。@招远市公安局在事发的第二天（5月30日）上午就案情进行通报，反应较为迅速。但其通报内容却引发了网友们的诸多质疑与不满，该条微博的评论量暴增，在不到一天的时间内就突破了66万。面对质疑，@招远市公安局没有做出任何及时有效的回应，而是删除评论并关闭该条微博的评论功能。在随后5月31日的二次通报中仅对快速出警予以说明，并未公布具体案情的做法让警匪勾结的臆测再度扩散，负面影响再度升级，危机风险逐渐加大。

在重大突发危机发酵后，上级责任主体能否及时发布权威信息，对于引导事件舆论走向、消解事件危机具有重要意义。山东省公安厅的新浪官微@山东公安，在招远事件曝光之初始终保持沉默，被网友甚至是媒体在微博隔空喊话："微博是用来互动的，不是用来刷闲篇通稿的！"事件发生的第四天（5月31日）11：39，@山东公安才终于发布招远事件案情公告，但早已过了遏制谣言臆测、把控舆论走向的黄金时间。纵观@招远市公安局、@山东公安关于招远事件的微博，公文稿的微博形式、官方客套的微博语言、信息空洞的微博内容以及蹩脚的应对方式无疑激化了招远事件中的微博舆论风险。虽然，招远宣传部门在事后表示，延迟公布案情系为担心影响破案等言辞在某种程度上缓解了部分的舆论风险，但有关部门未能及时地将相关解释置于动态应对之前的做法，显然无益于各方舆论风险的平息。

3.3.3.2 媒体官微：积极引导舆论，呼吁信息公开

在风险社会理论中，贝克认为风险是一种二手的经验，直接知晓风险是不可能的，只有借助一定的媒介（语言、媒体等）才能对其进行建构和呈现。作为现实环境的建构者，媒体给予社会公众的是拟态世界，公众也正是基于这种所谓的现实进行决策、开展行动。在自媒体迅速崛起的今天，传统媒体的官方微博依旧作为真实世界的描绘者在微博舆论场发挥功效。

环球时报新浪官方微博（即@环球时报）是我国报纸类十大微博之一，报道多元世界，解读复杂中国是其微博理念。在招远事件的相关报道中，@环球时报微博喊话@山东公安，督促其回应网友质疑、及时公开信息引起大众的广泛关注和好评。

在突发事件中，媒体的及时引导是消解负面言论、遏制谣言传播、消减风险危机的重要手段。从@环球时报有关招远事件微博的发布时间来看，在舆论峰值出现的5月31日，@环球时报连续发布30条微博，旨在缓解舆情态势，引导舆论走向。而《环球时报》、《人民日报》、央视新闻等一些知名媒体在新浪微博的集体发声，也在安抚大众情绪、阻止谣言蔓延、降低舆论风险方面发挥了至关重要的作用。

3.3.3.3 个人微博：观点多元，舆论失焦

在"招远事件"中，公众舆论场一度出现多种观点与态度交杂并存的失焦状况，然而，随着事态的不断变化，公众舆论的焦点也随之发生改变。这样的舆论环境给谣言和臆测的滋长提供了便利，并在某种程度上加剧了微博舆论风险的复杂性与不可测性，具体表现为招远事件中公众微博的态度倾向。5月31日，@公安部打四黑除四害、@山东公安和@招远市公安局联合发布案件公告之前，个人微博讨论最多的话题为严惩施暴者，对警方处置不力、信息不透明的质疑，以及对没有人及时施救的失望。而权威案件通告发出之后，大众讨论的焦点发生了转移，打击邪教、严惩暴徒成为热点话题，对警方的质疑逐渐消解，从对现场无人施救的失望转向对是否应见义勇为的讨论。

3.4 组织与个体形象危机

3.4.1 概念简述

前面几节我们从危机事件的类型入手分析了不同危机类型的概念、传播特点以及典型

案例，在这一节里我们要从危机事件主体和危机传播管理主体的角度入手，分别探讨政府、企业、个人三个不同的危机传播主体。除了必要的理论探讨之外，还将分析政府、企业、个人在危机传播管理中的机制和策略。

3.4.1.1 政府危机传播管理

政府是危机传播中的重要组织者、管理者和应对者，是各类危机传播主体中地位最为特殊、责任最为重大、作用也最为重要的传播管理主体。在现代社会中，几乎任何一种类型的危机都会将政府置于又一个危机之中，无论一个危机的责任主体是谁，政府作为一个社会的公共管理者都理所当然地成为这一危机事件的责任者和管理主体。因此，政府危机传播管理是我们首先要来研究和探讨的一种类型，尤其是我国目前正处于经济转轨和社会转型的过程中，政治经济改革已经进入社会结构的全面分化时期，改革开放触及深层次的体制问题，社会制度系统（经济制度、政治制度、法律制度和家庭制度等）都存在一定程度上的制度变迁，在社会发展序列上恰好处在“非稳定状态”和危机的频发阶段。目前，我国的社会发展中存在着许多严重失衡的问题。城乡失衡、地区失衡、行业失衡、贫富失衡以及分配不公等现象已经相当严重，社会不稳定因素明显增加。社会发展与经济发展的这些严重失衡，与政府制定的经济社会发展战略、不同时期的方针政策，与政府的管理方式、管理手段，与政府的宏观经济调控能力和公共行政管理能力，有着密切的甚至决定性的关系。而这些不稳定的因素就构成了当下政府必须面对的诸多威胁。可以说，在风险社会的条件下，危机已经成为政府面临的一种常态环境。

新媒体环境下，相当数量的公民已经具备了较强的维护自身权益的主体意识，对政府行为和公职人员职务行为的政治监督意识也日益增强，一些自发组建的公民社会组织，或是处于国家科层系统的边缘（半官方性质的社团），或是完全处于科层系统之外，但它们将社会成员组织起来，形成了新的网络式社会关系。这种网络式的社会关系是由具有共同利益或共同兴趣的成员自发形成的，对政府的权力形成了有效的监督。因此，面对各式各样的突发事件，政府能否积极有效地应对各种危机显得至关重要。如果政府做好处理危机的计划和准备，遇到危机处理得好，不仅能够化险为夷，而且还能够不断成熟和进步，反之如果处理不好，危机就会蔓延，给民众生命和财产造成严重的损失，也会使政府的正常管理活动和社会的基本秩序遭到严重破坏。所以，政府要进行服务型转变，作为公共服务的提供者、公共政策的制定者、公共事务的管理者以及公共权力的行使者，在危机处理中处于更加重要的特殊地位。危机局势是对社会稳定构成的最直接的威胁，危机事件的处理是对政府组织的管理能力和效力的全面考察和综合鉴定，是衡量和反映政府执政能力的重要方面，它不仅是政府的一项战略任务，同时也是政府日常管理的重要组成部分，应对这些危机事件不仅仅关系到个别事件处理的成败，更是关系到如何真正地实现国家长治久安。

在危机事件和危机状态中，以政府作为传播主体和主要信息来源，面对社会公众，通过各种传播媒介和传播形式进行以危机信息、危机治理信息为主要传播内容的传播过程与传播行为。政府危机传播是政府危机管理系统中的重要子系统，主要承担消除危机中最容易发生的不确定信息，发动和引导有利于解决危机的正向舆论，修复、改善和提升政府形象的传播功能。总之，政府危机传播是政府公共危机管理的重要组成部分，在公共危机管理中，传播的效能决定着危机管理的效率，也取决于恰当的途径与方法。

学者唐钧在《公共部门的危机公关与管理》一书中对政府危机公关的类型进行了总结，认为政府危机的类型无外乎以下几种：

(1) 天灾人祸型危机，又叫作突发公共事件。这种危机是指在很大程度上由于自然因素或不可抗力以及社会群体的不当行为引发的危机。除了之前提到的自然灾害危机、产品与社会安全危机等，重大群体性事件也渐渐成为政府危机的一个主要方面，打砸抢烧事件、民众围堵行政执法部门、聚众冲突事件等，给政府的危机处理能力带来了巨大挑战。政府作为国家公共权力机关，有责任、有义务承担起组织管理和处理这类突发公共事件的责任。但是，任何管理都是有风险的。一方面，天灾人祸危机会对政府自身产生危害，比如政府人员受伤、政府办公设备受损等；另一方面，政府在处理天灾人祸型危机时，也会产生一定的处理风险，进而引发政府的信任危机、形象危机等。因此，政府首先要做好危机预警与防治工作。而一旦危机发生后，政府则要及时承担责任、恰当采取措施，力争将危机事态控制在最小范围之内，尽量减少危机带来的损失和危害。

(2) 主体不当型危机。现实中，由于政府的某些失误而引发的危机也时有发生。这类危机的根源主要集中在两个方面：一是造成了对某些社会群体利益的侵害，二是违背了政府的执政宗旨。比如因“官本位”观念根深蒂固、观念老套、手法落后、政策失误、管理失当等原因引起的危机，或是没有处理好天灾人祸，或因善后处置失误而导致的危机。例如，近年来因城管执法失当引发的群体性事件的频繁发生就具有一定的代表性，已经严重影响了政府的公共形象。

(3) 客体失误型危机。这一类型危机往往不是由政府的行为失当所引起的，也就是说政府并不是引起危机的直接原因，导致危机的直接原因和责任主体是其他客体，但却对政府产生了严重的影响。社会中总有少数人故意钻政策、法律的空子，比如虚假的医药广告、名人广告等。因为信息的不对称，或因群体的自身观念、生活习惯等主观原因会导致公众对政府产生误解，从而产生危机。

面对这类危机，政府一方面要加大执法力度，减少违法事件的发生；另一方面要通过信息公开、媒体沟通等来消解公众的误解，修复政府受损的形象。

政府危机通常具备以下几个特征：

(1) 公共性。政府行使的管理行为是一种典型的公共管理活动，其“公共”对“管理”的限定，体现了政府管理的公共性和维护社会公正的责任。公共性指的是“一种公有性而非私有性，一种共享性而非排他性，一种共同性而非差异性”。在现代社会，公共性是政府合法性的基础，尽管现实的国家往往是暴力或阶级斗争的工具和产物，但即使在绝对专制的国家，体现政府公共性的社会管理职能也是维系政权的基本前提。公共性是现代政府的第一属性。正因如此，政府危机事件一般涉及公众的广泛利益，因此会引起公众的广泛关注。政府的公共性要求政府树立民主、法治的现代政治理念，自觉接受公民监督，否则政府的公共性往往就会流于形式。而当前不少政府危机的发生就是因为政府的施政行为没有能够真正体现应有的公共性。一些严重的官商勾结、行贿受贿等违纪违法行为，不仅严重违背民意，而且也不符合政府代表广大公众利益的最基本的公共属性。

（2）破坏性。政府作为一种特殊的社会组织，人民赋予其巨大的权力和信任，使其具有了其他社会组织无可比拟的权威性。拥有权力也就必须要承担责任和义务，维护公众利益就是政府应当承担的核心义务之一。在公众物质和生命财产受到严重威胁的危机情境下，如果政府不能有效组织和调动各种社会力量与资源来应对危机，势必导致公众不满甚至引起社会动荡，进而引起政府合法性的严重流失，并最终造成政府的合法性危机。在新媒体环境下，媒介迅速发展、网络传播一日千里的今天，政府应对危机的行为稍有失误，就会遭受媒体的强烈质疑和批评，甚至引发“舆论审判”，轻则使政府形象受到损害，影响政府的公信力，重则可能进一步引发社会危机事件，严重干扰和破坏社会的正常秩序，造成难以估量的社会后果。

（3）复杂性。作为国家的行政机构，政府要全面负责国家的政治、经济、文化、社会、科学等方方面面的事务。这样，就必然会导致政府危机的类型及其诱因的多元化，从而使得政府危机可能会涉及社会的政治、经济、文化、技术等各个领域和方面。就我国目前的实际情况来看，首先在经济领域，国有企业改革尚未完全到位、农村发展滞后、居民收入分配差距不断加大、社会保障机制有待完善以及移民安置等问题成为引发群体性事件和危机的重要因素。而在政治生活领域，部分政府官员无视党纪国法的腐败渎职行为时有发生，已经严重影响党和政府在广大民众中的公信力。同时，司法机构腐败、滥用职权造成社会矛盾激化，以致出现了诸如上海袭警、贵州瓮安打砸抢烧等暴力事件。此外，政府还有可能面对种种外交危机。由于政府危机事件的发生往往涉及社会不同利益群体，敏感性、连带性很强，聚集效应明显，所以往往就会引起更大的社会震动。政府在执政过程中，会存在一些问题，涉及更具敏感性和连带性的危机诱发因素的领域。根据中国传媒大学网络舆情研究所发布的舆情指数报告，我国网民话题关注度由高到低依次为：腐败问题、房价问题、就业问题、户籍制度、养老保险、食品安全、医疗卫生、交通安全。

（4）全民参与性。改革开放就是从国家与社会的高度一体化到逐渐分化的过程。这一过程的主体就是政府向企业放权、中央政府向地方政府放权、政府向社会个人放权的过程。随着政治民主化进程的加快，中国民众拥有了更多的话语权，从“俯卧撑”、“躲猫猫”、“七十码”到“喝水死”，民众在发明一个个具有讽刺意味的网络用语和名词的背后，却深刻地表明越来越多的公民参与到舆论监督的队伍中来。2013 年新年伊始，“闯黄灯扣六分”的新交规可谓酿制了一次彻彻底底的“黄灯危机”。闯黄灯到底该不该罚在社会中引起广泛的争议，民众对新交规的质疑和反对的呼声，给政府部门造成了危机，新交规颁布以来所引发的大规模争议，以及公安部出现的“朝令夕改”现象，所展示的弊病绝不仅仅是在具体法律条款层面，而是很好地折射出一些部门规章在制订阶段罔顾程序的惯性。只是到了现时，民意涌起之后，这些惯于闯黄灯的政策制定者，才算遭遇了一次“黄灯危机”。

（5）倒逼机制。随着互联网的普及和发展，网络传播在人们社会生活中发挥的作用已经越来越显著。实践发展表明，“媒体影响公众、公众影响决策”的“传播链条”已经开始形成。不仅民众监督需要依靠网络传播策略，政府了解沟通民意也越来越依赖于网络新媒体这个平台。2010 年网络论坛中的“咆哮哥”事件，再次让我们感受到了网络传播的巨大能量。2010 年 6 月 18 日，一位广东网友在广州市长留言板上反映广州市法制办公务员态度蛮横，并上传了一段录音。留言中，这位网友把态度不佳的公务员形象地称为“咆哮哥”。6月21日，广州市法制办召开记者通气会，就此事深表歉意。6月23日上午，广州市法制办负责人和“咆哮哥”本人一起上门到发帖网友家道歉。在这个博弈的过程中，我们看到了新媒体环境带来的独特“倒逼机制”。在这个民主化的进程中，越来越多的公民加入到维权的队伍中来，公民的权利觉醒和监督的有效合力，倒逼法治型、服务型政府转型提速，政府中的任何一员都代表了政府的形象，任何不良的行为都能引发意想不到的危机，因此，危机变得无处不在。

（6）国际化。目前我国对外开放不断深入，与世界的交流和联系日益广泛深入，国际社会在经济、政治和文化等方面的重大变化都一定程度上对我国国内形势产生影响。不管是金融危机还是恐怖组织的暴力恐怖袭击，都日渐突破了国与国的界限，对每个国家都产生一定的影响。面对经济、安全、环境、食品和医疗这些方面的问题，几乎所有的国家，不分民族、制度、意识形态，都是一致的，因为共同的意愿而形成一股合力。另外，随着国际人员交流的加深，中国公民和机构在境外的人身和财产安全问题也日益凸显，国际性救援和危机应对也给我国政府的危机应对能力提出了新的挑战和要求。不仅如此，在发生危机时，及时向外界公开通报信息，展开调查善后工作同样受到了国际的监督。例如，2014年的马航事件，由于马航和马方政府公布了一系列前后相矛盾的信息，导致了危机传播中信息的真空期延长，不仅对马航和马方自身信誉、社会地位等造成严重影响，也影响了受众对于相关信息的判断，造成了部分受众的心理恐慌，延长了危机事件蔓延期，甚至也对各国政府参与救援任务造成了严重阻碍。这一事件，不仅使得马来西亚政府在国内丧失了公信力，其国家形象也因此一落千丈。

3.4.1.2 企业危机传播管理

当前市场环境日益复杂和行业竞争不断加剧，企业作为从事生产、流通、服务等经营活动的营利性组织，不得不面临危机常态化的生存现状。企业危机作为威胁企业生存的情境，不仅仅是对企业的潜在威胁，还阻碍企业正常交易，威胁企业的基本价值，对企业及员工心理造成巨大震撼，需要企业组织在一定的时间压力下，明快、智慧处理，挽回企业声誉。因此，与政府等公共性组织不同，企业作为以营利为目的的组织，企业危机具有自身的独特性。

在现实生活中，企业危机不仅数量繁多，而且种类也迥异，为此人们主要按照某种标准，对其进行类型划分。西方学者米特罗凡博和麦克怀内根据危机的诱因以内在与外在、人为与非人为为变数区分出以下四大企业危机：内在非人为危机、外在非人为危机、内在人为危机、外在人为危机。我国台湾学者吴思华根据企业经营的市场环境，把企业危机归纳为五大类：政治危机、法治危机、经济危机、天然危机和社会危机。也有学者根据影响危机的因素及发生率，将企业危机分为组织危机、职能危机和战略危机三种类型。一般来说，人们更倾向于根据企业危机发生的原因来进行分类，从而就可以将企业危机区分为企业的内因危机和企业的外因危机两大类型。

（1）企业的内因危机。一般而言，企业的内因危机主要包括产品危机、商誉危机、人才危机、战略危机和财务危机五种。

产品危机。企业如果在产品的质量、品种、包装设计等方面不能满足市场需求，抑或产品或服务有质量或性能方面的缺陷，危害到了公众利益，就会使企业陷入危机。由于产品质量容易威胁到公众生命安全，一旦处理不好，对企业的影响可能也是致命的。美国著名企业强生公司曾以“对医生、护士、医院、母亲和所有使用者负责，产品必须始终维持最高品质”的经营理念一度成为企业社会责任的楷模，然而近年来不断发生产品危机，使强生品牌声誉大受损伤。

商誉危机。企业商誉是企业的产品和服务给公众带来的整体印象以及公众对其评价情况，如果企业在产品质量、包装、性能、售后服务等方面有不良行为或处理不当，进而损害了消费者的利益，就会使企业整体形象受损，信誉降低。在新媒体电子商务发达的今天，客户的评价对于企业如同生命一般重要，大到京东、亚马逊、苏宁这样的电商企业，小到淘宝天猫里的小小店铺，客户的评价是他们销售商品的关键，因此当评价出现整体偏差现象的时候，企业的商誉就出现了危机。

人才危机。人才是企业重要的核心资源，企业家就是企业最为稀缺的人才，因此最容易产生人才断层，而关键人才的出走往往会引发由于技术断档或客户业务断档所引发的企业危机，特别是骨干人才的突然成批离去，必然会引发企业危机。面对苹果公司 CEO 乔布斯的去世，全世界都为此感到心痛惋惜，乔布斯作为苹果公司的灵魂核心人物，一直致力于推出改变一切的革命性产品，可以说苹果的产品被深深打上了乔布斯的烙印，这样一个世间奇才离开了，对苹果的打击也是沉重的，能否顺利度过这样的人才危机对其是一个非常大的考验。

战略危机。企业战略是企业的航标，是确保企业发展方向的指南针。企业战略危机，也叫 ESC，是指由于企业内外部环境的改变，企业的战略没有对此作出应变或者应变不当，使企业无法实现既定目标的状态。由于企业战略主要有企业领导管理阶层制定，企业战略也是对企业领导者才能的最大考验。一旦企业战略出现失误，又不能及时做出调整，必将阻碍和影响企业的生存与发展，甚至导致企业的倾覆。面对新媒体时代的到来，很多传统媒体遭受重创，时代华纳公司第一时间改变战略，将发展转向新兴媒体，与美国在线合并，从而迅速占领了新媒体这一发展领域。

财务危机。企业在初期筹备、融资、中期运营、投资等财务决策中，由于决策能力不足，或是资金市场的变化，利率、汇率的调整变动，债务发行费用、股票市场波动，投资单位经营状况等诸多因素的影响，使企业暂时入不敷出，若再加上银行拒绝贷款，将导致企业财务费用增加、投资收益减少、资金断流，最后因无法支付基本运营费用而被迫停业。

（2）企业的外因危机。所谓企业的外因危机，就是由外部因素造成的企业危机，总地来说可分为政治危机、自然灾害危机和他人过失型危机等三大类型。

政治危机。即由于企业所在地政治、经济、法制政策等方面出现的变化导致的企业危机。一个企业的生存与发展同其所在地的政治、经济和法制政策环境息息相关。政局变化是最为显著的一个方面，例如在我国，当日本右翼势力抬头，遭到国人谴责的同时，日本的产品相应会受到抵制，甚至出现打砸日本车的事件。而在欧美等国家，更多的是出现在种族、法律问题的分歧中企业深受其害的情况。

自然灾害危机。即由于地震、台风、海啸等不可抗力的自然灾害给企业的经营和发展带来严重的威胁和影响所引发的危机。自然灾害所引发的企业危机往往与企业所在的地理位置、企业所从事的行业密切相关。比如汶川地震中，四川绵竹的剑南春酒厂，由于地震造成储藏的陈年白酒的陶罐破裂，大量优质原酒流入地下水道，事后证明大地震造成的停产以及原酒和陈酒的损失导致整个市场的供应不足，短期内给剑南春的经营业绩造成重大影响和损失。

他人过失型危机。有时候导致企业爆发危机的原因不是来自企业自身的经营与管理，而是由人为因素造成的，有时是由于政府管理部门的失误、媒体的误报或者是他人的存心陷害。2012 年 9 月 26 日至 2013 年 6 月 1 日期间，《新快报》记者陈永洲发表 10 余篇有关中联重科“利润虚增”、“利益输送”、“畸形营销”及涉嫌造假等一系列批评性报道。中纪委中宣部随即介入对事件展开调查，认定陈永洲涉嫌有偿新闻、虚假报道等违规行为，指出陈永洲的行为严重违反了《中国新闻工作者职业道德准则》，严重违背了新闻真实性原则，严重损害了新闻媒体公信力，同时对企业造成了负面的影响。

3.4.1.3 个人危机传播管理

移动互联网技术的广泛应用，信息的快速传播，使得越来越多的普通人在事件传播中纵身一跃变成公众人物，伴随着我们对于公众人物的关注不断提升，围绕他们的危机事件也随之增多，风险社会到来，每一个人面临危机的风险在加大、概率在增加，但由于公众人物有着较大的关注度，他们的普通行为也会被无限放大，成为危机事件。

个人危机就是对公众人物的基本价值和行为准则产生严重威胁，并且在时间压力和不确定性极大的情况下，必须对其作出关键决策的重大事件。由于公众人物这一危机主体的性质和职能的特殊性，公众人物危机除了突发性、破坏性大以及显著化特征外，还主要表现出以下基本特征：

（1）公众利益是主要诱因。公众人物的工作、生活、言谈举止不仅为公众所关注，而且与社会公共利益密切相关，甚至构成公共利益的重要内容。一个重要政府官员的一项重大决策，会在社会上产生十分具体而深刻的影响。公众人物的人格、行为、言论都在深远地影响着社会价值的评价标准，具有良好的示范效应和法律、道德导向的作用。一旦公众人物违背了这一原则，就会使自己陷入危机之中。

（2）舆论监督是催化剂。舆论监督已经成为揭露丑闻、民主管理的重要手段之一。很多政府官员都是因为舆论监督倒逼，揭露出违法违纪行为而被撤职调查的，我国目前的反腐工作也多是通过中纪委网站举报，调查取证而进行的。

（3）媒体的炒作。媒体为获得直接、间接的经济利益，常常通过炒作来赚取受众的眼球，借助媒体平台优势，用捏造、夸大、推测等非正常报道手段对某人或某事进行有争议而无意义的批评、赞扬或爆料，如果公众人物在报道危机中处理不当，就会陷入更加被动的危机局面，被媒体牵着鼻子走。

（4）个人隐私问题突出。个人隐私应受法律保护，但当个人隐私与重要的公共利益——政治生活发生联系的时候，个人的私事就已经不是一般意义的私事，而是属于政治的一部分。它不受隐私权的保护，应成为新闻报道不可回避的内容。

（5）连环效应。在我国公民社会还不够成熟，公民意识还不够理性，特别是在网络媒体的情境中，公众在开展舆论监督时还存在明显的非理性倾向，从而会出现非黑即白的一边倒的极端倾向。于是，公众人物危机一旦发生，就会产生连环效应，围绕公众人物展开大规模的舆论绑架。

（6）具有双重性。由于公众人物不是生活在真空中的人，其作为一个社会人必须从事社会活动和社会交往，作为一种社会文化符号，具有整体象征性和代表性，他或者她代表的不仅是其个人，也代表着自己就职或服务的机构。如果他们不能正确处理个人危机事件，他们所有的符号象征性，使他们所遭遇的这种危机很容易从"个人信任危机"转化成"组织信任危机"，这就体现出公众人物危机的双重性特征。

3.4.2 传播特点

3.4.2.1 政府危机传播特点

2003年"非典"事件以后，"危机传播"研究开始逐渐成为我国学术界的研究热点。特别是在新媒体环境下，我国政府不断突破传统观念，学习传播沟通技巧，加强传播管理，推动制度建设，在新环境下危机传播呈现出以下特点：

（1）时间紧迫性。危机事件通常都具有突发性、破坏性的显著特征，整个事件的过程发展变化迅速，而且由于突发性容易造成初期信息不准确或不全面，其发展变化及其后果往往带有不确定性，难以预料。再者由于危机事件一般具有较大的破坏性，所以危机事件一旦爆发，时间就成为制胜危机的最为关键因素。因此，政府危机发生后，就要求政府要在第一时间发出声音，做突发事件的"第一定义者"。

（2）协调紧迫性。面对具有高度威胁性的公共危机，社会公众在受到强大的冲击时，有时难以作出理性的思考和正确的判断，加上复杂的社会利益层面，有时候会引发国家与个人、整体与局部、长远利益与眼前利益之间暂时性的矛盾与冲突。因此，传播协调的时间紧迫性就成为影响政府危机信息传播的关键要素。要有效开展政府危机信息传播，关键就是要在最短时间内找到政府与公众之间利益相一致的切入点、平衡点和结合点，并通过双向传播使政府与公众之间的利益矛盾能够尽快得到妥善解决。

（3）舆论引导艰巨性。稳定民心、保持社会秩序的良性运转，是政府危机传播所要达到的最终目的。然而，这有赖于政府通过实施危机传播这一艰巨的系统工程，来对社会公众舆论进行有效的引导。通常来说，公众的思维惯性往往会加大危机解决的难度。面对社会变化、价值冲突、选择取向和竞争合作的压力，公众的思想观念和行为方式在传统与现代之间徘徊。道德失范、精神失落、情操失节、心理失衡等社会现象，使部分公众容易对自己的价值观产生怀疑，对现行政策产生动摇，形成落差心理、怀旧心理甚至逆反心理，而且出现信仰危机、信誉危机、信任危机，处在紧张焦虑的状态①。研究表明，在政府服务过程中，存在着"99∶1定律"，即在政府提供的服务中，哪怕99%都是优质的，只有1%存在问题，那么99%的努力和成果就很可能被群众抹杀。而且在政府解决危机的

① 贾昕，杜敏轩．危机传播中的新媒体应用研究[J]．科技传播，2015（6）：131.

过程中，人们往往存在从众、不闹不解决的心理及不信任的心态，甚至全盘否定、抹黑，用有色眼镜来看待一切，这无疑给政府危机传播过程中的舆论引导带来很大的挑战。此外，网络和多媒体技术的普及与发展，不仅会使危机事件的信息传播国际化，而且也会使危机信息传播引导与控制的难度进一步加大。

（4）网民作用凸显。随着移动互联网技术的提高与普及，网民数量日益迅猛增加，网民及网络舆论对危机事件的影响力和推动力也越来越大，网络民意逐渐从虚拟走向现实。目前，我国已经出现“舆论引导新格局”，党报党刊和电视台、电台是一个层次，都市类媒体是另一个层次，特别是互联网作为“思想文化信息的集散地和社会舆论的放大器”，已经显示出和发挥着巨大的舆论能量。面对汹涌的网络民意，政府和主流媒体只有充分重视和高度尊重网民的呼声和利益诉求，真正做到因势利导，主动揭示真相，澄清流言，坦然承认和认真改进政府管理中的不足，才能争取到舆论的话语权，进而赢得公众舆论引导与控制的主动权；只有主动吸纳网络民意，意识到民心可用、民怨可畏，才能化解危机，推动良政和善治。

3.4.2.2 企业危机传播特点

（1）环境更为复杂。在企业危机传播中，对信息环境的掌控能力至关重要。与传统媒体时代相比，新媒体时代各类信息传播很难控制。在传统媒体时代，大众传媒掌握在社会主流人群手中，信息发布要经过较多的审查或把关，公众在信息传播的主动权、信息内容的自由度上都受到了很大的限制。这种情况下，企业在面临危机事件时，可以通过各种可能的利益杠杆，实现与大众媒体的合作甚至“同谋”，对公众进行选择性的信息告知甚至信息封锁，从而比较容易掌握危机事件传播过程中的话语权。然而，在新媒体时代，危机事件的处置往往是在一个相对开放的环境中进行的，公众在一定程度上掌握着信息传播的主动权，各类信息的传播时间、传播内容以及传播渠道企业都难以掌控，这就导致危机事件爆发时，各类信息大量涌入传播渠道，致使信息真假难辨，谣言滋生和蔓延的可能性大大增加。

（2）过程更为延伸。一般来说，有效的危机传播应该涵盖危机发生的全过程。传统的企业危机管理模式是反应型管理，往往是在危机爆发后才进行应急性的危机传播。而现代企业危机管理是风险分析—应急规划—过程完善的整体管理，危机传播不仅仅存在于危机的应急规划阶段，而且要贯穿于企业危机管理的全过程，从危机潜伏阶段的风险分析到危机的恢复完善，任何阶段都要求开展特定的危机传播活动，危机传播管理实现了从“待候”向“全过程”的根本转变，危机传播的职能和作用被大大加强。这就要求企业从危机潜伏阶段的风险分析一直到危机的恢复阶段，建立起完整的企业危机信息监测、分析和发布的机制，实现企业在危机管理中的有效信息传播与沟通。

（3）规则显著变化。在传统媒体时代，公众获取信息以及公众舆论在很大程度上都受控于所谓的主流媒体，而在网络等新媒体的作用下，信息传播的权力以及舆论的批评权力开始从体制内的媒体机构向个人过渡和转移，改变了传统“自上而下”的传播模式，特别是像网络博客、论坛等自媒体的传播影响力越来越大，企业危机公关策略中的“媒体宣传策略”已经难以奏效，以读者、网民等为传播信源的“长尾”开始进入主流。如

2007年的“LG翻新门”事件，最初的危机信息就是从“个人日志”上发布出来的①。

（4）主体的觉醒与联合。在新媒体时代，对于企业危机传播来说，面临的一个新的变化就是企业利益相关者的觉醒与联合。在传统媒体时代，由于媒体资源以及现实条件的局限性，利益相关者处于传播上的弱势地位，各相关利益者各自为战，面对组织在传播上的强势，一些利益相关者往往会保持沉默，这就为强势的一方以非公开的方式而不是公开处理危机事件提供了可能性，从而使弱势一方的利益往往难以得到保障。但在网络时代，公众获得了公开的传播渠道及意见表达的自由，听到的不再仅仅是组织、政府或者媒介单方面的说辞，各方相关利益者都拥有了自己的话语权，沉默的螺旋理论及规则受到了挑战，各方利益在各自意愿的沟通中得到汇聚，甚至会出现行动上的联合，从而给企业危机事件的处置造成了更大的压力。这种各方声音的汇聚和利益的联合，要求企业在危机传播中重新定位和调整与各方利益相关者的关系，并针对不同利益相关者采取有针对性的传播策略。

3.4.2.3 个人危机传播特点

在经济一体化、政治多元化和文化多样性发展的当今时代，以及媒介化社会来临与新媒体环境下，公众人物危机传播日益呈现出传播环境复杂性、传播主体影响力增大、传媒引导难度加大和网民作用凸显的显著特征。

（1）环境复杂。公众人物危机传播都是在特定的传播环境中进行的，而且这一传播环境具有复杂性的显著特征。当前，随着风险社会的来临、公众意识的觉醒、传媒技术的突飞猛进以及公众舆论监督影响力的增强，公众人物面临来自各方面的风险在与日俱增。在公众人物权益保障方面，我国还缺少完备的法律法规体系，而良好的法律环境是公众人物合理应对危机的重要保障。我国对公众人物隐私权和公众知情权的相关理论研究和立法、司法实践起步都比较晚，严重滞后于社会现实的客观要求，不利于各种矛盾的解决和有关当事人权益的保护。目前，我国已经加快了这方面的立法进程，陆续出台了一系列与网络信息安全有关的法律法规，比如《互联网视听节目服务管理规定》、《商务领域信用信息管理办法》、《计算机信息网络国际互联网管理暂行规定实施办法》等。随着网络侵权的急剧增加，我国仍然急需网络隐私保护方面的立法，以完善我国对个人的网络隐私权的保护。

（2）传播主体影响压力增大。一般而言，公众人物在社会生活中拥有较高知名度，或者因其位高权重，言行举止具有权威性和示范性，或者因其有一技之长，或歌或舞，“粉丝”云集，举手投足都颇有感染力和影响力。正因为公众人物的社会影响力比较大，公众人物危机造成的社会影响及其破坏性也会比较强。可以毫不夸张地说，一个具有较高知名度和影响力的企业领导的品质往往能够决定一个企业的生死存亡。1999年，全球著名的博雅公共关系公司就企业领导人在企业发展中所起的作用，调查了美国35个行业350多家大型跨国公司的2500多名高级经营管理人员。博雅公关公司由此得出结论：“在今天的商业社会中，首席执行官也需要作为一个品牌而加以管理。”美国宾夕法尼亚大学

① 韩全辉．企业应对产品危机的信息策略[D]．合肥：安徽大学，2007.

沃顿学院教授戴维·拉克认为，1999 年接受博雅公关公司调查的首席执行官，其声誉每提高 10%，就会导致公司股票市值增长 24%。同样，政府官员的形象对政府部门的影响也是巨大的。政府官员不当的言行举止，会威胁到政府系统的稳定性，损害政府的公信力。

（3）引导难度加大。面对具有威胁性的危机事件，社会公众在受到冲击时，有时会难以做出理性的思考与正确的判断。首先是由于公众人物社会身份特殊，知名度高，他们的一言一行、一举一动往往备受媒体及公众的关注，从而公众对他们的期望也会更高。公众不仅期待他们在所属职业领域中表现优异、出类拔萃，而且对他们的待人处世也会提出更高的道德要求。再加之，随着社会分化程度的不断加深、贫富悬殊的加大以及民粹主义思潮的流行，特别是近年来各类公众人物危机事件频繁发生，使得人们对包括高官显贵在内的各类公众人物形成了刻板印象。而这种公众社会认知定式无疑会给公众人物危机传播的舆论传媒引导带来很大的挑战。此外，网络、多媒体技术的普及与发展，使得大众文化的传播环境和公众人物危机传播的舆论形成机制发生了深刻的变迁，也就给公众人物危机传播过程中的舆论引导与控制增加了新的难度。

（4）网民作用凸显。随着网民人数的大幅攀升，网络舆论对各类危机事件演变进程的影响力越来越大。这就要求公众人物必须高度重视和充分尊重广大网民的呼声和利益诉求。特别是在危机的情景下，公众人物面对汹涌如潮的网络舆情民意，只能因势利导，去主动揭示和澄清事件的真相，才能真正赢得舆论引导的主动权和话语权；也只有主动吸纳和尊重网络民意，才能最终做到化危为机。比如 2009 年新疆兵团“最牛团长太太”事件发生后，新疆兵团迅速开展调查，克服特殊时期网络不畅的困难，积极与网络社区加强联系，迅速取得了网民的信任。在网络传播亦即所谓的大众麦克风时代，对网络突发热点事件的第一应对至关重要。例如，2010 年 7 月 1 日，学术打假名人方舟子在其微博上公开质疑曾任微软（中国）有限公司总裁、现任新华都集团总裁唐骏的加州理工学院博士学位的真伪。此后的一段时间，如同侦探小说一般，网络上充斥着各种线索资料和质疑，唐骏“学历门”火速蔓延成为网络上的焦点事件。舆论喧哗中，唐骏在 7 月 6 日首度回应称：自己从来没有说过曾获得美国加州理工学院博士学位。而这一迟到的解释无法赢得网民的认同，于是，此后的事实也进一步昭示着，在这个不断制造神话和不断毁灭神话的网络传播时代，又一个成功人士的“光辉形象”在公众心里轰然坍塌。

3.4.3 典型案例分析：强生公司的泰乐诺事件

强生作为一家历史悠久并且深受消费者信赖的企业，由遍布全球的 53 个国家的 165 家子公司组成。它主要生产婴儿用品、婴儿奶粉、（化妆用）涂液、洗发水、棉签、绷带、外科器械、瑞驰牙刷、避孕药以及世界卫生组织基本药物名单上的一些药品。

强生公司在它的员工当中也树立了良好的形象，被列为 100 家最理想的工作场所之一。经营者也因树立了“对医生、护士、医院、母亲和所有使用者负责，产品必须始终维持最高品质”的经营理念而一度成为企业社会责任的楷模。

泰乐诺胶囊致人死亡的危机事件发生时毫无任何危机应对机制，公司的管理者们是从打来电话要求解释的记者那里听说这一中毒事件的。电话一个接一个，先是各媒体后是药店、医生、医院、毒害控制中心，还有数以千计的惊慌失措的消费者。公司迅速收集了有关受害者、死因、有毒泰乐诺的批号、销售该药的零售点、药的生产日期以及它们在分销网中所经过的途径等信息。

同时，强生公司立即撤回了成批的产品，并劝告人们事情还未弄清前绝不要购买特效泰乐诺胶囊，全国的药店和超市都从它们的货架上取下了泰乐诺产品。

不久，调查者们得出结论说，毒物污染并不是发生在生产过程中，因为有毒的胶囊为两个工厂生产出的产品，而两个厂的产品同时受到毒物污染几乎是不可能的。美国国家食品药品管理局怀疑有生产者之外的人在商店购买了泰乐诺，将氰化物掺入其中一些胶囊后又退回了商店，否则，污染的范围会更广，并且不只是在芝加哥地区。为了把事情的真相弄个水落石出，公司为这次特别调查任务动用了100名联邦调查局和伊利诺斯州的侦探，他们追查了逾2000条线索，研究了57份有关报告。

虽说出现这次中毒事件的责任不在强生公司，但事情终究是发生在本公司的产品身上。为了尽快消除这次危机对泰乐诺及公司本身的影响，强生公司决定把这次危机的处理工作提上公司一级的议事日程上，并制订了一项详细计划。这项计划分三步进行：第一步是澄清事实，第二步是评估并遏制损害的继续，第三步是努力使泰乐诺重振雄风。

作为计划的第一步，一向保持低姿态的强生公司开始求助于各媒体，希望它们提供最准确及时的信息，并帮助阻止恐慌的发生。接着，公司还从其他公司抽调了25名公关专家协助生产泰乐诺的麦克奈尔公司一起处理这次事件。广告宣传一律暂停，所有的泰乐诺胶囊都被收回，共3100万瓶，总值逾1亿美元。公司还向消费者承诺以新生产的泰乐诺药片换回胶囊，通过发给医生、医院、商家的50万份电报和对媒体的声明及时传达了这些信息，目的是不使形势继续恶化。

在提供证据证明毒害污染并非发生在生产环节后，公司走下第二步棋。在财务上它的损失超过1亿美元，其中大部分是用于从零售商和消费者手中买回未使用的泰乐诺。仅发电报的费用就达50万美元，而可能发生的关于产品可靠性的官司也要花费百万美元。更重要的是，如何减少这次毒害事件对泰乐诺商标本身造成的影响。很多人曾预测泰乐诺作为商标将无法生存，也有人建议强生公司给这种产品换个商标，这样可以使它摆脱中毒事件的阴影，获得新生。

为了掌握真实情况，公司在毒害事件发生后一个月后做了民意调查，其中，94%的消费者知道泰乐诺与那起毒害事件有关①。尽管这些人有87%知道毒害并不是泰乐诺的生产者造成的，但他们中还是有61%的人说将来不愿意再购买泰乐诺了。更糟的是，50%的消费者说，他们今后甚至连片装泰乐诺也不会买了。唯一能安慰人心的一点是，经常使用泰乐诺的人中有49%回答他们仍会继续使用这种药。这更让公司

---

① 凯瑟琳·弗恩. 危机传播：基于经典案例的观点（第四版）[M]. 陈虹译，上海：复旦大学出版社，2013.

进退两难了。毫无疑问，强生是想保留泰乐诺个商标，经过多年的经营它毕竟已具有相当的市场基础。但是，如果在风平浪静前过早地把泰乐诺推回市场，这种产品就会烂在货架上。如果等得过久，让竞争对手占据了市场的稳固领先地位，泰乐诺就再也回不到市场上了。强生公司并未完全接受市场调查的结果，他们认为："消费者调查的弊病在于它反映的只是想法而远非实际行动。要知道顾客们到底会怎么做，最好的办法是把产品摆回货架上去，让顾客们用自己的手来表决。"但是时机如何掌握呢？强生公司采取的策略是，集中力量稳定常客，然后再逐渐渗透到其他顾客群。

为了重新赢得常客们的信任，公司在电视广告中承诺它将尽其所能为顾客服务，以赢得他们的信任。公司还让麦克奈尔实验室（开发泰乐诺产品的实验室）的药学博士托马斯·盖茨在广告中向公众宣示："泰乐诺深蒙药界同仁和1亿美国人民的信任已历经20载。我们珍视这份信任，不允许对它的任何损害。我们希望你们能继续信任泰乐诺。"强生公司也鼓励泰乐诺胶囊的使用者们能去试用泰乐诺药片，因为后者不容易被人做手脚。在一次广告活动中，公司承诺免费为顾客将胶囊换成药片。另外它还通过一则报纸广告发出了7600万张面值2.50美元的购物赠券以鼓励购买泰乐诺。为挽回给消费者造成损失，那些在毒害事件发生后将他们手中的泰乐诺扔掉的顾客，只要打一个免费电话，就可以得到一种面值2.50美元的赠券——这就相当于得到一瓶免费的药。

最后，公司还设计出一种防破坏包装，来杜绝类似芝加哥事件的再次发生。虽然，安全包装使每瓶药增加成本2.4美分，但强生公司希望它能逐渐增强消费者对产品安全性的信赖并促进销售。公司甚至还向零售商提供了超常的折扣——高达订货额的25%。

危机发生后，强生公司在止痛药市场上的份额一度由35.3%急降至不足7%，然而，成功的危机处理策略又很快使强生公司东山再起：到1983年5月，泰乐诺已然赢回了几乎所有于头年9月失去的市场份额，达到了35%，并一直保持到1986年。强生公司的真诚的行动有了回报。

从强生公司的危机处理中，我们不难总结出它的成功之处：

在现代社会，企业必须有强烈的社会责任感和形象意识，尤其对药品、食品等关系消费者人身安全的产品，必须把保证使用安全放在首位。在处理危机过程中，更要以消费者的利益为第一选择。一旦产品安全受到威胁，必须马上采取正确的措施，而不能吝惜代价。显然，收回产品就意味着公司的严重损失，仅此一项强生公司就花费数百万美元。按一般人的推理，既然药品中毒事件发生在芝加哥地区，况且又被证实不是公司方的责任，仅仅收回在芝加哥地区出售的产品就足够了，强生公司则是担心进一步对消费者的损害，最终收回了全部产品以尽力挽回影响。因为公众对危险的担忧常常波及整个品牌的所有产品，而使消费者不会再去从中仔细分辨。从整个处理过程看，强生公司简直是不惜血本来承担损失，然而，他们花钱买来的是消费者的信任和忠诚。

采取果敢、正确的处理危机措施。强生公司在泰乐诺事件中采取的危机处理策略和各项具体措施，可以说是恰到好处、有理有利。尤其是其中的三项计划表现了高超的危机处理技巧，既表现了对消费者负责的一面，又最大限度地减少了公司的损失。当然，主要是对公司形象和产品形象上的损失。其中，以最有力的措施遏制危机的发展，同时以最快的速度弄清事实真相，是成功处理危机的关键步骤。这两步做好了，才能最大限度地减少危机带来的损失，最大限度地取得消费者的谅解并使消费者重新建立起对公司及产品的信任。统观这些处理措施和步骤，都不失为大家风范：不拘泥于眼前的名利得失，而是着眼于整个市场和公司的整体形象。处处算大账、顾大局，而不是为蝇头小利斤斤计较。对比日本企业在中国消费者面前出现的危机，如东芝笔记本电脑事件、三菱越野车事件及日航班机事件，日方企业的处理方法，都是以自我为中心，以保护自身的短期利益为目标，能推就推，能赖就赖，让人丝毫看不出诚意。这表面看很精明，其实是最愚蠢的招数。他们得到的也许是短期利益，失掉的是中国消费者的信任和未来的市场。

危机发生之后，企业要保持与媒体的有效沟通。因为，危机事件的发生之后，消费者了解事件的主要渠道就是新闻媒体，而新闻媒体也都热衷于把各种危机事件当成自己的报道热点。所以，企业要善于利用媒体来平息危机、化解危机。通过媒体，以真诚的态度，迅速把事件的真相告诉公众，是最好的方法和最有效率的渠道。

思考题：

1. 简析文化危机现象，并举例说明如何应对。
2. 从共性和差别两个角度谈谈你对自然灾害危机和环境危机的理解。
3. 试着举例说明政府如何应对社会安全危机事件。
4. 请从新媒体角度说明个人危机的产生和解决之道。
5. 试着为一个企业制定产品危机应对方案。

推荐阅读书目：

1.《文化危机与文化进步》，林剑著，《江汉论坛》2011 年第 10 期
2.《文化坚守与娱乐表达的共赢之道》，李冰著，《中国电视》2013 年第 10 期
3.《危机传播：公共关系与语艺观点的理论与实证》，吴宜蓁著，苏州大学出版社
4.《危机传播：基于经典案例的观点》(第四版)，凯瑟琳·弗恩著，陈虹译，复旦大学出版社
5.《危机传播中的新媒体应用研究》，贾昕、杜敏轩著，《科技传播》2015 年第 6 期

4. 公共危机预警

☞导论

严重的公共危机不仅会对基础设施造成巨大破坏，使生命财产遭受巨大损失，也会引起环境的恶化，阻碍社会可持续发展，甚至可能威胁社会和政权的稳定。如何及时有效地处置各种突如其来的公共危机事件已然成为世界各国政府必须面对和处理的严峻问题。中国是一个发展中大国，处于社会转型的关键时期，各种不安全因素交叉发生作用，高发、多发、频发的公共危机态势已经逐渐显现。因此，必须及时熟悉各种危机类型、弄清各类公共危机的性质、特点及其产生的根源，从发达国家的公共危机预警体系及事件处理中吸取经验教训，共同努力为实现"两个一百年"战略目标、实现伟大复兴中国梦营造良好的社会环境。

4.1 公共危机

4.1.1 公共危机的概念

由危机到公共危机是一种更细致的划分，相对于危机而言，对于公共危机的界定则显得寥寥无几，并且相对保守。而目前我国对于公共危机的概念还没有统一的定论。

美国学者罗森·豪尔特认为："社会公共危机是指对一个社会系统的基本价值和行为准则架构产生严重威胁，并且在时间压力和不确定性极高的情况下，必须对其作出关键决策的事件。"① 它的出现和爆发严重影响社会的正常运作，对公共的生命、财产、环境等造成了威胁、损害，超出了政府和社会常态的管理能力，要求政府和社会采取特殊的措施加以应对。

在国内，有关公共危机的界定则以李燕凌等的观点最为流行，即："公共危机是指对社会公众具有巨大现实或潜在危险的事件。"②

一般认为，公共危机是指社会偏离正常轨道的过程与非均衡状态。它是由于一些不确定因素引起的，对社会公众产生重大危害或影响，需以政府部门为主体的公共部门在较短时间内作出决策、积极应对的紧急状态或事件。

---

① 薛澜，等．危机管理[M]．北京：清华大学出版社，2003.

② 李燕凌，陈冬林，周长青．农村公共危机的经济研究及管理机制建设[J]．江西农业大学学报(社会科学版)，2004（1）.

4.1.2 公共危机的类型

公共危机可以从不同的角度进行分类：从危机的成因分析，可以分为自然危机（如地震、干旱、水灾等）和人为危机（如社会动乱、战争、恐怖活动等）；从危机的影响范围考虑，可以分为国际危机、国内危机、地区危机和组织内部危机与个人危机等；从危机涉及的领域来看，可以分为政治危机、经济危机、社会危机、价值危机等，这一点在国内外学界基本上达成了共识。

在胡宁生主编的《中国政府形象战略》一书中，作者在综合前人所做划分的基础上，对危机分类做了以下归纳（见表4-1）。

表4-1　**危机类型一般划分概览**

划分标准	相应的危机类型
动因性质	自然危机（自然现象、灾难事故）/人为危机（恐怖活动、犯罪行为、破坏性事件等）
影响时空范围	国际危机、国内危机、组织危机
主要成因及涉及范围	政治危机、经济危机、社会危机、价值危机
采取手段	和平方式的冲突方式（如静坐、示威、游行等）/暴力性的流血冲突方式（恐怖活动、骚乱、国内暴乱战争等）
特殊状态	核危机/非核危机

（资料来源：薛澜，张强，钟开斌．危机管理：转型期中国面临的挑战[J]．中国软科学，2003(4)．）

4.1.3 公共危机的特征

在对各类危机进行分析的基础上，我国学者对危机的特性做了归纳。

马建珍认为，危机具有突发性、政治性、复杂性、危害性与紧急性五个方面的特征①；张成福指出，危机具有威胁性、不确定性、时间的有限性与危机的双重效果性，认为危机会带来各种损失，但危机也是机会和转机，危机可以促进制度的革新和环境的变革，有学者也将这一特性称为两面性②；而薛澜等对转型期我国危机形态的特点做了具体分析，将它们归纳为五个方面：危机事件涉及的领域多元化、危机事件呈高频次、大规模；危机事件的组织性、暴力性和危害性加强；危机波动方式多元、震动频度增大；危机事件的国际化程度加大③。

总结这些研究，可以发现，目前我国各类危机主要表现出突发性、紧迫性、威胁性、

① 马建珍．浅析政府危机管理[J]．长江论坛，2003（5）．

② 张成福．公共危机管理：全面整合的模式与中国的战略选择[J]．中国行政管理，2003（7）：35.

③ 薛澜，张强，钟开斌．危机管理：转型期中国面临的挑战[J]．中国软科学，2003（4）．

公共性、政治性、复杂性、危害性、两面性及社会性等特点。

下面简述突发性、紧迫性、公共性、复杂性几个特点：

（1）突发性。公共危机的突发性是指公共危机是在没有准备的情况下突然发生的。公共危机爆发前虽然有些征兆，但大多数都是让人难以察觉的征兆，通常情况下人们不能准确预测出危机发生的时间、地点，也不会知道危机发生的原因、发展的规模以及对社会造成的影响等。所以公共危机的突发性主要是指危机来得太突然了，人们还来不及反应采取应对的措施就已经陷入了危险当中，在短时间内如果处理不得当，危机会迅速扩大和升级，会给国家和人民带来更大的生命和财产损失。

（2）紧迫性。危机一旦爆发会在短时间内迅速扩散，所以政府危机管理人员应该在危机发生后有效的救援时间内，掌握有用的信息迅速做出正确恰当的决策，整合大量有效的人力、物力和财力，并要在信息不通畅的情况下有效地进行资源的优化配置，团结一切可以团结的力量全力投入到危机救援工作中去，预防危机扩散和蔓延，争分夺秒控制危机，最大限度地减少危机造成的破坏和损失。

（3）公共性。公共性是公共危机最基本的特征。公共危机影响的区域一般都比较广泛，严重威胁着社会大众的生命以及财产安全，损害社会的公共利益，严重者会造成公众心理恐慌和社会秩序混乱。所以政府需要组织大量的人力、物力和财力，整合一切可以利用的社会资源，做好沟通和协调工作，维护社会稳定，尽力挽回公共危机所造成的损失。

（4）复杂性。公共危机具有不确定性的特点，其不确定性在于它发生的时间、地点、影响和涉及的范围、严重程度往往是不确定的、难以预测的。同时，公共危机生成的原因及危机形成后的发展趋势也是难以把握的。公共危机对公共利益的威胁性、对社会秩序的破坏性很大程度上源于其不确定性。由于公共危机具有的不确定性，政府和社会在危机的预防和应对中有时显得被动、无助。但这并不意味着公共危机就无法预测、减缓和得到有效的控制。相反，大多数的危机在发生前都是有一定先兆的，我们可以通过建立危机预警系统来对危机信息进行监测和监控，以便有效地规避某些危机。对于无法规避的危机，我们也可以做好应对危机的准备工作，制定相应的应急预案，从而将公共危机造成的危害最小化。

4.2 公共危机预警体系

古人云："安而不忘危，治而不忘乱，存而不忘亡。"目前，我国已经步入高风险社会，社会转型期的各种矛盾不断被激化，自然环境恶化加剧，风险因素不断出现。如何高效、迅速、及时地处理各类公共危机事件，是对社会转型期政府执政能力的重大考验。而对于危机管理来说，完善有效的危机预警体系不仅是危机管理的基础，更是关键所在。它对公共危机不仅具有预见、警示、延缓、化解的功能，更重要的是能提前反馈、及时布置、防患于未然。

4.2.1 危机预警的含义

从时间角度分析，危机事件遵循一个进程或是发展周期。一个完整的危机管理过程包括如下三个阶段：预警、应急、善后。这三个阶段分别发生在事前、事中和事后三个不同的时间段，形成一个循环的过程（见图4-1）。

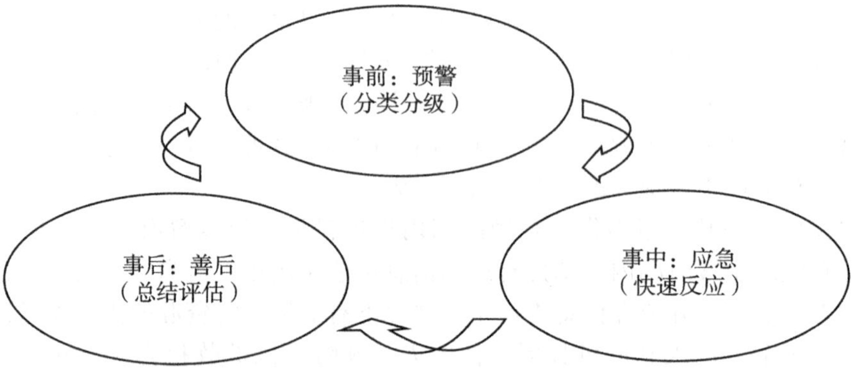

图4-1　危机管理阶段示意图

危机预警是整个危机管理过程中的第一个阶段，目的是有效地预防和避免危机事件的发生。它指的是以先进的信息技术平台，通过预测和仿真等技术对危机态势进行有效的动态监测，做出前瞻性分析和判断，及时评估各种灾害的危险程度，并给出参考性对策建议，提高政府应急管理的效率和科学性。通过公共危机信息预警系统，收集、加工、处理、存储与公共危机有关的信息，形成公共危机信息资源数据库，为公共危机的管理提供决策支持。然后通过危机决策支持系统对已建立的公共危机信息资源数据库进行分析，及时捕捉到有关公共危机将要发生的征兆信息，进而采取必要的控制和管理行动，排除潜在的危机风险，达到预防、规避、阻止危机发生的目的。如果不能消除公共危机的发生，那么就要对即将发生的公共危机进行风险识别、确认和测评，及时采取危机监测、预警、预控等预警措施，以期获得公众的支持和理解，降低甚至消除公共危机对社会和经济发展所造成的影响①。

4.2.2　公共危机预警体系

4.2.2.1　公共危机预警

公共危机预警是指政府依靠先进的信息技术和高效的组织体系，对危机态势进行动态监测，及时评估各种危机，做出前瞻性分析和判断，制定针对性预防政策，实现政府对危机管理的高效率和科学性。公共危机预警的关键就在于通过及时地收集和发现危机事件出现的警示信号，迅速准确地预测和报告危机事件的发生和具体的危机情势。公共危机预警的核心在于建立一个完善有效的危机预警信息系统，以解决危机信息的沟通问题。

具体来说，公共危机预警的主体是各类组织，包括国家层面的政府组织、中间层次的

① 肖鹏军．公共危机管理导论[M]．北京：中国人民大学出版社，2006.

企业组织以及介于政府与企业之间的非政府组织、基层组织的社区及其成员，危机的频繁发生威胁着整个人类社会，每个组织及社会成员都可能面临不同类型的危机，都需要采取相应的手段和措施来控制和预防危机，才能保证公共危机管理的高效性。公共危机预警的客体则包括以下几种：经济预警，包括宏观经济预警与微观经济预警；自然灾害预警，包括台风预警、泥石流预警、地震海啸预警、雪灾预警、洪水预警、污染预警、生态预警等；社会预警，包括社会环境预警、社会安全预警、就业与失业预警、城市安全与灾害预警等；军事预警，包括国内地区预警、国际安全预警、国家安全预警等①。

4.2.2.2 公共危机预警体系

危机预警体系主要是对危机事件进行监控，以最大程度地减小危机所造成的灾害，其内容是监控危机的形成与发展过程，认清危机是如何产生的。社会燃烧理论认为危机事件的发生实际上就是社会系统从有序向无序发展、从高秩序向低秩序退化、从初始状态量变到质变、最终爆发突发性危机事件的过程。社会燃烧理论将社会系统的无序、失稳、失衡、动乱与暴乱，同自然界的燃烧现象进行了合理的类比，将社会组织系统的稳定状况纳入到一个严格的理论体系和统计体系“社会稳定预警系统”中。危机预警的原理就是监控可能产生危机的因素，当这些因素在量的积累之上发生质变时，也就是危机产生时，及时地报告危机，并通过相应的决策消除危机。

公共危机预警体系就是在公共危机演变的不同阶段中，在可能产生危机的警源上设置警情指标，对可能引起公共危机的各种要素及其所呈现出来的危机信号和危机征兆进行实时的严密监测，对其发展趋势、可能发生的危机类型及其危害程度作出科学合理的评估，并用危机警度向有关部门发出危机警报的一套运行体系。

4.2.2.3 公共危机预警体系的构成要素

公共危机预警体系的建立有利于政府在公共危机来临之前做好防控，以便在最佳时机控制危机、解决危机，尽量把危机的损失降至最低点并尽快恢复人民的生产生活。因此，我们需要不断完善公共危机预警体系。完善的公共危机预警体系应该包括以下几个方面：

（1）危机预警的制度设计。危机预警的制度设计是指通过立法和公共政策等途径建立危机预警的基本制度，使公共危机预警工作实现制度化、规范化、法治化②。西方发达国家的危机立法值得我们学习借鉴，如日本 1978 年颁布的《大规模地震对策特别措施法》规定，一旦预测到大地震，在发生前两三天，首相即亲自发表《警戒宣言》，政府必须立即启动全面避难救援措施。该法案使日本各级政府部门进一步明确自身的权责，提高公共危机管理能力，大大减小了地震等自然灾害对社会的破坏③。具体来说，该制度设计主要包括危机预警的组织体系、危机预警的参与体系、危机预警的标准化操作程序、危机预警的法律、科技、资金等方面的保障。

---

① 金丹．我国公共危机预警机制研究[D]．南京：南京师范大学，2011.

② 薛澜．危机管理——转型期中国面临的挑战[M]．北京：清华大学出版社，2003.

③ 顾林生．危机管理借鉴东京[J]．建设科技，2004（7）．

（2）危机预警的信息管理。危机预警的信息管理是指通过对危机信息进行收集、整理分析，将危机信息资源统筹起来，综合利用，从而认识危机的特性、危害，形成危机应对的基本策略，把危机知识转化为预防危机的行动能力。公共危机预警信息系统应主要由以下几部分构成：一是危机信息的监测和收集；二是危机信息的传送渠道；三是危机信息的分析中心；四是危机信息的发布机构。

危机预警信息要有完整的传播和反馈线。预警信息由权威部门发布、传播给受众，再由受众向权威部门反馈。有效的预警信息传播应包括以下几个特征：一、预警信息的发布要全面、及时、准确；二、信息的来源要可靠，具有权威性；三、预警信息的传播和反馈渠道完善。

（3）公共危机的风险评估。公共危机的风险评估是指公共危机预警部门针对所有潜在的危机，依靠有效的风险评估体系收集风险信息，并对信息进行整理、分析，从而判断危机的发展趋势，制定有针对性的预防和应对方案。风险评估主要包括评估计划、评估的组合领导体系等方面。

（4）公众对危机预警的反应能力。公众对危机预警的反应能力是指组织和公众在接到预警信息后对危机的应对能力。这里的反应包括公众对风险知识的掌握程度、公众对预警信息的重视程度、公众接到预警信息后是否明确该采取什么样的应对措施、有没有应急计划等。公众对于危机预警的反应能力不是一蹴而就的，它的形成和增强是一个需要不断训练和强化的过程。目前，我国大多数民众的危机预警反应能力在日常生活中没有得到很好的锻炼，以致在危机事件发生时显得慌乱，造成了次生危机的发生，如公共场所踩踏事故。

（5）预警相关的危机意识和安全知识。预警方面的危机意识和安全知识主要是指公众的忧患意识、安全知识以及必要的救助技能。这是危机预警的重要方面，所谓防患于未然关键要看公民有没有在常态下时刻准备应对危机的意识和技能。

国外公共危机的宣传教育工作非常扎实，如美国联邦紧急事务管理局将可能爆发危机的地址进行统计，并印发给各级政府部门、社会各类组织和公众等，类似宣传教育的大力实施有效提高了民众的危机意识和应对技能，降低了危机的破坏程度①。这些都值得我们去研究学习。

4.2.2.4 危机预警体系的特征

危机管理的首要阶段和首要任务是预警，基本前提是要求各级政府、各个部门和各类组织在制订国民经济和社会发展规划的同时，确定经济社会中长期发展中可能发生的危机，并阻止它们演变成全面的灾难。因此，完善的预警机制必须体现如下几个方面的特征：

（1）迅捷性。危机预警系统的第一要务就是建立灵敏快速的信息搜集、信息传递、信息处理、信息识别和信息发布系统，这一系统的任何一个环节都必须建立在快速的基础上。失去了快速性，危机预警机制就失去了任何意义。因为危机预警尚未发出，危机很可

① 顾林生．危机管理借鉴东京[J]．建设科技，2004（7）．

能已经大规模爆发，根本来不及发布危机预警警报，也不可能实施预控，危机预警这个报警器就没有发挥任何作用。

（2）科学性。现代社会的信息复杂多变，危机预警不仅要求快速搜集和处理信息，更重要的是要对复杂多变的信息做出准确的判断。判断是否正确，关系到整个危机管理的成败。要在短时间内对复杂的信息作出正确判断，必须事先针对各种危机制定出科学、实用的信息判断标准和确认程序，并严格按照制定的标准和程序进行判断，避免信息判断及其过程的随意性。

（3）可靠性。负有应急管理职责的政府机关对突发事件信息进行分析、判断之后，无论是对社会公众，还是对上级机关或者其他机关，均应提供真实、客观的信息，不得出于任何目的发布错误、虚假的预警信息。否则，不仅会给人民的生命财产和整个应急管理工作造成极大不便，更会极大动摇政府在社会公众的威信。

（4）公开性。危机信息一经确认，就必须客观、如实地向社会公开发布信息。因为战胜危机需要动员全社会的力量，隐瞒危机信息社会上必然小道消息满天飞，无法形成政府和社会的良性互动，其后果是政府的形象会受到损害，民众的非理性行为反而会受到变相鼓励。

4.2.3 公共危机预警体系的建立

“凡事预则立，不预则废。”对于公共危机管理，“预”是关键，即建立良好的预案预警机制以便从源头上预防公共危机的发生以及蔓延。良好的危机预警系统就像提前播报的天气预报一样，提示公众提前做好应对准备，防患于未然，将危机造成的损失降至最低。奥斯本曾说过政府管理理念是“花少量的钱预防，而不是投入大量资金治疗危机带来的伤害”①。这对于公共危机事件的应对来说同样适用，关键在于预防可能发生的危机事件。

4.2.3.1 危机预警体系建立的方法

公共危机预警体系的建构应遵循及时、全面、高效和创新原则，为了提高危机预警的精确程度，必须借助一整套科学决策的技术和方法。危机预警所依据的方法一般分为以下三大类：

（1）根据经验、知识，综合运用逻辑推理、理论思维，通过对预警对象的性质进行分析、判断的直观预测技术，即人们通常说的定性预测法。

（2）运用运筹学、系统工程理论等，通过建立预测分析数学模型，研究所获预测信息的定量预测技术。

（3）融合定性和定量分析方法各自的优点而采用的现代预测模拟技术。各种类型的方法可以在危机预测的不同问题上和不同领域中发挥其作用。

---

① ［美］戴维·奥斯本，特德·盖布勒．改革政府——企业精神如何改革着公营部门［M］．上海：上海译文出版社，1996：205.

4.2.3.2 公共危机预警指标体系构建

公共危机预警指标体系是由一系列经过理论遴选和专家依据科学方法严密论证的敏感指标组成的一种测量公共危机现象运行过程的指标系统，它能全面系统地量化反映社会运行状况、识别并确认社会风险、监测公共危机警源、评价警情程度、预警公共危机。美国在“9·11”事件后成立了国土安全部，建立了一套五级国家威胁预警系统，并用绿、蓝、黄、橙和红五种颜色代表从低到高五种威胁程度。我国在战胜SARS疫情后，也加快了危机预警和应急机制的建设步伐。

具体而言，公共危机预警指标体系构建，可以从意识形态安全、政治安全、经济安全、收入分配、社会保障、国际影响六个维度来展开。或者更准确地说，作为一级指标的公共危机预警指标体系，下设意识形态安全、政治安全、经济安全、收入分配、社会保障、国际影响六个二级指标。在这六个二级指标下，又分别下设若干三级指标（见表4-2）。

表4-2 **公共危机预警指标体系构建**

一级指标	二级指标	三级指标
公共危机预警指标体系	意识形态安全	意识形态理论的创新周期、35岁以下青年在党员中所占比例、高中以上学历在党员中所占比例、党报党刊市场份额、村民自主选举产生的村委会领导班子中党员比例、农村直选中选民投票率
	政治安全	透明国际的清廉指数、世界银行的腐败控制指标、国家公务员职务犯罪率、重大贪污腐败案件破案率、重大刑事案件增长率、重大群体性突发事件发生人次率、民众满意度、民众容忍度
	经济安全	联合国开发计划署人类发展指数HDI、全社会零售物价总指数、居民消费品价格指数、恩格尔系数、人均国内生产总值增长率、人均财政收入增长率、绿色GDP所占比重、农业增加值增长率
	收入分配	城乡收入差距、地区收入差距、部门（行业）收入差距、阶层收入差距、基尼系数
	社会保障	社会保障总支出占GDP比重、社会保障综合给付率、失业保障覆盖率、医疗保险覆盖率、城镇实际失业率、拖欠工资数额所占比例、最低生活保障线下人口比重、人均可支配纯收入增长率
	国际影响	外国武装干涉、国际恐怖主义袭击、对立意识形态颠覆渗透、世界经济衰退影响度

《国务院有关部门、单位突发公共事件应急预案框架指南》要求完善预测预警机制，做到早发现、早报告、早处置，根据风险分析结果，对可能发生和可以预警的突发公共事

件分为一般（Ⅳ级）、较重（Ⅲ级）、严重（Ⅱ级）和特别严重（Ⅰ级）四个等级，依次用蓝、黄、橙和红四种颜色表示。并且按照危机所属的专业领域分门别类地构建危机预警技术指标体系，在实践中不断完善和提高，尽可能把每一次公共危机产生的破坏降到最低。可见，建立科学的指标体系对整个国家的公共危机预警体系起着决定性作用。

4.2.3.3　构建公共危机预警体系的目的和作用

近年来，我国已处于公共危机的高发时期。我国政府正面临着公共危机带来的严峻考验。未雨绸缪是建立公共危机预警机制的目的，事前预防比事后救济更重要，最成功的危机解决办法是在危机潜伏期就解决危机。

（1）建立公共危机预警体系的目的。第一，对爆发危机的可能性作出准确的预测判断。公共危机爆发前总是有这样或者那样的征兆，建立公共危机的预警机制就是要在公共危机尚未爆发之前，政府通过不断监测社会环境的变化，捕捉掌握这些可能发生的危机预兆，搜集、加工、整理并及时发布可能威胁社会和公众的各种危机信息，并进行及时有效的公共危机预警，以便超前决策、精心计划、全面应对公共危机的反应对策，在公共危机来临时实施从容应对。政府可以依靠先进的信息技术和高效的组织体系，对危机态势进行动态监测，及时评估各种危机，作出前瞻分析和判断，制定针对性预防政策，实现政府危机管理的高效性和科学性。

第二，向公众发布危机信息以引起全社会的警惕。建立公共危机预警机制的关键就在于通过及时有效地搜集和发现公共危机出现的警示信号，准确无误地预测和报告公共危机的发生和具体的危机态势。公共危机预警机制的核心旨在建立一个完善高效的公共危机预警信息系统以缓解危机信息的沟通传递问题。发达国家的做法值得借鉴。在 2003 年，美国疾病控制与预防中心针对非典，在大量危机信息中进行筛选和整理，仅选取真实、有用的信息向社会公众传递。这种做法不但是对各种危机信息进行明智和及时的沟通，而且即便不能防止危机的发生，也可以将危机控制在一定范围内，减轻其对社会的影响。在危机发生时，政府和民众的及时沟通便可以起到稳定民心、警示、监督、教育等多种作用。

（2）建立公共危机预警体系的作用。首先，建立公共危机预警体系是防范危机、战胜危机的基石。现代社会有很多灾害，特别是自然灾害，如地震、泥石流、海啸、台风等，人类至今还无法对其加以有效的控制。但是，人类可以对公共危机进行一定的控制，可以将公共危机造成的危害和损失控制在一定范围内。洪涝灾害，人们尽管可以通过引洪、泄洪、改道等方式在一定范围内控制洪涝带来的破坏性，然而发出危机预警信息或信号，可以使人们避开危险地带，这也是减轻灾害和损失的有效方法。因此，公共危机预警体系在对危机进行预控、减轻危害和损失、防止危机扩大和升级等方面都具有无可替代的功能。

其次，建立公共危机预警体系是进行预见性政府治理的必然要求。很多西方发达国家应对公共危机时，首先是“建立了对危机事务的预警机制和快速反应机制”①。这些国家对公共危机的预警，无论是在制度保障上还是在技术支持上都已经具备了比较完备的体

① 《学习时报》编辑部．国家与政府的危机管理[M]．南昌：江西人民出版社，2003：83.

系，也可以说已经建立了比较完善的公共危机预警机制。在现代，是否能对公共危机做到及时预防，已经成为和政治能力相关联的一个衡量标准，也为一国政府政治的合法性提供了合理依据。一个国家如果缺乏公共危机预警机制，将使政府在面对公共危机时处于被动地位，显得“后知后觉”。

最后，建立公共危机预警体系是构建整体性危机管理体系的现实选择。“整体性治理”是作为与部门主义、视野狭隘和各自为政这些相反的理念而提出的，是公共服务部门为了完成共同的目标而进行的跨部门协同合作，从而使得某一政策领域的不同利益主体相互团结并进行协作，为社会公众提供无缝隙的而并非互相分离的服务①。“整体性治理”理论的学者们强调政府部门之间的协作，强调基于顾客和功能的组织再造，要求建立灵活完整的可持续的政府管理体系。

“整体性治理”的上述理念正好契合了我国公共危机管理的现状。在我国，公共危机管理倾向于危机的救治和恢复，却常常忽略危机预警，然而公共危机管理是一个全面整合的体系，更需要我们能把危机扼杀于萌芽状态，把危害降到最小。所以要构建整体性危机管理体系，公共危机预警机制是其中不可缺少的重要组成部分。准确无误的危机预警可以最大限度地减少突发事件所产生的负面影响，更好地保障人民群众的生命和财产安全，保持整个社会的稳定和可持续发展。

4.2.4 案例分析：甬温铁路特大交通事故

2011年7月23日晚8时30分，由北京开往福州的D301次列车与由杭州开往福州的D3115次列车发生追尾事故，共造成40人死亡、200多人受伤，沿途中断行车将近33小时，造成直接经济损失达19 371.65万元。这次事件引发了人们对铁路公共安全的质疑，这不是一次由雷电等自然原因造成的偶然事件，而是一起因列车控制中心设备上存在严重的设计缺陷、列车行驶途中审查把关不严，以及因自然因素如雷击列车导致行车时设备发生故障后有关部门和人员不重视、应急处置不及时等因素造成的严重责任事故。

“7·23”事故发生前，中国经历了6次铁路大提速。运营安全方面，在京沪高铁正式运行后，不足半个月，就连续出现故障，曾在5天内发生6起行车故障。这些故障并没有让政府及相关管理部门以及列车制造单位引起足够的重视，也没有使他们对接连发生的交通安全事故进行进一步的调查，而是表现为公共危机管理意识淡薄，在对危机事件的预测预警、危机有关信息的收集整理以及采取措施迅速降低损失等方面，存在着各种问题和不足。

再往前追溯，没几年我们依然还能发现重大铁路事故。2008年1月23日，胶济铁路发生重大交通事故，致使18人遇难，9人受伤；2008年4月28日，依然是胶济铁路，发生旅客列车脱轨倾覆相撞的特别重大交通事故：72人死亡、416人受伤、其

① 谢菊．构建整体性治理的计划生育政策协调制——以重庆市忠县、铜梁县和南岸区的调查为例[J]．学术交流，2007（9）．

中70人重伤。但具有讽刺意味的是，事故之前，原铁道部部长刘志军曾多次指出：对既有线路进行时速200千米改造和实施中国铁路第六次大提速，“标志着在速度目标值和管理方面进入世界先进民族之林，必将载入中国铁路和世界铁路的史册……成败与否，关键取决于胶济线的示范和样板”。而这次的事故，恰恰处在“样板”线路上。近几年来我国铁路运输的高速发展，铁道部在执行基本铁路建设期间片面追求工程的进度，抢工期、比赶超，而对于铁路安全方面，重视程度远远不够，在工程投标招标、技术审查、测试投入使用等方面涉及违规操作和把关不严的现象，才导致事故屡屡发生。而这些事故依然不能成为铁道部的红色预警。在“7·23”事故中使用的LKD2-T1型列控中心设备甚至没有经过现场测试就上道使用，D3115在与后来疾驰驶来的D301相撞中间有10多分钟的时间，在这个时间段中，铁路有关部门的责任人并没有及时发现问题采取有效的措施，没有在第一时间启动应急措施进行补救，甚至已经停止的列车显示的信号灯仍然是通行的标志，最终造成惨剧的发生。

这件事故的背后不仅反映出铁道部的“独立王国”制度，更反映出管理者预警和识别能力的不足。至今仍旧有很多人难以相信：这样一个多重安全机制互为保障的系统，如何能同时起作用？这样一个低级错误导致的事故，如何能发生在定义为“中国高铁安全可靠”的时代？其实回头看来，倘若在预警控制阶段能给予及时的预警，这场不必要的灾难完全可以避免。

4.3 我国危机预警体系的现状及问题分析

在我国公共危机管理的历史进程中，SARS事件是我国公共危机管理的分水岭。该疫情初发阶段，由于应急准备不充分，信息渠道不畅通，使危机应对工作陷入很被动的局面。SARS事件让人们清醒地认识到，中国突发事件应急机制还不健全，处理和管理危机的能力不强；一些地区和部门缺乏应对突发事件的准备和能力。虽然截至目前，我国应对公共危机的能力从预警、判断到处理均有一定进步，各项保障体系也有所健全，但依然面临许多问题。

4.3.1 初步建立起的公共危机预警保障体系

4.3.1.1 危机预警体系的法律保障

危机预警的法律保障是指通过法律途径使危机预警工作规范化、法治化，使危机预警工作做到有法可依、有法必依、执法必严、违法必究。

我国目前已制定、完善与危机预警相关的法律规范，包括宪法、法律、行政法规、地方性法规、规章等各层次的危机预警法律规范。这些基本构成包括：

（1）战争状态法律法规。如《国防交通条例》《民用动力国防动员条例》《兵役法》《预备役军官法》和《人民防空法》。

（2）一般的紧急情况法律法规。如《公安机关人民警察内务条令》第二十一条、《戒严法》第二条等。

(3) 应对恐怖性突发事件法律法规。如《关于依法严厉打击恐怖犯罪活动的通知》、我国参加或缔结的国际条约和协议等。

(4) 应对骚乱突发事件（群体性突发事件）法律法规。如《戒严法》《公安机关人民警察内务条例》第十三条、《民兵战备工作规定》第三十九条等。

(5) 应对灾害性突发事件法律法规。目前我国的灾害性突发事件法律主要包括四类：地震灾害法律、洪灾法律、环境灾害法律、地质灾害法律。

(6) 应对事故性突发事件法律法规。主要的事故性突发事件法律包括：交通事故法律、核事故法律、公共卫生事故法律、火灾事故法律、生产安全事故法律。

(7) 公民权利救济法律规范。主要是指公民、法人和其他组织的合法权益受到公共危机的行政应急措施损害之后的补救机制，包括行政诉讼、行政复议、国家赔偿和补偿方面的法律法规。

对于这些危机预警的法律法规，需要确立执法机构和执法人员，以及他们的权利和职责范围。要对预警工作人员进行培训，使其具备足够的执法能力，并且要开展各种形式的普法宣传工作，让这些法律规范真正深入到老百姓的生活当中去①。

4.3.1.2 不同领域初步建立起的危机预警体系

(1) 自然灾害预警系统。气象地震等自然灾害预警体系主要是利用各种先进的技术方法，对可能导致灾害的因素进行监测分析，从而对灾害进行预测和发布预警信息，发挥降低由灾害带来的危害的作用。

气象预警主要由中国气象局以及各地气象局来进行，并且在各级相关部门的协助下进行。通过监测各种可能导致灾害的因素的发展动态并对它们进行分析研究，从而发出预警信息，提醒公众重视，并对各种不同的灾难发布不同的预警信号和图标。我国已经初步建立了气象灾害预警体系，由地面气象站、高空探测站和新一代天气雷达组成。其主要职责是：分析统计数据，识别气象灾害的种类和等级，及时发布预警警报。

地震灾害的预警工作主要由中国地震局和各级地震局来进行，主要工作是监测地震多发地带的地壳和板块稳定状况、及时发布地震信息、宣传地震自救知识等。由于地壳活动变化的难以预测性，历史上准确预测地震发生的次数屈指可数，对地震灾害的预警工作仍存在着很大的需求空间。我国地震灾害预警系统是由 48 个地震台组成的国家数字地震网、23 个省级区域数字遥测地震台网和 56 个地壳运动观测网络、400 多个站台组成。其主要职责是：监测地震灾害，分析统计数据和发布预警信息。

我国于 1983 年加入国际海啸警报系统，现已基本具备海啸预警能力，一旦预报中心接到地震信息后，将采用高性能计算机，用数值预警技术，几分钟内能制作出海啸波及范围、到达时间等，并迅速向有关部门和社会公众发布。国家海洋局按照国务院统一部署，编制了包括海啸在内的重大海洋灾害应急预案，一旦沿海预计可能受到海啸影响，国家海

① 张成福，唐钧．政府危机管理能力评估——知识框架与指标体系研究[M]．北京：中国人民大学出版社，2009：11.

洋局海洋环境预报中心会立即通过海啸预警系统发布受影响地区的海啸预警警报。同时，一旦预计到我国发生灾害性海啸时，国家将激活海啸应急预案，国家海洋局在海岛和近岸建立了大量的海洋监测站和浮标站，及时将警情告知有关部门，进一步提高了海啸预警能力。

（2）突发性公共卫生事件的预警系统。经历了2003年“非典”和禽流感疫情之后，公共卫生危机预警引起了我国政府的高度重视。首先，为了提高应对公共卫生事件的能力，建立健全了突发公共卫生事件应急处理体系，建立了畅通的疫情信息网络，完善了医疗救治体系，建立了应急救治队伍；其次，健全了疾病预防控制体系，加快了农村卫生事业发展，大大改善了农村医疗卫生条件，深化乡（镇）卫生院改革，加强了基层卫生队伍建设；再次，在传染疾病预防与管理方面出台了一系列相关的法律法规，为医学科学和卫生事业的发展提供了有效的法律保障①；最后，还建立了科学合理的卫生信息网和疫情信息快速反应机制，该系统自动启动疫情上报功能，在第一时间将疫情传递到疾病控制中心，提高了预警的效率和速度。目前，北京、广州、上海、西安等地都建立了应对突发性公共卫生事件的预警机制，为我们防止流行传染病的肆虐筑起了一道坚实的防线。

（3）食品安全网络监控和预警机制。食品安全危机预警机制，是指在常态下对可能引起食品安全危机的各种因素及其所呈现出来的危机信号和危机征兆进行严密监测，对其发展趋势、可能发生的食品安全危机类型及其危害程度作出合理科学的估计，并向社会或政府职能部门发出危机警报的一套运行体系。“十五”期间，我国建成了第一个覆盖13个省市的食品污染物监测网络，对我国公民膳食结构进行全面科学的分析；“进出口食品安全监测与预警系统”进一步完善，该系统覆盖广东、福建等20个省份的检疫系统，为我国对国际进出口食品进行科学分析和政府决策提供科学依据；我国还研制出了第一个针对大型超市的食品安全监控与应急管理信息系统，保障城镇居民食品安全②。2015年4月22—23日，国家食品安全风险评估中心主任刘金峰在参加2015年国际食品安全大会时表示，目前，我国已建立了31个省市区的食品安全污染物监测网络和食源性疾病监测网络，监测数量达到2489个，提出预警建议100余份。同时，已相继完成了总膳食工作的采集，构建了食品中1000余种毒理库的建设，开展重点和应急风险评估，为国家食品安全标准的制定修改及食品安全监管的措施部署提供了科学建议，提出各类食品安全国家标准的目录共计1061项，初步解决了现行标准间交叉重复和矛盾的问题。

（4）社会应急联动系统。社会应急联动系统就是综合各种城市应急服务资源，采用统一的号码，用于公众报告紧急事件和紧急求助，统一接警，统一指挥，联合行动，为市民提供相应的紧急救援服务，为城市公共安全提供强有力保障的系统。它把传统的报警系统和特号服务系统110、119、120、122整合为“一号拨入”的社会联动系统，并纳入危机指挥联动系统之中，构成一个很大的信息互动平台。这样，各种与危机有关的信息就能通过这个平台迅速传递到危机管理的指挥中心，并利用这个系统对各种分离的信息进行完

---

① 雷战波，赵吉博，朱正威．企业危机预警理论及其对我国社会危机预警的启示[J]．中国行政管理，2005（2）：17.

② 张维平．中美日三国预警机制比较评述[J]．中国减灾，2006（4）：35.

整的系统分析和系统集成，为指挥系统决策提供依据，为多方协调提供便利，为发布预警信息提供保障。继广西南宁市建成全国第一家城市应急联动系统后，北京、上海、广州、成都等城市应急联动系统相继建成。

4.3.1.3 危机预警体系的财力保障

应对公共危机，相应的物质条件必不可少。物质条件说到底包含两个方面的内容：一是物资的保障，二是资金的问题。即钱从什么地方放来、往什么地方去。处置公共危机必须有充足的财力保障。

《国家突发公共事件总体应急预案》规定："要保证所需突发公共事件应急准备和救援工作资金。……鼓励自然人、法人和其他组织（包括国际组织）按照《中华人民共和国公益事业捐赠法》等有关法律法规的规定进行捐赠和援助。"

充足的资金保障是战胜危机事件的重要物质基础。我国应对公共危机的资金主要由三个部分构成，即财政拨款、社会捐助以及政策保险或商业保险。我国从 1998 年末开始将公共财政制度的建设正式列入国家改革议程，目前已经初步形成了公共财政制度框架。而由于管理体制、经济发展水平、民众慈善意识等原因，目前我国的慈善捐助水平并不理想。因此，当前应对危机事件，做好财政资金的使用是当务之急。在此基础上，要完善保险和社会捐助资金的管理和运用，拓宽资金来源渠道。

总体来说，预警系统的资金支持主要来自以下四个方面：

第一，建立制度化的预警系统资金保障体系，主要包括紧急费用保障、日常应急管理费用保障、物资储备费用保障等。

第二，通过国际或区域合作获取预警工作的资金，如获得联合国等国际组织的支援。

第三，政府设立预警工作的专项基金。

第四，社会捐助也是预警资金的重要来源。

4.3.1.4 基本建立国家—省—市—县四级应急预案

继 2006 年 1 月国务院发布《国家突发公共事件总体应急预案》后，目前我国 93%的地（市）、82%的县（市）制定了救灾应急预案，初步建立起国家、省、地、县四级自然灾害应急预案体系。这个预案是全国应急预案体系的总纲，是指导预防和处置各类突发公共事件的规范性文件。总体预案要求，各地区、各部门要完善预测预警机制，建立预测预警系统，开展风险分析，做到早发现、早报告、早处置。在这个基础上，根据预测分析结果进行预警。预警信息的主要内容应该具体、明确，要向公众讲清楚突发公共事件的类别、预警级别、起始时间、可能影响范围、警示事项、应采取的措施和发布机关等。预案要求，为了使更多的人"接收"到预警信息，从而能够及早做好相关的应对、准备工作，预警信息的发布、调整和解除要通过广播、电视、报刊、通信、信息网络、警报器、宣传车或组织人员逐户通知等方式进行。对老、幼、病、残、孕等特殊人群以及学校等特殊场所和预报盲区，要视具体情形采取有针对性的公告方式。

基于对突发公共事件危害性的认识，总体预案特别强调了预警信息传播方面的规定，对信息报告的第一要求就是：快。为了做到"快"，总体预案强调，特别重大或者重大突发公共事件发生后，省级人民政府、国务院有关部门要在4小时内向国务院报告，同时通报有关地区和部门。应急处置过程中，要及时续报有关情况。在报告的同时，事发地的省级人民政府或者国务院有关部门必须做到“双管齐下”，根据职责和规定的权限启动相关应急预案，及时、有效地进行处置，控制事态。对于在境外发生的涉及中国公民和机构的突发事件，总体预案要求我驻外使领馆、国务院有关部门和有关地方人民政府要采取措施控制事态发展，组织应急救援。预案尤其强调了突发公共事件消息须第一时间向社会发布①。

4.3.2 我国危机预警体系存在的问题

虽然我国的预警管理机制近年来的建设已经有了很大进步，而且随着《中华人民共和国突发事件应对法》的实施，在各类公共危机的预防、行动措施和程序、责任的明确方面都得到了显著的改善。尤其对地方政府部门而言，以《中华人民共和国突发事件应对法》为指导，纷纷开始建立地方性突发公共事件的总体应急预案，这有助于完善和推动我国各级政府公共危机预警管理机制的健全与发展。但是，我们不能被成绩所蒙蔽，更应该清醒地看到我国现有的危机预警管理存在的问题与不足之处：我国目前的危机管理是一种临时性的、分散的、重救轻防的管理模式，在预警机制建设方面还处于起步阶段，与西方发达国家相关的理论与研究之间还存在着很大的差距。只有认清这一点，我国公共危机预警机制建设才能更好地化解危机、规避风险，取得更大的突破与成效。

4.3.2.1 公共危机预警体系的法律法规不完善

法制建设是公共危机预警机制建设中的一个关键环节，法律制度是各种制度中最强硬的一种，是危机预警体系建设的根本保障。建立健全公共危机预警机制是一项长期而艰巨的任务。在现代法治社会，通过法律的方式赋予危机预警机制法律效力、为社会的危机预警工作提供法律支持和法制保障尤其重要。我国是一个“多灾多难”的国家，为了有效地应对各种突发性事件，我国相关部门制定了有关法律法规。例如应对自然灾害的《防震减灾法》《防洪法》等，应对事故灾害的《建筑法》《消防法》等，应对公共卫生事件的《艾滋病防治条例》《传染病防治法》《突发公共卫生事件应急条例》等，应对社会安全事件的《国家安全法》《戒严法》《人民防空法》等。但我们依然能从这众多的法律条例中发现问题。

首先，这些法律法规侧重危机发生后的应急和救治，而对危机产生的成因、危机的预防等方面制定还不够。直到目前为止，我国还没有一个明确统一的危机预警法律体系。关于危机预警方面的法律一般都散见于上面提到的一些不同领域的法律条文中，不系统、不完整，对危机预警程序、权限、职责的规定还不是非常明确，对违反危机预警法规行为的处罚规定更是模糊，这极大地阻碍了危机预警机制的建设步伐，进而也对国家的长治久安和人民的安居乐业造成严重威胁。

其次，这些法律、法规、条例中有很多制定于20世纪90年代或21世纪初，有的甚

① 刘志顺. 美国公共危机预警体系特征分析及对我国的启示[D]. 武汉：华中师范大学，2008.

至还是 20 世纪 80 年代制定的，与现实情况相脱离。随着社会经济的发展，公共危机的类型层出不穷，许多公共危机发生原因、过程发生了新的变化，这些过时的法律、法规、条例很难应对这些新的变化，有很大的滞后性。例如，2012 年河南周口“平坟复耕”运动，在平坟运动达到高潮之时，中国政府网公布国务院第 628 号令，对《殡葬管理条例》第二十条进行修改，这就是一个滞后的法律遇上“先进”的危机的典型案例。

最后，我国公共危机预警机制方面的现行法律、法规、条例内容过于抽象，只是对应对各种突发性事件提供了原则性指导，而对政府、公民、私营组织等利益相关者的权利和义务、预警机构的地位、资金来源、预警程序等没有作出详细的规定，可操作性不强。我国于 2007 年出台了《中华人民共和国突发事件应对法》，这个法律在我国的危机管理体系建设的过程中具有里程碑的意义，它对危机管理的各个阶段均作出规定，是处理公共危机事件的总体纲要。它对危机预警工作同样也作出了制度性的规定，但这部法律的规定过于模糊，具体到危机事件中可操作性仍旧不高，容易被看作是一个摆设性的法律文件。

4.3.2.2 公共危机预警体系的信息系统薄弱

著名的公共政策专家威廉·N. 邓恩（William N. Dunn）认为：“一项理性的公共政策，首先要求决策者把握相关的政策信息。”公共危机预警机制的最重要的任务就是要建立运转高效、覆盖面全的危机预警信息系统，只有在第一时间获取全面、有效的危机信息才能对公共危机作出准确预测和发出警报，并准备应对危机爆发的相应措施。

我国预警信息的主要问题在于收集、传播系统不畅通。

（1）政府内部之间。目前我国公共危机事件种类繁多，而灾情信息分散于各部、局、省、市、自治区。主管公共危机预警的专业部门，如气象局、地震局、水利部、国土资源部、农业部都各自建有内部的预警信息网络系统。而各自的职责范围也非常明确：地震局负责对地震灾害的监测，卫生局负责处理突发性公共卫生事件，安全局维护国家与社会的安全与稳定，安全生产管理局负责生产领域的重大安全事故。各信息系统之间相互分割，各地各职能部门收集到的危机预警信息也仅仅局限在本部门内进行分析和处理，没有实现信息资源共享；基层有关部门没有建立起灵敏、高效的公共危机预警信息收集网络，对于深层的有实用价值的信息收集不够，很难真正发现危机事件潜在的苗头。这样一来，政府部门不能及时地掌握信息情报，影响了工作的及时性和主动性。个别官员出于对自己政绩的考虑，“报喜不报忧”，对于一些危机信息采取垄断和封锁，直到最后危机事态蔓延产生无法承担的后果时，才不得不向上级组织部门汇报，这样不但错过了危机处理的最佳时机，还会给社会带来更大的不必要的损失。

（2）政府与社会、公众、媒体间。目前，虽然我国政府正积极向“服务型政府”转化，但是危机预警信息传播依然沿袭阶级斗争时期“内紧外松”的传统，即某些信息只在组织内部流通并紧张运行，对外却封锁信息、保持沉默，让公众认为事件没有发生，保持一个看似平静的氛围①。对于普通民众来说，因个人能力有限，没有更多获取更多可

① 陈力丹，陈俊妮．松花江水污染中信息流障碍分析[J]．新闻界，2005（6）．

信、可靠消息的渠道，更多地依靠政府和媒体对危机事件的报道来获取消息。特别是在如今我国处于“灾难高发期”的情况下，各种影响政治稳定、经济发展的因素成为媒体的主要话题，媒体作为公共信息的传播载体，更有义不容辞的责任来主导社会舆论、维护社会的稳定。然而虽然目前媒体被称为“党的喉舌”，但其仍未成为我国政府危机预警管理中的重要合作伙伴，导致政府信息不能及时、公开、有效地传播给大众。政府和社会、公众、媒体间的信息沟通不畅很大程度上限制了公共危机应对工作的顺利进展。例如，2011年3月发生的抢盐事件。当年3月11日，日本东部海域发生里氏9.0级地震，导致福岛核电厂机组连接爆炸。当日本还未发生恐慌事件时，我国国内“核污染导致食盐停产”的谣言悄无声息地占据了各个网络社区和居民社区。3月16日起，中国各地忽然爆发市民抢购食盐“盛况”，许多地方食盐价格甚至被哄抬了几倍。虽然最后事态得到了控制，但如若在事件刚有苗头期间各地方政府、价格部门、海洋部门通力合作进行验证、辟谣，及时与民众进行信息互换沟通，抢盐闹剧或许将不会上演。

4.3.2.3　公共危机预警体系缺乏综合协调机构

综上所述，我国目前公共危机预警体制仍然采用“单灾种、分行业、分部门”的预警模式，不同的公共危机按照属性归属不同的部门、行业管理。从表面上看，这种预警模式具有各司其职、专业高效等优点，但是这种模式由于缺乏统一的管理机构，容易导致各部门、行业之间相互争功诿过等，尤其是在处理涉及多部门、多行业的复合型公共危机时更是如此，必然会影响到预警和应急的效率，导致更大的经济和人员的损失。特别是步入21世纪后，涉及社会各个领域的“综合性危机”的爆发频率升高，并且很难在危机爆发前迅速而明确地判明其性质及所涉及的领域，这也对危机监控系统提出了更高要求，不同领域、不同层次的危机监控机构在危机应对中必须实现迅速、高质量的沟通。对公共危机事件的紧急救援和事后重建也需要利用社会的整体资源，而目前的这种体制在系统协调以及预警管理的系统功能发挥方面就显得不足。因此，面对层出不穷的公共危机事件，最为关键的就是建立公共危机管理综合协调机制和机构，成立监测公共危机事件的专业机构，负责整个社会重大公共危机事件的预警管理职能，协调各专业或行业预警管理工作和利用整体社会资源，使不同的部门能够“无缝配合”，更好地预防公共危机。

4.3.2.4　政府和公众缺乏危机意识

依照世界发展进程的一般规律，我国当前恰好正处于着“非稳定状态”的高发阶段，正处于人口、环境、资源、效率和公平等社会矛盾最频发的时期。对于这个规律各级政府必须具有清醒的认识。应对危机最好的方法是在危机爆发之前发现危机征兆，及时消除危机隐患，从而将危机消弭于无形之中，这一切都需要我们有强烈的危机和忧患意识。“泥石流”、一系列的矿难、地震、海啸等公共危机事件的频繁发生已经警示我们危机无处不在，而与人们生活生产息息相关的水环境污染都未引起人们关注，足以说明人们对此普遍缺乏公共危机预防的思想准备。

清华大学公共管理学院危机管理课题组曾对中国城市居民的危机意识进行调查，调查结果显示民众日常生活危机防患意识淡薄。如许多被调查者知道利用灭火器、打求助电话、准备常用的应急药品和手电筒来应对突发事件，但绝大部分调查对象没有采取火灾报警器、煤气泄漏报警器、准备防燃物品等措施来预防危机的发生。同时，调查显示，“85.7%的调查对象认为目前中国公民的危机应对能力低下，不能适应各类危机的需求，81.2%的人认为中国公民对危机重视不足，危机意识淡薄”①。

从我国当今的危机管理来看，从中央到地方的各级政府以及我们的公众，都缺乏相应的危机意识，没有意识到我国正处于经济的转轨期和社会的转型期，各种矛盾问题的相互作用，使得各种潜在的危机都带有突发的普遍性和可能性。这表现在：一方面，部分政府工作人员危机意识不强。政府是公共危机预警的直接组织者，政府工作人员则是直接实施者。然而在现实中很多政府工作人员对危机意识不够，有很多地方政府根本没有设置预警机构，即使设置了相关机构也是有名无实，没有相应的设备，只是简单停留在“一台电脑、一张桌子、几个工作人员”的层次，根本没有能力去组织预警。此外，部分政府工作人员没有预警意识，他们的思想还停留在“应急”的阶段，认为危机就是应当出现以后去处理，根本无法预警。另一方面，我国没有专项的危机宣传教育措施，公众对警情信息不够敏感，不能将有关危机信息传达给相应机构，使得政府获得信息时间滞后；没有意识到要提前作出相应的预防措施，缺乏必要的预警知识和技能培训导致了危机意识和知识的缺乏。因而，在危机事件发生之后，公众往往会采取非理性的方式来对待。不仅如此我国的危机教育存在搞形式、走过场的现象，没有把危机教育当作社会教育必备的工作之一，造成公众对各种危机事件欠缺了解，缺乏自救常识，从而使社会整体的危机应急素质低下，应急能力被削弱。

4.3.3 案例分析：北京“7·21”特大暴雨灾害

2012年7月21日午后至22日凌晨，北京市遭遇了1951年有完整气象记录以来的最强暴雨。特大暴雨造成了交通瘫痪，全市受灾面积1.6万平方千米，成灾面积1.4万平方千米，受灾人口160.2万人，因灾造成经济损失116.4亿元，79人遇难。

虽然这是1951年有完整气象记录以来的最强暴雨，但作为一个首都城市，因此而造成如此巨大的损失甚至伤亡也是不应该出现的情况。这场暴雨给了北京市民和政府以巨大考验，完全暴露出了城市应急管理体系的不足，以及政府官员和民众危机预警意识的薄弱。

7月21日，虽然北京气象台一天发出5次气象预警，从最初的蓝色暴雨预警，至傍晚6时30分升格至橙色暴雨预警，但实际降雨级别远远超过预警程度，官方对灾难的应付，更可能因为事前对暴雨的预警程度不足而出现被动。但有一点我们必须明确，就是政府在明知降雨将非常之大的情况下，并没有给市民发出官方预警短信进行提醒，致使市民对这场暴雨的重视程度大大降低，甚至认为和平时的暴雨并没有什么不同。此次暴雨事件后，公众就呼吁政府应在暴雨前向民众进行官方短信提醒，而

① 清华大学公共管理学院危机管理课题组．中国城市居民危机意识网络调查报告[J]．中国公共安全（综合版），2006（6）：40.

对于此次“7·21”事故来说，意识到需要如此做时我们已经付出了沉痛的代价。

就在北京暴雨灾害的两天之后，7月23日夜间，香港经历了一次13年来最为严重的台风袭击，但人口达到700多万的香港却无一人伤亡，除了路边倒下的树木，似乎没有其他征兆显示这场12级台风的到来。那么香港是如何做到的呢？

总结香港媒体的报道我们不难发现，正是由于危机来临之前的预警及时深入，才能避免可能酿成的惨剧。在香港，主流媒体包括电台、网站都会把最新的天气资讯摆放在显眼位置；各公共场所包括住宅小区、医院等都会悬挂标准化的天气预警级别。同时政府反应非常迅速，天文台发出水浸警告，密切监视公共交通及道路状况。

反观内地政府应急预警管理，尽管近些年进步很大，但薄软环节仍十分突出：应急预案应不了急，法制机制有待加强，监测预警体系不完善，灾害监测预报不够及时准确，政府、企业和个人的责任和义务不够明确，应急教育等都需要进一步加强。政府应急管理的不足，令社会付出了巨大代价，我们应当从中吸取教训，特别是提高危机预警和信息发布能力这应急管理的重要一环。恩格斯曾经说过：没有哪一次巨大的历史灾难，不是以历史的进步为补偿的。我们只有把“及时”与“公开”合二为一，才能从灾难和错误中学到更多。

4.4 发达国家的公共危机预警体系及对我国的启示

突发公共事件是当今世界各国面临的共同威胁。但是，人类在防灾救灾方面仍然存在着一些缺陷。面对突发公共危机事件，各国各政府都有自己的预警机制，尤其是一些发达国家建立了较为完善的预警机制。美国早在20世纪70年代初期就建立了一套自己的应急管理模式，现在美国的危机预警应急管理体系已经发展得较为完善，许多方面都值得我们借鉴。日本是一个自然灾害频繁发生的国家，自然灾害的发生对日本社会经济及人员造成了巨大的损失，为了有效地应对自然灾害的发生，减少社会经济、人员的损失，日本建立了一套行之有效的针对自然灾害的危机预警机制。因此，我们选取美国和日本作为借鉴的对象。

4.4.1 美国的危机预警体系

美国是一个自然灾害高发的国家，每年都会爆发诸如龙卷风、泥石流、滑坡、洪水等大量的自然灾害，而美国又是一个经济高度发达、物质财富高度集中的国家，每一次自然灾害所造成的损失是难以估量的，因此，美国最初建立公共危机预警机制的目的就是预防自然灾害。随着美国霸权主义的扩张，其成为恐怖分子重点袭击的对象，使得美国遭受了巨大的社会经济损失。为了有效地应对国内外各种突发性事件，美国一直改革自身的预警机制，使其预警水平得到了极大的提升。美国危机管理机制是以总统为核心，以国家安全委员会为决策中枢，国务院、国防部、司法部（及其下属的联邦调查局和移民局）等有关部委分工负责，中央情报局等跨部委独立机构负责协调，临时性危机决策特别小组发挥作用，国会负责监督的综合性、动态组织体系①。

4.4.1.1 美国公共危机预警法律机制的建设

就目前来看，美国的公共危机法律框架相对完善，基本涉及社会中的各个方面，并且处在不断的完善之中。美国危机预警机制建设的一个重要特点就是法律先行，通过立法的形式为公共危机预警机制建设提供制度上的保障。美国建立了以《国家安全法》、《国家紧急状态法》、《反恐怖主义法》、《斯坦福减灾和紧急救助法案》、《美国联邦法典》等为核心的综合法制体系，这些法律之间互相补充，有效地引导美国政府建立法制化的危机应对体系。

1947 年出台的《国家安全法》是最重要的一部危机管理方面的法律，根据该法美国设置了中央情报局。1974 年，美国国会重新修订了《斯坦福法案》(《斯坦福减灾和紧急援助法案》)，它是美国迄今为止最全面的减灾法律，对联邦政府在减灾、预防、灾后重建等方面的危机管理工作制订了指导细则。在《斯坦福法案》生效后，由 26 个联邦政府部门和一个非政府机构（红十字会）联合签署了联邦应急计划（The Federal Response Plan）来保证该法案的具体实施。为了应对突发性公共事件，美国国会于 1976 年通过了《全国紧急状态法》，这是迄今为止对美国影响最大的有关危机管理的法律，其宗旨在于明确和扩大总统在应对突发性公共事件中的权力。该法案明确规定了宣布紧急状态的程序、宣布方式、时间期限以及终止方式、运作过程、政府在紧急状态下的权力等。2001 年的《反恐怖主义法》极大地加强了美国联邦执法机构的权力。这项法案自“9·11”恐怖袭击事件发生后，几经国会修改。修改后的法案规定，司法部长必须每隔 6 个月审查所有非美国公民在美国的关押情况，并向国会提出有关恐怖主义情况的书面报告。

总之，在危机事件的应急方面，美国是一个法律法规较为完备的国家，在其法规体系中，有各种便于实施的规定和十分详尽的计划，明确地规定了各种减灾管理机构和各种公共危机事件管理部门的职能、责任和合作，而且，美国注意及时修正有关的法规，以期逐步走向完善。另外，美国各州也都有自己专门的突发公共事件应急计划，本地区一旦发生突发事件，便可依据其法律迅速做出有效反应。

4.4.1.2 美国危机预警组织管理体系

美国的公共危机预警体系覆盖全国范围。从横向上看，公共危机预警涉及绝大多数的国家管理部门，类似于国土安全局、国家安全委员会、中央情报局、联邦调查局等；从纵向上看，美国以立法的形式要求各州和地方政府设立负责具体的危机信息收集、预测、预控工作的紧急事务管理机构。

在美国危机预警机制和危机管理的运作中，国家安全委员会（NSC）是美国安全与危机管理的最高决策机构。美国国家安全委员会是根据 1947 年《国家安全法》授权建立的内阁级机构，迄今一直支配着美国的国家安全决策。国土安全部、联邦紧急事务管理局

---

① 陈秀梅，甘玲，于亚博．领导者应对突发事件的理论与实务[M]．北京：人民出版社，2005：176.

(FEMA)、联邦调查局（FBI）、中央情报局（CIA）以及一些辅助性的研究机构在危机预警中都发挥着重要作用，充当着社会应急联动中的协调角色。

美国的应急管理体系是一个扁平化的网络结构，主要以地方政府危机应急管理为节点，各个应急管理节点的运行都是以公共信息系统、事故指挥系统以及多机构协调系统为基础。美国的应急管理机构由三个层次组成：联邦政府主要有国土安全部及派出机构，州政府的应急管理办公室以及地方政府的应急管理机构①（如图 4-2 所示）。

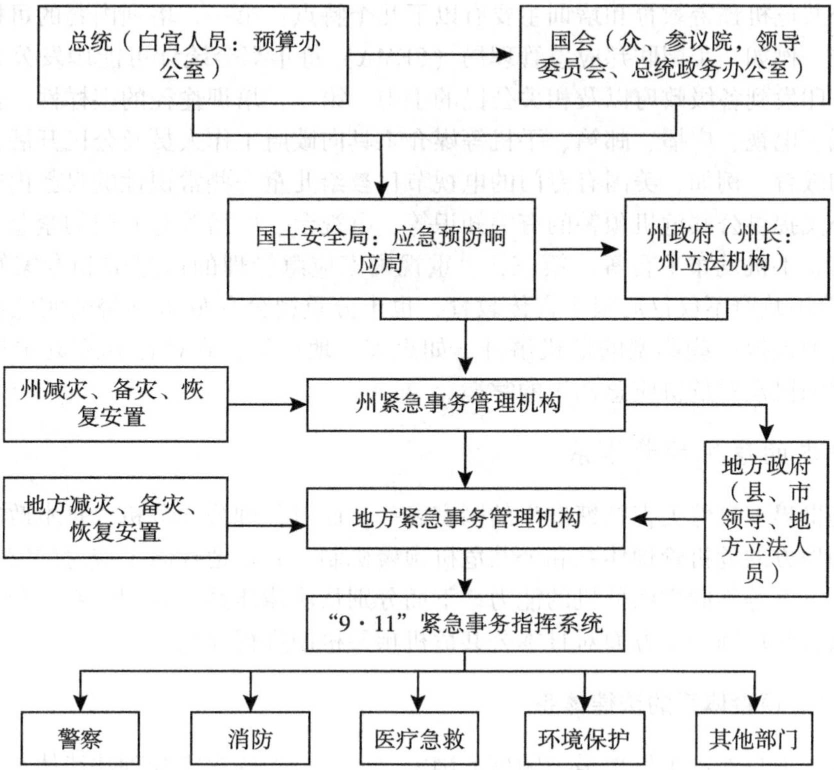

图 4-2　美国城市公共危机应急机构

美国在危机预警机制建设方面的主要成果是它所设置的一系列机构。一般来说，美国地方政府处理公共危机的制度安排是：州一级政府设立“突发公共事件管理办公室”负责处理州一级的突发性公共事件，它的下面设立管理总部、突发性公共事件处置中心和若干个分部，比如纽约州将全州分成五个地区，就在突发公共事件管理办公室下设五个分部，它的主要职能是作为联络协调机构，负责联邦政府和地方政府的沟通和协调，处置州突发性公共事件和地方性公共事件，把联邦政府的有关政策落到实处，并将联邦政府的可利用资源进行合理的分配。在美国，所有的报警电话都是“911”，这样就可以保证人们

① 薛克勋．美国紧急事务管理体制给我们的启示——对美国紧急事务管理体制学习调研后的思考[J]．广东公安科技，2001（1）．

可以很方便地将各种突发性公共事件及时地报告给政府，从而使突发性公共事件得到及时的控制。所以，这种机构也被称为“911 机构”。

4.4.1.3 预警教育培训体系

美国非常重视对政府官员和公民的公共危机预警教育和培训，每年美国政府都要投入巨资用于公民以及政府官员的教育和培训上面。不仅加强对政府公务人员的培训，也在社会中设立专业的培训学校培训民众，从而增加懂得专业的应急措施的人才。

美国公共危机预警教育和培训主要有以下几个特点：第一，培训内容的可操作性、实用性非常强。例如，美国联邦应急管理局（FEMA）每年都会统计可能爆发公共危机的地域，并将其印发到各级政府以及相关公民的手中。第二，培训途径的多样性。美国政府充分利用报纸、电视、广播、邮箱、手机等媒介工具向政府工作人员及公民开展公共危机预警的宣传和教育。例如，美国有专门的电视节目教给儿童一些常识性的自救内容，有专门的网站向公民提供公共危机预警的有关知识等，电视台、广播等有专门的紧急频道，有专门的警情信息手机发布平台等。第三，“重视国家应急管理的信息港和专家知识库的建设”①。但美国政府不仅仅局限于宣传教育，也十分重视公共危机预警的实践活动。美国政府不定期地模拟一些典型的危机事件，如火灾、地震等，在社区和家庭中进行实践演习，从而增强民众对危机应急知识的掌握。

4.4.2 日本的危机预警体系

日本是世界上自然灾害频繁发生的国家之一，面对各种公共危机，日本政府建立了一套从中央到地方的危机管理体系和公共危机预警机制，有效地提高了应对国家安全、社会治安、自然灾害等不同方面危机的能力。下面分别从法律体系、管理体系、预警设施和设备、预警教育与培训四个方面对日本公共危机预警机制进行介绍。

4.4.2.1 预警体系的法律体系

作为世界上自然灾害发生最为频繁的国家之一，日本的灾害管理法律体系是当前世界上最为完善和系统的。该体系引导政府部门建立完整的公共危机管理体系并维持它的正常运行，约束政府工作人员的权力，以避免他们以权谋私从而损害国家利益和破坏国家安全，保护国家和人民生命财产安全。目前日本的各种防灾减灾法律约 55 部②，其中具有代表性的有《灾害对策基本法》(1961 年)、《大规模地震对策特别措施法》(1978 年) 等。为了保持法律体系的灵敏度和适应性，日本不断修订相关的法律。例如，在 1995 年大阪地震后，日本部分修订了《灾害对策基本法》，对政府的防灾减灾能力提出了更高的要求；2003 年日本修改了《传染病法》以应对传播速度迅速、传播面广的“非典”，完善后的法规使得 2009 年甲型 H1N1 流感病毒波及日本的时候，日本政府和人民应对自如。进入 20 世纪 90 年代以后，随着恐怖袭击的日益猖獗，日本加大了针对恐怖袭击的法律的

① 杨峰．完善我国公共危机预警的思路与对策[D]．成都：电子科技大学，2008.

② 张宁冶，张维张．日本防灾减灾体系与明石市灾害管理情况[J]．无锡经济，2010（2）．

制定，具有代表性的有“有事法制”相关联的七法案等。截至目前，日本已建立了较为完善的公共危机预警法律体系，在有效预警、保护公民财产及人身安全以及规范政府权力行使等方面起到了重要的作用。

4.4.2.2 预警体系的管理体系

日本政府于1986年建立了内阁安全保障室，并初步形成了危机预警管理体系。它的危机预警管理体系是以内阁首相为最高指挥官，由内阁官房（负责各省厅间的协调，相当于办公厅）来负责总体协调、联络，通过安全保障会议、阁僚会议、内阁会议、中央防灾会议等决策机构来制定危机对策，由警察厅、防卫厅、海上保安厅、消防厅等各省厅、部门根据具体情况予以配合的组织体系。

后来随着危机管理的发展，危机预警管理体系也逐步完善。依然由内阁首相、内阁官房、中央防灾会议、相关的省厅、民间公共机构等构成。这个体系从日本的中央政府一直延伸到地方，防灾工作无处不在。这个体系的运作流程是内阁情报调查室通过相关省厅、国内外通讯社、民间公共机构收集相关情报，内阁官房根据情报内容分析研究，将重要的信息直接向总理大臣（首相）汇报，通过中央防灾会议制定决策方案并将警情公布，同时发出警报。

4.4.2.3 预警体系的设施和设备

为了有效应对各种公共危机，日本高度重视公共危机预警技术与设备的建设，并花费巨资引进各种先进的技术和设备以保障公共危机预警体系能够高效运作。

首相官邸内的危机管理中心是日本危机管理和危机预警中最重要的设施。首相新官邸于2002年4月正式建成并投入使用，改建后的危机管理中心位于新官邸地下一层，其面积扩大到原来的两倍，设有对策本部会议室、对策事务室、干部会面室、24小时体制的情报搜集汇总中心等。为保证紧急时的相关对策会议能及时召开，新官邸设有两处直升机升降平台。此外，除了和官邸其他部分一样具有一流的防震等安全性能外，危机管理中心还有独自的水、电、气供应系统，可以确保在外界发生任何灾难时仍能安全运作。

预警设备方面，以首相官邸为例。首相官邸设立了连接相关省厅的电话和传真，为了有效应对公共危机，首相官邸还配备了卫星携带电话、紧急集团电话等先进的通信设备和技术；为了保障情报搜集汇总中心能够高效地收集、整理、分析相关部门汇总的情报，日本政府为情报搜集汇总中心配备了强抗干扰的情报通信设备，并设有GIS、GPS等终端设备，以便能够传递相应的地图、路线等数据。此外，为了预防特大公共危机预警发生（如核袭击）时固定设备可能被摧毁的情况，日本还在内阁府设立了“中央防灾无线网的情报通信网络”以供首相官邸、中央各省厅以及地方政府之间相互联系。该无线网始建于1978年，目前已基本竣工，网络覆盖27个中央机关、49个公共机关、10个区域防灾基地以及47个都道府县。

4.4.2.4 预警教育与培训

日本历来重视对危机意识教育和宣传的各种投入。据统计，日本政府每年对危机的教育宣传所投入的资金不低于3兆日元。大量的经费投入促使了民众能够更好地掌握各种防灾的知识，做好自救和互救工作①。日本政府把对国民危机意识的培养融入到常规的教育中。在日本各地，随处可见的是将校园、公园、反冲绿地等公共设施作为避难所的指示牌，在全国各地设置免费的防灾体验中心，在这里民众可以亲身感受灾害发生时的状况，掌握应急措施。这些做法不仅强化了居民的危机预防意识，同时也使居民在灾害突发时能够在最短时间内到达安全地带避难。此外，日本把每年的9月1日设为“防灾日”，在这一天日本各类单位、居民尤其是地震高发区都要举行相应的演习。由于政府的防灾科普工作做得非常好，民众对于灾害来临时可能会出现的情况、逃生的要领、急救的知识等都非常清楚，具备了自救和互救的本领，遇到灾害时就不会手忙脚乱。

4.4.3 完善我国危机预警体系

公共危机预警是整个公共危机管理过程的第一步，决定着整个危机管理的发展趋势。政府建立公共危机预警机制的目的是未雨绸缪，防患于未然，将危机消灭于萌芽状态或者做好充分的准备来应对即将到来的危机，从而将危机带来的损失减小到最低程度。公共危机管理的顺利运行离不开一个科学、完善、高效的公共危机预警机制，否则，我们会为对公共危机预警机制的忽视而付出惨重的代价。建立一个更为完善的危机预警系统，形成更加符合和谐社会建设要求的危机预警机制，已是我国在现阶段危机管理工作的重要内容之一。“他山之石，可以攻玉。”现阶段我国预警机制建设还处于起步阶段，借鉴发达国家相对成熟的公共危机预警机制对于完善我国公共危机预警机制有很多的益处。

4.4.3.1 加强危机预警组织建设

组织准备规定了危机预警管理体系的机构、职能等组织结构及其运行方式，为公共危机事件的预警管理活动和制定预警对策提供有效的组织保障。政府及时全面地搜集各种可能引发公共危机事件的信息并准确高效地处理信息的能力，决定着政府职能部门对于公共危机突发事件的预警能力，而这种能力又依赖于政府部门的组织体系和科研能力。为了极大地发挥这种能力，必须配备专门用于处理公共危机突发事件的组织机构和人力资源②。因此，一个系统而有效的公共危机预警组织体系是必不可少的，它明确了公共危机预警管理工作中各个机构和职能部门的具体职责，从而为危机预警机制高效运作提供了保障。

2013年11月12日，中国共产党十八届三中全会公报指出，将设立国家安全委员会，完善国家安全体制和国家安全战略，确保国家安全。其职能是维护国家安全与创新社会治理、创新有效预防和化解社会矛盾体制、健全公共安全体系等。这显示中国的“国安会”将有“内外兼备”的基本职能，在维护国内安全稳定方面也肩负重任，其职责范围也将

---

① 刘艳．试析日本危机管理机制及其对中国的启示[J]．中国人民公安大学学报，2004（1）：25.

② 李习彬，李亚．政府管理创新与系统思维[M]．北京：北京大学出版社，2002：18.

较之现今的“国安领导小组”更为广泛和重要。在这一国家体制和机构改革的大背景之下，构建一套更适合中国国情的公共危机政府预警组织体系就显得更加迫切。

图 4-3 是按照国家级的政府预警组织架构及信息流程来设计的，部门没有全部列出来，因为政府机构各个层级的相似性，可以基本上按照此思路构建各级组织机构和建立信息流程。图中箭头的方向表示信息的传导方向。

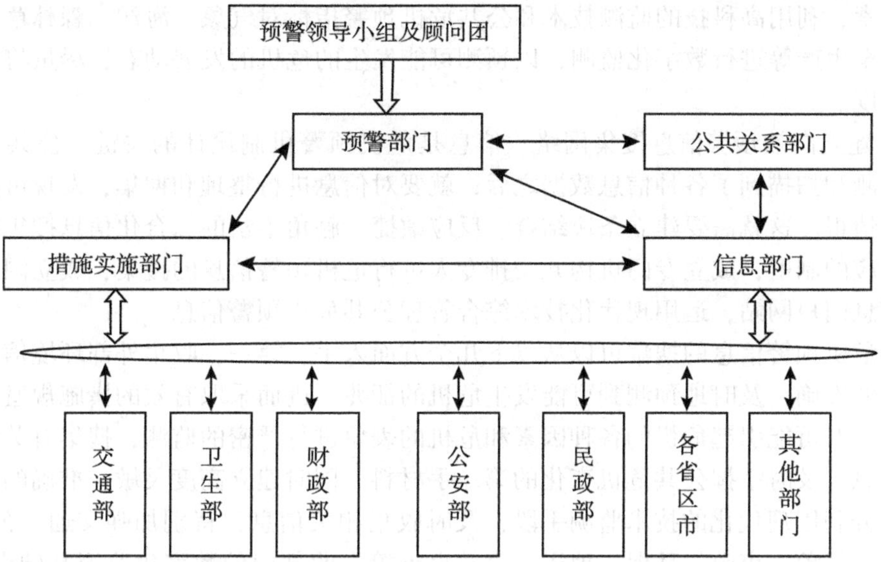

图 4-3 政府预警组织架构、运作流程及信息传导流程

4.4.3.2 建立高效的危机预警信息系统

信息的主要功能是反映事物内部结构、属性、状态、相互联系以及与外部环境的互动关系，减少事物的不确定性。其主要的特点是数量庞大、种类繁多，并且还会跟随时间的推移和不同情况的发展发生不断的变化。因此，在公共危机管理的视角下，信息机制的合理构建是城市公共危机预警机制能够有效发挥作用的重要保证。具体来讲，信息系统的构建和完善主要包括信息监测、信息搜集、信息分析以及信息传播这四个方面的内容。

（1）完善预警信息监测系统。危机预警信息的监测是对可能引起公共危机的各种因素和现象进行严密的监测，及时掌握有效的资料，根据公共危机预警的指标来分析判断是否要发生危机。通过危机监测系统，利用现代化的技术监测手段，通过互联网等传播媒介，可以及时搜集关于可能引起危机的各种信息。

公共危机事件的预警信息监测及管理系统必须要以全流程的危机事件应急信息管理和全方位的危机事件应急信息通信为基础和支持，同时还要结合国家危机事件应急管理的机构职能设置，纳入突发公共危机事件应急信息管理机制，整合成为国家的突发公共危机事件预警信息管理系统。

我国当前的公共危机预警信息监测首先要建立和健全公共危机预警信息监测制度。各级政府、各个职能部门要结合当地的具体情况，制定与未来有可能发生的公共危机事件相应的信息监测制度，建立公共危机事件预警信息监控数据库，完善预警信息监测的程序和方法，及时更新掌握危机隐患，保证监测到的数据具有较高的质量和真实性①。其次，要完善危机预警信息的监测系统，建立预警信息监测系统就是为了及时发现可能引发公共危机的征兆和潜在因素，分析危机诱因，判断将来可能的发展趋势和危害程度。危机预警信息监测主要是对社会上的综合信息进行扫描，从中搜集和发现有可能引发公共危机的征兆和潜在因素，利用高科技的监测技术和公共危机预警指标对气象、海洋、森林草原、公共交通、安全生产等进行数字化监测，以预测可能发生的危机的发展动态，尽量将危害减小到最低程度。

（2）建立高效预警信息搜集网络。信息是危机预警机制设计的关键。公共危机预警系统在监测和扫描到了各种信息数据之后，就要对信息进行整理和搜集，发现可能产生危机的潜在情报。这就需要建立条块结合、反应敏捷、触角丰富的综合化信息搜集网络。同时建立相应的制度，成立专门机构并安排专人进行危机预警信息的搜集，成立国家公共危机预警信息门户网站，运用现代化技术综合管理公共危机预警信息。

公共危机预警信息的搜集可以从以下几个方面入手：第一，收集外部环境信息和内部信息，以便准确、及时地预测到可能发生危机的征兆，进而采取有效的措施规避和控制危机。第二，对可能引起危机的各种因素和危机的表象进行严密的监测，搜集有关公共危机发生的信息，及时掌握公共危机变化的第一手材料。同时建立高度灵敏、准确的信息监测系统，充分利用现代化的技术监测手段，及时收集相关信息，特别加强交通、公共卫生、安全生产、气象、市政、环保、地震、森林火灾等专业部门的数字化监测基础设施建设，强化专业预警预报信息系统建设。第三，成立国家门户网站，提供信息服务：建设单一、便利的公共危机管理信息门户网站，建设全国性的危机沟通和预警信息系统。

（3）完善信息传播与公开渠道。面对突发的公共危机事件，一些地方政府和部门采用的常规动作就是封锁消息或者出于各种目的虚报、瞒报、缓报、漏报，最终造成群众不安和社会恐慌并引发了一系列次生的危机事件，而且往往这些恐慌事件本身比原始的突发事件更具有破坏性。所以，进行信息的预防、发布和引导，尊重群众的知情权，把群众应该知道和想知道的信息及时准确地告知群众，既可矫正视听，避免信息传递的失真，提高政府的公信力，又可以避免和控制事件的升级②。

公共危机预警信息的传播，首先要开拓和规范危机预警信息传播的渠道，避免谣言和虚假信息给社会秩序造成紊乱，避免公众的恐慌给社会带来更大的波动。公共危机预警信息的传播可以通过广播、电视、报纸、网络、热线等各种渠道，使公众及时了解可能发生危机的类型、发展趋势、危害程度等，做好必要的心理准备和应对措施，维持社会的稳定，避免危机的发生和扩散。有调查表明，在公共危机特殊情境下，社会公众获得相关信息的主要来源为：电视占 50%，网络占 39.4%，报纸占 7.6%，专家占 1.50%，亲戚朋友

① 唐俭．论政府在公共危机预警中的责任[J]．前沿，2007（7）．

② 马梦砚．提升政府公共危机管理能力 努力构建和谐社会[J]．中共乌鲁木齐市委党校学报，2008，3（1）：46-49.

占1.5%；对各种信息渠道的信赖程度为：电视占45.3%，专家占25%，网络占16%，报纸占9.4%，亲戚朋友占4.7%①。

由此可见，高效、畅通地传播公共危机预警信息，要充分考虑以上多种渠道，其中最普遍、最被人信赖的是：一、新闻媒体。广播、电视、报纸等媒介具有受众范围广和信息量大的特点，能最大化地被公众所知。二、专家。专家以其特有的身份被广大公众所信赖，公共危机预警管理部门可以聘请相关危机领域的专家在媒体或者网络上进行专题讲解和讨论，使公众了解更多关于公共危机预警方面的信息，树立公众正确的危机预警意识，减轻对于危机的盲目恐慌，提高公众的应对技能。三、网络。随着现代社会科技的发展，网络的逐渐普及，互联网覆盖面广、传播速度快，具备了强大的公共危机预警信息传播功能。各级政府职能部门应该建立健全电子政务，建立统一的政府公共危机预警信息网站，提供一个政府和公众互动的平台，以此来发布危机预警信息，让公众了解潜在的或即将发生的公共危机，实现预警信息的透明和有效传播，保持预警信息及时、客观、真实、连续，保障危机预警信息网络的高效和畅通。

当然，危机行政信息的公开要有相关制度作为支撑。近年来，我国在这方面的制度建设也处于不断的完善过程中。如“非典”时期，国务院就专门颁布了《突发公共卫生事件应急条例》，明确规定国家应建立突发事件的信息公开和传递制度。其后2007年我国颁布了《突发事件应对法》，以法律的形式对信息公开的相关制度给予了进一步的明确，但是细化程度还不够。因此，我们应该尽快地制定行政信息公开法，用法律规范的形式明确信息公开的程序、内容及相关的办法。

（4）完善公共危机预警保障机制。首先，完善预警物资储备。古人云：“国有不详，必有妖孽。国家无备，必受其殃。”我们必须要有“居安思危”的意识，人无远虑必有近忧，充足的物资储备是国家战胜危机的制胜法宝。资料显示，美国、德国、俄罗斯等国家都设有联邦应急管理局或是国家储备署，专门管理战略物资储备，其地位与国防部、联邦安全局等部门相当。这些战略储备既可保证应对战时之需和突发事件，也可保证和平时期经济发展稳定。我国也有一些救灾储备体系，包括石油储备、粮食储备、国家物资储备、国家救灾储备以及其他重要商品储备在内的各储备体系，但往往这些地区和部门都各自为政，缺乏必要的沟通和交流。

应该准备先进的预警设备和设施，要完善公用通信网，建立有线和无线相结合、基础电信网络与机动通信系统相配套的预警通信系统，确保通信畅通。要保证紧急情况下食品、药品、医疗器械及日常生活用品的供应，主要是对食品、药品、能源、设备等的生产、建设、储存、保管、更新、完善、补充，比如各地的粮食储备、石油储备、疫苗储备等。唯有做好这方面的准备，才能在公共危机发生时最大限度地保证公众的生命和财产的安全。在资金方面，政府要建立公共危机预警的财政保障体系。由于经济发展水平方面的原因，我国公共危机预警投入问题至今未能很好地解决。一方面国家财政困难，拿不出更多的钱用于公共危机预警，另一方面，由于投入不够，每年公共危机事件造成的损失越来越大，又影响了国家的财政收入。因此，必须构建公共危机预警的财政保障体系，以适应

---

① 辛立艳．公共危机信息预警系统的构建及响应机制研究[D]．长春：吉林大学，2009.

现代公共危机预警的需要。政府要建立公共危机预警基金，此项基金由专门机构负责管理，并且只能用于公共危机预警，保证专款专用。此项基金应由政府、企业、慈善机构和公众共同参与提供。

其次，加大公共危机预警人才培养。公共危机预警是一项专业性、技术性很强的工作，只有经过专门培训的人才才能胜任。人才建设是公共危机预警机制建设的基础和前提，要想建立一个高效的公共危机预警机制离不开一批高素质的专家人才。政府在预警人才培养中，除了开办专门的培训班之外，更多的要依靠高等院校这种巨大的资源，依托高校科研、教学这个平台，加大对公共危机预警人才培养。在公共危机预警人才培养过程中，既要注意培养专业领域的公共危机预警人才，如地震预警、公共安全预警、灾害预警等，也要注意培养复合型的预警人才。这是因为随着社会经济的发展，公共危机日益呈现出复杂化的趋势，某一危机发生，并不是单纯的自然灾害，也不是单纯的人为危机，更多的是两者的结合。而且，在危机发生过程中，容易产生各种次生危机。只有精通各专业的复合型人才能准确把握危机的脉搏，对复杂的危机进行准确的判断。

最后，提高国民的危机意识。通过前面我们提到的美国和日本的危机预警的经验可以看出，日本和美国非常重视公民的危机意识的培养和应对危机技能的培训。日本从小就培养孩子处理危机的能力，在学校通过发放宣传教育手册以及地震演习等方式锻炼孩子的应变能力，防灾教育可谓是深入人心。这些措施逐渐提高了政府及公众应对危机的能力。美国电视节目有专门的宣传教育片，互联网上也有专门的危机管理网站进行宣传教育，并对可能发生的危机区域的数据进行统计，发给政府及公众。

对于中国而言，要改变国人传统的以不变应万变的思想，增强居安思危的预警意识，通过危机知识的普及，让公众掌握应对危机的方法，提高危机意识并不容易。政府要充分利用教育、媒体等资源，对相关公共危机的基础知识及各种公共危机预警机制和应急管理进行广泛宣传和普及，进一步提高公众面对公共危机的心理承受力，并且积极引导公众树立正确的信息观，面对纷繁复杂的各种信息，要学会筛选并做出科学判断。

可以通过以下四种方式来培养公众的危机预警意识：

第一，采取专业培训和普遍培训相结合的方法，编制危机教学宣传手册，普及危机知识，这样可以有效防范危机，减少危机带来的危害和损失。

第二，设立危机纪念日。将危机发生的日期作为纪念日，并在这一天举行各种纪念宣传活动，以起到警示的作用。如2010年5月12日，即“5·12”汶川地震两周年纪念日，我国举办了一系列悼念活动，目的就是警示公众，提高公众的危机意识。

第三，建立危机事件纪念馆、纪念碑和雕塑。通过这种直观、形象和生动的方式，使公共危机带来的巨大危害和损失能够深刻印在人们的心灵深处。如著名的唐山大地震纪念墙，是由唐山市政府于2008年建成的，纪念墙高7.28米，前方纪念大道长19.76米，寓意唐山大地震的发生日期为1976年7月28日。这些纪念馆、纪念碑的建立，具有多方面的重要价值，不仅可以表达对遇难者的哀思，更是为后人提供警醒。

第四，举行危机仿真模拟演习。这样既可以增强公众的危机意识，提高公众应对危机的技能，又可以尽可能地减少危机带来的危害和损失。例如，新加坡政府制定的全民全面参与应急动员计划，是一个把社会各阶层、各个团体和学校都包括在内的社区参与计划，通过高频率的演练，促使公众在公共危机发生时，能够做出快速反应和正确的应对措施。把公共危机预防宣传教育纳入国家公民素质教育的体系中，使之成为常规教育，通过仿真模拟和日常演练，使公众增强公共危机意识，掌握及时发现公共危机、快速处理公共危机的科学方法。

在公共危机预警中，社会力量同样发挥着至关重要的作用。一方面是媒体的舆论引导作用，对于危机信息的发布、传递，化危为机具有不可替代的作用。另一方面，一些非政府组织是政府联系公众的纽带，他们对各类社会问题和现象的高度关注，可以成为公共危机预警的重要信息来源，非政府组织在公共危机预警中的活跃表现，对公众全面了解危机、掌握紧急避险的知识等方面，具有特殊的优势。

面对危机和灾难，最有效也是最经济的方法就是未雨绸缪，防患于未然。在危机形势愈发严峻的今天，危机预警显得尤其重要。如何避免危机的发生和扩散，将危机消灭在萌芽状态，或者尽量减小危机给社会和经济带来的损失，已经成了全人类共同研究的重要课题。在大量阅读分析国内外有关公共危机预警的文献资料的基础上，结合我国当前公共危机预警机制建设的现状，对比西方发达国家所取得的成效，分析了我国当前公共危机预警机制建设存在的问题，进而提出完善我国公共危机预警机制建设的对策和建议，最终是为了结合我国国情和具体地区的实际情况，更好地构建和完善公共危机预警体系。

现代社会，公共危机预警机制建设是我国乃至整个世界范围内每个国家都必须面对和引起重视的重大课题。这关系到社会秩序的稳定、经济的持续发展和人民的生命财产安全。公共危机预警机制的建设和健全具有重要的理论意义和现实意义，当前在我国的研究还具有很大的拓展空间。我们相信，有关公共危机预警机制建设方面的探索和实践，在我国的发展将会越来越深入，越来越成熟。

思考题：

1. 公共危机预警中的政府承担着什么样的责任？
2. 中国与美国、日本相比在公共危机预警体制方面有哪些不足？有何建议？
3. 作为一名大学生，如何提高自己的危机意识？
4. 案例分析题：

资料：

甘肃正宁幼儿园校车事故发生于2011年11月16日9时15分左右，地点是甘肃省庆阳市正宁县榆林子镇下沟砖厂门口。一辆大翻斗运煤货车与载有64人的正宁县榆林子小博士幼儿园学生接送面包车相撞。事故共造成21人死亡（其中19人是儿童），43人受伤（其中18人重伤，26人轻伤，全部是儿童）。正宁县榆林子镇小博士幼儿园属于民办私立幼儿园，在正宁县教育局有备案，车祸中的孩子大部分来自农村。甘肃庆阳市教育局局长卢化栋称，庆阳市现有公立幼儿园40余所，其他均为社会力量办学，由于对民办学前教育只有监管，尚没有教育投入，导致一部分私人老板为赚钱，不听教育局的行政指令，校车严重超载。

甘肃官方对这起事故高度重视，从抢救伤者、开展事故调查、安抚伤亡人员家属、交通管理等方面做了部署；同时，对甘肃庆阳市所有学校校车进行全面检查，排除安全隐患。截至2011年11月17日上午，正宁县已成立事故处理领导小组，统筹协调做好事故处理工作，并全力救人，调集最强、最优秀的医护人员抓紧抢救伤员。此外，对伤亡人员家属的安抚工作已展开。

请结合案例和自己掌握的信息，回答下列问题：

(1) 幼儿园校车作为幼儿的重要交通工具，近年来发生的校车惨案一个比一个让人震惊，不得不引起人们的思考，校车频繁出事，究竟是何原因？

(2) 为何在频频出现此类事故后依然不能使此情况得到改善？

(3) 类似事件你还知道哪些？是否可在预警阶段进行控制，避免惨剧发生？

推荐阅读书目：

1. 《公共危机治理》，刘霞著，上海交通大学出版社
2. 《公共危机管理与公共关系维护》，侯书生、孙思著，红旗出版社
3. 《政府危机管理能力评估——知识框架与指标体系研究》，张成福、唐钧著，中国人民大学出版社
4. 《转型期中国网络公共危机管理对策研究》，陈桦栋著，上海交通大学出版社
5. 《危机管理蓝皮书》，文国学、范正青著，社会科学文献出版社

5. 危机信息流动

☞导论

在传播全球化时代，任何“地方性”的突发事件都可能借助传媒的力量演变为“全国性”乃至“全球性”的危机。因此，危机传播是降低风险、化解冲突和重塑形象的最为有效的手段。建立高效的新闻发布机制是实现危机传播良性发展的重要途径。然而，危机信息流动的方式和环境为谣言的滋生提供了条件，谣言治理已成为危机传播管理的主要内容。此外，为达到危机传播的预期目标，危机管理者还应充分掌握危机信息的共享与互动机制，使危机信息得到更为有效的沟通。

5.1 危机与新闻发布

5.1.1 新闻发布的主要形式

5.1.1.1 新闻通稿

危机信息新闻发布常见的方式是发放新闻通稿，可以在事故现场发布，也可通过传真或电子邮件、官方网站、长微博（微信）等形式传递。

发布新闻通稿有以下优点：确保所有媒体得到的是口径一致的信息；提供历史档案材料；提供背景材料和获得进一步信息的渠道；成为记者撰稿的依据，有助于间接地为媒体“设置议程”；成为新闻发言人的“补白”，有助于他更加自如地面对媒体；用“政府议程”影响通过传统媒体传播的“媒体议程”和在社交媒体上形成的“公众议程”，有效引导舆论；便于在相关网站、微博、微信群中张贴或转发。

但是，危机事件发布新闻通稿也有缺陷：要花费一定的时间撰写，极可能会出现“新闻变旧闻”的情况；需要征求各级领导和有关部门的意见，也会影响其时效性；在搜集信息时有可能会出现协调不力、各部门相互扯皮的现象；由于危机的发展错综复杂，保持新闻通稿的前后一致有一定的难度；如果有多个部门发布新闻通稿，保持一致的口径也较为困难。

为了尽可能规避上述这些缺点，可以考虑在发布正式的新闻通稿前，先提供简短的“新闻公报”；同时应当赋予新闻发言人相应的职权，来协调不同部门之间可能出现的不同口径，必要时需要一把手亲自定夺。

5.1.1.2 新闻发布会

新闻发布会通常有三种类型：一是例行新闻发布会，即日常的定期发布；二是不定期的专题发布；三是高频度的危机发布。第一类通常由政府部门的新闻发言人出面，在每周或每月的固定时间举行。中国外交部从 2011 年 9 月 1 日起将例行发布会由每周两次增加到每周五次。卫生部（2013 年 3 月更名为“卫生计生委”）、公安部、教育部、国防部、证监会、国台办等 40 多个中央部委也都建立了例行发布会的制度。第二类有较为明确的主题，通常要邀请几位嘉宾出席，如由国务院新闻办举办的新闻发布会就属于这种模式。由国务院新闻办提供交流的平台，每次邀请各部委或地方领导就一个主题进行专题发布①。

虽然上述三类新闻发布会在目的和形式上略有差别，但总体框架和运作模式基本相同。在此我们重点讨论的是第三类——即危机期间的新闻发布。新闻发布会的时长在一小时左右，除了由新闻发言人发布信息，还应留出充足的时间让媒体提问。但在危机期间，由于新闻发布会的频度增加，在时间上也是可长可短，视危机的发展趋势和当时、当地的具体情况而定。新闻发布会上应当发布正式的新闻通稿，要为与会记者和媒体准备介绍背景、详情和数字的书面材料——俗称“媒体打包材料”。必要时还可安排相关部门的负责人或本领域的专家出席。

在危机爆发的初始阶段，召开新闻发布会的时机还不成熟，来不及准备“媒体打包材料”，这时可以考虑进行小规模的“新闻通气会”或“媒体吹风会”，通常安排在危机现场举行，时间在 10~15 分钟，原则上不安排记者提问，可以发布简短的新闻公报②。

新闻发布会（包括媒体见面会和媒体吹风会）具有以下优点：既满足了媒体的采访要求，又控制了媒体的行动范围；确保新闻和信息发布的权威性与一致性；把发言人和相关专家推向媒体与公众，让他们表达自己的看法（实际上是替主管部门代言），有助于在公众中建立政府部门的公信力；即便危机还在继续，媒体和公众也能了解政府已经启动应急机制，从而创造一个有利的舆论环境；可以为媒体的提问“定调”，及时传播“政府议程”，防止不必要的猜测甚至谣传，用权威发布挤压谣言和恶意炒作的空间；如果信息更新太快，以至于没有足够的时间发出新闻通稿，可以利用广电媒体或网站直播新闻发布会，也可用微博进行文字直播，让公众第一时间获得相关信息；如果涉及国家机密和重大敏感问题，可以考虑运用“延时直播”的方式；通过发布会可以显示政府各部门的合作态度。

新媒体时代，常规新闻发布会也存在一些缺点，比如：选择合适的发言人有一定的难度；由于掌握的信息不充足，一些官员会在媒体面前惊慌失措；现场的见面会或吹风会受到场地限制，也没有时间准备书面材料，不能兼顾到所有媒体的采访要求；一旦开了第一次，就要有第二次，媒体会要求定期举行；如果涉及各级领导或有关部门，协调的工作量较大，也会有一定的难度；媒体会对发言人穷追不舍——尤其是在危机爆发之初，要预先

① 史安斌．危机传播与新闻发布：理论·机制·实务[M]．北京：清华大学出版社，2013.

② 史安斌．危机传播与新闻发布：理论·机制·实务[M]．北京：清华大学出版社，2013.

安排“脱身”的路线（例如，发布厅要安排两个出口），否则媒体会无休止地追问下去；会后，媒体往往会提出单独采访的要求，需要制定有关规则，而且要前后一致地贯彻下去。

为了规避上述这些缺点，选择通过官方微博、微信账号进行“微发布”是更为明智的做法。其优点是：由团队合作和技术手段减少由发言人的个人因素而带来的不确定性，使新闻发布更为规范、有序。需要指出的是，全媒体时代的新闻发布会应当呈现出更为多样化的形态和样貌，我们应当根据具体的情境、目标受众和期待获得的传播效果选择合适的形式。

“白宫新闻发布会”作为世界上出现最早、制度较为完善的新闻发布会，具有一定的启示意义，其主要形式包括以下几个方面：

（1）新闻通气会。新闻通气会也称媒体吹风会，每天早上白宫新闻发言人在办公室与记者进行通气，其主要目的是通报总统当天行程，搜集和筛选“新闻点”，为下午举行的正式发布会做铺垫。原来这个环节是电视、广播和通讯社记者特别安排的，供发言人与他们试音、试镜，调整技术性细节。但随着24小时电视新闻频道和互联网的兴起，新闻成为全天候的概念。因此，“通气会”便向所有记者开放。

通气会一般在15分钟左右。发言人向记者通报总统当天的行程安排，同时也向记者征集问题，会后筛选出新闻界普遍关心的问题，并与白宫其他修改部门进行沟通，在下午的发布会上做出更具权威性的回答。在通气会上，发言人通常只记录问题，不做正式回答。如果记者坚持要发言人回答，往往得到的是表态性回答（例如，“是”还是“不是”，“有”还是“没有”，或者是“我们还在进一步调查”，等等）。

由于通气会是以非正式的形式进行的，因此记者只能使用录音笔，不能使用照相机和摄像机。录音只能供记者个人参考，不能用作广播和电视新闻中的“同期声”。但新闻发言人的办公室会设置一个摄像头，将通气会通过白宫内部闭路电视系统向各个处室进行直播，以便于他们及时了解舆情和通气会后与新闻办公室进行及时的沟通。

新闻通气会能够帮助发言人了解新闻热点和舆情，从而提升新闻发布会的针对性和传播效果，同时也强化了他们对媒体的舆论引导和议程设置功能；对记者来说，通气会也起到了“路线图”的作用，有助于他们准确把握新闻选题。因此通气会对政府和媒体双方而言都是大有裨益的。

（2）每日新闻发布会。从1929年胡佛总统就任到20世纪60年代约翰逊总统执政时期，报纸是当时最具影响力的新闻媒介。为了满足早报和晚报不同的截稿要求，白宫每天要安排两次新闻发布会，上午10点和下午2点各一次，确保有关总统的新闻能够以最快的速度登上报纸头版。1969年尼克松总统上任后，报纸的影响力开始受到晚间电视新闻的冲击，于是晚报纷纷倒闭，因此他下令把白宫新闻发布会减少为每天一次，时间为下午1点半，进行电视全程直播，确保有关总统的新闻能够成为晚间电视新闻和第二天早上报纸的头条。目前，白宫新闻发布会通常是在每天下午1点半左右举行，如遇重大突发事件会做相应的增加。

非正式的新闻通气会与正式的新闻发布会之间可以相互“补台”。记者可以把一些“棘手”的问题在通气会上抛出，发言人做出初步的表态后再搜集更为深入的信息，在正式发布会上做出更为全面和成熟的回答。需要指出的是，记者的宗旨是要挖掘新闻，他抛出棘手的问题不是为了让发言人感到难堪；而发言人亦非全知全能，面对棘手的问题也需要思考和准备。因此通气会和发布会在机制上的相互配合能够确保实现政府和媒体的“双赢”。我们用以下这个实例来说明通气会和发布会之间是如何实现相互“补台”的功能的。

2005 年 9 月 28 日，美国哥伦比亚广播公司的记者彼得·迈尔（Peter Maer）在上午的通气会上向小布什总统的新闻发言人斯科特·麦克莱伦（Scott McClellan）提问：

问：在过去的三年内，FEMA（联邦应急管理署）的作用是否在日渐削弱？

答：众所周知，“9·11 事件”后，白宫与国会合作，将 22 个相关机构整合成“国土安全部”，FEMA 也是其中的一个。成立国土安全部的宗旨是为了做好充分准备，应对“9·11”这样的恐怖袭击或其他灾难性的危机。白宫全力支持国土安全部在切托夫部长的领导下开展工作。

问：但是，由总统任命、掌管 FEMA 的布朗署长却向媒体抱怨，过去三年，FEMA 的作用日渐削弱，对，“日渐削弱”是布朗先生的原话。

答：你是说他昨天发表的言论？

问：是的，所以，我才要问你……

答：刚才我已经表达了我们的看法。

问：但我认为你没有回答我的问题，斯科特，我是说……

答：好吧，我想强调的是对 FEMA 的总体评价，这正是我现在要做的。这个问题我下午还会再作回应。

3 小时后的新闻发布会上，我们看到发言人和记者再次就这个“棘手”问题进行互动。读者仔细阅读下面的发布会文本后不难看出，麦克莱伦在通气会后又会同相关机构做了沟通，做了充足的准备，补充了有说服力的事实、细节和数字。为避免在政府部门之间出现矛盾，在媒体目前“口径不一”，甚至于相互指责的情况，作为为总统代言的白宫发言人需要谨慎表态。他避免了直接指责“利益攸关方”，同时又为处于“话语弱势”的一方做了巧妙的辩护，在维护各部门团结协作的前提下有效地引导了舆论。这一点尤其值得我们学习和借鉴。以下是该记者与新闻发言人在发布会上的对话实录。

问：发言人先生，你好。谢谢你给我提问的机会。刚才你说美国政府要从以往发生的危机当中吸取教训，你也反复宣称，政府已经采取了相应的措施，解决目前的危机应对中存在的问题。但 FEMA 的负责人布朗先生却说，在本届政府执政的过去 3 年内，FEMA 的作用“日渐削弱”。如果他说的是实情，那么请问你们是如何“吸取教训”、“解决问题”的呢？

答：你所引述的是布朗署长在昨天的国会听证会上发表的言论。如你所知，总统与国会密切合作，通过听证会了解 FEMA 的相关情况。目前这个工作还在进行中。

我们还想听听其他有关各方的说法，全面了解相关情况。

问：那么，布朗先生所说的“FEMA的作用日渐削弱”究竟是不是一个准确的表述呢？

答：好的，我们先来看一下相关的事实和数据。FEMA是在国土安全部的领导下开展工作的。切托夫部长向媒体多次表示，已经采取了相关措施，完善政府部门的准备工作，提高危机应对的能力。本届政府上任以来，对FEMA的投入从2001年的6.9亿美元增加到2005年的10亿美元。这还只是针对FEMA核心项目的投入，不包括为救灾拨付的专项资金。当然，每年的实际拨款是根据灾难发生的情况有所不同的。但从总体上看，从2004财年到2006财年，FEMA的拨款上升了13%。因此，我们要从总体上来看相关的事实和数据，看看我们实际采取的行动。

此外，FEMA的雇员数量增长了大约23%，从1907名全职雇员——这是2001财年的数字——增加到了现在的2350名。

我想要再次强调的是，每年遇到的灾情不同，严重程度也不同。因此，实际的拨款数额当然也会不同。但仅仅看救灾的情况还不够，我们还要看对灾难的准备。政府设立的“第一时间应急储备金”的预算从2001财年的4.64亿美元大幅增加到2005财年的40亿美元，而且（今后）每年都是（按照这个标准来执行）。这就意味着（小布什）总统（上任以来）已经拨付了150亿美元给联邦和州政府在一线从事应急工作的人员。除此之外，你还应该关注一下“9·11”之后，总统对公共卫生系统也追加了巨大的投入。

我要提醒你和各位记者关注一下，（国土安全部）切托夫部长昨天也就相关问题发表了讲话。他详细地阐述了为了加强应急准备而采取的一些新的策略，以及对机构进行的相应调整。我希望你们大家认真读一读这篇讲话，尤其是他制订的改进计划。限于时间，我只提及一点，他已经决定把现有的应急机制整合到一个岗位，设立专职领导负责协调。

FEMA历来都是国土安全部最重要的部门之一，署长可以直接向部长汇报。因此，FEMA的重要使命是继续全力支持和配合国土安全部的工作，尤其是在危机应对和恢复的相关工作中。我相信，FEMA在与联邦和州政府各部门的合作中，其作用一定会得到强化，而且会继续得到强化。①

5.1.1.3 卫星连线采访

随着媒介传输手段的革新，现在许多媒体都配备了卫星传输设备。从政府部门的角度来说，安排卫星连线采访可以节省筹备新闻发布会的人力、物力和财力，提高危机传播的时效性，也避免了媒体一窝蜂涌入现场而出现的混乱局面。卫星连线采访通常是由相关部门的发言人主持，可以邀请专家或在现场处理危机的负责人参加。

安排卫星连线采访的优点在于，在危机现场被封锁和隔离的情况下，或者媒体无法及

---

① http：//www.whitehouse.gov/news./release/2005/09/20050928-2.html.

时赶到现场的情况下，采访仍能进行；如果危机是全国性的，这种手段就创造了异地采访的机会；无论是中央还是地方媒体可以通过这种手段获得第一手的信息，无须通过其他人的转述。

但是，卫星连线采访的缺点是费用昂贵，技术要求较高。因此，需要事先充分的准备，并且与各方达成协议；参与的媒体有限，通常只限于财力雄厚的全球性、国家级或经济发达地区的媒体；耗费较多时间筹备；如果给发言人安排一连串的卫星连线采访，他会碰到记者提出许多同样的问题，因此会很容易失去耐心；由于记者和发言人没有面对面的沟通，会出现双方语态不一致的现象。

为了规避上述缺点，我们建议发言人或受访官员在进行卫星连线时一定要与媒体事先进行充分沟通，正式播出前尽量安排“彩排”或“预演”。

5.1.1.4 在线访谈

在线访谈或称“微访谈”脱胎于传统媒体时代的电话连线①。在当今的技术条件下，原来一对一的电话连线已经扩展到了运用电话会议、网络“聊天室”软件（如 QQ、Skype 等）、微博/微信访谈等手段来安排新闻发布会或媒体的联合采访。不同部门的发言人可以在不同的地点同时接受媒体的访问。同时，使用这种方式具有很强的交互性，媒体可以获得更多的提问机会。例如，发言人和几位嘉宾可以同时回答不同媒体的提问，这一点在现场的发布会上是无法做到的。

安排在线访谈或微访谈的优点是：参与媒体范围较广，不必亲临危机发生地；可以最大限度地满足不同级别媒体的采访要求；容易安排；花费不多；可以视媒体的反应随时调整电话线路（或网络服务器）的数量；媒体经验较少的官员和专家较愿意接受这种方式；较少受时间和空间因素的限制；在场的导播（或网管）可以对问题进行监控和筛选；适于定期进行的新闻发布（如每 12 小时 1 次）；在发言人的人选上较为灵活，可以视情况随时更换；危机期间随时会出现不可预见的情况，如果发言人接到紧急会议的通知必须离场，他们可以随时中止采访，不致引发媒体的不满；较容易掌握参加采访的媒体记者的情况（例如通过事先注册的方式获得电话号码或登录网站、社交媒体平台的密码），从而便于舆情的监控；便于记录和文字稿的整理，随时提供给有这方面需求的媒体；便于存档，供政府部门和媒体进行核对。

在线访谈的缺点有：需要事先与电话公司（或网站、社交媒体机构）达成协议，获得其技术上的支持；时间越长，费用越多；一旦开了第一次，就要有第二次；媒体会经常打电话（或发电子邮件）来咨询，需要专人来做出回应；适用于印刷媒体和网络媒体，不适用于电视媒体。

5.1.1.5 群发电子邮件或传真

这两种方式在社交媒体兴起后已经显得比较落伍了，通过官方网站、微博、微信、客户端进行的“微发布”因其使用便利和费用低廉已经取代了上述两种传统方式。例如，

---

① 史安斌. 危机传播与新闻发布：理论 · 机制 · 实务[M]. 北京：清华大学出版社，2013.

群发使用的邮件地址和传真号码需要随时更新，否则记者就会抱怨收不到。但是，一部分传统媒体的资深记者仍然偏爱用传真或邮件联系，因此，我们还是应当为他们做相应的准备。

群发邮件或传真的优点有：显示了新闻发布的主动权；花费很少，时效性强；更正起来较为容易；这种做法一般会得到各类媒体的好评。

群发邮件或传真的缺点也很明显：群发使用的邮件地址和传真号码需要随时更新，否则有的媒体和记者就会抱怨收不到；部分媒体仍然会来探听“独家新闻”；时效性要求高；需要在很短的时间内准备好文字材料。

5.1.1.6 在线发布

政府部门还可以通过官方网站、博客、微博、微信、客户端等方式向媒体和公众发布信息。既可以利用已有的网络平台，也可以建立新的网络平台。对于社交媒体的使用和发布应当遵守一系列规则，目前业界公认较为权威的范本是美联社制定的相关指导意见。

利用网络平台进行在线新闻发布或微发布具有以下优点：以最为方便而快捷的方式更新信息；透明度最高，媒体和公众在同一时间内得到信息；便于各种资料的归档和整理，方便媒体的查阅；通过“友情链接”的方式让媒体获得更多的背景资料；迅速而集中地纠正各种谣言、传闻和误讯；通过多媒体手段提供官方录像或图片；设立“常见问题”栏，集中解答媒体和公众关注的热点问题；将其投入和产出相比，这是一种较为实惠的传播手段。

但是另一方面在危机期间，由于访问量激增，常常会出现网路“塞车”、断网、掉线等技术故障（例如，2013 年 7~8 月间，“微信”两次出现大面积故障）；由于储存了海量信息，媒体可能会无所适从；危机期间网站维护和更新工作量较大，通常需要 7 天 24 小时“连轴转”；对于技术的过度依赖导致安全体系十分脆弱，容易受到“黑客”的侵袭。

为了规避上述缺点，我们建议发言人仍然保留群发邮件和传真作为出现技术故障时的“备份措施”。同时，由于微发布的时效性和不确定性较高，我们建议发言人要组成专门的团队负责此项工作，还要加强审核，避免出现前文中提到的“一言不当”引发舆论风暴的现象。

5.1.1.7 电话回复

就危机期间的新闻发布而言，电话回复也是最为常见的方式之一。这种最为原始的人际传播方式通常可以有效地建立起政府部门的新闻官员与传统媒体记者（包括一些拥有“自媒体”的公民记者）之间的关系——尤其是较为亲密的私人关系。危机期间如果有较为充足的人力，应当考虑设立 24 小时电话专线接听媒体的垂询——尤其是在国外媒体较为关注的情况下。

利用电话进行回复的优点是：通过这种相对个人化的交流方式，媒体可以提供一些通过官方渠道较难获得的信息；媒体的垂询往往是关于公众关注的热点问题。通过对电话数量和主题出现频率等的统计，可以及时了解舆情，从而为决策部门提供政策性建议；这种点对点的传播方式可以确保信息传递的准确性，包括向媒体强调要点、提出建议、及时纠正其误解，等等。

利用电话进行回复的缺点是：回复电话通常需要很长时间；需要较多的人力，如果事先来不及培训，可能会出现口径的不一致的问题；如果在记者截稿之前，情况又发生了变化，那么就要立即打电话纠正，工作量巨大；电话回复肯定是有先有后，因此在各个媒体之间很难做到“一碗水端平”；记者在电话里的提问涉及面较广，经常会超出接听人员的工作范围。

为了规避上述缺点，在时间紧迫的情况下，优先安排与在国内外影响力巨大的主流媒体的知名记者进行电话沟通。如果危机在网络上引发了高度的关注，适当安排与影响力大的民间意见领袖（例如，有影响的公民记者、拥有千万粉丝的微博大V）进行电话沟通。

5.1.2 新闻发布会的组织和筹划

大量的传播效果研究显示，公众在危机期间获得信息的机会越多，他们对政府部门的信任度就越高①。不容否认的是，公众获取信息的主要渠道还是媒体。因此，记者们在较短的时间内要提供海量的报道，同时还要与平时一样遵守职业准则，做到真实、准确、客观和公正，可以想象他们所受到的巨大压力。有鉴于此，在危机传播的过程中，政府部门要配合媒体的工作，为它们“减压”。近年来，随着社交媒体取代传统媒体而成为重大突发新闻的“第一落点”，政府部门利用社交媒体进行微发布已经成为一种不可抗拒的潮流。

不管对政府部门还是对媒体而言，准确度与速度之间永远是一对难以调和的矛盾。如果发布的信息是准确的，但是公众的注意力早已转向了其他的事务，那么这样的信息是没有任何价值可言的。如果信息的发布和传播都很迅速，但是这条信息是不准确的，那么政府部门和媒体应当尽快做出更正，否则将贻害公众。

作为政府部门的新闻官员，在危机期间应当想方设法处理好准确度和速度之间的关系。比如，可以及时发布一些准确但并不完整的信息。对此，曾任美国白宫新闻秘书的弗莱彻打了一个十分生动的比方：这就好像很多饥饿的人在等着一只正在烤制的火鸡；如果鸡翅已经烤熟，那么就应该先把那部分切下来，让人们先填填肚子再说，再继续烤其他的部分，不要让人们饿着肚子等到火鸡全部烤熟②。

2003年2月25日中午，在北京大学和清华大学的食堂相继发生了不法分子利用“土炸弹”制造的爆炸案，造成9人轻伤。虽然案情还完全没有搞清楚，但相关的报道和图片在事件发生1个小时后出现在北京市政府新闻办和北大、清华的官方网站上，新华网也实时发布了这条信息，从而避免了海外媒体利用此事进行炒作。这是我国政府部门运用“谣言止于及时公开”原则的一个经典案例。

新闻发布应该从何处入手？应当首先发布已经确证的那部分信息，同时提醒媒体和公众随时留意新的信息。例如，如果决策层还在开会研讨对策，那么可以告诉媒体和公众“危机处理中心”（EOC）何时运作，预计何时会拿出对策；如果发生食物中毒，样本还

① 史安斌．危机传播与新闻发布：理论·机制·实务[M]．北京：清华大学出版社，2013.

② 《学习时报》编辑部．国家与政府的危机管理[M]．南昌：江西人民出版社，2003.

在实验室做检测，那么可以向媒体简要介绍检测的过程。虽然你并未直接回答媒体的问题，也无法提供完整的信息，但是按照以上的做法可以让媒体和公众参与到危机处理的过程中来。不提供信息只能加重他们的猜疑，同时还会让他们觉得政府部门对他们关注不够，把他们当“局外人”来看待。本节中我们将重点谈及新闻发布会的组织和筹划。

5.1.2.1 如何准备文字资料

准备充足的文字资料是至关重要的。曾任克林顿新闻秘书的迪·迪·迈尔斯（Dee Dee Myers）女士有一句名言：“我们遇事便散发材料。”在突发性危机事件的报道中，媒体向受众提供海量信息，往往会临时抽调一批并不具备相关知识背景的记者来参加报道。因此，政府部门需要准备一些“入门”性质的背景介绍材料。例如，目前，艾滋病问题成为我国媒体的报道热点之一。筹备一场以艾滋病为主题的新闻发布会时，最好能提供充足的背景介绍。其实许多记者对艾滋病的了解不一定比公众更多，有些人甚至不知道HIV的含义。这时候，一本有关艾滋病的小册子往往会有助于他们准确地向公众传递相关的信息。

危机传播中需要准备的文字资料主要有以下几种：新闻通稿、新闻公报、媒体公告、详情通报和背景介绍。有条件的部门还应准备视音频素材。

（1）新闻通稿（news/press release）。新闻通稿是政府部门应当准备的最为基本的一种文字资料，具有高度的权威性和规范性。在“人人都是记者、人人都有麦克风”的社交媒体时代，新闻通稿的重要性不但没有降低，反而更为突出了。新闻通稿分为两种类型：一种是标准型，通常在危机传播的初始阶段使用，随着危机的进一步发展直到最终的解决；另一种是专题型的通稿，具体的内容包括参与危机处理的一些具体的人物和事迹、成功的经验以及个人的经历，等等。除了在新闻发布会上提供给记者外，还应该通过官方网站和官方微博发布，应当提供140字以内的发布会摘要和全文长微博(“长微博”是用微博账号发布超过140字的文字稿时所采取的一种形式)。

标准型的新闻通稿通常在一页以内。初学者往往分不清新闻和信息的区别，因此容易把新闻通稿弄成长篇大论式的公文。为此，我们应当进行筛选，把最具新闻价值的内容放在通稿中，非关键性的信息可以放在详情通报中，而背景性的信息则可以放在背景介绍中。简言之，标准型的新闻通稿应当包括新闻的基本因素——即6W（谁是主人公、发生了什么事情、何时发生、何地发生、为何发生、影响如何）。通过这种手段，可以帮助媒体尽快确定哪些信息是有价值的新闻。由于标准型的新闻通稿短小精悍，便于核查，从而大大减少了发布不准确信息的机会。

新闻通稿在内容和写法上与新闻报道无异，一篇好的新闻通稿基本达到了新闻报道的发表要求。具体说来，包括以下方面：标题应当概括通稿的主要内容，用词上最好能做到引人注目；提供不超过140字的摘要供微博发布；全文采用“倒金字塔”结构——按新闻的重要程度排列，把最具新闻价值的信息放在导语部分，并依此类推；直接引文（引述专家或学者的话）不能出现在导语中，可以放在第二段或第三段，使用时必须注明来源；文字要短小精悍，一目了然，每个句子不超过20个字，可以用一个句子构成一个段落；尽量避免使用缩略语、行话、专业术语，如果出现科技或专业术语，需要做出解释；

尽量避免使用形容词或感情色彩较浓的表达方式；再次核查事实和收据，有疑问时请领导和专家把关；安全核查——是否包括了应当保密的细节；隐私权核查——是否包括了侵犯受害人及其家属隐私权的细节；如果通稿中出现的人名和地名等包括了生僻字，最好加注拼音；发现错误怎么办？如果通稿已经散发给媒体，它们还没有来得及发表，这时要通知每个媒体；如果媒体已经发表，要表示歉意，并且督促它们尽快更正①。

新闻通稿在格式上有严格的要求，具体包括：用有本部门抬头的专用稿纸印制，包括部门名称、地址、电话和传真号码、电子邮件、联系人、官方网站的网址、官方微博的名称、官方微信号等基本信息；危机期间，要附上 24 小时开通的热线电话号码和微博、微信的信息；如果有新的电话号码或网址，要在第一行用黑体标注。第一行要注明新闻发布的时间，如果通稿发布较为频繁，应该注明编号；一般注明“可即时发布”，如果有特殊要求，应标注可以公布的时间；导语前要加上“电头”；隔行，四周有足够的“留白”(2.54 厘米)，以便记者做记录时使用；不要双面印刷；长度在 1～2 页。如果有第二页，第一页右下角应标出“转下页”；在结尾处以“####”或“——完——”标出；供微博使用的版本不超过 140 字，同时提供关键词标签，便于网络搜索；如需要在互联网上广泛传播，吸引青年网民，还应设计“米姆”，例如，“奥巴马用战马和刺刀击沉罗姆尼战舰”。

专题型新闻通稿内容更为具体，提供相关人物或事件的具体细节，篇幅更长，在格式上与标准型通稿大体一致。

(2) 新闻公报 (press statement)。新闻公报不是新闻通稿，不包含新闻元素，表达的是官方或组织的立场或观点，应包含所采取的 1～2 项危机应对的措施。新闻公报最为重要的是让公众感受到“诚意和希望”，强调组织已经采取的措施和危机处理取得的初步进展。篇幅简短，几句话或是几段都可以，用 A4 纸“小四”号（英文为 12 号）字体隔行打印，不超过 1 页；由新闻发言人宣读，时间为 20～80 秒（以便电视记者用作“同期声”）；还需制作 140 个字的“微发布”版，附上关键词标签，在微博、微信上发布。通常以高层领导或主管的名义发出，可以由新闻发言人代为宣读。通常用于回应与本部门相反的观点或指责。为政府争得话语主导权，防止负面意见占上风。以官方名义发出，供媒体引用或参考，不再就此接受单独的访问或垂询。可以被用来安抚受害者、鼓励本部门的工作人员及其合作者。应当附上本部门新闻官员的联络方式。应当有的放矢地使用，过多发布新闻公报会影响政府的权威性。公报中不要复述那些负面的信息或观点，而应当直接阐明本部门的立场或观点。发表前应听取主要利益攸关方的意见。

(3) 媒体公告 (media advisory)。媒体公告用来邀请媒体参加政府部门组织的新闻发布活动；篇幅控制在半页左右；内容包括：活动的性质（新闻发布会或媒体见面会）、时间、地点、出席者（包括姓名、头衔、职务或专业范围）、联系人、发布主题等；简要阐述新闻发布活动的目的和意义；通常用大号或黑体排印，以期引发媒体的关注。

(4) 详情通报 (factsheet) 和背景介绍 (backgrounder)。详情通报作为新闻通稿的附件来使用；篇幅可以较长；提供相关科技或专业术语的定义；详情通报可以针对某一主

---

① 史安斌．危机传播与新闻发布：理论·机制·实务[M]．北京：清华大学出版社，2013.

题，按照从总体到局部的顺序罗列信息，可采用“子弹”式的排列格式；背景介绍是对新闻通稿和详情通报的进一步扩展，提供历史背景和深层信息，可采用分段式排列；如果使用对象大多为临时抽调来的不具备相关背景知识的记者，可以增加“指南”和“常见问题”等内容；便于通过网站、博客、长微博、微信发布；其中包括的信息都是相对固定的，信息的更新则要以新闻通稿的形式来进行；通常不引用领导或专家的话；以本部门或 EOC 的名义发出，属于正式文件的范畴；对哪些属于信息、哪些属于背景知识的范畴，应当征求各方的意见；可以在危机发生前就准备好，便于随时取用。

（5）多媒体素材。全媒体时代的新闻发布意味着信息的载体要多样化，除了文字资料，各种图片、音视频等多媒体素材成为确定舆论走向的重要途径。2011 年甬温动车事故中，由当地公民记者乘坐动力伞拍摄的事故现场照片抢在新华社等主流媒体之前发出，标有“和谐号”字样的动车车头从高架桥上斜插入地面的水塘中，这幅震撼人心的图片仅发布半小时就在微博上被转发了数十万次，对网上已经形成的负面舆论起到了推波助澜的作用。被称为“网络土著”的“80 后”、“90 后”网民已经不再愿意接触长篇的文字报道或喋喋不休的访谈节目。新闻的“多媒体”化成为不可逆转的发展趋势。媒体对图片、录像的需求增加，数字技术的普及使政府部门为媒体提供大量的视像素材成为可能。政府部门应当准备的多媒体资料包括照片和图表、新闻录影带（VNR）、素材带（Broll）、音频等。具体要求如下：

新闻录影带要符合电视新闻的制作格式；长度在 90 秒到 2 分钟之间；配有解说词文稿和分镜头台本。提供主管领导和专家的讲话片段（10~30 秒）——媒体的专业术语称之为“同期声”，以便编入《新闻联播》一类的电视新闻节目中，同时也便于在微博、微信中传播。例如，2013 年李克强总理在首次媒体见面会上发布的十多条核心信息——“触及利益比触及灵魂还难”、“当官要断发财梦”等——被国外媒体翻译后编为“同期声”在新闻中播出。网上则出现了“总理十大金句”等网民制作的视音频，并获得了广泛传播。为新闻发言人按照“简洁生动、通俗易懂”的原则设计 20~30 秒的“同期声”，突出核心信息，供媒体使用。例如，2013 年 5 月，中国国防部新闻发言人杨宇军在回答记者有关航母训练情况的提问时说：“航母不是宅男，不可能总待在军港里，将来肯定要去远航。”向媒体提供的“同期声”应当相对独立，彼此之间应该没有关联，因为媒体可能只采用其中某一条。素材带是指不配画外解说的背景资料，供媒体制作新闻片或纪录片时使用，可在危机发生前准备好。为素材带配备分镜头台本：包括说话人的姓名、镜头说明。视像资料的传输方式有以下几种：（1）先发送媒体公告，在指定时间内通过卫星线路传输；（2）制成录像带或光碟，快递给媒体；（3）先传送给地方媒体，再由它们传送给中央级媒体；（4）制作成视音频，挂在网站或官方微博、微信上以供下载。也可传送到相应的客户端，但作为电视台、通讯社等专业媒体仍然需要提供素材带。

5.1.2.2　新闻发布会的组织

（1）时间选择。社交媒体的兴盛对新闻发布会的时效性提出了更高的要求。我们建议政府、企业等组织在危机发生后立即安排小型的新闻通气会或媒体吹风会，通常邀请自己较为熟悉的媒体和记者参加，发表简短的、表态性的新闻公报。如果时间紧迫或者受到其他条件的限制，也可不开通气会，但必须通过组织的网站、微博、微信等渠道发表新闻公报或官方声明，并提供给国内外有影响力的几家主要媒体机构。然后，根据危机处理的进展和信息搜集的情况，考虑到报纸、电视等传统媒体的截稿要求，尽快组织对所有媒体安排开放的、较大规模的新闻发布会，向与会媒体提供正式的新闻通稿。为了让组织的危机传播达到效果的最大化，更好地服务于不同类型的媒体，具体时间安排建议如表 5-1 所示：

表 5-1　　　　　　　　　　**新闻发布会建议时间表**

危机发生的时间	发表新闻公报（或召开新闻通气会）的时间	新闻发布会和提供新闻通稿的时间
午夜 0 点到凌晨 6 点	上午 8 点到 10 点	下午 2 点
凌晨 6 点到中午 12 点	上午 10 点到下午 2 点之间	下午 2 点到 8 点之间
中午 12 点到晚上 8 点	下午 2 点到晚上 8 点之间	当晚 8 点或次日上午 8 点
晚上 8 点到午夜 0 点	次日上午 8 点之前	次日上午 10 点或下午 2 点

（2）地点选择。新闻发布会的地点选择可以遵循以下一些原则：可选择危机现场，但要满足以下条件：媒体在场不会影响救援工作；记者和工作人员的安全有保障；不会侵犯受害人的隐私权。EOC 新闻中心，最好与其办公区域分开，以免让记者的进出影响他们的工作；政府部门的新闻发布厅，原则上要有两个不同方向的出口；EOC 附近要有交通便利的酒店；室外：注意必须有电源，适宜安排音响设备，准备临时卫生间等。

新闻发布会地点的选择会对传播效果起到"放大"效应。在保证传播效果和不影响危机处理工作的前提下，尽可能选择一些有特色的场地。"9・11 事件"后纽约市市长朱利安尼头戴安全帽在世贸中心废墟前举行新闻发布会；"炭疽热"危机中很多美国人不敢收发信件，邮局门可罗雀，他又在纽约市立邮局会见记者，亲自邮寄，拆封包裹。由于地点选择得恰如其分，这些发布会至今令人难忘，为朱利安尼树立了良好的媒体和公共形象。他当选为 2001 年度《时代周刊》的风云人物也是众望所归的。

2003 年"非典"期间，曾经有专家建议北京市有关部门在小汤山医院门前举行新闻发布会，从而让全世界媒体关注这个在一周之内举全国之力修建起来的世界最大的传染病医院，但由于种种原因，这个极好的创意未获采纳，不能不说是一个遗憾。

2011 年"7・23"动车事故发生后召开了一次新闻发布会和一次媒体见面会，由于选择了不同的地点导致了截然不同的传播效果。铁道部 26 日召开的新闻发布会选择在一家酒店的会议室举行。由于到场记者超过 200 人，空间过于狭小，组织工作一度出现混乱。当发言人准备开始发布新闻时，后排的记者高喊，让他站起来说话；当他站起来后，前排的记者又让他坐下去，因为影响了拍摄效果，发言人被搞得无所适从，对其心理和情绪都带来了极大的影响。显然，这次发布会的地点选择并没有经过慎重考虑。28 日，温家宝总理顶着烈日酷暑，在动车事故发生的现场举行媒体见面会，为遇难者默哀，并回答了中外记者提出的 6 个问题。选择这个地点和这样的情境充分显示了政府的诚意，令人动容的画面经媒体广泛传播，达到了预期的效果。

(3) 邀请参加新闻发布会的对象。邀请印刷媒体和电子媒体的人员参加——不要忽视了广播电台。视具体情况考虑邀请相关的民间意见领袖参加。出席新闻发布会的官员要尽量少而精。我们经常会发现发布会的主席台坐了一排官员，或者在发布现场站着不少身着制服的官员，他们在整个发布会期间一言不发，同时发言人也没有向记者介绍这些人的身份，这就难免会出现尴尬的局面。

(4) 如何邀请媒体。尽量提早通知与会媒体，不能晚于一小时，但又不可太早。危机期间最好安排固定的新闻发布会时间，免去每次通知的麻烦。根据发布内容确定5家左右的重点媒体，由新闻官亲自邀请。向媒体主管或总编阐明发布会的重要意义，同时发布媒体公告。

(5) 如何安排媒体见面会。危机期间，新闻发言人应当邀请相关负责人和专家与媒体见面，接受它们的联合采访，这就是我们所说的“媒体见面会”①。严格说来，新闻发布会与媒体见面会在形式上略有不同，前者是以发言人作为主角；而后者则是由发言人主持，其真正的主角是特邀的领导、负责人、专家学者和民间人士等。在媒体见面会开始前，安排他们到另一个房间候场。这期间，发言人可以与嘉宾商议发言的先后次序，并且提醒他们注意自己的一言一行，任何玩笑话或小动作都会暴露在媒体的聚光灯下，从而产生意想不到的后果。

媒体见面会上，嘉宾是站还是坐取决于当时的具体情况：空间的大小、接受采访的时间长短以及他们是依次还是同时回答提问。坐着的时候，气氛会较为庄重，提问和回答都较为理性；站着的时候，气氛会较为紧张而活跃，提问和回答都会比较简短，从某种意义上说会加剧说话人的紧张情绪。

媒体见面会一般由新闻发言人主持；也可邀请嘉宾之中职位和资历最高的一位主持，这时发言人也应站在一旁候场，以示礼貌。除非嘉宾是公众人物或者是媒体所熟知的人，否则应当由主持人介绍他们，包括姓名、头衔和单位。他们在首次回答记者提问时，最好能够重复一下自己的姓名、职务和单位。

事先要让媒体知道是否安排了提问和回答的环节。在危机的初始阶段信息不足的情况下，也可不安排答问的环节，但一定要事先通知媒体。总地来说，既然安排了媒体见面会，就应当回答媒体提问。这样做可以达到间接影响媒体“议程”的目的。

如果安排了答问的环节，主持人应当根据具体情况给媒体设置一些限制性的条件：该环节的时长；提问的记者应当自报家门；每次只能提一个问题等。如果不希望媒体就一些“敏感”话题为难某位嘉宾，也应当事先声明。

即便如此，有些媒体还是会不顾发言人的“设限”，会对这些“敏感”话题穷追不舍。这在事先与嘉宾的沟通中，应当有所防备，共同商讨如何处理这类“最难回答的问题”。一旦提出这类问题，发言人可以出面“解围”，告诉记者应当找哪个部门或专家咨询。发言人对这些问题不应做出任何评论，因为这超越了他的职权范围。

应该事先做好后勤保障的预案。比方说，音响系统突然失灵了该怎么办？在媒体见面会的最后，主持人应当感谢嘉宾的参与，并且告诉记者如何获得更为详细的信息。要提前

① 胡百精．危机传播管理——流派、范式与路径[M]．北京：中国人民大学出版社，2009.

与嘉宾商量是否接受会后的单独采访。如果嘉宾的日程安排很紧，要准备特别通道或出口让他迅速离开会场，防止媒体“围堵”。如果嘉宾决定接受采访，那么其他记者也会围拢过来，这等于又举行了一场小型的发布会，在这种情况下，要确保嘉宾身旁有一名新闻官员陪同，以便对媒体进行监督，为嘉宾提供帮助。

（6）如何安排辅助设备。新闻发布会上可以适当安排辅助设备例如投影、幻灯和电脑演示（PowerPoint），从而加强传播效果，应当安排专人负责这些设备的操作。对于发布会展示的图表要留备份，供媒体索取。如果来不及准备（例如嘉宾有时会即兴展示或者提及一幅图表），可以在发布会结束时告诉媒体何时给他们提供复印件。对于所有图表、幻灯片以及电脑演示软件，要做安全检查——是否涉密、侵犯版权或隐私权，等等。

5.1.3 危机传播中新闻发布的要旨和技巧

危机传播的宗旨是“外结盟友、内聚民心”，构建组织的公信力，赢得公众的信任①。无论是以书面还是以口头的形式，抑或是以微博、微信等社交媒体平台发布信息，都应当鲜明地体现出以下四个要旨：

（1）同情和关注。在头30秒表达同情和关注，承认自己也感到恐惧、悲伤、痛苦和困惑，从而赢得受众的共鸣，使后者更容易接收相关的信息。这种同情和关注还体现在政府部门所采取的具体对策和所掌握的具体情况上。

（2）能力和权威性。在危机传播中，新闻发布者应当交代自己的学历、职位或职称、所在机构的职能等背景资料，这是在危机过程中表明权威性和赢得公信力的捷径。诚然，能在危机发生之前就已经与受众建立起互信的关系是再理想不过了。如果做不到这一点，那么可以寻找一个目标受众信赖的“第三方”（最好是受众群中的“意见领袖”），让他表达对发言人及其所代表的组织的信任，从而通过他的中介作用最终赢得受众的信任。

（3）坦诚和开放。这并不意味着什么话都说，或者在时机不成熟的时候发布信息。在此，发言人应当采取务实的态度来对危机事件进行回应。如果你所在的组织不允许你发布信息或者做出评论，不要用“无可奉告”一类的外交辞令来搪塞，应当向公众解释此时为何没有可供发布的信息。总之，要让媒体和公众明白：在危机期间谨慎从事，可以确保救援工作万无一失。在解释的过程中，尽量避免使用专业术语或者模棱两可的委婉语——这样做往往会让人觉得你缺乏诚意，也可能会加剧公众的不安全感。

另外，发言人也不能表现出一副居高临下的架势，对受众进行说教或者发号施令，而应当为受众提供足量的信息和各种选择，让他们自己做出判断和决策，这就是所谓的“参与性传播”。这种“参与”意识在微博、微信为主的社交媒体发布中更为重要。

（4）责任感和奉献精神。发言人应向媒体和公众阐明所在组织处理危机的目标。一方面承认危机造成的负面影响；另一方面也应不讳及处理危机的难度和必须付出的代价。相关负责人应当在第一时间到危机现场处理善后事宜。随着时间的推移，媒体对危机事件的关注程度可能会逐渐降低，报道量会相应减少，因此，有关部门应该把后续的信息通过各种渠道传送到“目标受众”（即受到危机影响的社群）当中。这类工作一直要坚持到危

① 胡百精．危机传播管理——流派、范式与路径[M]．北京：中国人民大学出版社，2009.

机得以圆满解决的那一天。

为了使信息更易于被受众所接受，政府部门的官员和发言人在发布传递信息时，可以根据具体情况运用以下一些技巧：

（1）使用“全媒体语言”发布核心信息。在媒体传播的层面，应该遵循以全媒体需求为导向的“三六九原则”：“30个字+六年级水平+90秒”，30个字可以用作报纸的标题、微博的“话题标签”和社交媒体容易扩散的“互联网米姆”①，“六年级水平”即小学文化程度的人都能听懂的信息，90秒是广播电视、视音频常用的“同期声”的标准时长，也适合在社交媒体上进行“微直播”使用。换言之，发言人应当使用这类“全媒体语言”代替“公文语言”来进行新闻发布。

对此，可以分析一些“全媒体语言”的范例：

> 2013年7月10日，第五轮中美战略经济对话在华盛顿举行。中国国务院副总理汪洋首次在该论坛上亮相，引发了美国媒体和舆论的高度关注。美国国务院用多个社交媒体账号对他的演讲进行了微直播，获得了大量的转发和评论，其中最受关注的“妙语”如下：
>
> “今天由我和（美国财长）雅各布·卢这对新人来主持新一轮中美经济对话。在中国的语境里，新人是指刚刚结婚的夫妻，我知道美国允许同性婚姻，但我跟雅各布·卢没有这个意思啊。”“中美经济关系有点像夫妻，我们生活在同一个地球上，你中有我，我中有你，虽然也有吵架，有分歧，但是都必须增进了解，增强互信，培育共同的生活基础。”“我们两家不能走离婚的路，像默多克和邓文迪，代价太大了。”
>
> “我们上午在（美国）国务院看了杰斐逊起草的《独立宣言》，他说过要像爱护自己一样去爱你的邻居。在地球村上，中美是最大的邻居。”
>
> “回顾世界历史，国与国之间对话比对抗好，吵架比打架好。”
>
> “中关两国建交之前，我们老死不相往来，经常有不见面的相互指责、对骂，但没有解决任何问题。”
>
> “两国建交尤其是‘入世’后，我们之间交往日益密切，各层次、多形式的对话频繁，其中不乏争争吵吵、激烈辩论，却使我们双方都受益。”

点评：上述这些“妙语”在美国的传统媒体和社交媒体都获得关注，其原因可以用我们前文中讲到的“三六九”（30个字+六年级水平+90秒）原则来解释。汪洋副总理使

① “米姆”（meme）一词的原意是“文化基因”，1976年由美国人种学家Raichard Dawkins提出，区别于生物学意义上的“基因”（gene）。“文化基因”指的是符号、影像、观念、行为在传播过程中发生变异后的产物。在传播学上，“互联网米姆”是指网民对“文化基因”进行戏拟（即恶搞式模仿）、拼贴、颠覆引发海量传播的产物。例如，“同志”一词就是一个典型的“互联网米姆”，它已经失去了原有的高度意识形态化的本义，成为“同性恋”的代名词。香港演员周星驰主演的影片《大话西游》可以说是“80后”、“90后”的“文化圣经”，因为其中包含了很多他们乐于使用并传播的“互联网米姆”。在媒介化政治的时代，政府和企业可以采用“互联网米姆”，在网上进行病毒式传播，引导舆论，提升自身的形象。

用的“全媒体语言”很直接地被转化为报纸标题、电视或视频中的同期声和微博帖子，顺应了全媒体时代的发展趋势，获得了良好的传播效果。

> 2012 年 10 月 22 日，美国总统候选人奥巴马和罗姆尼进行第三场电视辩论。其中，罗姆尼咄咄逼人地用数字指责奥巴马裁减军力的政策：“我们现在的海军规模比 1917 年以来的任何时候都要小。”奥巴马回答：“罗姆尼州长说的是我们的战舰数量比 1916 年时要少，但州长先生大概忘了，我们军队中现在的战马和刺刀也少了，因为我们军队的性质变了，我们已经有了航空母舰这样的东西，还有核潜艇……”

点评：奥巴马运用的是“全媒体语言”战术。他首先纠正对方数字和细节的不准确，在气势上压倒对方，接下来用“战马和刺刀”（horses and bayonets）来驳斥对方，这一回应不仅博得现场观众的哄堂大笑，同时成为当天微博上的热词，仅 Twitter 网站的转发和跟帖就达到了 10.6 万条，Facebook 的用户创建了 50 多个以“战马和刺刀”为名的网页。奥巴马所在的“民主党全国选举委员会”也发送了一个“奥巴马用战马和刺刀击沉罗姆尼战舰”的“互联网米姆”，被各大社交网络转发了 16 万次，获得了 84 万个“赞”。另外，“战马和刺刀”也登上了美国各大报纸的头条，奥巴马的这段“同期声”在三大电视网、福克斯、CNN 等新闻节目中反复播出，也被在全球 500 多家电视台播出。

（2）开门见山。在人际传播的层面，即主管领导或发言人直接面对公众时，应直接进入与公众关系最密切的信息，不要以背景介绍开场。中间可以穿插相关个人和组织的介绍，但一两句话足矣。在 30 秒之内用 90 个字把核心信息说清楚，这个“三九原则”是以公众的需求为导向。人们在危机面前往往会十分焦虑和恐慌，没有心情听长篇大论。因此，发言人应当亮出“底牌”，给公众吃“定心丸”。随着他们的心情逐渐平静下来，再向他们提供更多的信息。在提供“指导性信息”时，尽量使用肯定句，避免使用否定句。换言之，你应该尽可能直接告诉公众应该做什么。比方说，“火灾时要走楼梯”，而不要说“火灾时不要使用电梯”；“请大家保持镇定”，而不要说“别害怕”。

（3）不停地重复信息。不断的重复意味着可信度和持久的影响。实际上，每次重复信息时都是在对它做进一步的修正。广告学中最重要的概念是“覆盖面”和“频率”。信息是否得到有效接收，与信息达到的范围和发布的频率有很密切的关系①。重复的次数（频率）越高，接受到该信息的人数（覆盖面）就越多，信息的传播效果就越好。

将抽象的信息转化成容易记忆的形式——例如数字化、押韵的口诀和缩略语等，可以被用作前文介绍过的“互联网米姆”而广泛传播。例如，中国疾控中心的专家把防治禽流感的措施概括为四个“早”原则（早发现、早报告、早隔离、早治疗）。危机传播的基本原则之一是 KISS 原则（即“简单易学”原则，原意是“连白痴都能听懂”，也是 Keep It Simple and Stupid 的首字母的缩略语，恰巧又是容易记忆的英文单词 kiss）。调查表明，

① 史安斌．危机传播与新闻发布：理论·机制·实务[M]．北京：清华大学出版社，2013.

人脑对包含三个要点的信息最为敏感，因而最便于记忆。例如，2001 年秋天美国爆发“炭疽热”危机，邮政部门提醒用户在收到可疑邮件时应当“不摇、不闻、不碰”，以免被邮件中夹带的炭疽病菌所感染。

涉及相关政府部门或组织时，尽量用“我们”进行表述，这样更具有亲和力。例如：“我们已经采取了……措施”，“我们充分理解大家对……的需求”，而不要“打官腔”，尽量少用“领导同志”、“有关部门负责同志”、“上级主管部门”等公文用语。

高质量的新闻发布和微发布还应该尽量避免以下一些做法，以免产生负面的传播效果：(1) 避免使用过多的公文用词和专业术语。(2) 避免带有明显的贬损色彩和判断语气的言辞。(3) 避免随意许诺或保证——如果不能做出承诺和保证，应当如实说明，并表达关切。(4) 减少推断或预测——不要回答任何假设性的问题，任何主观臆断会让发言人陷于被动，损害其公信力。(5) 避免讨论钱的问题——在危机爆发之初，最重要的问题是公众的健康和安全，环境是否受到破坏，财产的损失是第二位的。此外，也不要在此时谈论政府投入了多少资金用于救灾，这并不能说明政府重视危机的程度，谈论具体的措施比谈钱更有说服力。(6) 避免使用幽默——虽然幽默有助于缓解人们的精神压力，但我们应当注意，这通常是在“关起门说话”的私人场合。危机期间面对媒体和公众时，使用幽默往往会产生适得其反的效果，往往是眼前的危机还未平息，不适当的幽默又引发了另一场危机。

5.2 危机与谣言

中国学者对谣言研究虽有一些成果，但尚处于起步阶段，包括政府和企业在内的各类社会组织在应对谣言方面还存在诸多误区：悲叹谣言，无视谣言，打压谣言。这些误区的存在，往往导致组织身陷谣言泥淖，难以自拔。对于拥有十几亿人口、正处于社会转型期的中国来说，正视、研究和管理谣言，实在是一个具有重大意义的现实课题。

5.2.1 走向谣言中心

自语言产生以来，谣言便与人类相随如影，并且成为社会发展中所有领域普遍存在的古老现象。也正因为如此悠久、复杂的存在形态，使我们对谣言的界定面临诸多挑战。

5.2.1.1 谣言的界定

什么是谣言？《辞海》的定义代表了许多人的常识判断：“谣言，没有事实根据的传闻；捏造的消息。”采用常识判断，是因为这一界定来自人们的直觉经验——历史上发生的和身边发生的太多谣言被证明是虚假的。然而这一界定无法经受一个基本检验：所有的谣言都是虚假的吗？譬如，美国炭疽病毒危机和中国“非典”危机中的谣言，不存在一点真实、合理的成分吗？

实际上，应该将谣言作为一种动态的信息存在形式进行考察，而非静止的、一律的限定。在这一视角之下，谣言本质上是一种未经证实的信息，实践将最终检验其“事实”

或“确实”的成分①。正是未经证实的不确定形态，使谣言扑朔迷离，衍生变异。在谣言研究领域颇有建树的美国学者阿尔波特和波茨曼即主张将谣言界定为“缺乏具体资料以证实其确切性的、与当时事件相关的命题”。另两位美国学者比德逊和盖斯特也曾提出相同的观点，他们在《谣言与舆论》一文中指出：“谣言是未经证实的阐述或诠释。”

较之“不实之事”，“未经证实之事”更准确地揭示了谣言的本质，也更鲜明地指出了谣言管理的核心问题。所有应对谣言的策略，都是围绕一个核心展开的：求真或证伪。这也是剥去谣言光怪陆离的外衣、实施对症下药的不二法门。

5.2.1.2 传谣主体与传播方式

谁在制造和传播谣言？美国社会学家希布塔尼认为，谣言是一群人议论过程中产生的即兴新闻。他提出，谣言是一群人集体智慧的汇总和扩散，以求对事件得出一个满意的答案。希布塔尼点破了谣言的一个重要特征——产生于“特定人群”之中。

然而，我们有必要继续追问希布塔尼的结论：生产和复制谣言的人群属性是什么？实践表明，谣言的传播者大多是非官方的社会群体。公信力缺失、信息资源匮乏、自我控制能力较低和安全感不足，是煽点谣言之火的薪柴，而非官方群体则同时具备这些特征。特别是在争议性事件出现或危机形成重压时，非官方人群的谣言燃点一触即发。

与此相应，谣言传播的主渠道是人际传播和群体传播，而非系统化、制度化较强的组织传播和大众传播。人际传播的直接性和随意性，群体传播的集合效应和协从规范为谣言生根和成长提供了现实土壤②。面对特定事件，每个人都本能地形成自己的意见和看法，如果事件存在不确切或未经证实的要素，他便会将自己的理解和构想描述给他人，以寻求佐证和支持。循环往复，每个人都从周围最直接的群体中获取信息，并表达自己的观点。于是，各种主观臆测、猜疑乃至杜撰都掺入谣言之中。

法国谣言研究者卡普费雷对传谣主体和传播方式做出了比较精当的概括：我们称之为谣言的，是在社会中出现并流传的未经官方证实或官方辟谣的信息。他认为，谣言是对官方和媒体公信力提出的质疑，对“谁有权就什么事发言”提出质疑。在卡普费雷看来，谣言是人们对当局作为唯一权威消息来源地位的异议，因而谣言总是和官方信息并行甚至相左，是一种“反权力”。这不仅指明了谣言的非官方性，而且强调它的“反权力”特征。

当然，谣言并不总是私下、非正式传播，有些谣言借由官方和大众媒介的力量得以扩散。这类谣言多是在特定利益集团的操纵下炮制而成的。我们将在下文对谣言形态的探讨中有所论及。

5.2.1.3 谣言中心事件

谣言指向的对象是什么？谣言对象，亦即谣言产生的客体，是指滋生谣言的中心事件。谣言中心事件的特征归结为两点：

---

① 胡百精．危机传播管理[M]．北京：中国人民大学出版社，2014.

② 胡百精．危机传播管理[M]．北京：中国人民大学出版社，2014.

（1）未知性。事件本身的未知性越大，越容易引起人们的关注和揣度，谣言产生和传播的可能性就越高。未知性有两重含义：一是权威部门未公开事件的确实真相，二是权威部门虽公开真相，但未能取得信任。怀疑是人的本能，人们永远都在追问：在公开的背后还有多少不为人知的真相？公开的就一定是真相吗？典型案例是1976年唐山大地震的谣言传播：由于官方未及时公布死亡人数，导致谣言铺天盖地。港台和外国报纸有的说“据可靠预测死亡60万人”，有的说死亡人数“不下70万人”，有的说死亡人数达“百万之巨，惨烈不堪”。显然，政府如果及时公布死亡人数，便不致沦入“劫后余震”——来自全球的严重舆论危机。1979年，新华社发布消息称唐山地震确切死亡人数为24万人。尽管数字来自官方震情通报会，但由于错过最佳公布时机，至今仍有人存疑不信。

（2）反常性。当某一事件或事件中的人背离社会公共准则和秩序，或打破自然与社会的普遍规律，这种反常性便会唤起造谣者的兴趣和关注，诸如外星飞碟降临地球，政界领导人突然在惯例场合或媒体消失，企业高管突然被捕等。事件反常性越大，谣言产生和传播的可能性就越高。

未知性和反常性是所有谣言中心事件的共同属性，而危机中的谣言事件则同时还有另外一个鲜明特征：相关利益带来的事件重要性。在危机中，利益相关者与危机组织关系越密切，所受冲击越严重，基于无奈、窘迫、恐慌和愤慨的造谣、传谣行为越有可能发生。换言之，谣言事件对于相关人群的重要性越高，这一人群参与谣言传播的可能性也就越高。例如，在2004年震惊中国的毒奶粉事件中，人们纷纷谣传“十奶九毒”，对所有奶粉品牌一并质疑，致使许多优质奶粉品牌也受到牵连。事后调查显示，谣言的参与者主要是年轻父母，他们为毒奶粉造成的“大头娃娃”现象所惊悚，于忧虑、恐慌中掀起了谣言的巨浪。

1947年，阿尔波特和波茨曼提出了谣言公式：$R = i \times a$ ①。其中，R=rumor（谣言），i=important（重要性），a=ambiguity（模糊性）。1953年，克罗斯引入“批判能力”的概念，他认为，谣言滋生的可能性及其影响度与人们的特定信息的认知和辨别能力密切关联。据此，克罗斯将阿尔波特和波茨曼的公式修订为：$R = i \times a \times c$。其中，c=critical ability（批判能力）。

显然，阿尔波特、波茨曼和克罗斯都忽略了对谣言中心事件反常性的考察；与此同时，尽管克罗斯引入了“批判能力”这一变量，但人们对谣言的参与能力并不仅限于“批判”，还包括对信息渠道、反馈条件的占有能力等，是各种反应能力的综合体现。另外，谣言中心事件的重要性主要是通过公众的关注度体现出来的，在危机中更是如此。基于这样的认识，我们提出谣言产生的“4a”公式：

$$R = a \times a' \times a'' \times a'''$$

其中，a=ambiguity（模糊性），a′=abnormality（反常度），a″=attention（关注度），

① 郭庆光．传播学教程[M]．北京：中国人民大学出版社，2013.

a''' = ability（人面对谣言的各种反应能力）。

5.2.2 谣言的类型与结构

依照不同标准，谣言可以划分为不同类型，如以主观性为尺度，可将谣言分为主动编造的谣言和无意引发的谣言两种；以真实性为指标，存在虚假谣言、半真实谣言和真实谣言三种类型；以事件类型为基准，又可将谣言分为政治谣言、商业谣言和日常生活谣言等不同的形态。我们认为，没有造谣者就没有谣言，以造谣者的动机为切入点划分谣言类型，是探寻谣言形态的最佳途径之一。

5.2.2.1 牢骚性谣言

当人们的愿望、期待和意志未能得到实现或满足时，抱怨和牢骚便会随之而出；而当这种牢骚遭遇权威信息和正式渠道缺席时，就容易转化成谣言。

牢骚性谣言本质上是一种基于不满情绪的宣泄。谣言指向的对象可能是具体的某个人、组织，也可能是泛而论之的社会时空环境。前者如针对特定组织领导人的谣言：他生活腐化、作风败坏；后者如针对社会风潮、时弊的谣言——“50 年代人爱人，60 年代人帮人，70 年代人整人，80 年代各人顾各人”，即是典型例证。

5.2.2.2 攻击性谣言

不同于情绪化的牢骚性谣言，攻击性谣言往往有着明确的目的性和对象性。造谣者了解攻击对象及其所处环境，主观设计出谣言的议题、内容与传播方式，以此达到伤害攻击对象的目的。

破坏性是攻击性谣言的一个基本特征，无论是基于敌对还是嫉妒，使攻击对象遭受损害都是这类谣言的主旨所在。诸葛亮采纳马谡计，遍贴榜文，谣称司马懿“鹰视狼顾、善晓兵机，久必为祸”，致使魏主曹睿“大惊失色，卸司马兵权”，此因其敌对；改革开放，精英辈出，阶层分化，“仇权”、“仇富”者众，针对成功者的谣言也应运而生，此因其嫉妒；长虹集团被指海外受骗 30 亿，品牌受损，股市大震，实则子虚乌有，查证为竞争对手散布谣言，敌对、嫉妒兼而有之。由此可见，蓄谋破坏始终是攻击性谣言的一条主线。

5.2.2.3 宣传性谣言

宣传性谣言多出自特定的社会利益集团，造谣者为实现某种政治、社会性目标而制造谣言。较之攻击性谣言的破坏意图，宣传性谣言往往披着积极、正当的“外衣”，因而更具迷惑性。

在国际传播中，各国政府借由谣言争取舆论支持的现象非常普遍。在第一次世界大战中，暴行报道是英国宣传的一大元素，这些报道大多数被公众不加质疑地接受。然而，如果公众目睹了这些暴行报道是如何在英国情报总部出笼的，也许就不会轻信那些有关德国恐怖行为的故事了。“查特里斯准将巧施裁刀，在死亡德军士兵的照片下方贴上了‘德军尸体运往肥皂工厂’的标题。24 小时之内，这张照片已装入发往上海的邮袋。中国人一向敬重死者，给德国人加上亵渎死者的罪名，是促成中国对轴心国宣战的因素之一。”

5.2.2.4 牟利性谣言

一些社会组织和个人通过散布谣言实现一己之利，是谣言横行的另一个重要原因。“非典”期间，有些企业趁火打劫，谣传某种产品可抗击病毒，大发国难之财；恶名昭著的假新闻炮制者邓四平编造《杀鸡得金块　你说怪不怪》、《割开青石板　跳出活青蛙》等谣言报道，四处赚取稿费；深圳一家旅游公司散布“神农架悬赏50万元抓野人”的谣言，借机推销神农架野人探险旅游卡。凡此种种，私利成为谣言肆虐的驱动器。

5.2.2.5 误解性谣言

这类谣言是指造谣者并无主观先决的恶意，而是在特定时间、环境中基于错误认识和判断形成的谣言，一般也称为流言。沟通不畅和认识偏差，是造成误解性谣言的根本原因。如果误解未能得到及时、有效的澄清，便可能沉于造谣者心理底层，形成固有成见或“刻板效应”。20世纪90年代以来，国人对河南人的印象即是典证，甚至有人将身边所有不良现象都认作“河南人干的”；2005年春，深圳某派出所公开悬挂横幅“打击河南籍犯罪”，这样的过激行为也是误解累积造成的直接后果。

以上从造谣者的动机出发，列出了谣言的五种类型。于是不免有一问：不同类型的谣言，是否存在共同的内容构成要素？

答案是肯定的。“任何传播都包含潜在信息和显在信息”，谣言也存在相互交织的二元信息结构：叙述和论说。换言之，从内容构成要素来看，谣言总是包含事实信息和意见信息两类内容。

谣言传播是一个构筑的过程。所有版本的谣言都存在一个共同的“躯干”，为人们进行描绘和改造提供原初素材①。面对这一“躯干”，群体成员集中他们的“聪明才智”，发展出一个连贯的、令人满意的情节。情节化的故事成为谣言的完美外形，它保留“躯干”，也吸收新的素材，承载着谣言内容的事实信息。而在事实的重构中，各种解释纷至沓来——最初它们彼此共存，到后来便互相补充，构成了谣言内容的另一个层面——意见信息。

事实信息和意见信息互供给养，使谣言得到滚雪球式的积累和流传。事实是解释的基础，是形成意见的前提；而意见则为素材加工和情节构筑提供了指向和角度。两者贯穿于谣言运作的全过程，结成了复杂的谣言传播链条。

5.2.3 谣言传播模式与控制管理

支配谣言产生和变化的，是基于复杂动机的交流欲望，分享信息和说服他人的欲望。在正常情况下，没有人强迫一个人去传播谣言，谣言是以每一个个体为中转站进行交换

---

① 胡百精．危机传播管理[M]．北京：中国人民大学出版社，2014.

的：两个对话者在互相讨论，接受者不会缄默不语，他思索，做出答复，并提出问题，然后按照自己的理解重构谣言；传谣者也会根据对象的不同，修改自己的谣言版本，就像售货员针对不同顾客采取不同说辞介绍自己的产品一样。

这样看似偶然的谣言传播过程，实则蕴涵着共通的传播模式。以下即重点探讨谣言传播的过程模式和失真模式，并提出可行的谣言控制管理途径。

5.2.3.1 谣言传播的过程模式

学者勒莫在《黑寡妇：谣言的示意及传播》一书中，提出了谣言传播的三阶段模式①。勒莫将谣言的产生和发展划分为“幼虫”“成蛹”和“出茧”三个阶段（见表5-2）：

表 5-2　谣言产生发展的幼虫、成蛹、出茧三阶段

幼虫阶段	成蛹阶段	出茧阶段
神话	现实	想象
社会环境	个人环境	表象
传染	孵化	爆炸
集体记忆、行动冲突、过去的压力	中间状态	社会震荡破裂、危机爆发

人们总是努力构造和维系一个关于和谐社会的神话。然而当神话在现实的冲击下，充斥不公、愤恨、荒谬和困境时，人们便会记忆这些残缺。在集体规范和压力的作用下，这些记忆被不断传染和复制，汇成与社会系统相冲突的力量。此即为谣言的幼虫阶段——土壤正在培育，集体意识正在形成。

偶然或必然的现实打碎了既有的心理平衡，个人对不满的记忆从集体记忆的孵化中迅速生长为谣言之“蛹”。作为中间状态，蛹不再是幼虫，也不是成虫，既是自己，又是自己的反面。“蛹”的外壳布满内外相通的细孔，信息和能量从一个系统交换到另一个系统，从一个群体扩散到另一个群体，从一个层面渗透到另一个层面。所有的压力都可能爆发，所有的潜能都会变成行动。此即为谣言的“成蛹”阶段。

当权威信息源和公开渠道缺失、薄弱时，人们开始不断为个体和整体记忆注入新的幻想。幻想构造出各种事实和意见连缀一体的象征性现实，它在口耳相传中迅速膨胀。而当特定的导火索出现，幻想的底限被突破，象征的边界被击碎，谣言就此喷发。此即为谣言的“出茧”阶段。

5.2.3.2 谣言传播的失真模式

美国心理学家阿尔波特等人开展了一系列的实验求证谣言的失真机制。他们提供了一张地铁里的图片，而后让第一个实验参与者向第二个参与者描述这张图片，一个接一个地

① 莫勒．黑寡妇：谣言的示意及传播[M]．上海：商务印书馆，1999.

描述下去。最后，他们比较传播过程中不同人描述的差异，提出了谣言传播的“失落——强化——吸收”机制，并称之谣言传播的失真模式。

人们总是希望别人更明确地理解自己，因此总是努力使信息更加简明通俗。谣言传播首先遭遇的也是信息失落，即信息“字数”和“细节”的减少，以使之更简短，更易于理解和传播。SARS谣言即是如此，复杂的医学原理在传播过程中被“删去”，棘手的应对方案被“削平”，唯有三个关键词在人们之间辗转流传：神秘、病毒、死亡。

一方面是失落，另一方面则是强化。传谣言者本能地突出信息中自己最感兴趣、最关切的部分，使之产生与“削平”机制相对应的“磨尖”效应。譬如，SARS谣言中人们格外强调确诊和死亡数据；广西南丹透水事件中人们特别关切政府渎职和腐败；新疆德隆危机中人们则对上市公司的黑幕异常瞩目。

谣言同时也像一团巨大的口香糖，吸收群体成员的口水。人们像亲身经历一样，为谣言添枝加叶，越是荒诞越是要为荒诞寻找理由。新的理由，再次滋生新的谣言，于是一个谣言便引出几倍、几十倍的谣言，势如洪流。大胆幻想，离奇杜撰和小心翼翼的修订，使原本简陋的谣言在吸收种种叙述和论说后，演绎成为一个无懈可击的故事。

5.2.3.3 谣言的控制管理

控制模式旨在从谣言的本体、结构、形态和传播机制出发，指明谣言管理的可行途径。

中国有两句古话代表了两种谣言控制观念：一是谣言止于智者，二是谣言止于公开。前者寄望谣言管理于智者，暗含了克罗斯谣言公式的一个重要变量：人对谣言的批判能力。然而，智者并非总能在人们最需要的时候出现，即使出现也未必发出最强音，智者对于谣言的判断和反击也受到诸多条件的限制。因此，“止于智者”，实则体现了比较消极的谣言应对态度。我们认为，“止于公开”道破了谣言管理的真谛。“公开”意味着积极的姿态、明确的渠道和科学的模式①。在“公开”这一大视野下，谣言的控制策略主要包括如下几项。

（1）谣言本质上是一种未经证实而流传的信息，因而权威、明确的信息源的设立，是谣言管理的基础。权威信息源，可以是代表公共意志和权力的官方，也可以是在相关领域拥有威望和话语权的专门机构或个人。在2004年的巨能钙“双氧水”风波中，巨能公司的一项主导策略就是寻求国家卫生管理部门的证实和支持。2001年九运会期间，马俊仁率领的“马家军”被查实服用兴奋剂，情急之下，马俊仁声称队员曾服用过安利钙镁片，安利公司不经意间陷入媒体的口诛笔伐。面对这场突如其来的谣言危机，安利邀请国家体育总局装备中心、中国奥委会、中国运动医学会、国际奥委会医学会的有关负责人出面，以权威的声音澄清了钙镁片的清白。

（2）谣言倚重人际传播和群体传播两种形态，倚重私下的口口相传，因而大众传播应成为公开真相、扼制谣言的主渠道。美国著名学者李普曼提出：“舆论要在可靠的境况

---

① 胡百精．危机传播管理[M]．北京：中国人民大学出版社，2014.

下受到检验、比较和争论。”而在现代社会人们将获取“可靠”信息的社会责任委托给了大众媒介。换言之，社会信息真实性的核实工作主要是由大众媒介完成的。作为时代的守望者，大众媒介以其强大的信息把关、解释和辐射功能，在粉碎谣言方面有着无可替代的优势。因而，重用、善用大众媒介是谣言管理的一个基本手段。事实上，媒介失语或误导往往是导致谣言大行其道的主要原因。SARS 谣言早期的蔓延，即与媒体的不作为密切相关。

（3）谣言在信息结构上包含了“事实”和“意见”二维，因而“证实之事”和“正确意见”是调控谣言的内容体系，传播证据确凿的事实信息，可以填充谣言的未知领域，挤压谣言参与者的幻想空间和杜撰余地；发布基于公共利益和主流价值的意见信息，可以“削平”谣言的非理智锋芒，击破谣言参与者的主观破坏和蓄意图谋。对那些在传播过程中遭遇失落却对还原真相至关重要的信息，当强化之；对那些被刻意强化却有悖真相的信息，当弱化之；同时要“分流”谣言水分，冲淡个体与集体记忆，化冲突为和谐。由此，谣言内容管理上的证伪模式可确定为“强化——失落——分流”，与谣言失真模式“失落——强化——吸引”针锋相对。可谓以彼之道，还施彼身。

事实上，谣言管理作为危机管理的重要组成部分，有必要纳入组织日常管理的范畴。譬如，针对谣言的不同类型和发展阶段，制定相对稳定的管理预案，以求防患于未然。当然，这又使我们回到了本节最初强调的问题：走出谣言观念的误区，于日常管理中开启平安之门。

5.3 危机信息共享与互动

在各种危机事件中，信息是管理者进行决策的重要依据。危机信息要实现有效的流通，也就意味着各级传播主体，包括政府、组织、个人，将灾害相关的内容以有效的传播方式和渠道加以传播，并取得防灾减灾的传播效果。这就要求信息的及时发布，而信息的发布是建立一套完整有效的信息系统，让所有公众能够知晓某个人、某个社区、某个地区没有能力提供的准确、可靠的信息。如果指挥决策中心不能及时得到准确的危机识别信息或者危机应对信息，就很难及时做出决策或做出错误的决策，没有准确的决策信息，应急指挥就很难协调各部门联动出击。同时由于权威部门没能及时发布有关的危机信息，就会让谣言乘虚而入，扰乱公众视听，甚至造成社会混乱。危机相关信息只有通过广泛传播才能为多数人所知晓。危机信息的传播具有两个层次，即信息共享和信息互动。

5.3.1 危机中的信息共享与信息互动

5.3.1.1 信息的采集、传达、知晓——共享层次

在危机爆发的初始阶段，需要遍布于各个角落的信息监测系统及时地监测到一些相关的信息。在危机监测中，信息是危机管理者做出决策的基本依据，是宝贵的资源之一①。

① 胡百精．危机传播管理——流派、范式与路径[M]．北京：中国人民大学出版社，2009.

这里所指的信息既有目前监测到的动态信息，也有既往的相关信息。

以突发公共卫生事件甲型流感为例，因为病毒的传播往往具有很大的相关相连性。在2009年甲型流感事件当中，美国疾病预防控制中心（CDC）最先研究证实，此次流行的甲型H1N1流感病毒是一种新型变异病毒，是人流感病毒、北美洲禽流感病毒以及北美洲、欧洲和亚洲猪流感病毒的混合体，这种病毒能在人际间传播。而其中的一些病毒是在多年以前就出现过的，对于研究目前的病毒是很有帮助的。一些研究专家发现："在20世纪引发3次最严重流行性疾病的流感病毒，在灾难出现之前都已接近完全的形式传播了数年。1918—1919年的H1N1曾爆发大流感病毒，今天的季节性H1N1病毒和甲型H1N1病毒可能在1918—1919年间就已经在一起传播了。这三种病毒虽不同，但相关。"故在应对"非典"和甲型H1N1流感这一类的突发性公共卫生事件时，较快地发现病因、病毒的特性并根据病毒的传播方式、疾病的症状、易感人群等采取有针对性的防控措施是非常重要的，甚至成了决定处理危机事件成败的关键因素①。而这些信息的收集主要依靠政府、疾控机构、医疗卫生机构等部门。广播电视、网络等大众媒体也是重要的信息来源，只有具备一个完备灵敏的信息监测系统，才可能监测到重要的有用信息。因此，信息的监测是信息能够共享的一个重要方面。

信息的有效利用需要信息在最大范围内得到最大程度的共享。如果监测到的宝贵信息没有为管理决策部门或者公众所知，或者只为一小部分人知晓，都会极大地影响危机事件的处理，甚至会起阻碍作用。仍以突发公共卫生事件为例进行说明，在"非典"和甲型H1N1流感这一类的公共卫生事件当中，信息的传播和共享具有更为重要的作用。

一方面，公共卫生危机的相关信息需要在处理危机的各职能部门间自由流动达成共享，这样才能将平时分散管理的政府各部门危机处置力量整合起来，实现信息、资源共享，统一指挥，协同作战。信息资源的共享是分散的部门应急联动的前提，同时联动部门及时向指挥调度系统进行相关信息的反馈，对于指挥系统更正确地决策和指挥也发挥着巨大的作用。

另一方面，所采集到的各种公共卫生危机相关信息也需要通过各种媒介传播给广大的公众，作为应对公共卫生危机的直接参与者，公众的积极参与和对信息的积极反馈都是不可或缺的。

5.3.1.2 信息的理解、共识、共同行动——互动层次

美国危机传播学者凯瑟琳·罗温认为危机传播的功能是双重的："第一，危机传播必须告知危机本身的现状和可能的后果，并告知对于受众可能产生的影响；第二，危机传播应当争取实现受众之间的对于危机的良性共识和行动。"② 如果说第一个方面相当于前文所述的危机信息的传播与共享的话，那么第二个方面就相当于信息传播之后的公众的共同行动，也就是信息传播的互动层次。危机管理部门和媒体在使得信息最大程度地共享之

① 参见章人焕．信息透明共享是抵御甲型流感良方[N/OL]．http：//news.qq.corn/a/20090512/00081I.htm.

② 陈力丹，牵晨宇．甲型H1N1流感国内主流报纸新闻报道分析[J]．新闻写作，2005（7）．

后，并不一定就意味着各个部门或者是公众在行为层面能够达成共识，采取正确的方法共同应对危机。

信息的传播是一个双向性的过程，传播出去的信息究竟在多大程度上引导了各部门整合资源、协同作战，公众广泛地积极参与，是否形成一种共同对抗危机的合力，都是值得研究和思考的。对于危机事件的解决，需要公众的积极参与，甚至可以这样说，在危机事件当中，没有公众的积极参与是不可能成功解决的。社会力量的参与，一方面可以缓解危机在公众中产生的副作用，通过使公众了解真相，祛除恐惧，消除流言恐慌等，起到稳定社会、恢复秩序的作用；另一方面可以降低政府救治危机的成本。

信息的传播和共享需要正确引导人们的观念和行为，在危机管理者的统一指挥下形成一股合力共同解决问题，对抗危机事件。“美国传播学家特里和科利认为，形成‘同意的传播’（consensus communication）不仅是通过真实迅速的信息，更本质的是通过以解决问题为导向的对话过程来完成的。”大众媒体作为社会的传声筒、政府和公众沟通的桥梁，在这一点上有着不可推卸的责任。

现代社会的流动性和复杂性，使得任何一个区域性政府和部门都不可能独立处理好危机事件。危机信息的互动也不仅仅是国内相关危机信息的共享互动，在一次次的公共危机面前我们越来越了解到国际间的共享合作有多么重要。

5.3.2 危机中的信息共享机制

> 你保持透明度，让他知道发生什么事，他就会对你有所理解；保持透明度，其他国家就不会乱讲；保持透明度，人家知道个案增加的情况，就会警觉。
>
> ——香港卫生署林文健

2007年通过的《中华人民共和国突发事件应对法》规定：“国务院建立全国统一的突发事件信息系统。县级以上地方各级人民政府应当建立或者确定本地区统一的突发事件信息系统，汇集、储存、分析、传输有关突发事件的信息，并与上级人民政府及其有关部门、下级政府及其有关部门、专业机构和监测网点的突发事件信息系统实现互联互通，加强跨部门、跨地区的信息交流与情报合作。”① 自2008年5月起开始实施的《中华人民共和国政务信息公开条例》规定：“涉及公民、法人或者其他组织切身利益的，需要社会公众广泛知晓或者参与的各类信息应当予以公开的，行政机关应当主动通过政府公报、政府网站、新闻发布会以及报刊、广播电视等便于公众知晓的方式公开。”②

信息共享指不同层次、不同部门信息系统间，信息和信息产品的交流与共用，就是把信息这一种在互联网时代中重要性越趋明显的资源与其他人共同分享，以便更加合理地达

① 中华人民共和国突发事件应对法[OL]. http://www.gov.cn/flfg/2007—08/30/content732593.htm.

② 中华人民共和国政务信息公开条例[OL]. http://www.gov.cn/zwgk/2007·04/24/content—592937.htm.

到资源配置，节约社会成本，创造更多的财富。它是提高信息资源利用率，避免在信息采集、存储和管理上重复浪费的一个重要手段。经历了越来越多的公共危机以后，信息共享的重要性已被公众广泛接受，但信息资源共享程度低的问题一直没有得到很好的解决。要想解决这一问题，就要先了解在危机事件中需要共享的信息究竟包括哪些内容，共享的范围和条件是什么，在危机事件中信息是经过一种什么样的传播流程被共享的。

由于危机事件与广大群众的身体健康和生命安全等密切相关，人们迫切希望了解各方面相关的信息。危机事件爆发以后，各种纷繁复杂的信息广泛传播，而且传播渠道多种多样。但面对海量的信息时，不可能共享所有的信息，危机事件的突发性和不可预知性等特点决定了其中所必须知晓的核心信息。下面将以突发公共卫生事件为例进行具体分析。

突发公共卫生事件中的信息多样复杂，而病毒标本信息对于危机的正确应对非常重要，可以说，没有准确的病毒信息几乎不可能有准确的应对信息。虽然对于广大的公众来说，如何采取防御措施等信息是他们较为关注的，但病毒的危害程度、传播范围、途径等也是在危机事件中公众更需要全面了解的，只有他们了解了各方位全面的信息，才能更加理性地配合管理者，甚至积极主动地应对危机。

5.3.2.1 信息内部共享机制

（1）体系内部的共享。在各种突发的公共卫生危机面前，没有哪一个机构能够独自掌控所有信息，信息的共享就是需要提高信息资源利用率，避免在信息采集、存贮和管理上产生重复浪费等问题，使信息的使用效果最大化①。我们知道整体大于部分之和的道理，在应对突发公共卫生事件的过程中需要疾病控制部门、医疗救治部门、卫生监督部门、食品与药品管理、相关科研机构等部门的联合，形成适合公共卫生体系建设需要的多维度、多领域的综合、联动、协作的信息系统，实现数据的交换和信息的共享。

2003 年，“非典”疫情爆发的初期，医疗卫生领域的相关部门多各自为政。各级政府卫生行政部门负责举办或管理本行政区域内的各类医疗机构，各部门、行业负责举办管理本系统的医疗机构，卫生部门没有实行医疗机构和卫生技术人员的全行业管理。各部门的分割和“独立”导致了各个医疗机构和疾控中心缺乏有效的沟通协调机制，信息、资源没能共享。当时香港大学微生物学系主任袁国勇在 2003 年 1 月底曾想到广东找呼吸道标本做病毒实验，以便及时了解非典病毒特征及时采取应对措施，但由于当时沟通渠道的不畅，错失了一个月早发现的时间。2003 年 4 月卫生部常务部副部长高强在信息发布会上也承认：“北京各类医院彼此之间缺乏有效联系，信息互不沟通，资源不能共享。而相关部门信息统计、监测报告、追踪调查等方面的工作机制不健全，疫情统计存在较大疏漏。”

（2）跨部门的共享。在公共卫生系统实行内部信息共享的同时，与公共卫生系统密

① 梅琼林，连水兴．公共危机中的信息传播“失衡”现象及其应对策略［J］．社会科学研究，2008（5）．

切相关的跨部门的信息共享也非常重要。因为病毒传播快速而广泛，对其有效的应对措施之一便是通过隔离切断传染源，如果没有相关部门的信息与资源共享，很难做到这一点。同时通过与防汛、气象、地震、交通、公安、民政等部门的整合，可以将零散的信息集中在一起，这对于及时监测收集病毒信息，相关部门进行决策、行动号召等是不可缺少的。

信息的传播也是一个信息共享的过程，但在公共卫生危机事件出现的时候，由于时间紧迫、疫情的不可预知性等原因，都要求相关部门必须第一时间向公众发出预警信息，并对下一步的工作进行决策。在一般意义上说，突发公共事件应急处置的各项环节中，决策始终是一个"关键环节"①。而在决策这个环节中，信息优势是"关键中的关键"。决策者能不能获得及时、准确、足够、全面的信息，是能不能做出正确识别的关键。决策部门作为应急指挥系统的核心，要做出正确的决策，必须有强大的信息传递系统，将各种分散于各部门的零散信息汇集到一个信息处理平台，只有各个部门的信息实现了最大程度的共享，才有可能在应对危机时共同行动。

5.3.2.2 信息外部共享机制

大众传媒在危机信息传播方面有着很多其他机构无法比拟的优势，作为信息公开的窗口，它可以传达信息、澄清事实；作为社会的减压阀，它可以引导社会公共、舆论，凝聚力量共同应对危机。一般情况下，公众都比较倾向于从主流媒体获取信息，在危机事件中更是如此，只有当主流媒体沉默失语时，才会转而求助其他传播渠道。而传媒的覆盖面和受众范围相比其他媒体更为广泛，在公共卫生事件中，与公共卫生相关部门的配合能使信息最快最广泛地传播给广大公众，引导他们的行为。

在"非典"初期，病毒确诊的缓慢、病原体确认过程中出现的失误等都使媒体对危机的信息传播出现了失语的局面，尽管媒体失语有些无奈的原因，主管卫生行政部门在等待医学专家们的最终结论，中央高层领导在等待医学专家们的最终结论，所有媒体和公众也在等待医学专家们的最终结论。但是在主流媒体和政府都沉默而谣言满天飞的时候，将病毒确诊过程中专家们的争论和思考过程的艰辛让公众了解可能会取得更好的效果，而不会让公众觉得政府和主流媒体串通欺骗群众，这样也更有利于病情的防控。这些都是我们需要思考的问题。相较于非典，在2009年甲型流感的信息传播中，相关部门对相关信息的传播快速而透明，不仅信息在国内得以最大范围的共享，还积极加强与全球信息的交流与合作。

5.3.3 危机中的信息互动机制

5.3.3.1 危机传播中的信息反馈

(1) 危机信息的互动与反馈。危机信息首先要实现共享然后才有可能实现互动。在危机信息的整个传播过程中，信息是一个核心要素，信息的整合共享程度直接影响着信息的互

① 高小平，陈茂生，刘杰．关键环节：突发事件应急处置的重要视角[J]．中国应急管理，2008(2).

动程度。一般来说，只有信息在整个危机传播系统中得以自由传送并被相关部门最大程度整合利用，各部门实现了数据交换和信息共享时，才可能形成多维度、多领域的综合互动。

而这种数据的交换和信息的共享就需要信息的反馈。如果在部门之间、部门和外部之间有一个良好的反馈系统，那么内部的信息资源得到共享时还可以进行必要的修正。公众的信息反馈一方面可以对信息传播者的传播活动进行监督，另一方面可以调动公众积极性，使公众更好地共同参与危机的应对。但如果在危机发生的时候，种种原因导致信息传播渠道不畅，信息没有得以共享或者被压制，或者由于反馈渠道不畅，则不仅不会有信息互动，相反会造成从其他渠道传播的消息泛滥，而各种流言和谣言往往通过这种方式加以传播。这时候公众的非理性战胜了理性，可能会采取一些非理性和过激的行动，这使信息互动朝着相反的方向走去。在应对危机的过程中，这是需要最大限度地避免和杜绝的。

（2）危机信息的负反馈现象。信息的反馈是信息传播过程中的一个重要环节。反馈其实是控制论中的重要概念，“指控制系统把信息输出后，有一部分信息又返回输入的一端，信息作用的结果返回控制系统，并对控制系统的再输出发生影响，而信息在这种循环往返的过程中，不断改变内容，实现控制”①。根据反馈后果的不同，可以把反馈划分为负反馈和正反馈两种形式。从理论上说，一般正反馈能增强系统功能作用的结果，负反馈则是减弱系统功能作用结果。从传播学角度看，反馈是指受众在接收信息后做出的反应。在公共危机中，正反馈主要表现为：在公共危机突发的早期和中期，传播者将危机识别信息或危机应对信息经过选择、处理并以各种方式传给受众之后，受众对其接受的程度、传播的信息引起的受众行为符合传播者的初衷，这些信息再经过反馈机制传送给传者。传者根据反馈信息进行进一步的信息传播，由于反馈信息方向与原来信息方向是相同的，结果使危机信息传播系统的输出量变得愈来愈大。虽然正反馈在一定程度上强化了传播效果，但是太强大的正反馈会导致传播系统的不稳定，严重时就会形成恶性循环，直至崩溃。

在突发危机事件当中，负反馈具有更为重要的作用。负反馈是指在突发的公共危机中，传播者将各种信息传播给受众之后，受众对信息的接受程度和采取的相应行动不符合传播者的初衷，甚至与之背道而驰，采取过激和非理性的行为。传播效果的弱化甚至导致恶劣影响的情况迫使传播者或改变传播内容，或调节传播方式，来保证传播的顺利进行，从而达成初衷。负反馈的运用，能检测出传播系统的偏差并进行纠正，但如果检测出这种偏差而信息的传播者又无视偏差，甚至企图掩盖这种偏差，最终的结果只能是导致此信息传播系统传播效果同益弱化，最终为公众所抛弃。

（3）危机信息反馈的扩大效应。在信息传播活动中，反馈其中的一个意义就是信息的回流，信息的接受者把反馈信息传给信息的传播者，经过这样的过程，信息的接受者能够更加积极主动地参与到传播活动中。在公共危机中，信息传播往往不同于平时的信息传播，信息的反馈具有更广泛的意义：

一是反馈主体的广泛性。因为在预防危机或者应对危机的紧急状态下，危机信息传播出去后不仅需要公众的反馈，也需要与危机密切相关的各部门的反馈，这在很大程度上决定了信息传播的第二个层次即互动的实现程度。如前文中所分析的那样，危机信息需要在

① 樊葵．大众传播中反馈资源的匮乏及对策分析[J]．传媒学术网，2003（6）．

各部门间流畅传播并实现优化整合，才能促使各相关部门的协作互动。在反馈这一环节也是如此，当监测部门监测收集到相关的信息并传送至信息汇总平台后，需要联合行动的各部门在接收到信息后，是否做出了符合传播者初衷的反应和对监测部门直接的信息反馈都可以看作是危机信息传播系统的反馈。不过有时候，相关部门的负反馈是因为传播系统某些环节的不通畅，在于硬件和技术方面的原因，但如果危机信息的传播到位，而相关部门没有做出符合传者传播初衷的行为反应则有多方面深层次的原因，而弄清楚这些原因并努力克服对于实现互动是非常重要的。

二是反馈内容和途径的多样性。在突发危机中，信息传播的反馈朝交互性以及多层次性的方向发展。除了相关专家和发言人对公众问题的解答与交流，信息的传播者还可通过反馈信息获取新的信息，经过选择、加工再传播给其他的公众。同时由于在突发危机中，各种小众媒体十分活跃，信息的传播和反馈也就比较频繁，通过网络手机等媒体传播的信息能得到较为及时准确的反馈，这个时候公众有对于官方和媒体的信息的负反馈，有对于各种小众传播媒体的信息反馈，公众在将这些信息整合后又会通过人际传播网络手机等媒体把整合后的信息传播出去。

这个时候由于危机情况下公众心理的恐慌和非理性、官方和主流媒体的信息传播不畅等原因，信息反馈多是负反馈，这种负反馈随着公众不断的传播对于公众的正确参与应对危机无疑是非常不利的。这种情况下，反馈的作用已经不仅仅是给传播者的再传播以指导，它作为新信息传播给其他受众，反馈的扩大，使得原本是用于调整及控制传播行为的反馈有可能出现失控状态。非典中信息传播的失控就是一个典型的例子。

所以，采取什么样的手段对这些无限蔓延的反馈信息加以筛选和约束，对受众的反馈行为和反馈需求进行指导和教育，都是融媒体传播时代下传播反馈研究面对的新问题。

5.3.3.2 危机传播中的信息互动机制

(1) 消极的信息互动。在公共危机中，危机信息的共享和互动都是为了最大限度地促使危机利益相关者对危机的认知达成共识，从而形成一种向上的合力，共同应对危机。但是我们发现在公共危机中，政府信息“错误”的共享会导致消极的互动。

权力很多时候是一种支配性关系。当公共危机爆发的时候，最有权力决定危机信息如何传播、发布什么信息、达到什么样的程度、信息共享的受众范围等的是政府决策部门，也就是信息的控制者。同时通过信息符号的传播共享构建了这样一种权力：政府对相关信息的态度、对信息传播的“统一口径”等行为，将决定各个部门对信息的态度和对危机的处理方式。比如“非典”时期，早期的政府将危机信息隐瞒，并不允许媒体擅自报道，之后的信息发布也只是告知大众“病情不严重，在政府掌控之中”①。在整个信息传播过程中，政府、媒体保持了高度的一致。政府通过这样一种信息传播致使媒体失语、医疗卫生机构被动、公众采取非理性行为、危机处理相关部门迟缓，而此时疫情却在疯狂蔓延。

北京中医药大学附属东直门医院收到“非典”疑似病人时，急诊科主任刘清泉

① 《财经》杂志编辑部．SARS 调查[M]．北京：中国社会科学出版社，2003：112.

和医院立即通知了东城市疾控中心和北京市疾控中心。当晚，曾有这样一组私下的对话：

问："北京难道也有'非典'?"

答："你想听真话还是假话?"

问："真话是什么?"

答："你们遇到的是第二例确诊病例。"

然后，刘清泉和同事们被告知："保密、保密、再保密!"

很长时间以后，刘清泉他们才知道，那位3月初发现的第一例首发病例，其实曾全家8口人一起在北京住院，而且感染了其首诊医院解放军301医院的一批医生。当时，东直门医院无从知晓301医院的前车之鉴，很快这家医院步入了灾难。

在这样的情况下，政府部门、医疗机构、危机处理的相关部门、大众媒体都保持了高度的一致，信息共享和互动得以形成。但是这样的信息互动无疑是负面消极的，最后是在解放军医院301医院退休外科医生蒋彦永对"非典"信息披露的一封信被国外媒体公开之后，国家强硬撤掉几个责任官员，世界卫生组织的积极介入，危机信息才开始在各种力量的作用下一步步实现传播共享。这个时候信息的传播又滋生出另外一种权力，这种权力在迫使信息公开的同时，各个部门包括政府、医疗机构、媒体、其他职能部门达成共识采取行动，这时候的互动才是一种有利于危机处理的积极互动。

（2）积极的信息互动。危机管理的研究者胡百精认为，在危机传播中应采用信息由单项引导转化为双向引导，权力由支配转化为对等的"对话"策略，而不只是传统的宣传、说服式的传播策略。对话是站在人的立场上寻找危机的解决之道，是一个多元介入、整合力量的社会协商过程①。这时候的信息互动机制往往是积极的，并且有利于危机的处理应对。走向开放性的社会话语建构，使危机传播超越了传统意义上的宣传、封杀等语言暴力形态，以对话的方式促成多元主体的相遇和共识，这种相遇和共识才能发挥积极的作用。

有时突发事件中的危机信息实现了正确积极的共享，但并没有引起相应的互动，互动的失败导致共享的无意义，从而造成整个危机应对的延误。互动没有实现有各种因素，但最重要的是没有一种强大的力量去促使这种互动的形成。当危机信息传达到相关部门的时候，部门之间、相关部门和公众之间并没有通过良好的沟通与有效的信息交流整合资源、共同行动。在2009年的甲流中就出现了这样的情况。一名归国学生在去济南的途中发现身体不适时，主动向济南市疾病预防控制中心报告，之后被诊断为甲流患者，但由于铁道部门的不配合导致了同车厢的密切接触者没有被及时隔离，事后疾控部门到处追踪，人力、物力的浪费导致了效率的低下。

"按照布尔迪厄的观点，符号不仅仅是意义与沟通的工具，它更是一种权力技术的工具。"② 通过一些容易辨识和理解的符号，如通过法律和问责制的建立和规范可以对信息

① 胡百精．危机传播管理——流派、范式、路径[M]．北京：中国人民大学出版社，2009：117.

② 章兴鸣．符号生产与社会秩序再生产——布迪厄符号权力理论的政治传播意蕴[J]．湖北社会科学，2008（9）.

的互动给予强制力，所以通过法律法规条文的强制力是确保互动的一个重要条件。但是除了法律的强制力，构建一种社会信任和心理认同也同样重要，这就要求这种隐形的“权力”在信息的交流和对话中形成。因此我们如何以另外一种让“全民自觉”的认同来促使相关部门和广大民众主动自觉地实现信息共享互动，建立积极的互动机制，就是值得思考的一个问题。

“除了法律性的强制力，从另一个方面来说，权力更是一种潜在的、隐性的影响能力。”这种影响能力在突发事件中很多时候会发挥出比强制性的力量更强大更积极的作用。那么通过各种信息符号来构建的权力应该是这样的：“传播者没有必要向受众陈述事实，而只需向其发出若干概念符号；没有必要刺激他们独立的深层思考，而只需等待他们的条件反射。传播因此变得有效、确定、可以预期。在多数情况下既减轻了传播者的压力，适应了受众的要求：他们经常需要得到明确的结论，或者可以通过符号体系形成条件反射，迅速导出自己的结论。”作为传播信息引导公众、沟通政府和公众关系的纽带，大众媒体对于构建这种“对话”有着不可推卸的责任。比如通过平时大众媒体的信息传播和舆论监督，引导危机信息共享和互动形成我们可以发现、其实媒体并没有权力去解决问题，而是通过信息和舆论影响政府职能部门解决问题的态度，影响公众的态度。在突发危机事件中，通过符号信息建构的“权力”使危机处理的相关部门和公众甚至其他非政府组织主动自觉地实现信息互动会比强制性权力取得更好的效果。

思考题：

1. 危机新闻的发布主要有哪些形式？
2. 危机新闻发布应注意哪些技巧？
3. 请谈谈对谣言本质和结构的认识。
4. 请结合书中介绍的谣言控制策略谈谈对危机管理的认识。
5. 简述危机传播中的信息互动机制。

推荐阅读书目：

1. 《危机传播概论》，赵志立编著，清华大学出版社
2. 《危机传播与新闻发布》，史安斌著，南方日报出版社
3. 《危机传播：信息流及噪音分析》，钟新著，中国传媒大学出版社
4. 《危机传播新论》，杨魁著，中国社会科学出版社
5. 《危机传播与新闻发布：理论·机制·实务》，史安斌著，清华大学出版社
6. 《政府新闻发布》，曹劲松、庄传伟著，江苏人民出版社

6. 危机传播与议程设置

☞导论

议题管理揭示了危机传播在认识论层面的核心问题：通过议程设置，创造政府与媒介、公众的共识。当三者的共识部分基本达成，一个有利的舆论环境便有望出现。但是，议题管理只提供了一个原则性框架，我们仍然有必要探讨危机中政府和媒介管理在方法体系层面的具体政策和方式。从实践层面看，危机中议程设置的核心问题就是在合适的时机、由合适的人发布合适的信息。这三个“合适”的主旨，就在于成功实现政府议程和媒介议程的设置，主动掌握危机传播的话语权。

6.1 危机传播与政府议程设置

6.1.1 议程设置与议题管理

6.1.1.1 议程设置理论

1972年，美国学者麦库姆斯和肖在《舆论季刊》上发表了题为《大众传播的议程设置功能》的论文，系统总结了他们在1968年总统大选期间有关媒介如何影响民意的研究成果。这项研究由两个部分组成：一是对选民进行抽样调查，了解他们所关注的选举议题以及相应的认识和判断；二是对8家媒介（5家报纸、2家新闻杂志、1家全国电视网的晚间新闻）同期的大选报道进行内容分析，把选举议题分为三大类，看哪一类比例最高。麦库姆斯和肖对两部分研究结论进行了比较，发现公众关注的重要议题与媒介强化报道的议题存在高度的对应关系，相关系数在0.967以上。据此，麦库姆斯和肖提出了著名的议程设置假说，认为大众媒介具有一种为社会公众设置“议事日程”的功能。

在随后的1972年美国大选期间，麦库姆斯和肖在卡洛特又进行了一次小样本的追踪调查，他们分别在当年的6月和10月访问选民，了解选民认为最重要的议题。在同一时间，他们对当地报纸和ABC、NBC的晚间新闻进行了两次内容分析，计算出了6月和10月的媒介议程，然后进行前后相关交叉分析，再一次印证了媒介议程影响公众议程的假设。

事实上，早在麦库姆斯和肖之前，李普曼、诺顿和科恩等人即提出有关媒介议程设置的猜想。20世纪20年代，李普曼在《舆论》一书中阐述了“新闻媒介影响我们头脑中的图像”的观点，认为媒介勾画了现实的图景，影响着人们对外在世界的思考和判断①；1958年，诺顿在论文中指出“报纸是设置地方议题的原动力”，强调报纸议题确定了特定区域公众的生活议题；而科恩则在1963年明确提出“在多数时间，报纸或评论不能左右读者怎样想，但在让读者想什么上却是惊人成功的”。

这些学者和麦库姆斯、肖一样，将媒介定位为“从事环境再构成作业的机构”。长期以来，人们觉察到媒介对社会现实的改造，并且认识到这种改造导致了人对世界认知方式的变化。在传统社会，人直接从外部世界获取信息，据此形成相应判断；而在媒介时代，媒介延伸了人的认知能力，而人的认知也从此高度依赖媒介的延伸。媒介依据自身标准构造了一个“拟态环境”，人们身处其中进行判断和抉择。议程设置假说表明，媒介的“环境再构成作业”，或者说对社会现实的改造，正是以向公众提示“社会生活中的重要议事日程”的方式进行的。

议程设置假说揭示了现代社会的这样一种运行机制：媒介在政治、经济、文化和日常生活等诸领域为公众设置了可资关注、思考和谈论的议题，这些议题成为公众生活的日程安排。媒介对某一议题越强调，公众对这一议题的关注度也越高；反之，媒介对特定社会议题的熟视无睹或“故意”忽略，也会使公众削弱或放弃对这一议题的关注，也就是说，正是媒介议程设置，“影响着公众的思考和关注”。实际上，作为一个整体的大众媒介系统，在持续的、累积的传播效果形成中，不仅对公众生活进行了议程设置，而且几乎安排了社会发展中的所有重大问题。例如，在当下中国，建设和谐社会、发展市场经济、维护世界和平便是媒介设置的社会公共议题；而在美国，维系美利坚的光荣与梦想、推行美国式的民主与秩序则是媒介极力鼓吹的“优化议程”。

6.1.1.2 议程设置机制

在麦库姆斯和肖通过选举研究检验议程设置假说后，许多学者进行了后续拓展研究。这些研究突破了经验主义方法的范围，定性的框架理论被纳入研究视野。框架理论源自人类学家贝特森，戈夫曼将其引入文化社会学和大众传播研究中，认为人或组织在认识和解释外在世界的过程中，总是存在特定的心理原则和主观“框架”，以此为基础处理和分析层出不穷的社会事件。媒介议程的形成，也是在特定社会力量、社会情境和从业人员建构的“框架”下进行的。框架理论主张将媒介置于社会大环境之中加以考察，认为媒介议程设置是多元力量进行意义建构的过程。为此，框架理论始终在追寻两个答案：谁设置了媒介议程？作用方式是什么？换言之，在检验了议程设置假说后，人们将研究重心转移到议程设置的机制上来。

框架理论首先扩大了议程设置假说的外延，提出要探讨媒介议程的成因，即谁在设置媒介议程？是新闻工作者、利益（控制）集团、政党、大众还是消息来源？是单一因素还是多重因素？学者卫斯理认为，压力团体或特别利益团体能促使一个问题成为媒介议程；芬克豪斯提出了引起媒介注意力、形成媒介议程的五种运作方式；戈夫曼则在《框

① 李普曼．舆论学[M]．北京：华夏出版社，1989.

架分析》一书中进行了不同媒介的议程比较研究，认为媒介之间也具有相互设置议程的效应①。肖在2004年访问中国人民大学新闻学院时阐述他的新观点——议程融合，认为媒介议程是纵向与横向两种方式交叉设置的，意义的建构是多种社会力量和多种传播形态共同作用的结果。

如前所述，媒介是作为权力的场域存在的，这些权力的主体一般包括如下几类：一是外部压力团体，如政党、官方主管部门、行业监督协会、司法部门、相关民间组织等；二是特定利益团体，如事关媒介命脉的广告商；三是同业者，特别是竞争对手，对手的议程往往是自身议程进行设置、调整和改变的重要参照；四是公众，特别是其中的意见领袖，公众舆论从来都是媒介议程捕捉的对象；五是信息源，它们决定了信息和议题的基本属性与原初状态。这五类权力主体并非截然可分，它们于抗拒和协从中影响媒介的议程设置。

与此同时，媒介也并非只为权力的博弈提供一个平台，而是按照自身的利益和立场，进行可能的再造和整合，最终将议程提示给社会公众。以美国总统选举为例，公众大多依靠媒介了解政党和候选人的观点，候选人消失于媒介议程之外，在某种程度上就意味着消失于公众的视野之外。媒介也因此充分利用自身优势，不遗余力地为候选人摇旗呐喊，甚至为了更多美元而改变自己的立场。20世纪60年代，一向支持共和党的《波士顿邮报》为得到肯尼迪家族50万美元的所谓“商业贷款”，便改变立场，支持民主党人肯尼迪做总统。

然而，谁将在权力的博弈中获得优势？或者说，作为权力的一方，如何尽可能影响媒介的议程设置？一般来说，话语权的谋求需要重点考察如下几个基本条件：

（1）权力主体自身的综合实力和社会影响力。显然，谁的实力越强，社会影响力越大，谁左右媒介议程设置的可能性就越高。政党、政府和强势经济利益集团总是能够通过各种方式影响和操纵媒介，归根结底是因其强大的社会实力。美伊战争期间，美国国内媒介的“言论一律”和世界范围内“挺伊”言论的脆弱，即是强势政府支配国内媒介、强势国家主导世界舆论的明证。

（2）整合其他力量、形成权力联盟的可能性。当个体力量于博弈中身处弱势，或陷于胶着状态时，寻找外部支持、争取联合优势便成为上上之策。在危机中，组织的综合实力和社会影响力受损，处于明显的弱势状态，更有必要采取结盟策略，以合力抗击危机。

（3）媒介资源的占有程度和使用能力。媒介场域的权力较量，实质上是话语权之争。谁占有更多、更为关键的媒介资源，谁更成熟、更有效地使用媒介，谁就可能更广泛、深入地影响媒介议程。也正因为如此，危机对组织的挑战，在一定意义上就是对其媒介资源、媒介关系和媒介应对能力的挑战。功夫在平时，媒介资源的积累、良性关系的维系和应对能力的形成，远非一日之功。这也是我们强调危机管理重在平时的一个原因。

（4）充当信息源，聚焦媒介注意力的能力。让自身成为媒介信息的主渠道，是影响媒介议程的重要方式。权力主体应积极、主动地扮演信息源的角色，及时、准确、适度地向媒介提供信息。及时，强调信息的时效性，以求主动，避免被动；准确，强调对信息的真实性负责，力戒以假当真、隐瞒欺诈；适度，强调于我有利与公共利益兼顾，要在二者

① ［美］戈夫曼．日常生活中的自我表演[M]．徐江敏，译．昆明：云南人民出版社，1988.

之间做出权衡取舍。在危机中影响媒介议程，也须因循此道。

媒介正是通过对上述四项基本条件的筛拣，来确定是否采纳有关组织的议程。当某一组织的议程被采纳，媒介即通过报道、解读和强化等方式将之传达给社会公众，成为公众议程；而当组织的议程未能引起媒介注意，或不符合筛检标准，将遭到媒介的忽略和舍弃，权力场域上的较量也将因失语而落败。

6.1.1.3 议题管理

在公共关系领域，组织对媒介议程的影响、引导和把控，被称为议题管理。中山大学廖为建教授曾为议题管理下了一个较为详尽的定义：议题管理是指对那些可能进入立法程序或政策程序，与公共政策、公共事务密切联系，容易引起公众关注和争议的问题进行确认、分析、评估，对这些问题的发展趋势施加必要的影响；在这个过程中，捕捉这些议题对组织发展带来的各种机遇，规避、防范这些议题给组织带来的风险和危机，使议题的发展结果、趋势有利于本组织的生存和发展。台湾学者黄丙喜将议题管理界定为：议题管理是透过专业、积极、系统的分析，去分辨、确认机构目前所面临的、而且预期未来12~36个月将可能发生的主要议题，并及早谋求在其成为公众议题之前的解决之道①。

作为一种公共关系管理手段，议题管理的内涵至少包括如下三个层面的问题：

（1）议题管理的核心是研究、制定和实施一整套媒介策略，以影响媒介议程。但是，这并非议题管理的全部内容——影响媒介议程的根本目的在于引导目标利益相关者的议程，使自身议程、媒介议程和公众议程具有同向属性或共鸣属性。这就意味着，议题管理是基于媒介和公众双重需要的管理行为，是媒介策略和公众沟通策略结合一体的策略模式。

（2）议题管理要创造于组织有利的社会“日程环境”，是一个渐进的、累积的过程，同时也是接受媒介和公众检验的过程。组织影响媒介议程，再由媒介引导公众议程，是一个复杂的动态过程。麦库姆斯的研究结果显示，议程设置效果达成的时间跨度为2~6个月，温特和艾亚尔的研究结果则表明，4~6个月是最适宜的效果时长。研究者们同时还指出，议程设置效果往往无法靠单一媒介的传播行为实现，而必须由多家媒介在持续传播中累积达成。在此过程中，组织议题的准确性、合理性将受到媒介和公众的反复质询和推敲，只有那些经得住检验的议题，才能实现预期的设置效果。而虚假的、不正当的、不显著的议题将遭到淘汰，甚至产生负面效应。

（3）议题管理作为诸多公共关系管理手段之一，需要与其他策略整合运作方能达成最佳效果。从本质上看，议题管理是话语权的建立和争夺，亦即“言”的管理，因此有必要配以“行”的实践。特别是在危机之中，组织进行议题管理必须做到言行一致，那些能够立竿见影的行动，将有助于增加话语力量；那些短期内无法解决的问题，也要着手准备并有所交代。这些都需要其他公共关系活动和手段的配合，有时还应超越公共关系的范畴，整合一切可能的管理资源，以强化话语权和行动力。

一般而言，议题管理主要有两种模式：一是主动模式，即组织主动设置一些结合自身

---

① 胡百精．危机传播管理[M]．北京：中国人民大学出版社，2014.

发展需要的议题，并通过各种传播手段和管理机制，使之成为目标利益相关者所关注的公共议题；二是借力模式，即组织针对外部的一些议题，特别是社会改革和发展中的一些重大议题，进行于己有利的引导和控制，实现“外部议题——组织议题——目标公众议题”的良性互动，最终形成有利于组织生存和发展的舆论环境。在实践当中，议题管理的主动模式和借力模式往往是组合使用的，以何者为重要视具体环境而定①。

议题管理的主动模式，要坚持如下几个基本原则：

(1) 创新性。组织提出的议题必须具有创新性，形成亮点、热点和焦点，才能汇聚公众的关注点。创新性同时也意味着显著性，议程设置假说研究表明，只有那些显著的议题才会被媒介捕捉，也只有那些显著的媒介议题，才会被公众认知和关注。

(2) 公共性。公共关系提出的议题要避免成为组织的“自言自语”，而必须是社会公众特别是目标公众共同关注的话题，这其中引起大众媒介的关注又是问题的关键所在。

(3) 互惠性。公共关系提出的议题要与自身的发展需求相一致，服务于自身的特定目标和利益，同时也要代表目标公众的需求，体现目标公众的利益，利益互惠和价值同构是公共关系的基本原则，也是实现议题“融合”效应的前提。

议题管理的借力模式，要坚持如下几个基本原则：

(1) 相关性。要寻找、发现和利用那些与组织自身生存和发展密切相关，同时与组织所联结的目标公众也密切相关的社会议题。危机监测的一项重要内容，便是对媒介议题和公众议题的监测与评估。

(2) 可控性。既然是外部议题，组织在引导和控制的过程中便存在许多不确定因素，特别是那些具有“双刃剑”效应的社会议题，要尽可能化不确定为确定，化不利为有利。

(3) 系统性。组织借力外部议题，必须策划和实施一系列与之相配套的公共关系策略，整合各种公共关系资源和手段，实现一个结合，一个转化：外部议题与组织议题相结合，公众对外部议题的关注向对组织议题的关注的转化。

以下引入英国不列颠电信公司危机议题管理的案例，以具体呈现上述原则在实践中的应用。

> 大不列颠电信公司是英国最大的电信商，几乎垄断了全英所有的电话业务。公司投入巨资对通信设备进行了更新，但社会仍然表示不满。英国电信管理局和媒体一直指责它未能实现改善服务品质的承诺。1987 年 1~2 月间，公司又接连发生两次怠工事件，媒体将其形容为“全英国最叫人痛恨的公司”。公司员工士气低落，股票下跌，陷入了严重的危机。
>
> 公司公关部通过对媒体报道的分析和街头民意调查，了解到社会的批评议题主要集中在公共电话的服务上：一是来自官方的批评，官方认为公司对公共电话基础设施的投资太少，公话的数量太少，可使用率太低；二是来自公众的批评，人们指责说许多公话遭到损坏，不能正常使用。据此，公关部形成了一套定位为议题管理的公关策略，这些策略包括：

① 胡百精．危机传播管理[M]．北京：中国人民大学出版社，2014.

成立用户沟通小组。公司成立了用户沟通小组，负责规划营销策略，处理广告、促销以及公关事务。小组的一项基本职能，便是针对公众关心的议题进行调查、了解，并制定相应的对策。

引进新型管理程序。公司引进了“全面质量管理程序”，并专门成立了一个管理计划推进小组。小组成员包括公关顾问、新闻发言人、政府关系顾问以及其他广告、展览事务人员。小组负责“全面质量管理程序”的贯彻执行，并协调用户沟通小组，对媒体和公众发布管理计划的进展信息，使之成为媒体和公众关注的一个话题，重塑公司形象。

制作“公众意见”录影带。公关部制作了来自街头调查的录影带，内容是公众对电信服务提出的种种改善意见。公司员工观看了录影带，真正了解了民意。

保持与公司员工的信息沟通。针对员工士气低落的状况，公司积极开展内部公关，适时告知员工公司的发展策略和模式，营造良好的劳资关系。改善服务，同公司一起进步，成为全体员工关注的核心议题。

“制造”新闻议题。公司更新了全部公共电话机，同时换掉了旧的红色电话亭。公司决定策划一个新闻事件，以引起媒体和公众的关注。这一事件最终确定为，公司将最后一个淘汰下来的老式电话亭捐献给格拉斯哥的人民殿堂博物馆，以显示公司在改善基础设施、提升服务品质方面所做的积极努力。BBC 等全国性媒体和地方性媒体对这一事件进行了广泛报道，民心为之一振。

发起反破坏联盟。公司认识到，单靠自身力量难以解决公话设施破坏问题。于是，公司联合警察机构，共同打击恶意破坏行为。与警方联动，吸引了媒体和公众的眼球，在社会上产生了强烈反响。大不列颠电信公司趁势而上，借机发布了大量广告，同时争取专题报道，以全面塑造自身的良好形象。公司还在 1987 年 12 月策划、组织了一场声势浩大的保护公话设施海报大赛，引起了广泛关注，一时间，保护公话成为社会公众的焦点话题。1988 年 6 月，公司联合官方及相关行业共同举办了“全英反击破坏大会”，会议得到了不列颠铁路公司和伦敦运输公司等其他面临同样困扰的机构的响应，各行业签署了“反破坏联合声明”，由此，“反破坏”成为一个全国性的社会议题。

经过一番努力，不列颠电信公司的议题管理策略成效显著，官方、媒体和公众改变了对不列颠电信公司的看法，公司形象得以全面重塑；公话设施破坏行为被有效治理，公话服务品质全面提升；全国掀起了“反破坏”运动，推动了社会风尚的改善；内部员工士气重振，上下团结一心，促进了公司的发展。

6.1.2 现代政府在危机中的定位

长久以来，人们赋予了政府机构极大的权力和极高的期望，“有事儿找政府”成为人们面对各种困难时的首要选择，古今中外，概莫能外。因此，危机事件一旦发生，无论从哪个角度考虑，政府都会成为危机信息传播关注的焦点，同时也是危机信息畅通传播的关键和核心。本节，我们将从现代政府的角色与定位入手，探讨危机传播中的政府角色、功能与责任，并结合实例对危机传播中的政府问题加以探讨。

在现代社会，政府是一个十分广义的概念，它是指以政府主要职能部门为主体，结合其他相应公共部门的一个总的集合。作为一个组织体系，它是行使国家权力的代表，包括国家的立法、司法、行政等各种国家机关①。可以说，政府既是国家权力的集中代表者，同时也是社会公共服务的执行者。而狭义的政府则专指国家行政机关，是指统治阶级运用国家权力管理国家事务的各种机关。国家行政机关是国家机构的重要组成部分，也是统治阶级进行国家管理的重要工具。政府作为国家的一部分，从诞生之日起就具有双重属性：一方面，它从原始共同体公共管理机关那里承继了社会公共管理的职能，因而同公共权力有机地联系在了一起，执行着社会的“公共事务”；另一方面，它又表现为一个专门的管理体系，是一个实现经济上占统治地位的阶级的根本利益的机关。简而言之，就是政府同时具有作为公共管理机关的属性和作为组织统治工具的属性。

不过，政府的角色并不是一成不变的。如果从历史的角度考察政府的变迁，我们就会发现，从传统社会到现代社会，政府的角色其实经历了很多次根本性的转换与变化。在西方资本主义国家，国家和政府的角色经历了自由主义论的“守夜人”到凯恩斯主义论的“道德人”，再进一步发展到了新自由主义政府论的“经济人”等的转换；而在社会主义国家，政府则经历了传统计划经济体制的“中心人”逐步向市场经济体制下的“社会人”角色的转换。同样，从政府在国家管理中的作用体现来看，政府同样有着各种不同的角色。例如我们常说的“全能政府”与“有限政府”、“划桨者”与“掌舵者”、“运动员”与“裁判员”等说法就是对政府不同角色的一种生动描述。所以总体说来，随着社会经济和文化的不断发展促使社会环境的不断变化，现代政府必然需要不断调整自身的角色以适应这种变化。而就当前我国的现实情况来看，各级政府正经历如下几个方面的重要转变。

6.1.2.1 从全能型政府向有限型政府转变

所谓“全能型政府”，是指政府的行政权力不受限制地渗透并控制社会的全部领域和各个层面，政府下设的各种行政机构包揽了政治、经济、社会的绝大部分事务，在整个国家生活中政府是万能的，权力也是无限的，政府垄断了一切资源，成为整个社会生活的绝对主角。这种全能型政府是长期以来我国政府角色的一个真实写照。当然，我们首先必须得承认，这种全能型政府在社会主义建设的初期确实发挥了非常重要和积极的社会作用，为社会主义各项事业的不断发展作出了重要的贡献。然而，近年来，随着我国改革开放事业的进一步推进和社会主义经济体制与政治体制改革不断取得新的进展，以及我国社会整体实力的长足发展和进步，过去那种全能型政府越发不能适应现实社会发展的客观需要，一些地方政府在政府管理、公共事务、维护普通公民权益等方面依然大包大揽、过多干预，把本应放权或不应管的事务全部包揽起来，使得行政管理效率极其低下，严重制约了地方各项事业的正常发展。

于是，“有限型政府”的概念便呼之欲出。所谓有限型政府，是和全能型政府对应的

① 杨魁．危机传播新论[M]．北京：中国社会科学出版社，2011.

一个概念，其核心是让政府职能从“全能”走向“有限”，即让政府从过去的什么都要做、什么都要管，转变为适当地做、少做和有选择地做，从而把政府的作用真正地凸显出来。其实，这里的“有限政府”并不是说让政府由“强政府”变成“弱政府”，而是主张政府应当介于“全能政府”与“无为政府”之间，是指政府所承担的职能、行使的权力和从事的行为都要有一定的限度，既要受到法律法规的限制，同时也要接受社会公众的监督。

从全能型政府向有限型政府的转变，对现代政府的执政理念提出了更新和更高的要求。这些要求无疑也适用于政府对各种危机事件的应对处理。危机一旦发生，尽管政府是首当其冲的管理者和应对者，但这并不意味着政府就是大包大揽的全能“救星”，和政府一道，各种社会救援力量都应成为危机应对的一分子，在现代政府高效率的领导下各自承担应有的角色和责任，发挥应有的功能。在美国，危机事件一旦发生，其应急管理的职能理所应当属于政府公共服务行为，但是，在具体的应对处置上，它同样也会横向涉及多个政府部门，以及各种非政府组织，包括自愿组织和私人部门，甚至一些来自国际社会的救援资源，等等。这些不同组织和部门的协同运作，使其危机事件的应急处置更为科学和有效。

6.1.2.2 从管制型政府向服务型政府转变

所谓“管制型政府”，是指政府管理社会的手段和方式以管控和控制为主，政府在国家管理中发挥“统治者”的作用①。同样，管制型政府模式曾在我国计划经济体制下发挥了巨大的作用，它通过政府的全面协调形成强大的社会动员能力，有利于在短时期内集中社会资源进行大规模的建设。但是这种行政模式缺少灵活性与应变能力，常常引起低效率、官僚主义等各种问题。比如，在管制型政府理念的影响下，一些地方政府封建官僚、臣民意识长期存在，民众只是盲目地、被动地接受管理；有的地方政府的政治职能高高在上，其他职能诸如社会、经济职能被严重弱化；还有的地方，普通公民和其他社会力量的独立自主性受到遏制，其潜在的积极性难以充分发挥。

针对传统管制型政府管理带来的弊端，20世纪60年代以来，西方很多国家提出了创建服务型政府的设想。所谓服务型政府，其理念在于：政府管理国家实际上就是为国家服务，政府的存在是为了满足社会和公众的需求。政府将自己定位在一个“服务者”的角色上，将为国家、为社会和公众服务作为自己的根本宗旨和价值追求，政府的职能不再集中于全能型的管制，而是集中于主动的、优质的服务，从而政府就应致力于为社会创造一个优质高效的发展环境、政策环境和服务环境，为社会公民创造平等的生存、生活环境，等等。

服务型政府的理念也对危机状态下政府的执政管理理念提出了全新的要求，那就是在危机应对时政府的服务意识和服务功能绝不能被忽视。在美国加利福尼亚州，当地政府为了应对各种危机事件的影响，专门制定了《加利福尼亚州应急服务法》，虽然该项法律的重点是对州政府在突发事件中的应对职权进行法律规范，但是无论在具体的内容制定上，

① 杨魁．危机传播新论[M]．北京：中国社会科学出版社，2011.

还是在相关规范的表述上，都一再强调政府的服务功能。在其具体的规定中还专列一章叫《应急服务办公室》，对政府的应急服务职权和具体行为进行了严格的规范。

6.1.2.3 从人治型政府向法治型政府转变

所谓“人治”，是中国传统的儒家政治思想之一，它主张依靠道德高尚的圣贤通过道德感化来治理国家。这是儒家人治的基本思想，即主张为政在人。不过，对于人治的执政者，儒家强调执政者自身端正，做出表率时，即使不用下命令，其被管理者也会跟着行动起来，听命于他；反之，如果执政者自身不端正，反而要求老百姓做出表率，那么即使执政者再怎么三令五申，老百姓也不会服从于他。然而，随着“法治”思想的出现，人治的观念受到了很大的冲击。而且，由于人治本身固有的局限性，使其很容易和“专制”联系在一起。人治很容易变成一种由掌握权力的统治者个人或极少数人的意志来统治国家的执政方式，成为一种倾向专制、独断的治国方式。而这恰恰是我们必须反对的。但是新中国成立以来，我们在治国方略上曾一度带有明显的“人治”特征，其具体表现就是重政策轻法制，重领导意志轻社会民声。通常有关政策的制定和相关事务的决定不是由广大群众来决定，而是由少数人组成的领导集团甚至是某些领导个人做出的。其导致的结果正如邓小平曾反思的那样：我们过去实行的“党的一元化领导，往往因此而变成了个人领导”。

和人治型政府对应的一个概念“法治型政府”开始日益受到重视。“法治”作为西方政治思想中的一个基本概念，其基本含义是指政府的执政行为以法律为基础和指导，这就和以个人意志为基础的“人治”有着根本的不同。所谓“法治型政府”，概而言之，就是法治理念下的政府管理，即强调政府主体及其政府主体的所有活动都应纳入法律调整的范围之内，坚持法律至上。具体而言，法治型政府主要是通过政府职能、政府权限、政府行为和政府主体四者的法制化得以实现的。所谓政府职能法制化，是指政府应当通过法律规范合理界分，理顺政府、市场与社会三者之间的关系，实现政企分开、政事分开；所谓政府权限法制化，就是要求政府适用法律保留与法律优位原则，让政府职权既有所为又有所不为，真正做到为其应为之事，避免出现全能政府的极度僭越；所谓政府行为的法制化，主要是强调法治前提下的对政府一切活动的法治调控，这其中又包括三种具体的表现形态，即政府立法行为、政府执法行为和政府行政监督与救济方式的法治化；所谓政府主体的法治化，主要是强调政府行政权的来源、范围、程序等都必须限定在法治的框架体系之内，确保政府权力的合法性。

具体到危机事件的应对而言，法治型政府无疑要求各级政府在应对危机事件的过程中，必须依法管理、依法行政，严格按照各种法律法规的要求应对危机，做到危机事件的处置有法可依、依法办事。近年来，随着各种危机事件的频频发生，我们在政府危机应对的法制建设上取得卓有成效的改进。2006 年 1 月，国务院发布了《国家突发公共事件总体应急预案》；2007 年 8 月，《中华人民共和国突发事件应对法》正式颁布；2008 年 5 月，《中华人民共和国政务信息公开条例》正式实施。从《国家突发公共事件总体应急预案》到《突发事件应对法》，再到《政务信息公开条例》，逐步从法规上搭建起了政府依法应对危机事件的法制体系。

6.1.2.4 从官本位政府向人本位政府转变

所谓“官本位”是指一个国家中的社会价值观是以“官”来定位的，官大的人其社会地位就高，官小的人其社会身份就低，即使是与官员不相干的职业也比照“官”来定位各自的社会地位和价值。具体到执政理念里，官本位政府就是以官为本，以权力为本，因此，在具体行动上它就很容易变成官与民的对立，进而是官权与民权的对立。在官本位社会里，执政者按照本集团的价值观念来评价、决定和操纵民众的行为，而民众只有服从的权利。与之相对的是“人本位”，所谓“人本位”即“以人为本”，它要求政府坚持执政为民，一切为了人民，一切依靠人民，把人民利益作为一切工作的出发点和落脚点，全心全意为人民服务，绝不谋求个人或小集团的任何私利①。

从官本位到人本位的转变，对于政府的危机管理具有十分重要的现实指导意义。那就是，在危机事件的应急处置过程中，各级政府必须牢固树立以人为本的执政理念，在危难当头时更要坚持以人为本，全力解决老百姓的生活疾苦，真正做到想民之所想，遂民之所愿，为危机当头的百姓服务。近年来，随着各种危机事件的频频发生，政府危机应对能否做到以人为本，就成为政府危机应对效果评估的一项重要指标。面对公共危机，各级政府能否确立以人为本的核心理念，并将其作为政府危机管理的出发点和归宿，是政府获得信任程度高低的关键因素，是民众衡量政府执政能力的重要尺度。因此，政府官员必须从管理理念以及行动上充分认识危机的严重危害，把人民的生命和利益放在首要位置，尽全部能力保证人民的生命安全和各种利益，始终牢记人民的主体地位，发挥人民的能动性和创造性，鼓励引导人民共同渡过难关，真正做到以人为本。

6.1.3 危机传播中的政府角色与职能

政府危机传播管理是政府危机管理工作的重要组成部分。政府危机传播管理的主要任务是以政府作为危机信息传播和控制的主体，对危机从政府层面进行宏观把握，通过同其他媒体、组织、公众的信息沟通，运用新闻发布、信息控制等方法，达到政府控制社会舆论、维护社会稳定，并最终帮助政府化解危机。因此，信息管理是政府危机传播管理的核心。结合危机发生的分期方法，政府危机传播期间的角色定位和工作重点主要体现在以下四个方面。

6.1.3.1 危机预警期：观察者和协调者

在危机管理中，政府要对危机信息进行最大限度的掌握，而要做好这一点，首先要求政府在危机爆发之前能够尽量搜集危机发生的相关预警信息，并对这些信息进行有效的技术分析和评估，从而采取有针对性的措施。在这一过程中，政府首要的是扮演好危机“观察者”的角色，及时搜索危机爆发前的预警性信息，并将相关信息迅速传达给危机管理部门，以便相关机构能够及时作出决策，尽力做到防患于未然，将可能的危机扼杀在萌芽状态，或者尽可能将危机带来的损失降到最低限度。政府要做好危机的“观察者”，就

① 杨魁．危机传播新论[M]．北京：中国社会科学出版社，2011.

要有专门的机构和人员对可能引发危机的各类信息进行有针对性的采集和汇聚，建立一个统一的危机信息采集和分析系统。准确、及时的信息采集，是整个政府突发公共事件信息预警工作运行的基础，对整个危机应对工作的成败产生决定性的影响。

在危机预警期里，政府不仅是一个敏锐的“观察者”，同时还是一个调节组织内外关系的“协调者”。从系统论的角度看，政府作为一个组织系统，其内部又分为若干个子系统，这些子系统彼此联系，相互影响；同时，政府作为一个整体，又与其他外部组织（如不同政府之间）存在着广泛而复杂的联系。在危机信息系统建立时和危机信息传播活动过程中，都需要政府协调好各个职能部门之间的关系，使它们能够真正做到各就各位，各尽其职。与此同时，就其整体而言，不同政府或政府机构之间的沟通与合作同样必不可少，这种合作尤其对于跨地域乃至跨国界的危机事件应急处置显得更为重要。

> 2005年11月13日，中国石油天然气集团公司吉林石化双苯厂发生爆炸事故，由于种种主观原因，48小时内当地政府无任何作为。当地政府及各职能部门甚至没有“嗅出”危机的征兆，致使应对措施缺位，自然也就与相邻的黑龙江省政府及其相关职能部门缺乏必要的沟通和协调。直到11月22日，即爆炸事故发生后十天，《黑龙江日报》才刊登公告，公布已经引发严重水污染的事实。此时，尽管水污染治理工作有条不紊地开始进行，但由于已经错过了扼制污染扩散的最佳时机，最后导致了跨省域、跨国界的松花江重大水污染事件。这一事件甚至引起了我国近邻俄罗斯的不满，俄罗斯政府高度关注事件的进展，并对我们没有及时将危机情况通报给他们表示了不满。11月22日，中国外交部正式就松花江水污染事件知会俄罗斯。此后，我国政府多次积极地与俄罗斯相关部门沟通协商，并采取了适当的赔偿措施，才减小了此次危机事件对两国关系造成的不良影响。

6.1.3.2 危机爆发期：发布者和决策者

在危机爆发后，政府危机传播的主要工作就转变成信息的公开与发布，同时需要依据不断变化的危机信息，做出相应的危机传播决策。危机一旦爆发，各方面的信息铺天盖地，媒体、公众普遍对危机事件给予高度关注，但无疑政府是危机管理和危机传播的核心主体，因为政府是危机信息公开与发布的权威，这种权威来自政府自身所具有的独特优势及公众长期形成的对政府的信任。

政府作为危机信息发布者，其关键就是首先要建立一个完善的信息发布机制，进行危机信息公开与发布的制度化建设，其中最有效的手段就是建立健全新闻发言人制度。在当今社会，先进的信息传播技术和发达的信息传播渠道，使得人们获得信息要比以往更加快捷而广泛。而此时政府作为最集中、最权威的信息源，应该增加危机信息的公开性和透明度，向媒体和公众及时、真实地提供和发布信息。反之，如果政府一味封锁消息，只能使自己陷入十分被动和不利的境地。

> 2008年9月，山西临汾襄汾发生重大溃坝事故。事故发生后，当地政府主要领

导人第一时间赶往事故现场，作为事故信息第一时间的掌控者和发布者，当地政府领导人选择了“欺上瞒下”的错误决策，有意隐瞒灾难事故真相。一方面将事故原因由“人祸”推给“天灾”，并在新闻通稿中强调“因暴雨引发泥石流”；另一方面瞒报事故灾难人员伤亡实情，只公布“1 死 1 伤”的伤亡结果。以致新华社、中央电视台等多家主流媒体都以“暴雨说”发布了灾情信息，而临汾市政府的有关领导也因“1 死 1 伤”的轻微伤亡事故而很快打道回府，并将事故原因层层上报给中央。结果“中央信以为真，派来了泥石流专家，专家一到现场就蒙了”。当地政府有关领导的瞒报行为最终让地方政府陷入被动，国务院调查组很快就认定襄汾溃坝是一起特别重大的责任事故，山西省长孟学农引咎辞职，副省长张建民被免职。

因此，各级政府应该高度重视危机信息的发布和决策，尤其要重视新闻发言人制度的建设。政府新闻发言人的职责是通过新闻媒体让政府部门与社会公众进行良好的沟通，并且确保新闻和信息发布的权威性和一致性，从而有助于在媒体和公众面前建立政府部门的公信力和良好的社会形象。

当然，除了政府建立完善的新闻发布制度外，政府在信息发布方面与媒体开展良好的沟通与协作，也是政府担当好危机信息发布者和协调者角色的关键所在。新闻媒体具有信息传播速度快、影响范围广等特点，在进行危机传播方面能够发挥十分强大的作用，诸如“非典”危机时期的全民总动员、“5·12”汶川大地震时期媒体史无前例地对灾情信息进行的大规模和全天候的如实报道等，无不显示出了新闻媒体对整个危机事件发展的积极影响和推动作用。危机时期的信息发布与传播仅仅依靠政府是不够的，一般情况下单纯依靠政府的传播途径很难达到预期的效果。而面对危机事件，新闻媒体是政府和公众之间最有效的沟通媒介和渠道，通过新闻媒体的报道，民众能够及时了解政府对危机事件的判断、态度和对策，并能将自己的意见和建议及时反馈给政府，从而做到政府、新闻媒体和公众之间的良性互动。同时，政府除了自身的新闻发布外，通过媒体进行广泛的信息传播，对于遏制谣言、安抚民众恐慌心理、引导民众的行为、降低危机对社会的破坏力等均会起到重要的积极作用。

政府除了进行单纯的危机信息发布之外，还需要对危机信息进行有针对性的分析与控制。政府在危机期间进行信息控制的直接目的，就在于防止危机时期出现公众舆论的错误导向，维护社会稳定。事实上，在危机处理过程中，适当的信息控制是维护社会稳定的需要。在政府的危机信息管理过程中，信息控制主要是指针对媒体及社会公众舆论实行的一种控制，它直接体现在对媒体报道和社会舆论的导向所进行的控制上，包括政府采取措施形成导向性的正确信息传播和政府对社会上已经出现的错误言论的管控与评析两个方面。尤其在危机爆发期，各类信息铺天盖地而来，此时新闻媒体和公众都有可能被一些不实甚至错误信息所蒙蔽，而政府则需要及时作出决策，发布权威信息，并对已经出现的不良信息进行控制与处理，有效引导社会舆论，维护危机状态下整个社会的基本稳定。

6.1.3.3 危机持续期：动员者和引导者

政府在危机传播期间的“动员”具有三个方面的基本含义：其一，指政府对媒体与公众的发动、安抚；其二，包含了政府在危机传播时与媒体和公众的沟通协调；其三，还兼顾对社会性组织的鼓动作用①。无疑，政府是危机信息传播与控制的主导性力量。因此，首先以政府组织为核心的危机信息传播应急管理机构，应该并且能够成为危机信息的聚散地，从而成为权威的信息源。但是要真正做好危机信息传播应急管理工作，仅仅靠政府自身的力量是远远不够的，政府还需要将公众及各种非政府的社会性力量发动起来，将他们整合到危机传播与管理的工作中去。

其次，政府在做好信息收集、公开与发布以及完善内部信息沟通之后，还需要做好与媒体、公众及其他社会组织机构的信息沟通与信息传播的协作联动。在突发公共事件信息传播应急管理中，尽管政府和媒体各有其责任和义务，但不可将二者割裂开来，特别是政府应该建立和媒体之间的良好沟通协作和有效互动的关系。这是因为，“作为公共权力的一部分，媒体和政府有许多共同的目标和职责，媒体的传播效果直接影响着政府管理危机的能力和绩效，媒体是公共危机管理的重要“协理者”。公共危机中，媒体对政府的行为进行监督和制约；政府在对媒体有所约束的前提下又充分加以利用——这种良性的互动关系格外重要，它不但是政府和媒体关系成熟和理性的体现，也是整个社会成熟和理性的体现，更是妥善解决危机的润滑剂。此外，在突发公共事件中，公众是受到冲击最广泛、最直接的群体，也是危机信息传播最重要的对象，公众在突发事件中信息的渴求度最高、需求量最为庞大，因此，公众对政府和媒体提供的相关信息的反馈就显得非常重要，它不仅能够有效地帮助政府进行科学决策，同时还对政府的应急行为起到重要的监督作用。而在这一意义上，公众同样是突发公共事件危机管理和危机传播管理的主体，公众的有效参与是政府在突发事件信息管理中预防和减轻危害、维护国家和社会公共秩序的重要保证。因此，在突发事件信息传播管理中，各级政府及其相关职能部门应当高度重视与公众之间建立起良好的沟通与协作关系。

再次，在危机传播期间，政府还要扮演好“舆论引导”的重要角色。毫无疑问，在重大突发公共事件的应对中，采取适当的措施进行合理而有效的舆论引导，是政府应对危机的重要手段之一。这是因为，“社会舆论是意识形态的重要组成部分，意识形态领域中所呈现的对抗、冲突、斗争或者稳定、和谐的局面，将在很大程度上决定着社会的稳定与和谐。社会舆论是意识形态中表现得最为活跃、最为丰富，也是最具有传播力的一种社会意识，它来源于现实的社会生活又会影响社会生活的发展走向，它更是一个国家、一个政党执政行为的检验剂。因此，在整个危机管理过程中，社会舆论产生着举足轻重的作用，它广泛代表了社会公众对危机事件本身的态度和看法，危机时期社会舆论的倾向性将对政府的危机管理产生十分重要的影响。

2008 年“5·12”汶川大地震发生后，社会公众心理异常恐慌脆弱，各种谣言一度非常活跃，社会舆论需要及时的引导。对此，四川省有关政府部门坚持“谣言止于公开”，通过各种形式的新闻发布引导舆论，动员社会力量，提出了“不讲形式、不讲标准、不讲规格，坚决第一时间公布准确信息和事实真相”的新闻发布要求。

---

① 杨魁．危机传播新论[M]．北京：中国社会科学出版社，2011.

与此同时，他们还专门针对舆情焦点有针对地发布信息。例如，针对北川发生传染性疫情而封城的谣言，他们专门组织了绵阳、北川相关部门详细说明北川县城实行严格管制的具体原因；针对唐家山堰塞湖的谣言，他们跟踪发布了唐家山堰塞湖的险情及抢险进展情况，帮助堰塞湖周边群众减轻险情带来的巨大心理压力；针对个别媒体和部分群众对救灾物资发放的疑惑，他们专门协调纪委监察部门发布了四川对救灾物资实行全程监管的情况，通报了抗震救灾中的典型案例和违规违纪的查处情况，表明了严肃抗震救灾纪律的鲜明态度。凡此种种，这一切都起到了很好地社会动员和舆论引导作用。所以说，社会舆论的导向将直接影响到政府危机应对行动的成败，如果导向错误，或者社会舆论中的不良倾向起主导作用，而政府又不能及时有效加以控制和引导的话，将会对危机应对产生不可预想的严重后果。在这种情况下，政府进行合理而有效的舆论引导就显得至关重要。

具体来说，“舆论引导”在政府应对危机事件中的作用主要体现在以下三个方面：第一，舆论引导是实现社会稳定的重要举措。社会稳定是社会和谐的前提和保障，在进行危机管理的具体实践中，政府将社会稳定作为首要工作目标，而维护社会稳定的关键就在于舆论稳定，维护舆论稳定的关键就取决于政府的舆论引导能力和水平。第二，有助于危机事件本身的尽快解决。危机事件发生后，政府对社会舆论进行正确引导，可以起到广泛的社会动员、社会组织的功效，将社会公众的情绪稳定下来，帮助社会各阶层统一认识，这样便有助于政府及时采取措施，迅速集结力量，及时转化危机。第三，有助于防范新的危机和类似危机的出现。在危机结束后，政府和媒体在对危机事件进行全程信息发布报道中，对危机发生的原因、背景，以及应对中的经验、教训等及时进行总结，并广泛告知公众，从而可以在全社会形成广泛的危机规避和防范意识，以降低再次发生类似危机的风险①。

6.1.3.4 危机恢复期：思考者和评估者

一般而言，到了整个危机发展的后期，危机造成的各种危害与不良影响已经处于一个得到完全控制的范围之内，社会生活正在逐步走向正常，开始步入正常的社会生产生活秩序。这时，政府危机应对的工作重心应当转向危机传播的信息善后工作，即进一步做好危机应对过程中相关问题的思考及善后的反省和总结工作。同时，政府危机管理部门的重要职责之一，就是对整个危机信息传播过程进行调查评估并从事件中获益，利用信息传播管理部门的特殊优势，积极配合整个危机的事后恢复与重建工作。

事实上，每一次危机都会给人们带来许多经验与教训，这些都需要人们进行深刻的反省与思考，而政府作为危机管理和危机传播管理的主导性力量，当然要义不容辞地承担起“思考者”的角色。具体来说，政府首先要重视关于危机的经验与教训的事后总结工作。在危机结束期，政府的主要工作就是进行善后的救助与恢复重建，但是对于整个危机应对过程中所取得的一些成功经验的总结与推广，以及一些失败教训的总结与反思也不容忽

① 杨魁. 危机传播新论[M]. 北京：中国社会科学出版社，2011.

视。对此，在危机应对的后期，政府信息传播应急管理部门应该组织专家小组对整个事件进行核查，对相应的信息管理工作进行审视，在做出系统总结后要作为重要的善后成果报告上级政府主管部门。此外，还要将其中重要的经验和教训转化成为普及性的知识，及时向目标公众或主流媒体发布，改善和优化危机中可能存在的各方信息沟通不畅的危机传播机制，增强和提高人们的危机传播意识和素养，积极引导舆论，恢复和塑造政府的良好声誉和形象。危机后期，社会秩序的重建至关重要。这时，政府信息传播管理部门的重要职责就是发动“舆论攻势”，积极进行舆论引导，引导社会走向正常轨道，重建社会秩序。

此外，在危机传播管理工作结束以后，政府还要对自身在危机传播中的各项工作、措施及传播效果进行全面的评估，以求总结经验、发现问题，并为进一步完善政府的危机传播管理机制奠定基础。其实，开展政府危机传播工作的评估是政府危机管理的一个有机组成部分，由于在危机管理过程中政府的绝大部分努力都花在对危机的应急处理上，所以通过事后评估帮助政府总结经验和教训就显得具有十分特殊的意义和作用。事实上，如果评估工作能够做得认真、客观，对于完善政府的治理机构和制度，提高政府的管理效能，进而建立和健全政府危机传播应急机制，都会产生十分积极的效果。

6.2 危机传播与媒体议程设置

6.2.1 媒体与危机

在大众传播时代，媒介的“双刃剑”属性越来越明显：一方面，媒介为人类社会创造了有目共睹的福祉；另一方面，媒介也为社会发展的结构、规则和秩序带来了巨大的挑战和威胁。具体到危机管理领域，正如研究者达成的一个共识：媒介既是化解危机的利器，同时也是引发、扩散和恶化危机的“造反派”。应对媒介的“黑白脸”，是现代危机管理的基本内容之一。

然而在危机中管理媒介，并非召开几场新闻发布会、提供几篇新闻稿、接受几次新闻采访那么简单。没有科学媒介观的指导，缺乏对媒介运作机制和发展变化的考察，就无法从战略的高度把握和使用媒介。危机管理专家迈尔斯和霍卢莎曾指出，“组织陷入名誉扫地的处境，在多家媒体竞相抢报负面新闻中一蹶不振，大多是因为它们并不了解媒介，而非在媒介面前无所作为”。本节从探讨媒介的议程设置入手，在分析媒介对危机作用机制的基础上，考察可行的媒介管理途径。

媒介的概念，历史上存在两种界定：一是信息传递的载体、渠道、中介物或技术手段；二是从事信息的采集、加工制作和传播的社会组织，即传媒机构。两种界定代表了人们的两种媒介观：工具论和主体论。前者视媒介为社会改造的工具，后者则强调媒介作为次级系统对社会大系统发展的能动意义①。

当前，新技术不但直接创造了互联网络等全新的媒介形态，而且与既有技术相融合，迅速改进了报刊、广播、电视等传统媒介的传播方式，媒介以更强大的力量渗透于社会系

① 郭庆光．传播学教程[M]．北京：中国人民大学出版社，1999.

统的每一个角落，无论是政治、经济、文化等宏观社会领域，还是人们的日常生活，乃至诸如正义、民主、自由和良知等心灵之维。媒介连缀、编织了整个社会系统。危机传播中所有的组织和个人都无法离开媒介而生活，这实际上延伸了麦克卢汉的工具论：媒介即信息，而信息即新时代的生活。如此逻辑和历史的统一，建构了一个新的范式：媒介即生活。

人们较早便注意到媒介对社会现实的改造，美国学者李普曼等人曾提出“拟态环境”的概念来阐释这种改造的机制。显然，这种关注是有意义的：哪种力量改造了社会现实，也就意味着它在一定程度上制定了社会现实的规则：媒介通过信息的生产、加工和传播，构筑了与社会现实不尽相同的媒介现实。然而媒介系统的迅猛发展，使之逐步获得了超越单纯记录、复制社会现实以及创造自身现实的能力。传播的符号流、意义流使整个世界被描绘、转述和再造为一个象征的体系。媒介不再只是时代舞台上的一个道具，不再只是一面镜子，而是成为相对分散的社会个体而言更为强大的剧作者之一。在这部剧目中，媒介现实与社会现实相互突围，边界变得暧昧、模糊。于是，异于传统社会的人类画卷展现在我们面前：广告引导消费、新闻设置议题、媒介观形塑世界观、虚拟空间成为人生舞台。

人们为媒介的发展感到欣喜，因为它确实解决、改善了人类社会的诸多难题，人们也同样心怀焦虑，因为媒介同时带来太多的困境：媒介对商业利益的追逐，打造了一个充满诱惑的文化工业，内容的平庸、低俗和偏执使大众文化成为一个宗教，精英文化于消解中光芒黯淡；媒介系统发展的不平衡，带来了全球范围内的信息鸿沟，文化霸权、媒介殖民应运而生，甚至在一国之内媒介也成为阶层分割的主导力量。每一组织和个体都处在媒介勾画的生活图景、主导的现实环境和利益驱动的轨道之中，聆听它的福音，也时刻接受它的挑战。

6.2.2 危机传播中的媒介角色定位

媒介即生活，或者说媒介在信息化语境下与其他社会系统的相互建构和复杂互动，意味着媒介是无处不在的挑战者。而媒介特有的社会功能及其形成机制，则揭示了媒介作为挑战者的挑战方式和可能结果。挑战者，是我们在危机管理研究视角下为媒介确立的角色定位①。这一定位至少给我们三点启发：

第一，媒介将组织及其利益者乃至更大的社会系统联结在一起，使社会公共性成为危机与生俱来的属性。媒介全面渗透人类生活，从而为危机注入社会公共属性。以自身有限资源逃避众多媒介的无穷触角，显然是不可能的。然而遗憾的是，至今仍有太多的社会组织在危机中总是试图躲避、打压媒介，结果多是徒劳，甚至适得其反。

第二，媒介对社会现实的监测和解释机制，使之能够迅速捕捉组织发展中的异常和问题，探求其根源和危害，而后通过议程设置功能将其置于社会公众的视线中心，形成充满激流和漩涡的危机传播环境。换言之，对危机事件的高度敏感、大规模报道和深层次挖掘是由媒介的本质属性决定的。

第三，意识形态集团的管制、商业利益的驱动、从业人员的把关以及其他社会系统的

① 胡百精．危机传播管理[M]．北京：中国人民大学出版社，2014.

影响，使媒介客观上成为一个权力的场域。场域之上，各种权力展开博弈——无论是其中某种权力取得相对优势，还是各种权力汇成合力，当这些权力对身陷危机的组织不利时，便可能借由媒介的力量行使出来，使组织面临巨大的权力挑战。而通过媒介行使的权力，在表现形态上即是通常所说的话语权。从这一意义上看，在危机中如何应对和利用媒介，实际上就是如何参与话语权的较量和争夺。

美国的埃克森油轮泄漏事件，则全面展现媒介在危机中是如何向组织发起挑战，并深刻影响公众舆论的。1989年，埃克森公司的一艘油轮在桑德王子港口的封闭水域搁浅，造成很多鱼类和植物死亡。公司首席执行官劳伦斯·罗尔在事发六天内没有露面，但是他并没有躲起来，而是做了大量工作化解危机。譬如，在事发后第十天，埃克森公司在媒介上发布了整版广告，通报事件经过和处理措施。不幸的是，罗尔和他所领导的公司缺乏有效的媒介应对机制，致使媒介的挑战几乎将他们所做出的努力化为乌有。这突出表现在如下三个环节上：

第一，媒介反复强调油轮泄漏带来"巨大灾难"，是"不可饶恕的罪行"，而对埃克森公司的补救措施则置若罔闻。最终，几乎所有公众都认为"罗尔在消极怠工"，"埃克森在逃避责任"。

第二，罗尔接受了哥伦比亚广播公司的采访，当被问及"如何清除水中的油污"时，他回答说"我不清楚油污处理的技术细节"。显然，罗尔是诚实的，作为首席执行官他的确不甚了解技术细节。但是，媒体却抓住这一点不放，评论罗尔的回答是"麻木不仁，盛气凌人"的，节目播出不久，公众认定罗尔是"一个高傲、不负责的家伙"。

第三，法院对埃克森公司做出了初审判决：支付9亿美元民事赔偿费、1亿美元罚款。罗尔对外宣称，"这些赔偿对公司财政影响不大，对公司收益和运营无足轻重"。结果，媒介立即指责埃克森公司缺乏悔改之意，法院则以"埃克森公司可以消化更多的罚款"为由收回原判，要求提高赔偿费用。

危机管理专家巴顿评论说，埃克森公司以高昂的学费上了"媒体一课"。在全球各地，有太多的"学生"像埃克森公司一样，前赴后继地缴纳高昂的"学费"。

不了解媒介的议程设置机制，缺少有效的应对之策，这样的悲剧仍将在不同的组织身上重演。

6.2.3 危机中的媒介信息处理模式

6.2.3.1 泄洪模式

危机发生后，组织往往面临媒介造成的诸多困局：

第一，媒介的主观故意或客观失误造成报道偏差，形成以讹传讹的不利传播流。在很多情况下，危机中的"真实性"无法得到验证，组织与媒介对事实的理解也可能全然不同。一方面，媒介通过自己的观察做出判断，不断放大危机的种种"异常"；另一方面，身陷危机的组织可能因慌乱无措做出不理智的回应。由此，真相被变幻莫测的表象所掩盖，媒介或者主观臆测，或者客观失真，为公众描绘了一幅“可能是真的”的画面。公众一旦不加质疑地接受，以讹传讹的传播流便会发生。有着丰富危机管理经验的澳大利亚研究者哈罗德·斯图尔特曾指出：危机突如其来，媒介和我们每个人一样，起初是凭着主观感受做出判断，失实报道在所难免，问题的关键在于如何减少他们的失误。

第二，媒介穷追不舍，刻意刁难。记者一嗅到危机的气息，便会像抓到明星的绯闻一样兴奋——尽管这句出自国内某著名企业新闻发言人的话不太体面，却道出了万般无奈。从现场发难到街头拦堵，从乔装打扮到突然袭击，从同行刺探到巧施连环套，采访手段层出不穷。尤其是身陷重大危机，组织于迷途中遭遇的，首先是媒介布下的荆棘的丛林。

第三，在突发的灾难现场，记者蜂拥而上，严重阻碍急救工作。美国学者皮恩伯格和杜因在描述 1987 年西伯格渡门灾难时写道：消息刚刚传开后，大量记者迅速赶到，他们有的拦住正争分夺秒抢救伤员的急救人员，有的爬上输送急救队伍的船只，有的无休止地跟踪和骚扰受害者亲属，有的冲破警戒线将现场秩序搞得混乱不堪，最后组织者不得不叫来警察威吓他们。事实上，警察的干预往往也是收效甚微，记者总是能找到危机的孔隙，钻入其中，寻觅自己认为有价值的东西。

在实践中，组织遇到的媒介困扰远比上述三项还要复杂。例如，捕风捉影被当作铁证如山，片面之词被视为权威解读，少数媒介的煽风点火引来众多媒介的一哄而上，组织的失误被无限放大、努力补救则被熟视无睹，等等。这些都要求组织积极行动起来，采取行之有效的应时之策，迎接媒介的挑战。

从各国危机管理的实践和研究成果来看，媒介应对策略的“泄洪”模式越来越受到重视和认可。所谓泄洪模式，实质上是：堵不如疏——危机洪流翻江倒海，简单围堵必遭决堤之险，不如倾其流势，修补堤岸，于疏通中改变航向。这是一种积极的应对策略，既然媒介无可避及，任其臆测不如勇敢面对。同时，“泄洪”模式也基于另一点考虑：避免或削弱其他社会主体（如竞争对手）影响媒介议程，发出对组织更加不利的声音。总体来看，“泄洪”模式的采纳和实施，应注意以下五个问题：

第一，及时、准确地向媒介发布信息，让自身成为媒介的主要信息源。这一点前文已有所论及，不再赘述。

第二，避免同媒介发生冲突，合作而非对抗是压倒一切的任务。罗伯特·希斯指出：“任何指控媒介有报道倾向或公报私仇的行为都会促使所有媒介团结一致，捍卫整体利益。”① 媒介代表社会的公共利益和主流价值，遵循一种“承载民意”的强势运行逻辑，即使出现报道偏差，也会得到“言论自由”、“满足公众知情权”、“合理质疑权”等诸多制度性庇护。因此，组织不宜在危机中重演堂·吉诃德挑战风车的悲剧。否则，媒介的“集体捍卫”将会把危机情境弄得更糟。即使对那些蓄意造谣滋事的媒介，也应慎重考虑应对之策，提起诉讼是必要的，但要在胜券在握的时机下发起反击。

第三，启动“清淤”工程，提供关键信息，解答关键问题。媒介是依照特定的“框架”选择报道议题的，对信息的筛检总是存在特定的优先序列。对组织而言，为记者提

---

① ［澳］罗伯特·希斯．危机管理［M］．王成等译．北京：中信出版社，2001.

供他们最关注问题的答案，实质上就是“泄洪”中的“排堵”和“清淤”。当记者获取了危机的关键信息，他们的工作压力就会减轻，无端猜测和以偏概全也会随之减少。这就要求组织了解媒介需求，找准关键问题，拟定解答方案，实现媒介管理的重点突破。对那些尚无定论的问题，也要“三思而后言”，提前准备好最适合的托词。被采访人切忌在没把握的情况下做出主观臆断，否则很可能自食其果。理智的做法是，明确拒绝采访人的臆断或有关臆断的怂恿，告诉他们这样做毫无意义，没有什么比遏制危机、降低损害更值得投入时间、精力和资源的了。

第四，就事论事，谨慎发表意见。传播的效果可区分为三个基本层次：认知、态度和行为。议程设置假说研究表明，媒介在形成公众认知效果层面功能强大，但在改变态度和引导行为层面则是脆弱的①。因此，组织在危机中面对媒介，要把重点放在对具体事实的描述和解释上，而非高谈阔论和指手画脚，任何“我认为……”、“我觉得……”都可能为记者的无穷追问和主观臆断打开缺口。在明确根本立场和主要原则的前提下，组织要慎重发表意见性信息。这其中，尤其要避免对组织内部成员、相关责任单位的批评，对肇事者和竞争对手的指责也需伺机而动。否则，内部消耗、推诿塞责和更大的抨击浪潮将随之而至，这些也将成为媒介报道的新素材，导致危机局势进一步恶化。

第五，控制媒介活动范围，减少信息“渗漏”。这里的“范围”，包含三个内容：特定地点、特定时间和特定人物。特定地点是指要在合适的场所接待记者，确定记者能参与和不能参与的范围。最好的方式，是在危机现场指定地点、新闻发布会召开地点、安排好的记者访谈地点等可控制区域与媒介进行对话。特定时间是指在合适的情境和局势下接待记者，把控信息发布的时间节奏。一般来说，要尽可能快地对媒介和利益相关者做出反应，公布危机状态和事实真相，表明自身态度和立场。但是，不宜急于告知尚不确切的结论，否则反为其所害。特定人物是指要明确危机新闻发言人，由专门人员向媒介“接招”，避免众说纷纭，口径不一。记者有时会避开新闻发言人，找到组织其他员工进行随机的打探和盘问，这就要求组织必须提前做好准备，进行必要的全员危机管理培训。一个合格的员工应当这样回答记者：“你提出的问题我也很关注，但是你应该去找我们的新闻发言人，他更了解情况，可以为你提供更权威的答案……”

6.2.3.2 危机信息加工

组织提供给媒介的信息，是在有效监测、科学评估和系统处理的基础上得来的。换言之，媒介发布的危机信息，应是认真加工过的半成品或成品信息。这一信息加工的过程包括两方面的内容：确定信息题材和内容、规划信息发布形式。

信息的题材，即信息发布的内容，要视媒介的需要、公众的需要和危机演进的现实情况而定。题材的选择要注意处理好如下几个问题：

第一，主题先行。这是影响媒介和公众议程的内在要求，主题暧昧不清的信息只能招来更多困惑和质疑。主题来自问题，每一条、每一组危机信息的发布，首先都必须明确其主题，以针对性地解决相应的危机问题。与此同时，不同信息的主题要内在一致，相互呼

① 郭庆光．传播学教程[M]．北京：中国人民大学出版社，1999.

应，统一于危机管理的大主题之下。

第二，巧选角度。危机变幻莫测，人们总是从不同角度进行解读。组织应选取“最抓人”，最能吸引注意力、最有利于传达自身意见的角度处理和发布信息。加拿大惠特民公司是一家飞机发动机生产商，一架装有该公司发动机的飞机在美国境内飞行时，遭遇了一只叼着兔子的老鹰的袭击。老鹰抛弃了兔子，而兔子刚好撞击到飞机发动机上。紧急降落后，地勤人员发现飞机发动机只受到轻微损害。惠特民公司的公关人员立即策划了系列报道，精彩演绎了这个传奇故事，极力宣传公司产品的安全可靠，使公司声誉大增。

第三，注重时效。有些题材信息的价值稍纵即逝，组织应迅速抓取，使之时新性唤起媒介和公众关注。对那些看起来已过时的信息题材，如对化解危机仍有益处，组织应想办法为之注入新的要素，提升其新闻价值。

第四，受众本位。媒介报道的出发点和落脚点都是受众需要，因此组织在信息题材的选取上要进行换位思考，从受众的关注点、兴趣点出发确定题材。要使信息发布符合媒介的报道要求和受众的接受习惯，唯此方能达到预期传播效果。

第五，权威评价。要争取权威机构和专业人士对相关题材信息的有利评价。他们的评价对媒介和公众有着较强的诱导性和说服力，能够有效改变媒介和公众的主观偏见。

6.3 意见领袖与危机传播

美国学者罗杰斯认为，传播流由信息流和影响流两部分构成；信息流可以直接由传者到达受者，而影响流则较为复杂，需要多级传播方能到达受者①。罗杰斯在研究中发现，传者很难通过自身的信息传播直接改变受者的态度和行为。拉扎斯菲尔德、麦库姆斯、肖、科恩、麦奎尔等人的研究也表明，即使强大的大众传播在影响人们“怎样想、怎样做”方面也是脆弱的。因此，影响流的引导和控制是传播管理最大的挑战之一。在危机状态下，组织面临的一个难题也是影响流的管理——即使信息畅通、人尽皆知，但人们并不轻易放弃自己的立场，对组织言听计从②。

在实证研究的基础上，罗杰斯提出了意见领袖的概念，他发现人们对特定信息的评价和据此采取的行为，总是受到少数权威的影响。这些权威影响着人们对某一事物的看法，是指引人们形成某种意见的“领袖”。罗杰斯认为，发挥意见领袖的作用是引导和控制传播影响流的重要途径。罗杰斯的贡献为危机沟通管理提供了劝服模式、沟通技巧之外的一个新视角：发现和利用意见领袖，使不利影响流的改变成为可能。

6.3.1 谁是意见领袖

对于一次特定的危机来说，谁是影响民意的意见领袖？他们有哪些特征？如何找到他们？我们可以从如下几个方面解答这些问题。

① 郭庆光．传播学教程[M]．北京：中国人民大学出版社，1999.

② [美] 沃纳·赛佛林，[美] 小詹姆斯·坦卡德．传播理论：起源、方法与应用[M]．郭镇之等译．北京：华夏出版社，2000.

6.3.1.1 意见领袖的归属

意见领袖来自大众，从一般社会角色上看与其他利益相关者没有明显的、本质上的区别。在他所活跃的群体范围内，他与被影响者一般处于平等地位而非上下级关系。他是群体成员生活中熟悉的人，如亲友、邻居、同事等——人们对他有一种天然的信赖，因而他的意见显然比其他信息源更具说服力。

在人际传播中，作为传者的意见领袖和作为受者的周围人群进行直接的、生活化的互动，亲切、随意的沟通环境，深入、及时的信息反馈都有助于互信的达成。更重要的是，意见领袖与周围人群有着共同的群体规范和群体利益，这从根本上确保了彼此之间建立共识的可能性。换言之，“自己人”的认同感使意见领袖在传播的信度和效度方面有着不可替代的优势。

6.3.1.2 意见领袖的特征

意见领袖最主要的特征，在于其对特定问题理解和评价的权威性。尽管同一群体的人们之间总是存在这样那样的同质因素，比如大体接近的生活方式、话语习惯和利益主张，但每个人的成长经历、个性、经验、知识和偏好各不相同。有关特定问题的信息传播开来后，总是首先引起一部分人的注意，而这其中总是有少数人关注度更高，兴趣更强烈。他们对这一问题的信息更敏感，获取途径更多样，加之既有的知识背景和生活经验，他们总是比其他人更全面、深入地理解和评价这些信息。由此，这少数人便在群体中掌握了对这一问题的权威话语。

举例来说，在一个企业组织中，总是有人对生产、管理、财务、营销甚至老总的私人生活等问题比其他人更有话语权；在一个政府单位中，总是有人对上级指令、下属反应、政策变动、人事更迭等问题比其他人更有话语权；在一个班级中，总是有人对特定学科领域的问题、学科发展的动态、教师的教学与研究能力、学习方法等问题比其他人更有话语权；一个朋友圈儿中，总是有人对时尚、潮流、减肥、恋爱等问题比其他人更有话语权。他们对这些问题的理解和评价，将成为群体其他成员意见形成的指导性因素。这些人便是意见领袖。

在危机状态下，每一个利益相关群体中都有少数人扮演着意见领袖的角色。他们之中，有人对危机根源、诱因的看法，影响着其他人对危机的认识；有人对危机发展、变化的分析，影响着其他人对危机的预期；有人对危机损害的估量，影响着其他人对危机的判断；有人对引起危机的组织的评价，影响着其他人对这一组织的印象；有人对组织所发布信息的态度，影响着其他人对这一信息是逆反、抵御还是理解和接纳。由此看来，危机管理者如果能够赢得意见领袖的同情和支持，在一定意义上看也就赢得了他所在群体的更多人的同情和支持。这显然对危机沟通管理大有裨益。

6.3.1.3 寻找意见领袖

既然意见领袖在改变群体态度和行为中位居要津，那么如何发现、找到意见领袖呢？组织对意见领袖的确认，有以下三个突破口：

第一，深入利益相关者群体，观察人们在危机中的活跃度。危机突袭，泰山压顶，大多数人基于寻求安全的社会天性而抱着从众心理，依循群体行为。作为“少数派”的意见领袖与大多数人不同，他们总是积极奔走、四处打探、为自身和群体利益大声疾呼。因此，活跃度是发现和确认谁是群体中意见领袖的第一个切入点。

第二，通过多渠道主动寻访，让人们提供意见领袖的线索。组织可以利用见面会、现场沟通、热线电话、BBS、信函等渠道，主动向利益相关者询问他们所相信的意见领袖。例如：谁是你们当中的代表？你们更愿意相信谁？他在哪儿？能否让他与我们对话？有时，群体成员在危机中会自发推举自己的代言人，这对组织来说是一个比较理想的效果，一定要珍惜这样的机会。所谓“珍惜”，包含两层意思：第一，切忌把群体成员推举出来的代表当作对立的敌人或挑战者，恰恰相反，他是影响这一群体态度和行为的“中间人”，是沟通管理中可贵的关键角色；第二，如果经过接触和考察，发现群体成员推举出来的代表不适合、不利于有效沟通，则要想办法动员群体成员推举新代表。一个技巧性的做法是“掺沙子”，以想和更多人沟通的名义，让新代表同时介入对话和谈判，而非简单地拒绝或排斥原有代表，否则将带来更大的民意风险①。

第三，在危机影响范围较大、波及很多利益相关群体时，要着重在核心利益相关群体里寻找意见领袖。在危机沟通管理中，旨在改变利益相关者态度和行为的意见性信息，不可能像告知性信息那样可以通过大众媒体实现瞬间、广泛传播。面对汪洋如海的社会公众，只能从核心利益相关群体入手寻找意见领袖，形成意见领袖影响核心利益相关群体、核心利益相关群体影响社会公众的沟通机制。

6.3.2 意见领袖的作用机制

提倡在危机沟通管理中重视意见领袖的发现和利用，是由意见领袖的特殊作用决定的。总体来看，意见领袖的作用突出表现在以下四个“转换”上。

6.3.2.1 传播形态的转换

每一种传播形态都有其特定的优势和劣势，形成不同传播形态的集合优势，规避其短处，始终是危机沟通管理的一个核心问题。例如，大众传播影响广泛，对达成公众的认知效果有着独特优势，但在引起态度和行为改变方面往往无能为力；组织传播规范、有序，在危机中特别适于内部动员，但对外传播则不可能像常态那样“名正言顺”，而是受到多元利益相关者的挑战；群体传播和人际传播能够做到直接互动、及时反馈，但如果在危机中缺乏有效引导，则可能陷入混乱，引发过激行为。

意见领袖在整个传播流程中处于中间环节，是大众传播、组织传播两种形态的信息转换为群体传播和人际传播两种形态信息的“中转站”。拉扎斯菲尔德等人的研究证实：媒介和组织发出的信息，公众总是选择性地接触和注意。那些与公众既有倾向一致或大体接近的信息，可能为公众所关注；而那些与公众既有倾向相反或相去甚远的信息，则可能为公众所“免疫”——不闻不见。而意见领袖总是比其他群体成员获取更多的相关信息，

① 胡百精. 危机传播管理[M]. 北京：中国人民大学出版社，2009.

进行更深入的理解和更全面的评价。他可以通过自身的影响力，对信息做出二次扩散。这就使媒介和组织发出的信息，在覆盖面的拓展和理解度的提升方面成为可能①。换言之，如果组织能够对意见领袖善加利用，那么不同传播形态的优势整合便成为可能。

6.3.2.2　信息属性的转换

一般而言，人们习惯将信息按其属性划分为两种类型：一是满足认知需求的事实性信息；二是为人们提供观点、评价和指导的意见性信息。从这一标准来看，新闻媒介传播的信息主要是告知性信息，反映客观事物的发展状态。组织传播的信息是事实性信息和意见性信息的复合体，但在危机状态下，人们总会质疑组织意见性信息的客观性——它是一个圈套吗？是谋利的诡计吗？是编造出来的谎言吗？因此，人们往往对危机中组织的意见性信息持观望、批判和抵制态度，所愿意接受的也只是那些反映事实状态的信息。

意见领袖的传播行为，是对媒介和组织的信息进行加工后的“补强”传播。在此过程中，他会重复和强调群体成员已知的信息，补充未知信息；而他显然又不会满足于此，他总是用自己的意见影响群体成员，群体成员也乐于从他那里寻求意见性信息。因此，意见领袖的“补强”不是对媒介信息进行简单的延续，而是将事实性信息转换为意见性信息；不是对组织信息全盘接受或否定，而是形成自己的意见再通过群体和人际的方式扩散给其他人。

6.3.2.3　符号系统的转换

每一种传播形态都有与其属性相匹配的符号系统。在媒介传播中，报刊利用文字、图片等符号传递信息；广播、电视利用声像和图文符号传递信息；网络则综合了传统媒介的各种符号进行信息传播。在组织传播中，常用的符号载体包括文件、通告、启示、演讲、会议等。

意见领袖与其他群体成员有着大体相同的生活经验和文化背景，有着共同的交流符号系统。在获取媒介和组织信息后，他会通过群体成员最习惯、最便捷、最容易达成理解的符号传递自己加工过的信息。这些符号、方式可能是公开场合的议论，也可能是私下聊天，还可能是人际间的电话、书信和 e-mail 往来，甚至可能是眼神、手势、身体动作等姿态语言。这些人际间的直接互动方式，在确保沟通的有效性方面显然非大众传播和组织传播所能企及。

6.3.2.4　传播流向的转换

报刊、广播、电视等大众媒介一直存在一个为人们所诟病的缺点：单向传播。组织传播可以实现双向互动，但这种双向性有其明显的局限，并且蕴含风险：真正能与组织展开对话、交流的永远只是少数人；一旦沟通不畅便会陷入僵局，甚至可能发生冲突。

意见领袖正是实现上下、内外传通的双向“把关人”。他一方面对媒介和组织的信息

---

① ［美］沃纳·赛佛林，［美］小詹姆斯·坦卡德．传播理论：起源、方法与应用［M］．郭镇之等译．北京：华夏出版社，2000.

进行选择、判断和演绎，然后传达给其他群体成员；一方面对群体成员的意见、舆论进行汇总、归纳和补充，然后反映给媒介和组织。这就意味着如果组织在危机中能够找到意见领袖，并有效利用他们，便能准确掌握舆情，使针对性的双向交流得以进行。因此，意见领袖实际上又实现了一个转换：单向传播向双向互动的转换。即使在网络媒介上，组织也不可能面对所有人进行“点对点”沟通，找到网络意见领袖仍然是一条现实出路。

以上四个“转换”，一方面证明了意见领袖在危机沟通管理中作用强大，一方面也阐述了这些作用是如何发生的。我们有必要重申：重视意见领袖、了解其作用机制，进而通过劝服他们以影响、改变利益相关者的态度和行为，是危机沟通管理的一个重要策略。

6.3.3 意见领袖介入下的危机传播管理

在引入意见领袖的概念后，我们可以为危机传播管理建构一个明晰的渠道整合模式。如图 6-1 所示①：

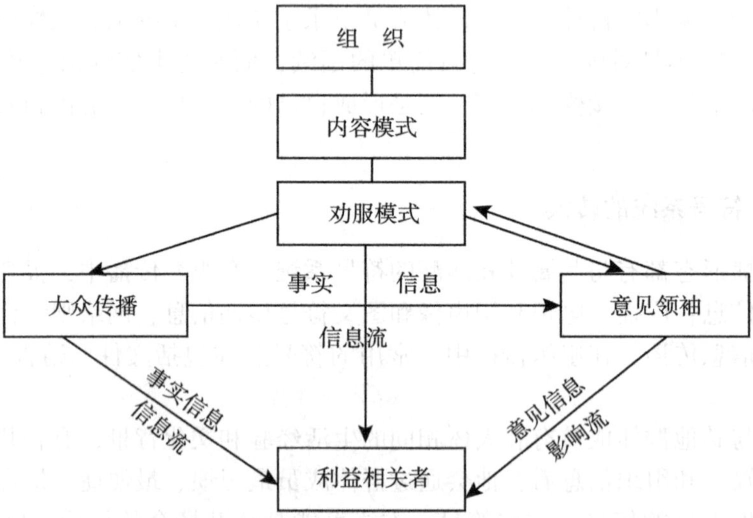

图 6-1 危机传播管理渠道整合模式

这一模式含纳了本章关于危机传播管理的主要观点和结论：

第一，组织作为危机传播管理者，或者说劝服者，按照前文得出的内容规划模式设计沟通内容；而后整合各类劝服要素，创造劝服条件，对大众媒介、意见领袖进行劝服，以争取他们的同情、理解和支持；或者组织直接面向利益相关者进行劝服。由此，大众媒介、意见领袖和组织自身的直接劝服便成为危机传播管理的三个主渠道。

第二，大众媒介向危机利益相关者发送事实性信息，反映危机发展动态和组织管理举措，因而影响着危机传播管理中信息流的走向；意见领袖对媒介组织传递的信息进行解读和加工，而后向所归属的利益相关群体发送意见性信息，因而左右着危机传播管理影响流

① 胡百精. 危机传播管理[M]. 北京：中国人民大学出版社，2009.

的变化；组织还可以通过前文介绍的热线电话、见面会等方式对利益相关者直接进行劝服，通报危机状况、阐明自身立场，因而同时引导着信息流和影响流。

第三，大众媒介可以在较短时间将信息覆盖到广大利益相关者；组织直接劝服可以确保信息传播的规范、有序；意见领袖通过人际互动直接影响群体成员的态度和行为，并实现了沟通的双向互动。因此，这一模式的一个重要优点是主张不同传播形态的优势整合。

以下介绍亚洲金融危机期间，韩国政府恢复投资者对经济重建信心的公关项目，这一项目全面体现了危机传播管理模式在实践中的应用：

1997年，亚洲金融危机使韩国经济遭受重创，大量外国投资者撤出韩国市场，他们“不对韩国的经济重建抱有任何信心”。为了显示经济重建的决心与能力，吸引投资者，韩国政府启动了一个庞大的公共关系项目。这一项目由金大中总统召集的一个高级顾问小组负责。

顾问小组聘请专业研究机构进行民意调查，发现了如下问题：国内外舆论认为，韩国政府缺少有效的经济重建计划；这些舆论主要是那些在世界范围里有重要影响的主流媒体引发的。为此，顾问小组将公关目标确定为：恢复国际社会对韩国经济的信心；保持韩国与世界投资者的关系：目标公众锁定为国内外金融界、国际主流媒体、国际商界与政界的决策者。

在全面研究国内外舆论形势的基础上，顾问小组提炼出劝服传播的四个主题：韩国制定了明确的、有韩国特色的调整计划来恢复国家经济的正常秩序；韩国政府要做经济重建的强力后盾；韩国为外国投资者创造长期、稳定、透明和公平的投资环境；韩国将提供及时、可信、大容量的经济发展信息。

随后，一系列公关活动在世界范围内展开：

（1）组建高级顾问团。在顾问小组的建议下，韩国政府抽选了一批著名金融专家做政府各部门高级官员的顾问：金融专家们帮助韩国政府迅速制定了应对危机的各种措施。这期间，顾问小组协同金融专家开展了一系列活动，如有关信誉评估、投资关系和经济交流方面的研讨会。

（2）全天候滚动宣传。顾问小组成立了一个全球性的宣传和游说团队，团队成员分布于北美、欧洲和亚洲的主要国家和地区：团队利用韩国和国际主流媒体，对国内外金融界、世界主要国家的经济、政治决策者进行24小时的滚动宣传，使之了解韩国经济重建计划。

（3）开展专门培训。顾问小组对韩国经济部门的高级官员（包括各部部长），进行了对外沟通、交流方面的强化培训：培训提高了韩国高级经济官员在面向外国金融投资者时的演讲技巧和沟通技巧。

（4）寻找世界意见领袖。顾问小组认为，要在国际舞台上重塑韩国形象，发出韩国的声音，必须寻找到第三方代言人，让他们充当韩国在世界上的意见领袖。世界银行、有关国际金融机构的负责人、美国、欧洲、日本等国家和地区的商界、政界领袖都成为韩国游说的对象。这些人在大量的国际场合表示了他们对韩国的支持，呼吁世界投资者关注韩国、相信韩国。实践证明，在恢复外国投资者对韩国经济重建的信心方面，这些意见领袖以其第三方立场发挥了独特作用。

(5) 重构媒体关系。顾问小组利用大型国际会议等机会，如在日内瓦召开的亚洲发展银行会议，努力做到与国际主流媒体全方位、深入化的接触和沟通。顾问小组还精心建立了“韩国经济改革与重建信息资料库”，这些资料详细介绍了经济重建的方针、政策和具体步骤，并及时将它们发送给各国主要媒体。与此同时，顾问小组定期召开媒体简报会，向媒体通报韩国经济改革的最新动态。经过努力，世界主流媒体开始传播有利于韩国的正面信息，投资界舆论也渐趋改变。

(6) 创办临时刊物。顾问小组创办了一份反映韩国经济复苏动态的刊物——《复苏的韩国经济》。这一刊物主要报道韩国经济领域的新动向，并以投资报告的形式直接邮寄、投送给投资者及其客户，受到了广泛欢迎。

(7) 应对突发事件。顾问小组制定了经济重建期间的突发事件灵活应对预案，以免公关活动功亏一篑。随机应变成为这次公关活动的一大特色：每一位工作人员都随时等待最新指示和变化。譬如，韩国政府的一位副部长在访问华盛顿的途中，突然接到指示需要立即改变行程，奔赴世界银行向对方澄清一个问题。

(8) 投资公众项目。顾问小组提议政府大胆投资公众项目，以向国内外公众展示韩国政府重建经济的决心。韩国政府的行动备受投资界瞩目，大规模的项目投资使人们坚信韩国经济改革和重建情况良好。

强力的改革计划，配之以上八项公关策略，最终使韩国成功渡过了最严重的经济危机。这次公关项目创造了韩国经济改革和重建的有利环境，恢复了国内外投资者的信心，使韩国经济在亚洲金融危机中比其他国家经济的恢复快得多。

思考题：

1. 什么是议题管理？如何在危机传播中加以实施？
2. 大众媒介在危机传播中遵循什么样的运行逻辑？
3. 什么是“泄洪”模式？它包括哪些具体策略？
4. 在危机中如何处理向媒介发布的信息题材？
5. 意见领袖在危机传播中的作用机制是什么？
6. 如何在危机中找到并利用好意见领袖？

推荐阅读书目：

1. 《大众传媒与地方公共危机传播研究》，陈秀云著，中国社会科学出版社
2. 《突发事件与信息公开：危机传播中的政府、媒体与公众》，贺文发、李烨辉著，中国传媒大学出版社
3. 《公共危机传播中的博弈》，赵路平著，上海社会科学院出版社
4. 《危机传播管理——流派、范式与路径》，胡百精著，中国人民大学出版社
5. 《舆论应对危机传播》，吴小君著，中国传媒大学出版社
6. 《危机传播管理》，汤景泰主编，经济日报出版社

7. 网络舆情与危机传播

☞导论

互联网技术突飞猛进的发展，使得原来只属于少数精英阶层的数字网络普及到大众群体。随着我国网民人数的急剧增加，网络舆情也已经成为管理界和学术界密切关注的焦点之一。新闻学、传播学、社会学、管理学、情报学以及通信学的学术专家们都以各自相关领域的研究方法为基础来对网络舆情演变的过程和规律进行研究。网络舆情正以一种不同于以往传统舆情的演变态势，给人类社会的各方面带来了一系列重大的影响。所以，对网络舆情产生过程和规律演变的研究将有助于政府对网络舆情管理和引导的策略调整。

7.1 网络舆情的形成与发展

随着网络的普及，越来越多的人群选择在线交流沟通，使得网络虚拟社区已逐渐取代人们现实生活中的社会，各种社会中的舆情事件在网络上得以传播、发酵、演变，成为网络舆情事件。网络舆情是网民关于现实社会中和网络虚拟社区中的各种问题所表达的信念、态度、意见和情绪的总和，在网络意见领袖领导和网络群体效应的共同作用下，产生具有相对一致性和持续性的观点态度，并会对社会发展及有关事态的进度产生较大影响。

7.1.1 网络舆情的演变过程

网络舆情演变是指舆情事件从出现到消退的整个发展的动态过程，这个过程具体是指网民群体围绕着某一主体事件，基于不同的目的，在意见领袖的观点指引下，随着传统媒体与网络媒体的不断跟进报道，再加上相关政府机构的干预和引导作用，对这一主体事件的意见态度产生变化的过程。

网络舆情事件的演变通常会经历六个阶段，分别是网络舆情的形成阶段、网络舆情的发展阶段、网络舆情的高潮阶段、网络舆情的衰退阶段、网络舆情的反复阶段和网络舆情的消亡阶段。

7.1.1.1 网络舆情的形成阶段

在网络舆情形成的初始阶段中，某一话题或事件被曝光在网络上，并逐步引起对其感兴趣的网民的注意，使得该信息得以被跟帖评论或被转载传播，这样该事件的舆情影响范围就会逐步地扩大。在新媒体时代，受众在传播过程中的身份发生了很大的改变，他们集受传者与传播者的双重身份属性，所有的互联网用户都可以在网络上发布消息、制造话题，所以网络中每时每刻都会充斥着数以万计的信息。但是，并不是所有的话题都可以发展成为重大网络舆情事件，那些最终能引发网络舆情的话题大多都是敏感话题和重大事件；这些话题先是引起网络“大V”的注意、转载和评论，然后在广大网民中传播开来，进而引起大范围的影响，最终逐渐形成网络舆情事件。除了这些敏感话题之外，社会中的突发事件也会引起广大网民的关注，网民会积极地参与到这些突发事件的传播过程中，对该事件进行评论、各抒己见，从而形成网络舆情。在网络舆情的形成阶段，其信息传播方式符合拉扎斯菲尔德的“二级传播模式”，即网络意见领袖的关注可以加速催化网络上的热点话题，使其迅速地扩散成为重大网络舆情事件。

7.1.1.2 网络舆情的发展阶段

在网络舆情的发展阶段，网民之间针对同一话题的不同观点、看法的相互交流碰撞是这一阶段的主要内容。对于舆情事件，传统媒体与网络媒体都会投入较大的报道力度；传统媒体的报道是全面详细的，而网络媒体则以碎片化的方式呈现出来，广大网民则会通过这些新闻信息报道产生自己的思考，对事件产生不同的态度，逐渐形成两个或多个相互矛盾的观点，并不断地相互辩论，使网络舆情事件不断地发展，舆情不断地高涨。在网络舆情的发展阶段，随着网络舆情事件的演变发展，相关的信息量也会不断地增加，网民对网络舆情事件的关注度和看法也会发生变化，不同的观点、想法之间的交流碰撞推动着网络舆情的发展。

7.1.1.3 网络舆情的高潮阶段

在网络舆情的高潮阶段中，网民对于舆情事件的关注和意见达到了顶峰状态。在这一阶段中，网民们会盲目随意地对网络舆情事件进行情绪的宣泄。特别是由于网络平台上，能将事件发生的过程以图像、音频、视频等更加具体真实的方式还原出来，将网民更真切地带入到事件发生的过程中去，所以在此阶段中，网民很容易将自己的非理性情绪融入其中，跟风似的发表着自己的观点。同时，网民也很容易受到极端情绪的影响，变得焦躁不安，从而形成网络暴力。在此阶段中，各方面的意见矛盾冲突处于最激烈的时刻，各种相似或矛盾的观点都聚集在一起产生共振，产生出强大的舆论导向，网络舆情的威力在这一阶段得到空前的体现。

在这个阶段中，各网络媒体也会对舆情的发展起到很大的助推作用，它们会把舆情事件置于热议话题榜首或首页，以引起更多网民的关注。网络依托其技术优势，可以更加便捷地对网络舆情的态势作出总结分析。但是，随着近些年来网络传媒商业化的开发，网络水军等网络推手利用网络炒作和恶意煽动的方式，使得网络舆情变得愈发复杂，极易产生急剧的负面反应，并滋生群体性暴力事件。在这一阶段中，传统媒体也同样会继续跟进报道，并对网络民众的舆情进行一定的有目的性的引导。舆情演变的这一阶段是相关政府机构需要密切关注的阶段，需要媒体机构、专业的网络意见领袖和相关政府机构的工作人员来合力引导舆情，避免网民情绪朝着恶劣的方向发展。

7.1.1.4 网络舆情的衰退阶段

在网络舆情的衰退阶段中，网络舆情呈现出回落的发展态势。随着时间的推移和各方面力量对舆情的控制，网民对舆情事件的关注度会逐渐转移到对该事件的调查处理结果上，舆情会逐渐回落消退。在网络舆情的衰退阶段，相关政府机构对舆情事件进行调查处理，媒体机构对其报道也会减少，网民们在密切地关注着政府的调查结果和处理方案，对舆情事件没有过多的情绪宣泄。

网络舆情衰退阶段中，网民们极端情绪的回落幅度取决于政府的态度和公信力。在这一阶段中，政府的调查一定要公正客观公开，因为在网络中刚刚回落的情绪非常容易反弹回来。此外，在这一阶段中各媒体对于网络舆情事件的调查处理情况的报道要保证客观公正，避免对舆情事件的过早定性，因为这样容易再次引导舆情往极端方向发展，也会影响和干扰政府部门对事件的调查处理，造成媒介审判。

7.1.1.5 网络舆情的反复阶段

在网络舆情的反复阶段中，网民表现较为平缓，他们关注的仅仅是政府对舆情事件的调查结果和处理方法。网民对于政府对舆情事件的处理结果会产生两种反映：满意与不满意。如果网民对处理结果呈满意态度，那么网络舆情会逐渐消亡；如果网民对处理结果呈现出的是不满态度，那么就会出现不满情绪强烈回升的状况，致使网络舆情高潮再次出现。在这一阶段中，网络舆情的变化主要取决于当事人的态度或相关政府机构对事件的调查和处理态度。近些年来，随着网络的普及，网民的媒介素养逐步提升，任何一种不负责任的回应和敷衍，都会受到网友们的强烈质疑和反驳，引发更多的网民们一起声讨，从而造成更严重的舆情爆发，并有损政府的公信力。例如，2015 年 5 月的舆论焦点，被两则有关女性的社会新闻所占据。先是云南女导游大巴上骂游客，接着是成都女司机行车变道被暴打。起初，这两则舆情事件都以网民怒骂女导游、同情女司机的态度而使舆情发展告一段落。但是，随着新闻后续的追踪报道，两则舆情事件的更多信息被曝光，围绕两起事件的舆情均发生了剧烈反转：游客被曝参加只交 1 元团费的旅游购物团，女导游由遭痛骂一变而为获同情；女司机被打案行车记录仪完整还原事件全貌，女司机从被声援急转而下为千夫所指。一夜之间，一个从地狱回到天堂，一个从天堂跌入地狱。这两个舆情事件的舆情反转现象就能充分地说明这一阶段的舆情发展态势。

7.1.1.6 网络舆情的消亡阶段

当网络舆情事件得到相关政府部门的合理处理和当事人的回应后，各方面的注意力都逐渐转移到下一舆情事件；网民对网络舆情事件的关注度开始减少，传统媒体机构和网络媒体机构对此舆情事件的报道数量也逐渐减少，并开始大量地报道下一件网络舆情事件。舆情事件被定性处理后，网络舆情就已经进入了消亡阶段。在这一阶段中，随着时间的发展，当前的网络舆情事件会慢慢淡出广大民众的视野，网民们的注意力会迅速转移到新的网络舆情事件上。网络舆情演变到消亡阶段，舆情开始真正回落、弱化，并逐步地消亡。网络舆情的衰退消亡需要政府机构与当事人的积极回应与处理，也需要媒体机构的有策略的引导，使其得以消减。

以上六个阶段就是我国网络舆情演变的一般过程。正确快速地判断网络舆情事件在演变过程中所处的阶段及其每个阶段的舆论特点是政府部门及媒体机构及时做出合理应对处理策略的必要前提条件。

7.1.2 网络舆情的传播特点

对网络舆情的传播特点有准确的把握才能够在网络舆情的发展过程中作出有效的应对策略。网络舆情的传播特点体现在以下四个方面：

第一，网络舆情在形成与传播的过程中存在着众多的变量因素，并且这些变量因素呈此消彼长趋势，使网络舆情以一种“波浪状”的形态发展。

网络舆情传播的过程大致为：网络舆情事件的发生、舆论话题的产生、网络舆情开始形成、网络舆情的井喷、网络舆情的消退期。这就是网络舆论传播所说的四个阶段：潜伏期、突发期、蔓延期、终结期①。这几个阶段发生的时间长短并不固定，可长可短，但在每个阶段中影响网络舆情发展的要素基本相同，一般有网络媒体、意见领袖、网民、传统媒体、政府部门及其相关机构。这几个推动因素有时意见趋同，有时意见相左，各方的意见和权力不对等，这些要素的相互作用致使网络舆情在传播过程中以一种“波浪状”的形态发展着。而且，每个要素都对舆情产生影响，每种影响的大小强弱也是不固定的，难以去判断或加以控制。因此，每个细微的变化，有时甚至是网民的一句评论，也会产生不可预料的舆论效果，这些都为网络舆情传播带来了更多不确定的因素。因此，在对待网络舆情传播的控制方面，我们要认真分析各种不确定的因素，既要对这些因素和网络舆情的环境有全面的了解，又要明确网络舆情传播在不同阶段所需要引导的方向和重点。在舆情潜伏期，要加强对网络环境的监测，对于网络舆情中发生的细小变化也要认真对待，及时掌握好网络动态以做好应急方案；在舆情突发期要全面掌握舆情的信息来源，特别是要加大信息公开的力度，保证舆情的正确导向性；在舆情蔓延期，各方面的意见共同影响着事件和舆情的发展，需要我们整合各方面的优势，及时处理事件中暴露出的问题，真正地促进网络舆情健康有序地发展；在舆情终结期要做好善后处理工作，谨防舆论再次高涨。

第二，网络舆情在传播过程中一定程度上消解了“沉默的螺旋”现象，但舆论主体较容易出现“群体极化”的趋势。

沉默的螺旋是指当人们发现自己属于“多数”或“优势”意见时，他们便倾向于大胆地表达自己的观点；但当人们发现自己属于“少数”或“劣势”意见时，一般人就会趋于环境压力而转向沉默或附和②。在网络舆情传播过程中，由于网络的匿名性，网民可以自由地发表自己的言论，不会因为害怕被孤立而保持沉默。所以，从表象上来看，网民获得了更多的话语权，网络舆情在传播中在一定程度上消解了“沉默的螺旋”。但是，在实际的网络舆情传播过程中，网民个体的意见表达还是受到了他人的影响，特别是受意见领袖的影响。少数不同的言论也会被其他网民们反击甚至是孤立，舆情主体的从众心理得

① 田冉，柯惠斯．网络环境下的舆论形成模式及调控分析[J]．现代传播，2010（1）．

② 郭庆光．传播学教程[M]．北京：中国人民大学出版社，1999：220.

以体现，沉默的螺旋现象仍时有发生。在“沉默的螺旋”中的强势意见最终有可能转化为主流意见，导致“群体极化”的趋势，使得网络舆情的发展走向极端。

为了避免这种情况的发生，我们要加强网络媒体和传统媒体之间的互动，可以通过培养“意见领袖”来实现对网络舆情的控制引导。网络的开放性使得网络媒体发挥自身的舆论导向作用更具有可操作性，可以较为容易地引导受众与网络媒体相互配合，准确地把握网络舆情的发展方向。网络媒体中意见领袖具有重要影响力，他们强势的话语权对网民具有较强的影响力和号召力，特别是当受众面对大量无法辨别真伪和偏执极端的言论时，更需要意见领袖的合理引导，通过意见领袖的分析，从而能避免网民在一定程度上的非理性心理，减少群体极化现象的发生。

第三，网络舆情在传播中受“知沟”理论的影响，使其传播扩散呈现出一种非中心化的扩散模式。

“知沟”理论是指：由于社会经济地位高者能比社会经济地位低者更好地获得信息，因此，大众媒介传送的信息越多，这两者之间的知识鸿沟也就越有扩大的趋势。① 在实际的网络舆情传播过程中，社会经济地位高者能比社会经济地位低者更好地获取信息，并对信息进行分析与加工处理，从纷繁复杂的网络舆情事件中找到其根源或解决方法。在网民的文化知识水平存参差不齐的情况下，不同的网民对同一网络舆情事件有着不同的见解，网络舆情传播在发展主流意见的过程中，需要文化程度高、具有社会影响力的“意见领袖”直截了当地发表意见且让众多的网民得到正确的理解，这些“意见领袖”能将自己的见解或看法传达给网民，网民们接受其观点并以此形成一种群体共识在网络舆情传播中得以扩散。

在网络舆情传播中，网络媒体和传统媒体双向互动进行着议题的设置，网络舆论由“意见领袖”传递给网民，再由网民的共同反馈给意见领袖，这两者相互进行意见交流和反馈，以此来影响网络舆情传播的态势。这样一种非中心化的扩散模式有利于网络舆情主体的相互交流，但舆情发展走向的决策权并不是在某个人或某群人的手上，而是由网络舆情主体共同进行控制。在网络舆情的非中心化扩散中意见领袖的作用十分关键，它起到了上传下达的作用，并在媒体和网民间进行着有效的沟通。但是，要注意警惕意见领袖的负面作用，谨防有些意见领袖恶意的引导舆论。

第四，网络舆论事件中信息传播速度快，但信息真实性有待考究。

由于网络提供了较为便利的信息发布平台，并且一些网络媒体对信息审查不严谨，导致虚假信息和谣言在网络上大量出现。例如，自从 2014 年 3 月 8 日马航 MH370 失联之后，全世界的公众和媒体都在追逐各种“最新消息”；但经历了几轮翻来覆去的信息轰炸之后，许多人对这则消息已不再过度的关注。网上流传这样一个段子：“航班失联十来天，每天上午是造谣时间，下午是辟谣时间，晚上是竞猜时间。”不仅网友有这样的观感，还有媒体总结说马航事件在舆论空间陷入了谣言的“漩涡”，这颇能反映新媒体时代媒体在追求信息的及时性的同时信息真实性的丧失。网民对于谣言或不实信息的质疑力较低，这类虚假信息在网络中一旦迅速传播出去，会对社会产生较大的负面影响。网络舆论

① 郭庆光．传播学教程[M]．北京：中国人民大学出版社，1999：232.

的信息来源呈现出良莠不齐的态势，会干扰网民的正确判断，严重的甚至会造成网络暴力，扰乱正常的社会秩序。网络舆情传播中的真实性，需要依靠网民自觉自律，需要网络媒体和传统媒体严格把关，需要各方面共同努力才能提高。

7.1.3 网络舆情的影响

网络舆情对社会的各个方面产生较大的影响，尤其是在公共决策、民主政治以及网民道德的建设方面。

7.1.3.1 网络舆情与公共决策

公共决策是指公共组织在管理社会公共事务过程中所做出的决定，它是公共管理的首要环节，贯穿于整个公共管理的始终①。网络舆情代表着民意，是公共决策所需要参考的最为重要的基础。网络舆情具有反馈性强、民众范围广泛等优点，这些优点可以为决策者做决策时提供非常重要的参考价值。因此，研究网络舆情传播对公共决策的影响，对于促进公共决策的科学化与权威性有着极其重要的意义。网络舆情主要是通过以下几个方面来影响公共决策的：

第一，网络舆情影响着公共决策的发展。

（1）通过广泛的舆论传播，增强公共决策的科学性。网络舆论的匿名性特征，使得网民可以自由地发表自己的意见；对网民们的意见进行整合，提炼出几个主流意见，可以便于决策者真实地、便捷地捕捉到主流舆情；网络舆论指向的公共性特征，使得公共决策更具有科学性。

（2）通过广泛的网络舆论监督，增强公共决策的公正性。加强网民监督，是民主权利的体现。网络的匿名性，使得网络舆论主体敢于真正地去监督一些处于强势地位的对象，从而网络舆论的监督作用发挥得更加充分。“一案两凶”的聂树斌案过去多年却仍没有定论，承认自己强奸杀人的“真凶”王书金至今也没有拿到他的终审判决书，案件已经严重超过了法律规定的审理期限。为避免由于时间流逝而淡化聂案早该到来的正义和公道，贺卫方、何兵等学者和六十位律师在石家庄召开研讨会并签署呼吁书，要求法院尽快启动聂树斌案再审程序。这几年中，法律界和传媒界为聂树斌平冤洗白的呼吁从未停歇。记者赵凌长年跟踪“聂树斌案”，先后为《南方周末》采写五篇报道，为延续舆论对聂案的关注起了关键作用。在这个案例中这个改判是传统舆论和网络舆情的合力，体现了网民舆情的强大力量，一些正义的律师也在为这个不公正的司法宣判做出自己的努力。网络舆情的阐发，在一定程度上矫正了法律制度的僵化性。这一事件充分体现了网络舆情对公共决策的影响，对于维护司法的公正性、加强决策主体以及决策的公正性起到不可替代的作用。

（3）通过及时改正不合理的决策，强化公共决策的合理性。受各种主观及客观方面的局限性影响，决策者作出的决策也难免存在不合理的地方。改正这些不合理的地方有时会是通过决策者自我的反省，但更多的是通过网络舆情的长时间宣传影响，特别是某件具有全国影响力的舆情事件。

---

① 王佃利，曹现强．公共决策导论[M]．北京：中国人民大学出版社，2003：18.

第二，网络舆情贯穿公共决策的始终。

民主决策对我国政治建设的发展起到关键的作用。因而，从决策前的进程，到决策中的效果反馈，再到决策后的修改，都有网络舆情的参与。舆情在整个决策的始终起到的作用有以下三点：

（1）决策前：提供科学判断的依据。在公共决策前，要充分了解舆情，这是决策的基础。只有充分了解了舆情才能提出科学合理的建议，这对社会问题的解决提供了很好的参考作用。只有通过对舆情进行深入的了解和分析，才能更好地作出决策，公共决策做得好坏与听取科学合理的建议是密切相关的。

（2）决策中：及时进行反馈。舆情对决策的反馈作用主要体现在相关政府机构在做出正确合理的决策时要根据当前实际的舆论形势。决策者只有根据广大民众的态度、观点、意愿来判断，这些观点、态度、意愿只有舆情可以作出真实的反馈。

（3）决策后：修改决策内容。相关政府机构在发现已做出的决策并不能解决实际问题时就要调整后续的决策，而调整的依据则是舆情。要通过广泛听取民众的建议，对决策进行判断和修改，才能保持决策的科学合理性，才能使决策更好地为人民服务，才能更好地促进社会的进步。

7.1.3.2 网络舆情与民主政治

网络舆情在政治生活中发挥着越来越重要的作用，网民的民主意识空前高涨，公民越来越主动地参与到政治生活的建言献策中。这一方面体现了言论自由，另一方面也实现了公众的知晓权和接近权，这对我国社会民主化进程起到了关键性的推动作用。

第一，网络舆情主体的政治参与性。

政治参与是指“公民试图影响和推动政治系统决策过程中的活动”①，政治参与是衡量民主程度的一个重要的标准，民众广泛地参与政治有利于提高政策的科学合理性，以此可以纠正决策中的失误现象。民众作为网络舆情的主体，其政治参与的形式、成本、质量等都成为能否发挥网络民主的基础条件。民众通过网络舆情进行政治参与既有优势又有其限制性，其优势有以下三点：

（1）网络舆情主体参与的广泛性促进民主政治的发展。传统的参政形式比较单一，且民众的参与仅限于投票、问卷调查等简单的途径，很多应该享有参政权利的民众没有真正参与到政治生活中来，从而使政治参与缺乏广大的群众基础，也不利于真正的民主政治的发展。而网络的自由性与便利性通过网上参与为更多希望享有参政权利的民众提供了新途径，网民可以在网站上自由地发表自己的意见和建议，网络为政府和民众之间的相互沟通、平等交流提供了一个很好的平台。可以说，网络的发展为民众参与到民主政治创造了新的条件。

（2）网络舆情主体参与的便捷性加速网络民主化的发展。过去受落后的交通、通信手段的限制以及信息传播速度和数量的影响，民众参与民主政治需要花费很长的时间和较多的财力，因而民众的积极性不高。网络的发展将世界变成一个统一的整体，民众参与政

---

① 陶东明，陈明明．当代中国政治参与[M]．杭州：浙江人民出版社，1998：104.

治变得很便捷，只需要通过一台电脑、一根网线就可以在任何时候自由地发表对国家和地方事务的看法。

（3）网络舆情主体参与的效率决定其网络民主的广度和深度。这里的效率是指两个方面，一是指民主政治建设的完备程度，二是指参与主体的自身素质。网络政治为民众提供了一个开放式的网络平台，通过近距离的对话模式，不仅有利于民主政治建设的制度完善，还能对民众的政治参与进行信息化与科学化的管理。在网上的选举，可以在第一时间进行收发、统计选票，及时地公开选票的结果，这增加了选举的科学性和公开性。此外，民众的网络政治参与性也在一定程度上保障了少数派的权利，给予他们表达自己观点的权利，减少"沉默的螺旋"的发生。

网络的产生对于民众参与政治、推动社会民主化的进程具有积极的意义，但同时我们也应该看到某些客观因素也在影响着网络民主的发展。其局限性表现在：

（1）网络舆情主体要有一定的经济基础和技术条件。经济基础即民众要有网络设备，还要经常性对设备投入资金。这点要求看似简单，但不是每个公民都能具有上网的经济条件。技术条件是指民众具备会操作计算机的基本技能。在信息社会，普遍地联入计算机网络已成为实现民主的前提之一①。虽然随着网络技术的发展，对于技能的要求大大降低，但对于我国相当一部分文化程度不高或年龄在 50 岁以上的受众群体来说，掌握这种技能还是一种奢望。

（2）网络舆情主体要有一定的参与网络政治的欲望。很多人不上网，并不是不具备上网的经济和技术条件，只是因为他们习惯通过传统的途径来进行通信和获知信息，还有一部分人对参与网络政治不感兴趣，因而从不利用网络参与电子政务。其局限性还是与"知沟"理论有一定的关系。由于新的传媒不断地普及，贫富差距的不断拉大，"知沟"的差距也在不断扩大，最终还是会影响到民主政治的发展。

第二，网络舆情的互动性和网络民主监督。

网络新媒体促使了传播由单向传播转向双向传播，人们既可以自由地传播信息，也可以便捷地获取信息。网络中的信息不断地个性化，人群也不断地细分化，这样就使权利不再集中在某些群体的手中，而是分散到更多的人和群体中。互联网的出现使得信息的发布和意见的反馈不再是某种特权了，网民在网上充分行使"话语权"，网民通过网络聊天室、论坛、微博、微信等发表意见，找到自己需要的交流平台。网络民意主体的多元化更能直接地反映社情民意，网络的匿名性可以使网民畅所欲言地表达自己的观点，网络舆情的互动性特征可以使网民的意见及时得到反馈，以便能充分地达成共识。网络舆情的互动性为网络民主监督的实现提供了前提条件。

民主政治的发展需要完备的监督机制，我们在大力加强法制建设的同时，往往忽视了社会监督的强大作用。我国的社会监督由于缺少了司法监督与行政监督的权威性，没有具体量化的考量方式，因而成为一种象征性民主的摆设，而网络舆情监督可以使社会监督的效力落在实处。网络舆情监督对于实现民主政治的积极作用在于：

（1）网络舆情监督极大地丰富了民主监督的对象和范围。在网上，民众的视野可以

① J. Y. 基．普遍性服务与因特网的商业化[J]．国外社会科学，1999（1）．

延伸到网络政治的每一个方面，这是以前任何时代的监督形式所无法比拟的。网络舆情监督的发展，扩大了社会监督的对象和范围，加大了社会监督的深度和广度，体现出社会监督大众化、多元化的特征，为实现民主政治的发展提供论了物质基础。

（2）网络舆情具有实际意义上的全社会监督。社会监督的真正作用在于明确了多数人的意愿和主张。对于网上舆情监督而言，只有那些在强大网络信息流中保持生命力的观点和主张才会获得民众普遍支持，只有真正代表大多数民众的观点和主张才会使得有关部门给予高度重视，并准确地给予解决。通过网上舆论监督，政府部门可以准确了解多数人的意愿和主张，能够准确地判断出社会监督的方向。

第三，网络舆情改变了传统的权力结构。

网络舆情削弱了传统的官僚等级观念，使政府组织结构扁平化。被誉为信息时代思想家的美国麻省理工学院媒体实验室主任尼葛洛庞帝教授把权力的分散视为数字化生存的四大特质之首，认为传统的中央集权的观念将随着网络的发展成为明日黄花①。网络对于打破信息垄断和集权控制有着颠覆的作用，而网络舆情更是加速动摇了这种权利结构，其主要影响有：

（1）网络舆情打破了信息垄断和集权控制。掌握信息是掌握民主政治的生命线。在传统社会里，只有高层才能掌握全局性的大量信息，而大多数民众只能靠广播、电视、报纸等传统的信息传播渠道了解局部的信息。现在通过网络的传播，公众和政府官员之间获取信息的范围和数量在时效性上趋同了，这就使得政府官员丧失了垄断信息的优势。网络信息的多元化传播和言论自由的发展，使得民众个人通过网络广泛传播其思想的能力大大增强，过去完全受大众传播控制的舆论将会有大的改变。网络舆情具有的政治民主性将极大地打破过去信息垄断的局面，克服了传统单向传播的不足，也改变了自上而下的集权控制模式。

（2）网络舆情促进了平等交流和政务公开。电子访问极大地削弱了严格的传播等级观念，非中心扩散模式的网络结构使得民众和政府间的交流变得平等化了。由于网络舆情具有匿名性，网民可以抛弃身份、地位、财富等因素，在网上进行思想言论的交流。随着网民参与民主政治的热情的不断提高，政府的政务公开也是势在必行的。如郑州市的“网络问政”力度很大，“心通桥—郑州市网络行政平台”秉着“网络行政路 民意直通车”的理念积极为民众服务，网友踊跃跟帖发帖，对整顿官风、城区道路建设、铁路问题、平抑房价等与政府机构展开探讨。目前，很多政府机构均明确一名领导班子主要成员兼任网络发言人，同时设有一名网络联络员，及时掌握网络信息，在48小时之内回复网民们提出的问题。网络舆情对打破信息垄断和由此衍生的集权控制起到颠覆的作用，打破了政府和大众媒体的话语权地位，促使传统权力结构发生大的改变，更加符合民主精神。

7.1.3.3 网络舆情与网民道德行为

网络舆情包含有政治、经济、伦理道德和社会生活等方方面面，在伦理道德方面的舆情，则包涵了网民的道德行为。由于道德品质是一定社会、一定时代的社会环境渗透作用

---

① 尼古拉·尼葛洛庞蒂．数字化生存[M]．海口：海南出版社，1996：269.

于其构成要素的结果，数字网络技术的日益广泛应用打造出具有虚拟性、多重主体性和无中心性等特点的网络语境，必然对网民的道德意识和道德行为产生重要影响，而且这些影响常常是双重的①。

（1）网络环境对网民道德行为的影响。网络的广泛应用，以及网络的“去中心”化，网络语境的互动性和虚拟性，对网民道德情感产生了双重的影响：一方面，满足了网民自由发表言论的要求，使网民找到了情感的寄托；另一方面，由于网络的匿名性特征，使网民网上活动带有“作秀”的成分，网民之间的关系变得很脆弱和微妙，会淡化和掩盖真实情感。

在此基础上的网民道德行为也具有典型的两面性：一方面，网络语境可以成为网络主体进行情感宣泄的一个平台，不仅有利于网民的身心健康，而且有利于社会的稳定。大部分网民在享受网络社会给予的道德权利时也会自觉履行维护网络道德的义务，这将会大大提高网络主体行为的规范性意识。另一方面，网络语境会造成主体道德行为的异化。这主要是因为网民道德行为的遵守是靠个人内心的信念来维持的，一些不成熟的网络个体会在网络的匿名性下忘却的社会责任，做出一些与传统道德格格不入的事情来。比如网络语言暴力、人肉搜索、谣言等行为。2015 年 5 月北外副教授乔某就因为举报“何炅吃空饷”而被力挺何炅的网友攻击和威胁，甚至连手机号、邮箱、微信、女儿照片等个人隐私都被网友公布，“私信收了 280 页，大部分是辱骂威胁的”。“还有网友扬言要‘殴打我女儿、强奸我妻子’，这些潜在的威胁让我为家人感到担心。”此案例就是“网络暴力”的典型代表。

（2）创建文明的网络舆情环境。随着网络在我国的兴起和网络舆情的发展，政府也在加强网络舆情环境的管理。党中央颁布了《公民道德建设基本纲要》，在规范公民基本道德规范时特别指出：“要加大网上正面宣传和管理工作的力度，鼓励发布进步、健康、有益的信息，防止反动、迷信、淫秽、庸俗等不良内容通过网络传播。要引导网络机构和广大网民增强网络道德意识，共同建设网络文明。”“网络文明工程”的提倡和启动成为我国实行公民道德建设的主要内容。

网络道德原则和规范的制定为网民在利用互联的过程中做出了合理的制约。网民在利用互联网时要遵守以下原则：无害原则、公正原则、尊重原则、允许原则。无害要求任何网络行为对他人及网络是无害的；公正原则要求人们在享受应得的各种权利时，能承担其应有的责任义务；尊重原则要求网络主体应彼此尊重，保护对方的隐私不被侵犯；允许原则是只要涉及他人的行动，权威只能从别人的允许中得来。这些原则的实行有利于网络言论的信息获得良性的传播，也有利于网络言论信息传播获得道德规范行为的保障。

7.2 社交媒体与网络危机

社交媒体时代的到来，不仅仅是一种技术的更新，更重要的是它带来了整个互联网理念和思想体系的升级与换代，网民聚集所产生的集体智慧开始主导整个互联网体系，他们

① 马宁．解读网络语境下道德品质构成要素的变化[J]．经济与社会发展，2005（7）．

所贡献的力量和智慧代替了原来少数人所控制和制造的影响，从而极大解放了个人的创作和贡献潜能，使互联网的创造力上升到了新的等级。随着人们对社交媒体的逐渐熟悉，社交媒体已经成为了我们生活中的重要组成部分，并且在许多方面大显身手，为我们带来了诸多便利。但是，我们在感到欣慰的同时也为社交媒体所带来的负面影响而担忧，社交媒体背景下的网络危机便是其中之一。

7.2.1 社交媒体的传播特点

社交媒体是在互联网技术和数字技术迅速发展的背景下产生的，是一种具有个性化、互动化和细分化特征的新型信息传播方式，部分社交媒体形式甚至能够实现精准投放、点对点的传播，如微博、微信等。从传播主体、传播对象、传播方式、传播内容、传播模式、传播速度、传播效力等方面来看，社交媒体具有以下四大传播特征。

7.2.1.1 传播主体多元化，传播者与受众的边界被打破

传统媒体时代传播者与受众之间存在明显的边界，普通人很难成为信息的传播者。而在新媒体环境下，人们不再是信息的被动接受者，只要通过互联网、手机等新媒体，任何人都可以经济而便捷地向他人传播信息，成为传播主体。

7.2.1.2 传播方式网络化，用户之间的交互性更强

传统媒体环境下，信息传播模式主要表现为直线传播，传播渠道较少且相对固定，传播者对于信息传播具有较强的垄断性和控制权。如今，通过微信、微博等移动应用，任何人可以在任何时间和地点进行信息传播，并能得到及时的信息反馈，突破了传统主流媒体的话语权壁垒，受众与传播者之间的互动显著加强。

7.2.1.3 传播内容复合化，表现形式更为多样

传统媒体往往受到版面、时间的限制，传播内容相对有限，表现形式较为单一。社交媒体则具有信息存储量大、信息搜索便捷等特征，通过搜索引擎可以迅速收集与某一事件相关的所有新闻和信息，还原事件全貌，传播内容复合化。此外，社交媒体的内容表现方式不限于传统的文字、图片等单一形式，可以根据需要在文本、视频和音频之间任意转换或兼而有之。

7.2.1.4 信息接收个性化，信息传播更加及时和广泛

广播、电视等传统媒体要求信息传播与接收必须同步，传播内容稍纵即逝。社交媒体则实现了信息传播与接收的异步性，受众可以任意选择信息接收的时间，也可以反复查阅或收看，信息接收的模式趋于个性化。此外，社交媒体环境下的信息传播弱化了“把关人”的作用，就移动互联网而言，集采写、编辑、发布于一身的网民，可以在第一时间将信息迅速传播开来，实现信息传播的及时性和广泛性。

7.2.2 网络危机的传播特性

随着网络的迅速发展，网络在人们生活工作中扮演着越来越重要的角色，网络媒体也不再是传统媒体的附属，在信息来源上更显独立性，并从深度、广度、互动性上大大体现出其有别于传统媒体的优势。网络给人们的生活带来了巨大便利，也为企业提供了巨大的发展空间，其复杂的网络环境同时也成为各种危机滋生的温床。据有关统计显示，近年来几乎所有危机事件都与网络有关，其中20%的危机事件直接因为网络报道而引发关注；另外80%一般由传统媒体先报道后经网络媒体转发而引起网民关注，成为社会热点。所以，探究网络危机信息传播的特点，对企业或政府进行有效的危机管理都至关重要。网络危机信息传播的特点主要表现为以下几点。

7.2.2.1 网络传播加大了危机发生的可能性

危机自身所具有的特性以及网络传播的特性，使得危机事件在网络环境下的传播具有了独特的特点。

传统媒体有严格的信息审查制度，其信息发布主体是媒体单位，因此其信息权威、慎重。而网络媒体发布的信息则多以“鲜”见长，追求时效性和反常性。网络上个人信息发布渠道的畅通，加大了危机发生的可能性。互联网上个人新闻的发布则加速了问题暴露的进程。美国的英特尔公司的奔腾电脑晶片危机可以说明这个问题。

> 1994年10月，美国一位数学教授发现英特尔公司出产的奔腾CUP执行浮点运算时会有错误数值产生，于是就在某网络讨论区公开了此事，这个消息通过转帖、电子邮件以及网络讨论区得以广泛传播，以至于全球皆知。虽然对绝大部分使用该晶片的用户来说，这个误差都无足轻重，但英特尔不得不在同年底宣布愿意为所有的使用者更换新版晶片。

7.2.2.2 传播速度更加快捷，波及范围更广

我国传统媒体的信息发布受到政府部门的监管，在发布前都要进行严格的把关，另外传统媒体往往需要排版、拍摄、剪辑等流程，这大大延长了信息的传播周期。而先进的网络传播手段不但缩短了传播的周期，而且大大增加了单位时间内传递的信息量。相比传统媒体而言，其必然的一个特征就是无可比拟的快速性。随着互联网、移动通信等新媒体的出现、迅速发展和普及，加拿大传播学学家麦克卢汉提出的“地球村”得以形成，也就是说发生在某地的事件可以通过网络传输到全球的各个角落。6.49亿的网民数量、5.57亿的手机用户，使得看似不起眼的网络危机信息在覆盖率非常高的网络媒体间传播，常常会导致决定组织生死的大危机的出现，地区性危机也会因网络传播而迅速演变成全国性甚至国际性危机。2011年3月由于受日本核泄漏的影响，各地纷纷出现了一股抢购食盐的浪潮，谣言从北到南通过网络和手机四处传播，迅速演变为全国性公共危机，许多城市出现排队购盐、超市断货等现象。

7.2.2.3 信息传播时间更为持久

网络危机信息只需要通过复制、粘贴、转发、群发等方式，就可以将信息迅速大面积地传播，与危机事件相关的信息在网上一经发布，便会被迅速重复多次传播。信息的重复传播使得传播时间更为持久，即使危机已经结束，网络危机信息也会一直存在于网络之中。相关组织机构在危机结束后的较长一段时间内，仍需要继续关注网络上关于危机事件的报道和公众的舆论，加强组织危机应对能力。此外，网络危机信息仍有可能不断被复制、粘贴去误导其他公众，给相关组织造成新的危机。

7.2.2.4 极易引发次生危机

在危机发生后会引发别的危机事件，这种现象被称为“蝴蝶效应”。当企业或政府发生某一方面的危机事件时，如果未能及时在最短的时间内进行强有力的控制，公众或媒体会自发围绕着此项危机进行猜测和造谣，将企业其他方面的失误或危机都挖掘出来，从而引发企业次生危机。如滚雪球般，围绕着主体危机，越来越多的次生危机相继爆发，最终形成一场影响力巨大的危机①。

7.2.2.5 过滤机制缺失

在网络危机时代，人人都是传播者，人人都是接受者，这导致传统媒介中审查和过滤消息的“把关人”在网络传播中的作用被弱化。“在网络上，没人知道你是一条狗”，这句话一针见血地点出了网络危机信息传播的问题所在，网络的匿名性使得肆意攻击成为网民狂欢的最好发泄，造成众多网络信息真假难辨，各种信息肆意传播，导致网络危机发生的概率大大提高。

7.2.3 网络危机的应对策略

7.2.3.1 危机潜伏期预防策略

这是危机潜藏因素发展的重要阶段，虽然危机爆发的苗头还未出现，但企业或政府应该做好危机因素的识别和危机信息的预警工作，尽可能地减小危机发生的概率，以免造成不必要的损失。在这一阶段中需要做好以下两个方面的准备。

(1) 危机信息识别。根据海恩法则可知，任何网络危机都是一个从量变到质变的过程，在危机爆发前，总会有相关的征兆或苗头出现，如果我们能够提前发现和识别这些危机因素，就能够把危机扼杀在萌芽状态。2014 年 4 月 11 日上午，有媒体报道兰州自来水苯含量严重超标，引发兰州市当地自来水危机。全媒体环境下，信息实现电视、广播、报纸、互联网等多渠道传播。自来水苯超标事件发生后，兰州市政府在应对危机前提出：每两个小时通过电视、广播、手机、微博、微信等方式，向广大市民和全社会发布水污染事故应急处置的进展情况。兰州市政府通过多种手段实现信息发布与市民的无缝对接，最大

---

① 梁红霞．危机信息互联网传播仿真研究[D]．哈尔滨：哈尔滨工程大学硕士论文，2011.

限度满足市民对一手信息的需求，避免恐慌情绪蔓延。截止到事发第四天，兰州市政府已召开三次新闻发布会，通过微博、短信平台向全市发布公告、微博信息 80 余条，展现出当地政府较好的媒体使用意识与危机信息识别意识。

在 Web2. 0 时代，企业或政府要做好危机识别的第一步就是要了解和完善自身，包括懂得检测自己的弱点，寻找可能会产生危机的隐患，加强组织内部的沟通以及做好危机应对训练等，只有这样企业或政府才能够及时准确地发现可能导致危机的征兆或苗头。其次，要做好对网络危机信息的监控和管理，监测的渠道不仅包括新浪、腾讯、天涯、猫扑、等各大门户网站和论坛，还包括各搜索引擎、社交网站、视频类网站、相关专业网站以及各大微博平台等。由于网络时代的危机潜伏期很短，企业或政府要按天或按周进行监测和分析，尤其要注意周六、周日的饭前饭后，在这段时间内，网民在线人数较多，并且交互频繁，很容易导致危机爆发。

（2）完善危机预警系统。危机预警不仅是控制危机发展的重要手段，也是遏制网络危机蔓延的关键，只有做好危机预警工作，才能够及时掌握危机发展动态，在处理危机时掌握主动权。目前，在危机信息预警系统的建立方面，我国多数企业和大多数政府部门都处在初级阶段，危机预警系统不完善，预警能力非常薄弱，很难在网络危机处理中发挥出危机预警的作用。应该从以下几个方面来完善网络危机预警系统：

1）完善监测系统。对于企业而言应该完善从各大论坛、门户网站、搜索引擎、专业网站等传播渠道获取消费者对产品满意度的评价、相关质量问题的投诉以及竞争对手举动等相关信息的能力，从而监测出可能产生危机的隐患。对于政府而言则应该加大对政治（包括政治谣言、敌对势力策划等）、社会不公（包括贪污腐败、科教文卫、食品安全、社会保障等）、公共危机事件（包括公共卫生、公共安全、突发性自然灾害等）以及其他社会矛盾等方面的监控和预警力度，及早发现问题，以免发生重大危机。

2）完善危机评估系统。首先要定期对组织内可能发生的危机进行评估，以便发现自身存在的缺陷，及时进行完善；其次要定期对监测到的网络数据进行归类和预测，对未来可能发生的危机类型及其危害程度做出估计，并在必要时发出危机警报。

3）建立危机管理小组。在危机预警系统中必须要建立专门的危机管理小组，并建立新闻发言人制度。危机管理小组成员可由组织内的相关人员和专门危机管理公司组成，小组成员一定要经过专门的危机管理培训。企业或政府应该设置专职的新闻发言人，在危机公关和与媒体沟通时，新闻发言人的一言一行往往能够左右危机的发展。

4）完善媒体公关系统。目前，媒体间竞争非常激烈，为了第一时间发稿以提高收视率和点击率，从而导致了大量未经核实的消息增多，甚至有的媒体不惜捏造假新闻来制造轰动效应。在这种情况下，虚假信息很容易给企业或政府造成危机，如果建立了良好的媒体公关系统，就可以在第一时间利用网络媒体屏蔽或澄清相关谣言。

5）网络危机反馈系统。网络危机反馈系统是指在危机预警的各个过程中，如果发现了危机征兆或苗头，能够在很短的时间内反馈到系统中心。

7.2.3.2 危机爆发期和蔓延期应对策略

（1）加强与意见领袖沟通。“意见领袖”在危机信息传播中起着重要的中介作用，能够在危机的化解中起到积极的作用。在危机爆发后，企业或政府要尽力找到“意见领袖”并与他们进行有效地沟通，借助他们的力量来平息舆论危机。

危机爆发后，并不是所有的“意见领袖”都能够有效地化解舆论危机，在意见领袖的选择方面，企业或政府应该选择影响力较大并且权威性较高的“意见领袖”，如知名学者、相关领域的专家或知名博主等。在与“意见领袖”进行沟通时，沟通技巧很重要。有的企业试图用金钱来收买意见领袖，结果往往适得其反。在沟通过程中组织应该积极地去了解意见领袖的风格，并且经常保持有效对话，最好是高层直接联系，往往一次面对面的谈话，就可以打动他们。在与“意见领袖”进行有效的沟通后，可以让意见领袖从不同的角度发表意见，转移网民的注意力，然后从正面对网民进行引导，从而达到化解危机的目的。

(2) 提高信息公开透明度及公开速度。信息公开透明度和公开速度值越大，危机平息的速度就越快，信息传播也会越早进入长尾期。如果危机当事人刻意回避隐瞒，公众或媒体就会猜测、传播小道消息，使得公众的不安和恐慌情绪加重；相反如果企业或政府在第一时间积极主动发布相关信息，公众对危机事件有了比较全面的了解，就能够减弱公众的恐慌和恐惧情绪，达到稳定人心的效果。企业或政府不仅要在第一时间做出回应，还要公布所有事实真相。在网络发达的今天，想隐瞒任何新闻只是枉然，任何的遮掩都可能引发更大规模的危机爆发。

(3) 提高政府公信力。政府的公信力越大，危机事件的规模就越小，危机平息的速度也越快，所以政府要不断地提高自身的公信力。导致政府公信力下降的原因有很多，近两年网络中曝光出许多官员的“不雅”事件，使得政府公信力大大降低；政府部门运行不够透明、公众的权益得不到保障，也是政府公信力下降的重要原因。重塑政府的公信力，首先要取得网民的信任，而要取得网民的信任，政府必须得很好地履行自己的职能，切实做到为人民服务，满足网民的信息需求；其次，政府要依法执行，切实做到公平公正的执法；最后，还要加强政风建设，加大惩治腐败的力度，建设一支作风优良的服务人民的队伍。

7.2.3.3 危机缓解期和长尾期的修复策略

(1) 连续公开。由于网络危机爆发比较突然，企业或政府往往在爆发期或蔓延期处理危机时比较仓促，公布的危机信息也不够全面。在这个时期，管理者不仅要公布危机发展现状，还要对以前不准确、不全面的信息进行纠正和补充，以免留下隐患。这一阶段，企业或政府要做好媒体公关活动，使得正面信息能够占据网站首要位置，负面消息被不断稀释，不再给谣言的传播提供任何机会。组织应该通过连续不断对危机事件进行解释和评论，提高危机信息的公开透明度，消除公众恐慌和恐惧等不安的情绪，巩固信息权威发布者的地位。

(2) 形象修复。危机发生后，往往对企业声誉或政府的形象产生负面影响，企业或者政府应该在此阶段重塑组织形象。企业可以通过各种方式来进行声誉的恢复和形象的正面宣传。首先，企业可以通过履行社会责任，如关注公益事业、资助贫困学生、关注儿童和老人等来提高企业形象，创造良好的公关气氛。企业在自身发展的同时，也应该在恰当的时候回馈社会，尤其是在竞争激烈的今天，企业能够自觉承担相应的社会责任，就容易获取公众更高的信任度，就更能够预防潜伏的危机，而在危机爆发后也能够为企业开展危机工作提供方便。其次，企业要在第一时间对受害者进行适当的慰问和赔偿，但并不是赔了钱就一了百了，企业应该持续关注受害者，不断地提供帮助。如果有必要，企业领导人应该去看望受害者，这样能够展现出一个企业的形象和显示企业处理危机的诚意，更容易获得受害人及公众的好感。政府则可以通过提高公信力、处罚危机的始作俑者、召开新闻发布会、媒体访谈等方式来消除各种不利的影响，全面恢复形象。

（3）事后评估和反思。事后评估主要包括危机诱因的评估、造成影响和损失的评估以及善后处理工作的评估。危机的事后评估不仅能够总结危机管理中的经验，同时也能够发现组织中的不足和弊端，发现危机爆发的问题所在，通过解决这些问题来完善自身，避免类似的危机事件再次发生。如果企业能够及时地对危机进行评估和反馈，不但能够较快地平息危机，往往还能带来意想不到的发展机遇。政府及相关部门在做好危机的补救工作的同时，更应该对危机形成原因进行反思，总结经验教训，提升自身应对预防和应对危机的能力。政府等相关机构应该充分利用新媒体拉近网民与政府或官员们的距离，进一步提高信息的公开速度和公开透明度，与网民们直接进行沟通。这能够有效缩短政府与网民的距离，在遏制危机迅速传播起到积极的作用。但在这方面政府和相关机构做的程度还远远不够，应该不断加强这方面的建设。

综上所述，在不同阶段应该采取不同的策略来应对网络危机，首先要在危机的潜伏期提出危机的预防策略，包括危机的识别和危机预警系统的完善；其次要在危机的爆发期和蔓延期提出加强与意见领袖的沟通、提高政府公信力、信息公开速度和公开透明度；最后要在危机的缓解期和长尾期提出相应的修复策略。

7.3 网络谣言的辨识与处理

根据《辞海》的解释，谣言指的是“没有事实根据的传闻或捏造的消息”，这个解释所强调的是谣言在性质上缺乏真实性与在成因上的人为捏造。当谣言进入网络时代，搭上网络快车的传播渠道，就呈现出信息时代的特质来，网络谣言也正式成为信息时代尤其是网络环境中不可忽视的一道幽灵。网络谣言之所以异于传统谣言，就在于其是数字化传播时代的产物，通过互联网这种传播介质进行传播，近年来以微博、论坛形式居多；内容上也从传统的口头听传内容转为网络文本甚至具有图像的多媒体信息；影响上网络谣言也更容易侵入到公众的社会生活当中，更深层次地影响网民生活。但在基本性质上，诸如非真实性、未经证实等方面，网络谣言都与传统谣言没有区别。“网络谣言就是个人网站、电子邮件、电子公告（包括电子布告牌、电子白板、电子论坛、网络新闻组、网络聊天室、留言板等）、即时通信等网络工具传播的，旨在使人相信的信息，一般与时事话题相关，在网络中广泛流传的未经证实的信息”①。

① 左玮娜．网络谣言传播研究[D]．北京：中国社会科学院研究生院，2006.

7.3.1 网络谣言的形成原因

7.3.1.1 渊源深厚的社会背景

网络谣言最主要的属性便是社会属性。其产生于一定的社会背景，关切社会现实，反映社会问题，产生社会影响。这一点从我国学界对网络谣言的研究中便可窥一二：中国学界对网络谣言的研究始于2002年，在2003年（“非典”）和2008年（汶川地震、北京奥运）都有两次骤然升温①。网络谣言作为一种变异了的信息体，其产生并非空穴来风，究其根本，往往是存在一定的社会背景。

> 2010年2月20日，手机短信、互联网等平台疯狂传播一条消息：“山西一些地区要发生地震啦！”山西太原、晋中、长治、吕梁、晋城、阳泉六地的几十个县市、数百万群众听信谣言，纷纷在凌晨走上街头躲避地震，而山西地震官网也一度瘫痪。这一事件不但造成了群众的恐慌，也将地震局再一次推上了风口浪尖。其实稍有常识的人都知道，地震无法预测。但为何这样的谣言还是屡次发生呢？根本原因在于群众的不安全感，他们面对自然灾害往往无能为力，便寄希望于政府部门的预警预报与应急机制，而在灾难发生前后，地震局常常出现信息纰漏或信息发布不及时，使得民众对其失望。这一系列原因导致人们犹如惊弓之鸟，谈“震”色变。
>
> 2011年3月16日，中国部分地区开始疯狂抢购食盐，不少地区的食盐在几个小时之内便被哄抢一空，出现盐荒。期间更是有不少商家趁机哄抬价格，造成市场一片混乱，市民人人恐慌。引起这场抢盐风波的原因，是两条在网络上广泛传播的谣言：“食盐中的碘可以防辐射”、“受日本福岛核电站泄漏的影响，国内盐产量短缺”。这两条谣言之所以能产生如此大的功效，是因为在五天前日本东海岸发生了9.0级地震，造成日本福岛第一核电站1—4号机组发生核泄漏事故，而与日本一衣带水的中国自然被笼罩在核泄露、核辐射的阴影之下。同时，食盐又是老百姓日常生活中必不可少的物品，一旦短缺必然造成社会的动荡。综合这两点因素，谣言的恣肆就不无道理了。

可见，任何一条谣言的兴起，必然有一定的社会背景。每个时期的谣言都是彼时最真实的社会写照，而谣言之所以被人相信且具有很强的生命力，正是把准了社会的脉搏。艾滋谣言，反映的是中国在食品安全、人口迁移、民族矛盾等方面的诸多问题；皮革奶粉谣言，则直指中国的乳制品安全与行业监管标准；地震谣言的屡传不止，是呼唤政府面对突发性自然灾害提高预警能力与完善信息发布机制与应急措施。

7.3.1.2 人云亦云的群体心理

并非所有的谣言都产生于一件需要解释的事件，有些谣言根本就制造了事件本身。谣

① 周裕琼．当代中国社会的网络谣言研究［M］．北京：商务印书馆，2012：74.

言可以是就重大事件的再发挥、再创造，也可以是重大事件的前奏与导火线。在重大议题面前，如果信息的披露不及时，信息的内容存在残缺，就会为谣言的滋生提供空间。但反过来说，一些原本就是凭空捏造、毫无事实依据的谣言，因其广泛的传播区间和深刻的传播力度，会引发并制造事端，尤其是突发公共事件。

谣言不仅是信息的传递和分享过程，还包含着猜测、怀疑的种种意见在群体中的交流和解释过程①。因此，可以说谣言的传播是一个动态且可消可长的过程。奥尔波特在《谣言心理学》中提出的：一种通常以口头形式在人们中传播，目前没有可靠证明标准的特殊陈述。而 $R = i \times a$ 这一公式更是广为流传，R 代表谣言，i 代表重要性，a 代表模糊性，该公式涵盖了谣言产生的两个基本条件：第一，故事的主题必须对传谣者和听谣者有某种重要性；第二，真实的事实必须用某种模糊性掩盖起来。“谣言传播广度随其相对人员的重要性乘以该主题证据的模糊性的积的变化而变化，重要性和模糊性之间的关系不是加法而是乘法，因为，两者之间有一个为零，就没有谣言。”② 这则看似完美的万能公式，实际上却并非对所有谣言均能适用。笔者认为谣言并非仅仅在于缺乏证据的可靠标准时盛行，也并非仅仅由于重要性而流传，谣言的产生与传播具有多重原因。有时候传谣者不过将谣言当作茶余饭后的谈资，或者娱乐大众的把戏。由此可见重要性和模糊性的基础只在于当事人是否相信这一主观态度之上。

谣言的确是一种集体行为，客观上可以促进真相的揭示。笔者认为谣言并非仅仅因群体为了寻求答案而产生，谣言也并非自内向外寻求解释，而是自外向内的确认与求证过程。表面上看起来是谣言操纵了大众的神经、扰乱了公众的生活，实际上谣言不过是被各色人等利用了的工具，是为了达到他们自身的目的。在众多网络谣言的案例中我们不难发现，助力谣言传播的大多数网民实质与造谣者并无利害纠葛，甚至根本就无任何了解，但他们与谣言所关涉的事件或话题却息息相关。在这种相关性力量的敦促下，大多数人的传谣行为便是在信息模糊情况下的盲目跟风，他们的行为并不具备主观恶意，他们实际上是谣言的受害者。

7.3.1.3 以假乱真的新闻包装

网络谣言深谙新闻的制作与传播之道，因此它很会伪装成新闻的样子迷惑受众。当一个虚假的信息流入社会时，它的传播完全和一个真的信息一样。它的传播并非由于集体发疯或集体幻觉，而完全遵循着构成社会生活的规则③。新闻要想广泛传播，则必须具备新闻所应有的几大要素，也就是我们常说的新闻价值。相对的，一个信息要想成为谣言而非仅仅是待证实的信息，也应该具备“谣言价值”。

首先，网络谣言一般具备接近性和重要性。2014 年 4 月初甘肃省兰州市流传食用盐

---

① 蔡静．流言：阴影中的社会传播[M]．北京：中国广播电视出版社，2008：34.

② ［美］奥尔波特，波斯特曼等．谣言心理学[M]．刘水平等译．沈阳：辽宁教育出版社，2003：17.

③ ［法］让-诺埃尔·卡普费雷．谣言：世界最古老的传媒[M]．郑若麟译．上海：上海人民出版社，2009：11.

即将停产、大幅涨价等网络谣言，引发了群众又一轮抢盐风波。不少市民跟风抢购食盐，造成市场价格大涨，市场秩序混乱。一些不法商贩更是借此机会哄抬物价，造成市场的混乱。在这一案例中，因为盐是居民日常生活中必不可少的商品，与老百姓的生活息息相关，因此具备重要性的元素。而此次谣言的针对对象是甘肃兰州，因此兰州本地及周边的市民参与抢购就可以理解了。

其次，网络谣言具有时效性。2011 年 3 月 11 日，日本东海岸发生 9.0 级地震，造成日本福岛第一核电站 1—4 号机组发生核泄漏事故。短短几天时间，3 月 16 日开始，中国一些地区开始出现谣言，说碘盐能够有效防治核辐射，而同时日本的核泄漏也将会长远影响中国的产盐量。谣言传播后在多数省市部分地区人们开始疯狂抢购食盐，更有商家趁机抬价。这些谣言之所以能广泛传播并被人深信不疑，就是紧紧抓住了时下发生的重大事件作为契机，紧扣时间上的契合点。

最后，网络谣言能够满足人们的猎奇心。猎奇心式的谣言多发生在公众人物身上，明星“被自杀”、“被死亡”的消息在网络上屡见不鲜。有人统计，仅 2006 年，公众人物刘德华在媒体上死亡 13 次。而明星绯闻、丑闻的出现就更是数不胜数。可见，具有强大生命力的网络谣言，正是满足了人们的猎奇心。

7.3.1.4 以说传说的人际传播

人际传播是第一步，而口语传播正是谣言在漫长历史进程中采用的通道①。尽管大众传播媒介已成为信息传播的主力军和专业力量，但人们还是会以口耳相传的方式获取信息。大众传播媒介显然没有能够消灭谣言，反倒会被谣言所利用，使得谣言更加专业化而已。在网络谣言的传播过程中，受众既是消费者，也是生产者，他们会利用自己的资源，包括知识、见解、常识、猜测等，谣言传播变得更具“蛊惑力”与“长存性”。

7.3.1.5 “沉默寡言”的权威机构

网络谣言的生长土壤在于传播它的人们，而生长动力是需求它的人们。当动力注入土壤之后，则会使得网络谣言生长得枝繁叶茂，不断为网络谣言提供佐证和支撑，使得谣言看起来更加可信。在网络谣言的传播过程中，官方媒体的辟谣公告往往起不到预期的止谣作用，相反，别有用心的传播者会利用媒体的辟谣来大加猜测，将辟谣公告作为反面佐证，认为这是为了稳定社会的权宜之举，进而宣称谣言中所提事实的真实性和可信度。

谣言之所以有机可乘，是因为人们对信息迫切需求与信息的不完整、不公平之间存在矛盾。也就是说，那些掌握信息的内容、掌控信息发布主动权的“权威”因为各种原因处于沉默状态，或者滞后状态。

7.3.1.6 轻信迷失的大众媒体

随着网络的普及与快速发展，各种未经证实的谣言或虚假信息会广泛地在网络中流

① 杨慧琼．当谣言的翅膀飞向网络——关于“玉田谣言”的传播学分析[J]．东南传播，2008(12)．

传，影响层面有日益加大的趋势。大众媒体对于谣言应当极为谨慎与敏感，稍有不慎便会成为助长谣言散布的推手。如果传统媒体的跟进报道没有经过严格的筛选与把关，不够准确和公允，而是对网络谣言轻信并随波逐流，就可能沦为网络谣言的为虎作伥者和推波助澜的传播渠道。

面对谣言，媒体可以有两种应对措施：反应和不反应。媒体若对谣言不做反应，那无疑是对谣言最有力的促进；但是，若对谣言做出反应，积极进行辟谣，有时候也会适得其反，达不到预想的止谣作用，反而使人们更加怀疑谣言的可信性。桑斯坦解释说，这是人们的偏颇吸收在作怪。偏颇吸收是指人们以一种有偏见的方式来吸收和消化信息。那些已经接受了虚假谣言的人不会轻易放弃相信谣言，特别是当人们对这种信仰有着强烈的情感依赖时，谣言就更加不容易被放弃。因为网络的混乱与庞杂，受众对传统媒体的新闻报道期望值很高，因此也就变得更挑剔，这便要求媒体在辟谣方式上大下功夫。要保持传统媒体的权威性和严肃性，这就要求传统媒体严格要求自己，提高新闻报道的准确性和严谨性，对自己发出的报道和信息进行严格把关，在引用网络消息来源时要进行充分调查和核实，避免为网络谣言所利用，成为二次传播的渠道。另外，在业务操作过程中，传统媒体需对网络动态保持及时的关注，对一些模棱两可的信息要主动求证和回应。在网络交互与传播的过程中，允许自由讨论，这或许能在一定程度上补足信息的缺失，并矫正错误信息，但仅仅依靠网民的自发性是难以澄清谣言的，这就需要传统媒体通过深入的调查取证以公正客观的报道来辟谣。

7.3.2 网络谣言的特点

网络谣言是传统谣言在网络时代的新形式，与传统谣言相比有着许多不同的特点，具体表现在以下三个方面。

7.3.2.1 网络谣言话题多涉及日常生活内容

通过总结观察近两年来的谣言事件可以发现，盐荒、饮用水荒、视频安全、公众人物绯闻等话题经常是谣言爆发的内容发源地，网络谣言所涉及的话题人物或事件通常是与公众日常生活有着密切关联的内容。之所以这些领域内的话题容易产生谣言，是因为这些事件或人物是大部分公众十分关注的内容，关系着公众的切身利益，一旦这些领域内发生一点风吹草动便会引起公众的恐慌。在这种恐慌心理的作用下，丧失理性的公众便会轻易地将不实信息传递，造成谣言的大范围传播，引发社会秩序的混乱。

7.3.2.2 网络谣言迎合时事热点

时事热点话题一般都是全民关注的焦点，社交网络的便捷性为公众提供了表达意见、交流看法的平台，使每一个网民都能对热点事件表达自己的观点。其中偏激或者个人色彩较重的言论观点会得到更多人的关注，认可这些言论观点的网民会对其进行二次传播，这些观点会随着网民的不断传播转载而加强。但是，处于信息资源弱势地位的普通网民往往对信息掌握的全面度不够，同时也缺少话语权，网络谣言的传播便抓住了这个空白。目前，我国信息透明度不高、公开度不强的情况是一个不争的现实状况，在得不到官方的、权威的信息的情况下，网民极易对一些时事热点产生各种带有强烈的主观色彩的解读和猜测，这些真实性不高的解读或猜测经常会被其他受众误当权威信息进行再次传播，从而致使谣言信息大范围传播。

7.3.2.3 网络谣言能迅速引发受众的强烈情感共鸣

一则不实的信息之所以会成为数以万计的网民的转载对象，多是因为这些内容是与他们的观点、态度相吻合的，在情感上引发了他们的共鸣。网络谣言制造者就是抓住了受众的这种心理，不让受众关注事件的发生地点、时间、来源等方面，而将受众直接带入到其传播内容的强烈的情绪氛围中去。例如，在网络上曾经流传这段谣言："一波艾滋病人为报复社会，将艾滋病毒利用针管注射到水果中去，大家千万不要买带孔眼或者局部腐烂的水果，请把这条信息转给你身边的亲人朋友。"类似这种谣言流传很广，受众看到的第一反应就是恐慌，便会怀着提醒身边人的"好意"立即将这样的谣言信息传播出去，而不是先去理性地分析信息的真实性。

7.3.3 网络谣言的处理策略

网络谣言是虚假或未经证实的信息，具有较大的社会危害性，这是不争的事实；但是，通过以上网络谣言的特点我们也可以发现，网络谣言在另一程度上是公共所关注的社会问题的反映，这也是网络谣言有利于社会问题解决的一面。所以，我们必须用辩证地眼光去看待网络谣言，这样才能更好地去处理应对它。网络谣言是社会公众在网络媒体平台上传播的不实信息，需要政府等公众机构的处理应对才能消除，所以，网络谣言如今更多地表现为政府、媒体与受众三者之间的"话语博弈"，对网络谣言的处理应对需要这三方的共同协作。

7.3.3.1 加强政府的信息公开力度和社会"协商"态度

众所周知，网络谣言大多是未经证实的、错误的、通过非正式渠道的信息。与之相反，政府发布的信息则是官方的、确切的、真实的，政府发布的官方信息是粉碎谣言的重要举措。因而，政府作为官方力量，应该在网络谣言的应对中发挥主导作用，在网络谣言爆发的第一时间出面应对处理网络谣言。

网络谣言是对真实信息的加工与虚构，官方真实信息已经发布，大部分网络谣言便会不攻自灭。因此，在处理网络谣言事件的过程中，政府应当追求时效性，及时抢占话语权，以权威真实的信息来遏制谣言的传播；大部分网络谣言之所以会被广泛传播是因为其先于官方信息出现，这时就需要政府第一时间制定应对谣言的策略，借助传统媒体和新媒体的合力将官方信息尽可能快速广泛地传递给社会公众，打消公众的疑虑，粉碎谣言。同时，在网络谣言被粉碎后，政府依旧不能轻易放松警惕，应当继续跟踪谣言主体事件的发展，及时更新官方权威信息并及时有效地应对出现的新问题；在网络谣言平息之后政府要善于总结谣言应对过程中的经验或教训，理出网络谣言的爆发与应对规律，根据实践工作不断完善谣言的应对机制。

此外，政府应当转变以往由上至下的信息传播模式，建立网络问政平台、官方微博微信平台等与公众进行交流互动，转为与公众“对话”模式，及时解决公众关心的问题，以真诚的话语对公众关心的问题做出解答和回应，将公众所关心的问题的官方信息及时传播，不给谣言的产生创造机会。只有这样政府才能提高信息的公开性与透明度，增强与公众的“协商”能力，从而在网络谣言的处理中占据强势地位。

7.3.3.2 充分发挥新老媒体的“社会公器”作用

早在20世纪初，传播学奠基人之一的拉斯韦尔曾提出，大众传播媒介有三大作用：第一，环境监视；第二，协调社会各部分的关联以适应环境的变化；第三，社会文化世代相传①。我国大众媒介在充当党和政府的喉舌的同时，实行事业性质企业管理模式，在这种双重主体角色中，大众媒介并没有充分发挥其本身的社会公器的作用。大众媒介作为社会公器，其所承担的社会作用使它理应成为应对网络谣言的中坚力量。“社会公器者，乃一定的经济基础和上层建筑构成的整体、或由于共同利益而互相联系起来的人群、或社团之公共器物也。”② 大众媒介属于公共资源，它们受控制于社会公众，同时又要为社会公众利益而服务。对于网络谣言的治理，大众媒介应当充分发挥其社会功能，在网络谣言的传播中扮演“社会公器”的角色。

网络谣言在全面爆发的初期，会在网络平台上小范围地传播，这就需要网络媒体充分发挥其信息监测功能，将网络谣言扼杀在摇篮里。大众媒介应该深入公众生活，从社会环境中寻找、发现问题，挖掘那些社会公众所关心的事件，并以客观公正的角度报道事实的真相，这样才能更准确地把握社会公众的传播行为，较大程度地满足社会公众的信息需求，从而在源头上减少或杜绝网络谣言的产生。同时，新闻媒体工作者在新闻报道中要坚持新闻专业主义精神和新闻伦理道德，保证新闻信息的真实准确，切勿为追求时效性而未经核实就将信息报道出来；在网络谣言爆发后，新闻媒体工作者也应该积极发挥自身的作用，发挥意见领袖角色功能，配合政府机构迅速有效地将真实信息传播出去，尽可能地减小或消除网络谣言对社会带来的负面影响。此外，还要加强传统媒体与新媒体之间的积极互动，传统媒体要发挥好内容权威性的优势，通过设置报道“议程”来引导公众的舆论走向；新媒体要发挥好实时传播的长处，以全面的、真实的报道来驱散谣言中的负面情绪。新老媒体优势互补，通过二者的有效联动来引导控制网络谣言传播过程中网络舆论的走向，以防止网络谣言朝着误导性舆论的方向发展。

7.3.3.3 提升受众的新媒介素养

在新媒体时代，“谣言止于智者”这句应对谣言的经典语录仍不过时，受众的媒介素养的提高依旧是减小谣言发生的重要因素。网络谣言是通过网络媒介传播渠道所进行的传播行为，与传统谣言一样，“人”和“传播”依旧是谣言形成的关键因素。网络受众的网

① 张隆栋. 大众传播学总论[M]. 北京：中国人民大学出版社，1993：23.

② 高伟. 社会公器与新闻媒体[J]. 内蒙古大学学报（人文社会科学版），2008（1）.

络使用及传播互动行为是形成网络谣言的关键因素，媒介素养的高低决定着网民在网络传播中的行为表现。因此，在新媒体时代，提升网络受众的新媒介素养已然成为控制网络谣言的重要因素。

美国新媒介联合会在2005年发布的《全球性趋势：21世纪素养峰会报告》中对“新媒介素养”给出了如下定义：“由听觉、视觉以及数字素养相互重叠共同构成的一整套能力与技巧，包括对视觉、听觉力量的理解能力，对这种力量的识别与使用能力，对数字媒介的控制与转换能力，对数字内容的普遍性传播能力，以及轻易对数字内容进行再加工的能力。”通过此定义可以发现，要想提升受众的新媒介素养，一方面要培养受众对新媒体信息及新媒体环境的认知批判能力；另一方面要提高受众对新媒体的使用和传播活动的参与能力。

网络谣言是一种虚假、虚无、未经证实的信息，它是网民在交流互动过程中所产生的结果；网络谣言是一种源自现实社会，并且流传于网络平台传播及互动中的信息，要想杜绝网络传播环境中这类现象的发生，需要做好以下两个方面。首先，要提高受众对新媒体信息及新媒体环境的认知批判能力。网络中每时每刻都传播着数以万计的海量信息，受众只有具备较高的认知批判能力，才能在面对纷繁复杂的信息时做出正确的判断，降低传播谣言的可能性。其次，受众要必须清楚地了解网络谣言的传播规律，要明确网络谣言是如何被伪装成“有价值”的信息的，理解网络谣言的传播规律有助于受众更好地判断和识别信息的真伪。提高受众对网络谣言认知批判能力，可使受众更好地理解谣言在新媒体时代所具有的新特征，从而识别网络谣言的真面目，做到不传谣、不信谣。

在新媒体时代，提升受众的新媒体素养，最重要的是要培养受众的公民精神。“公民精神”就是公民对“公共”所持有的一种信念与承诺，意味着公民对“公共”的热心、关爱与尊重，意味着公民对“公共”的责任与义务，意味着公民崇高的公共品德与素养①。公民精神是权利和义务的统一，它意味着现代公民应怀有对社会以及对社会中的人的使命感和责任感，并将这样的情感投入到网络参与行为中去。受众只有具备公民精神才能正确地认识、处理、利用和应对网络谣言，才能避免网络谣言的负面作用，这样我们才能在网络谣言造成的不稳定中去把握稳定，促进社会的健康发展。

思考题：

1. 网络舆情的演变过程是什么？
2. 网络舆情的特点和传播特点是什么？
3. 网络舆情的影响有哪几个方面？
4. 社交媒体的特点是什么？
5. 网络危机的应对策略有哪些？
6. 网络谣言的处理策略有哪些？

---

① 党秀云．公民精神与公共行政[J]．中国行政管理，2005（8）：105.

推荐阅读书目：

1. 《网络舆论引导与和谐论坛建设》，王天意著，人民出版社
2. 《说什么怎么说：网络舆论引导与舆情应对》，蒲红果著，新华出版社
3. 《网络舆情与社会的稳定》，高红玲编，新华出版社
4. 《当代中国社会的网络谣言研究》，周裕琼著，商务印书馆
5. 《谣言》，［法］卡普费雷著，郑若麟译，上海人民出版社

8. 危机公关的传播策略

☞导论

危机管理作为一个新的研究领域登上历史舞台是在20世纪中期。进入21世纪以来，国际国内各种“天灾人祸”频繁爆发，从“9·11”恐怖主义袭击到俄罗斯人质事件、印度洋海啸，从“非典”肆虐全球到“禽流感”疫情、汶川特大地震，各种突发事件严重威胁着人类安全和社会稳定。如何有效地预防危机以避免危机发生，如何实施有效的危机管理以最大限度地减低危机造成的损害，成为人们日益关注的问题，也成为摆在各国政府和专家学者面前有待深入研究并着力解决的重大课题。

8.1 危机中的组织及个体形象

8.1.1 危机中的企业形象

从心理学的角度来看，形象就是人们通过视觉、听觉、触觉、味觉等各种感觉器官在大脑中形成的关于某种事物的整体印象。企业作为一种经济组织，要不断获取长远的经济效益和社会效益，就必须树立起良好形象，从而产生企业形象一说。在概念界定上，企业形象的定义有很多不同的切入点，如从心理学角度，有学者将企业形象定义为“对企业各方面态度的总和、对企业各种情感的整合”；从公司经营角度，有学者将企业形象定义为“是对公司活动的总体评价”①。而从综合角度考虑，笔者认为：企业形象实际上就是企业内部和外部的利益相关者对企业的整体印象和评价，是企业生产、经营、服务等各方面状况的综合反映。

展开来说，第一，形象是一种总体评价，这种总体评价是各种具体评价的总和。第二，形象的塑造主体是企业，而形象的评价主体是公众，这些公众既包括企业外部的消费者、媒体、供应商、合作者等，也包含企业内部的股东和员工。第三，形象源于企业的表现。企业在各种活动中所体现出来的企业精神、员工素质、服务态度、质量信誉等，都是企业形象的外在表现。第四，企业的表现是由企业的内在特点决定的。可以说，企业形象是一个综合的系统，其中包含了企业的产品形象、服务形象、员工形象、文化形象等多个子系统，而在结构上又可划分为企业的内部形象和外部形象两大领域。

---

① 加藤邦宏．企业形象革命[M]．台北：艺风堂出版社，1992.

8.1.1.1 企业形象塑造的基本内容

企业形象塑造，顾名思义，就是要以公众利益为核心，借助一切传播活动来完成企业形象的建立、健全和完善。在学术界，我们引入了美国学者所提出的一个非常重要的概念，即企业形象识别系统（CIS）"Corporate Identity System"，它包括 MI（理念识别）、BI（行为识别）以及 VI（视觉识别）三个组成部分，这也是企业形象塑造的核心内容。

（1）理念识别（Mind Identity）。理念识别，是企业形象识别的基本精神所在，也是企业形象识别运作的原动力。企业更新、完善、明确、统一自己的理念，就是塑造和实施企业的理念识别系统。理念识别系统反映的是企业精神现象的本质，它是企业在生产经营过程中形成的一种指导企业整体行为的特殊精神，包含了企业哲学、企业价值观、企业精神、企业目标和企业文化等内容。

（2）行为识别（Behavior Identity）。行为识别，是以企业理念为核心，通过有特色的企业活动，来表现企业内部的组织、教育、管理等行为，以及对社会的公益事业、赞助活动、公共关系等的识别行为，以塑造企业的动态形象。它是在企业整个经营过程中以企业理念为指导所塑造的企业全体员工自觉遵守的工作和行为方式。

（3）视觉识别（Visual Identity）。视觉识别，是通过具体可见的视觉符号，经由组织化、系统化、统一化的识别塑造，传达企业的经营理念和各项信息，塑造企业独特的形象。视觉识别囊括了企业的品牌、标志、包装、宣传标语以及广告形象等内外诸多因素。

从哲学的角度看，任何事物都相互依存于一定的环境当中，且必须适应环境的变化，否则就会被环境所淘汰。在市场经济中，企业的生存和发展除了具备自身基本条件外，还需依赖于一定的社会政治环境、法律环境、文化环境的外在支持，这些因素共同构成了企业的生态系统，其中任何部分出现不和谐突变都有可能产生"牵一发而动全身"的后果，使企业面临危机，严重的则威胁企业生存。公共危机作为全社会范围内发生的一场具有一定规模和影响力的危机，必然会波及作为营利性组织的企业。而企业作为社会的一分子，在危机中如何作为也会影响到危机的解决进程乃至全社会的稳定。

8.1.1.2 公共危机影响企业形象

第一，公共危机对相关企业形象产生直接影响。

美国一项危机管理文献的调查显示，危机具有一定的破坏性。其一，危机具有破坏组织正常运转的潜力，这种潜在性意味着如果能够采取迅速的行动就会阻止危机发挥其全部影响。其二，危机威胁组织的声誉。这是一种"摸不着、看不见"但又实实在在地存在的影响①。可见，与危机所导致的经营困难、销售不畅、利润下滑等直接危害相比，它所引发的更深层次的信誉和形象危害更难以把握，且容易被企业忽视。

2003 年，由北京大学中国经济研究中心所做的一份研究报告——《"非典"流行对北京市及全国经济影响的初步分析》引起了经济学界的广泛关注。报告对北京市可能直接

---

① 廖为建，李莉．美国现代危机传播研究及其借鉴意义[J]．广东大学学报（社会科学版），2004(8)：21.

受 SARS 流行影响的酒店、旅行社、旅游景点、航空公司、铁路部门、餐饮、零售、会展和出租车九个行业进行了实地抽样调查，结果显示，除零售业中的连锁超市之外，其他行业的经营状况均不同程度受到了 SARS 的负面影响。更值得注意的是，一些相关行业中的企业因为危机处理措施的不同，在企业形象上经历了一次截然不同的沉浮，而媒体在这中间更是起到了推波助澜的作用。

在公共危机中，相关企业的行为会对其企业形象产生重要影响，企业若稍有不慎，其信誉和品牌都将受到强烈和深远的破坏，而更重要的是，在面对危机时，企业无论是有为、无为，都会受到媒体和公众的密切关注，这就从客观上要求企业的每一个活动都必须谨小慎微、三思而后行。企业只有像对待自身危机一样高度重视公共危机，慎重选择应对策略，才能规避风险。更重要的是，企业必须信守对公众的承诺，在利与义之间妥善权衡、取舍，从长远角度考虑如何维护自身企业形象和品牌声誉。

第二，公共危机的扩转可能间接影响其他企业形象。

在新的时代背景下，公共危机已呈现出许多新的特点和发展趋势，尤其是由于当今全球一体化所带来的危机辐射面和影响力的扩大，使越来越多社会群体和组织都有可能受到无谓牵连。所谓“城门失火，殃及池鱼”，任何企业都不能抱存侥幸心理，被动地应对危机，直到发现危机损害时再做准备已经为时过晚了。企业面对危机的防守，就好比足球比赛中预防对方的进攻一样，我们常常会难以预测危机“偷袭”的时间和方向，而如果事先没有充分的防范措施，这种偷袭一旦成功，企业便会遭受巨大损失。事实证明，对于不具备危机预案的企业来说，很多处于潜伏期的危机所表露出的相关特征并不明显，所具备的危害性也未彻底显现，因此往往会使企业放松警惕，判断失误，错过防范的最佳时机。而随着危机事件的愈演愈烈，一些看似跟本企业毫无关联的危机，很可能在极短的时间内就茅头急转，给企业以措手不及的打击。因此，防范危机最好的办法就是提前预防，或者以攻代守。

第三，危机变转机：公共危机有助于部分企业提升形象。

公共危机不仅仅考验着企业面对危机的耐力，更是在考验企业决策者的智慧。因为危机一方面会给某些行业带来巨大冲击，另一方面也在一定程度上改变了消费者的消费习惯、消费欲望和企业的营销模式，形成新的需求和供给，从而给某些企业提供了难得的发展机遇，带来巨大商机，因此也为一些企业重塑或者巩固自身形象提供了契机。

防范危机最好的方法之一就是以攻代守。在危机中寻求主动出击是一个避免危机危害的好方法，而且从另一个意义上说，平常企业为了提升知名度和美誉度，塑造良好的公众形象而专门策划的宣传和公益活动，往往会耗费大量资金，效果也不一定显著，公共危机却为企业提供了一个千载难逢的免费机会，主要表现为：第一，发生危机的特殊时期企业开展以危机为主题的活动，往往会吸引全社会的广泛关注，活动的到达率高，关注度高，无形中节省了成本并扩大了企业的影响力。第二，危机中公众的心理恐慌，消费观念动摇，企业开展适当的活动能鼓励消费者的消费信心，拉近与消费者的心理距离，给公众留下深刻印象，从而形成新的形象定位。但是值得注意的是，利用危机提升企业形象需要有成熟的活动方案，如何利用、利用得好与坏，全在于企业对危机时机和特点的准确把握。

8.1.1.3 企业活动影响公共危机的解决

第一，良好的企业活动能承担社会责任，推动危机事件的解决。

在公共危机中，企业所面临的社会环境是一种特殊的危机环境，在公共危机发生的紧要关头，往往是企业挺身而出的时候，而恰恰在这个时候，也正是对企业的一种考验。危机时刻考验的不仅仅是企业的社会责任感，更是对企业声誉和形象的检测，只有那些真正把消费者利益放在第一位的企业，才能够兑现自己对社会和公众的承诺，与民共渡难关，为社会安定和经济发展出力。

在公共危机中企业扮演社会公民角色、承担一定社会责任的重要作用，让我们意识到在现代社会中，企业已经与社会联结成一个密不可分的整体。社会大环境的好与坏会直接影响到企业的发展，同样企业的一举一动也有可能成为左右社会发展的风向标。不管在任何时刻，企业都要立足长远，以社会整体利益和企业的整体形象为中心。在面对危机时，企业首先应以承担社会责任为第一要务，其次才考虑自身的商业利益，只有把对社会的责任、关爱以及大众的利益放在首位，树立起自己的良好社会形象，才能赢得公众的信赖和尊重，赢得社会进步和企业发展的双赢。

第二，不良的企业活动增加动荡因素，扩大危机的影响面。

在公共危机中，企业是向左走还是向右走，是趁火打劫还是雪中送炭，都会在公众心目中形成完全不同的形象。如果企业从长远角度出发，以社会和公众利益为重，则品牌的美誉度会快速提升；相反，如果企业急功近利，贪图蝇头小利，为了商业利益不择手段，不仅会严重危及企业声誉和品牌形象，也会令危机事件雪上加霜，扩大危机的影响面。

8.1.2 危机中的政府形象

8.1.2.1 政府形象

形象是由两个方面构成的，一是指人和物的本质，二是指人和物的外部特征或外在表现。形象本身既是主观的，又是客观的。其主观性是由于人的思想和感情活动是主观的，是人对事物的具体形状或姿态的印象、认识、反映及评价；其客观性在于形象是事物本身具有的具体形状或姿态，是事物的客观存在，是不以人的主观评价为转移的。形象具有多样性、可塑性、可视性、影响性等特点①。

对“政府形象”的界定，国内学者虽然没有完全一致的认识，但本质上是一致的，即认为政府形象是公众对政府的认知评价。胡宁生认为，“政府形象是对政府实在的能动反映”，是“政府实在通过自己的行为与活动，在公众中建立起来的有关政府实在的某种主观印象”。廖为建认为，政府形象是政府的整体素质、综合能力和施政业绩在国内外公众中获得的认知与评价，这种认知与评价具体反映为政府在国内外公众中的知晓度和美誉度。彭伟步认为：“政府形象指的是国家行政机关的活动所引起人们的思想或感情活动的

---

① 顾杰．现代行政管理学概论[M]．武汉：湖北人民出版社，2000：258.

具体形态或姿态。"① 综合以上观点，政府形象是社会公众对政府总体表现与客观效应所作的相对稳定与公认的评价。

政府形象所包含的内容主要可以分为三个层次：价值理念层次、行为层次和视觉层次。政府理念主要包括政府的价值观念、发展定位、管理哲学、道德观念、文化认同、审美理念等内容，是政府形象的核心；政府行为是政府不同于其他社会组织的行为特征，即政府行为的公共性、非商业性和公众利益导向，是形象塑造和传播的关键；视觉识别主要指政府借助特定的名称、标志、图案、文案标准等视觉要素，利用政府的建筑物、办公环境、办公用品、人员服饰、政府文件和出版物等作为载体，向公众传达政府信息，是政府形象的外显标志。政府形象是政府的价值理念系统、行为系统和视觉系统三种要素的有机整合和体现，具有如下的特征：

（1）政府形象的主观性与客观性。政府形象是客观存在的政府各要素综合作用于公众而形成的一种反映，具有一定的客观性。但是，政府形象的形成离不开公众对客观实在的主观认识。政府形象固然是靠政府实际行动展现出来的，而公众对政府系统的实际作为，特别是各个方面的活动与绩效并不是能全部了解的；另外，对于政府的行为与活动，公众一般通过自己的感受与思考才会在头脑中形成一定的印象。对于不同的公众或群体，因其生活的范围、地位、知识程度与专业领域的不同，对政府的要求与愿望就会不同，对政府的印象也是不一样的，公众对政府的评价与政府的实际作为之间也必然存在一定差距，这就使得政府形象带有很大的主观色彩。因而，政府形象是主观性与客观性的统一。

（2）政府形象的综合性。政府是由具有不同结构和方面的部分所构成的统一体，因而政府形象也是由政府各方面形象所构成的有机整体。公众对政府形象的感知或认识，并非基于一时一事的感受而产生，它是公众在与政府大量的接触中，不断地对积累起来的感受加以综合、修正、补充以后才产生的对政府的总体感知和反映。对于公众群体来说，作为群体性的政府形象则是将个体关于政府的部分印象在更大的范围内进行综合的结果，并最终形成整个社会公众的关于政府的集体印象。

（3）政府形象的可塑性。政府形象是伴随着政府的产生而形成的，是通过人为塑造的方式逐渐培养树立起来的，是政府领导者、公务员和广大社会公众共同塑造成的。世界上没有一个政府的形象不是人们塑造出来的，也没有不可塑造的政府形象。一般情况下，高效、勤政、廉洁、务实的服务型政府会使公众及舆论形成好的政府形象，而办事不力、效率低下、贪赃枉法的政府会使公众及舆论形成坏的政府形象，而这种好的或坏的形象都产生于政府本身。因而政府只有塑造一个完善的政府，才能在人们的心目中塑造一个良好的政府形象。

8.1.2.2 政府形象管理

政府形象是以政府客观实在为基础的人们的一系列心理活动的结果，它表现出人们对政府的态度、情感和价值倾向。虽然政府形象是抽象的，但是它也可以作为管理对象。这是因为政府虽然无法干预公众的具体心理活动过程，但公众的心理活动必然以一定事实为

① 彭伟步．信息时代政府形象传播[M]．北京：社会科学文献出版社，2005：11.

基础，并受到外界因素的影响，这就使得政府通过能动性的行为影响公众心理活动产生的基础并最终影响公众心理活动过程成为可能。政府可以借助各种措施、方法，通过各种途径来改变公众心理活动产生的基础，即政府客观实在，调整公众对政府实际行为的感知，即宣传沟通，从而影响公众对政府的价值判断，形成政府形象。

政府形象管理包括五个基本环节，即政府形象规划、政府形象传播、政府形象控制、政府形象反馈以及政府形象调整。政府形象规划是政府等公共部门为更好地实现行政目标，结合政府资源现状，在调查分析当前行政环境及其发展态势的基础上，确立行政理念，构思和谋划行政行为，设计行政符号并制定实施方案予以实施的行为过程。政府形象传播是指政府组织利用传播媒介及其他专门机构对政府行为进行解释的行为。政府形象控制是政府及其他相关组织机构对正在构建过程中或者已经构建的政府形象进行管理的活动，包括目标管理、技术管理、维护管理三个方面。政府形象反馈是通过政府形象监督提供政府形象的相关信息反馈，发现形象规划和实施中存在的问题，科学评估形象规划和实施的规范性和效果。政府形象调整是为达到政府形象管理的预定目标，根据政府形象规划和实施情况对政府形象进行局部修改或整体改变的过程，它贯穿政府形象构建过程的始终①。

政府形象的规划、传播、控制、反馈和调整是政府形象管理的基本内容，五者之间相互联系、相互制约。政府形象规划为控制提供衡量的标准，为政府形象的传播提供内容，没有政府形象规划，形象控制就成为无本之木，形象传播也成为形式，反馈调整也无从谈起，设计规划得越明确、全面和完整，控制工作就越好进行，传播的效果也就越好；政府形象的传播，将使得政府形象的规划及其控制得以最终的体现，没有政府形象的传播，形象的规划最终将是纸上谈兵；政府形象控制保证政府形象的规划得以实施，保证政府形象传播的效果，控制越准确、全面和深入，就越能保证规划的顺利执行，并能更多地反馈信息以提高设计规划的质量；反馈调整是对规划的修正和调节，是对控制过程的失误的更正，也是对传播效果的有效反映和传播偏差的纠正，有助于更好地达成政府形象传播的目标。

政府形象管理与当前所谓的“形象工程”是有区别的。“形象工程”本是指公共管理者为创造美好的生活环境、改善良好的投资环境，紧密结合实际，经充分论证而进行的基础设施建设和相关的精神文明建设。“形象工程”兴起的初期，无论是对百姓的生活水平，还是对地方的经济建设都起到了十分重要的作用。然而，随着时间的推移，“形象工程”的实质在悄然地发生着变化，甚至沦为“政绩工程”、“面子工程”的代名词，出现明显不同于早期“形象工程”的特点：求大崇洋、铺张浪费、脱离实际。基于这一点，政府形象管理与当前“形象工程”、“面子工程”是完全不同的。

政府形象作为一个理论范畴，在行政过程中处于十分重要的地位，对经济、社会的发展更是起着举足轻重的作用。优良的政府形象是政府运行的一项不可缺少的条件。它既是社会公众对政府施政效果的基本评价，又是政府继续进行施政活动所依赖或凭借的精神力量或思想源泉。树立良好的政府形象是政府长期追求的目标，任何政府都希望得到民众充

① 曾庆双，曾国平，徐艳．政府形象力的价值及其构建过程[J]．云南社会科学，2005（5）：11.

分的信任和衷心的拥护。政府形象成为任何政府必须高度重视的管理问题。

8.1.2.3 公共危机对政府形象的影响

在正常的社会状态下政府形象偏于稳定，但公共危机事件则是一种非稳定状态，与稳态时的公众心理和政府表现对比，在这种不稳定状态下，社会公众的心理将承受巨大的突发压力。同时，政府部门所履行的也不仅是驾轻就熟的常规职责。面对错综复杂的情况，政府部门的行为会出现很大变化，依据不同的应急能力，政府部门会采取诸多“恰当”或“不当”的非常措施，从而使公众对政府部门的认识也面临极大变化。公共危机事件中政府行为变动和公众感受变化，为紧急状态下的政府形象管理造成了压力，使得此时的政府形象极易受损。公共危机事件面临的时间压力与政府形象易损性的存在使政府扭转公众心态的可利用时间更短，也对政府采取的应急措施提出了更高要求，而不当的应急措施必然导致政府形象的下降①。2005 年 8 月底到 9 月美国发生的一系列飓风降低了公众对总统布什的支持率和国会的满意率，公共危机事件对政府形象的影响可见一斑。另一方面，公共危机对政府形象的影响是一个过程，危机的出现并不必然导致政府形象受损，政府可能因为及时优化管理效能、妥善处理和化解危机、超越危机考验而提升自身形象，也有可能对危机处理失误，导致社会结构和公众心理失衡，置自身形象于危险的境地。

（1）公共危机严重冲击公众利益。公共危机产生的原因多种多样，既有人们不可预期、无法控制的外力作用，如天灾和疾病，也有人为错误导致的，如战争、种族冲突、自然界对人类破坏行为的惩罚等。无论是自然灾害还是人为因素引发的危机事件，其影响和涉及面都超越了个人和家庭范围，具有社会群体性和公共危险性。它与社会公众的利益息息相关，其巨大破坏性使人们的日常生活方式、社会基本结构、核心价值观念和生命财产受到了威胁。因为社会公众对政府形象的总体评价是以政府总体的绩效表现及其对自身需求的满足为依据的，当政府行动本身不能满足公众出现的合法性需求时，政府就会出现合法性和有效性方面的欠缺，从而影响政府形象的现实基础。

（2）公共危机挑战政府管理能力。保护公民的生命财产安全及其各种合法权益，维持社会秩序，为公民创造稳定的生存环境，是政府天然的职能。政府存在的基础就在于应有的职能被公众认同，并且无论是在顺境还是逆境状态下都能得到履行。当危机发生时，政府是否能够在较短时间内化解这一涉及人数较多、范围较广的紧急事件，是考验政府能力，即预见能力、紧急判断能力、信息收集能力、应急决策能力、综合协调能力、应急动员能力和救治能力等的一个重要指标。危机成功化解，标志着政府有较高的抗逆能力；但若危机升级，政府能力就受到否定和怀疑。政府的抗逆水平较好地评测出政府具有的综合能力底线。在危机压力下，政府对危机处理的失误和不力，都将对自身运作系统的基本价值和行为准则构架产生严重威胁，危机成为政府管理能力提升中难以回避的否定性事件。基于这一点可以说，在政府形象管理中公共危机作为破坏性力量是远远大于其建设性力量的。

（3）公共危机威胁政府形象。公共危机给社会造成的大面积灾难和痛苦，使事件本身成为社会公众关注的焦点，社会上普遍存在震撼和恐慌心理。如果政府对危机处理不

① 王世彤，肖雅楠．突发公共事件中政府形象的变化分析[J]．求索，2006（6）：76.

力，使公众利益继续受损，公众对政府管理能力将提出质疑，对政府的期望将转化为失望，不满情绪迅速蔓延。随着社会公众的满意度和支持率下滑，政府在实现管理目标的努力中，将渐渐丧失来自公众的思想认同和行为支持这一基础条件。当政府的合法性下降并在公众中达成共识后，政府的社会整合能力进一步受挫，精心建立起来的权威和良好形象必然受到损害。危机不仅能够打击一个国家和地区的经济，而且也打击公众对政府的信心。由于政府不能通过危机处理的绩效来满足公众的利益需求，获得公众的认可，并以此增加自身的合法性，政府形象将面临崩溃的边缘。

从积极面来说，由于很多公共危机的发生如疾病的流行等是不以人的意志为转移的，公共危机发生后，如果政府能够组织相关力量进行积极的控制和协调处理，以有效地消除危机、减少损失，公众对政府的认同感会大大增加，政府在危机处理过程中的种种作为会演化成公众所认可的政府形象。如果危机出现之前的政府形象已为民众所接受，危机过后政府的出色表现会进一步赢得公众的信任；如果危机出现以前的政府形象不令人满意，良好的危机治理则是修饰政府形象的最好契机。良好的政府形象是一种可贵的资源，它对于改善政府与公众的关系、营造和谐的施政环境、实现行政目标，有着重要的意义。

8.1.3 危机中的个体形象

在新媒体时代，新的传播媒介使经典议题危机公关有了新变化，危机公关的主体不再仅限于政府、企业，而是与每一个身处互联网络中的个体息息相关。人们生活在各种媒体纵横交错的网络中，人人都可以成为信息的接收者与发布者。无论是明星权贵还是平头百姓，通过网络平台的传播，个人生活的很多细节都可能被公之于众，个人的每一个言语动作都可能被新媒体记录在案，供人评说。众所周知，企业公关危机可导致企业与公众之间的关系迅速恶化，企业的正常业务受到影响，生存和发展受到威胁，企业形象遭到严重损害①。同样，在新媒体时代，处于互联网络环境的个人也极易陷入公关危机，一旦陷入危机，小则一番风波，大则失去个人声誉，严重影响个人生活和阻碍个人发展。例如，华中师范大学性学硕导彭某就曾因为其讲话被断章取义而险些身败名裂；著名娱乐明星陈某则因“非礼门”事件而陷入重重危机。因此，新媒体时代个人的危机公关也显得愈加重要。

8.1.3.1 新媒体的传播特点对个体危机公关的影响

与传统媒体相比，新媒体的传播特点深刻影响危机公关。危机公关的策划、实施过程、公关对象、公关效果都随之发生相应的改变。在新媒体时代，应对个人的公共关系危机，需将新媒体时代的传播特点与个人危机公关的个案性与独特性结合考虑。新媒体的传播特点主要体现在以下两个方面：

（1）传播媒介多元化。新媒体包括互联网、手机等，人们可以通过多种渠道了解信息并再次传播该信息。这对于危机公关是一把双刃剑。一方面，它提示人们可以从多方面着手应对个人危机。如彭某在用微博危机公关的同时，不忘数字报纸、视频、播客等手段。另一方面，一旦惹祸上身陷入危机，则四面受敌，谣言和不利信息通过新媒体各种渠

① 陈秀丽．世界十大公关经典败局[M]．北京：清华大学出版社，2006.

道迅速传播开去，无从下手，难以遏制。比如，陈某“非礼门”事件，不雅照片流传于网络后，微博转帖、评论层出不穷，微评论、微博话题讨论热点集中，数字报纸报道紧随其后，手机终端客户也迅速接收到该新闻，各方关注使事件进一步发酵，而等适应传统公关方式的陈某反应过来时，早已错失良机。

（2）传播过程交互性。新媒体发展促使自媒体兴起，普通用户话语权扩大，受众既可能成为接受者也可能成为传播者，他们接收信息，并对信息进行加工和再传播。彭某即是如此，他收到报道和网民的信息反馈后，根据他们的反应进一步调整公关办法，在线发布有利信息，解释误会、清除谣言。

（3）传播方式病毒式。新媒体上的信息呈病毒式传播，速度极快，范围极广，影响极大。彭某微博公关两天后，危机事件就经历了发生、发展、高潮、结尾，公关效果初显，已经有良好反馈。而陈某微博发布不清不楚的“好客论”后，网民质疑开来，反弹情绪波纹状扩散，恶劣影响也迅速扩散，直至不可收拾。

8.1.3.2 个人危机公关的基本特征

第一，公关反应的快慢很大程度上决定了公关效果的好坏。2011 年 5 月 12 日，南京师范大学在读大学生记者宋璟在《扬子晚报》发表了题为《性学硕导：女性若遭遇性侵犯应该主动递上避孕套》的文章，引发了网友的大量关注和激烈讨论，众人纷纷将矛头对准说这句话的性学硕导——彭某。网民对彭某的讨伐声、怒骂声、质疑声片刻未绝。彭某平静的生活、工作状态被打破，个人名誉面临威胁，急需一场危机公关来解决事件、挽救名誉、平息众怒。

在彭某事件中，不利报道见报的当天彭某即通过网易微博发布解释信息。从 5 月 12 日到 14 日共发表相关微博约 15 条，简单而直白地解释了他受邀到南京师范大学讲性学，在讲座上的讲话被记者断章取义进行报道一事。而男星陈某骚扰女艺人事件中，陈某反应迟缓，事件发生后拖延四周，在不利舆论高涨至难以收拾的时候才面对媒体，召开记者会。在这之前，各种猜测与谣言已经占领了信息的“真空地带”，即使此时发言，陈某也失去了话语主动权。果然，陈某在记者会上的各种表现都被认为是在“作秀”。

第二，信息传达的有效与否十分影响受众态度的信任与否。彭某在微博上与网友良好互动，有问必答。即便有言辞激烈的网友，彭某也并未情绪失控，而是冷静陈述事实，用学科知识为自己澄清。在彭某的公关过程中，微博、播客、数字报纸多管齐下，收效显著。相比之下，陈某虽然在记者会上声泪俱下，却被指“表演戏剧性”，受众并不买账。

第三，与企业和政府相比，个人公关孤立无援。政府和企业陷入危机时，有一个团队可以依靠。而个人陷入危机则孤立无援，只能自己进行危机公关。这就更加体现新媒体的作用。用新媒体进行个人危机公关，一夫当关万夫莫开，彭某即是例证。与陈某相比，陈某至少有经纪人及公关小组，而彭某从头到尾一个人以微博为主要阵地，在新媒体上完成了危机公关。

8.2 基于形象修复的危机公关策略

8.2.1 新媒体环境中企业危机公关的应对对策

新媒体环境下企业危机公关的步骤包括做好事前的防范与规划、事中的应对与沟通、事后的总结与恢复。

8.2.1.1 事前的防范与规划

事前的防范与规划主要包括建立信息监控和危机预警机制，唤起全员危机意识，强化日常危机训练。

（1）建立信息监控和危机预警机制。在新媒体环境下，企业随时都有发生危机的可能，并且危机往往带有不可预测性。因此，建立信息监控和危机预警机制对于企业来说非常必要。

首先，要配备专门的信息监控人员，全面监控各大门户网站、专业网站、平面媒体乃至论坛、微博、博客等。该信息监控人员要有危机敏感意识及责任心，要细心地从海量的信息中找到有关企业的正面及负面信息；还要有较好的信息整理和分析能力，能够鉴别信息的真伪和严重性。

其次，建立一套实时监控的网络系统。通过该系统可设置敏感词汇，有效过滤企业的负面报道。还可以通过系统以工单的形式将负面报道下发到企业内部的相关部门，引起专业部门的重视，并让专业部门跟进该负面报道，将危机扼杀在萌芽中。

再次，及时启动危机预警。当察觉网络上的负面报道有成为危机的苗头或符合相当的危机等级时，企业就要当机立断地启动危机预警和预案了。企业可以采取各种方法去减少危机发生的可能。比如关注热点论坛，发现企业的负面新闻后进行删帖或安排专人在论坛上进行澄清或引导；如情况比较严重，负面消息无法删除，企业就要长期监测该信息，一旦发现该信息有发展为危机的势头就采取相应措施，将危机扼杀在摇篮中。

最后，利用新媒体进行危机公关。负面消息可以通过新媒体急速传播，企业也可以利用新媒体进行危机公关。企业可以通过官方微博、门户网站、手机短信等第一时间为公众提供真实而权威的信息，主动进行澄清；可以举行网上记者招待会或专家主题聊天；充分利用新闻组、QQ 和虚拟社区内的在线通告，在重要的或流言极其泛滥的 BBS 站点首页设置指向权威消息和权威网站的链接等；还可以和腾讯、新浪等主流网站合作，设置有关危机事件的专题网，加大信息量和深度报告，让公众深入了解危机事件，减少猜测和误解。

（2）实行全员危机培训和实战演练。企业危机公关不仅是面对危机时能采取有效的措施解决，更重要的是在危机发生前就能辨别企业运营过程中潜在的危机因素，做到居安思危、未雨绸缪。

在新媒体环境下，预防和处理企业危机不能单靠危机公关小组单打独斗，还需要企业上上下下、全体员工的共同努力。企业的全体员工都应该有基本的危机意识，时刻保持清醒；对待日常中可能产生危机的小事不能熟视无睹，要及时指出并改善；对于媒体的采访要有警惕精神，及时上报并具有初步的应对技能；平时要多关注自己企业的报道，做好信息的收集和准备，以应对无所不在的危机事件。

因此，企业在做好正常的业务运营的同时，要加强培养全体员工的危机意识；通过开展“危机公关”专题培训，使员工全面了解企业危机公关的本质和重要性；下发媒体危机应对指导小册子，提高员工应对和解决危机的能力；不定期举行危机公关演练，增强员工的实战经验①。

8.2.1.2 事中的应对与沟通

危机事件一旦爆发，公司上下应该立即进入紧急状态，及时展开调查，迅速了解事件全貌，判断危机的类型，根据危机的不同性质，制定不同的策略，及时采取措施消除危机。

(1) 采取有效措施，制止事态扩大。在新媒体环境下，一方面企业危机的信息会在极短的时间内呈疯狂蔓延之势，就像在平地上投下一枚炸弹，引发爆炸性的后果；另一方面快速的信息传播和更新也缩短了公众的心理耐受时间，公众总是希望企业能在第一时间有所反应；企业如果做不到，就会给公众留下反应迟缓、不负责任等负面印象。因此，危机发生后企业要果断采取措施，即使在短时间内无法查明所有的真相，也应该就手上有的真实资料迅速发表声明，表明态度和立场，建立企业负责任的形象；针对危机事件本身，还应该抓紧时间调查清楚前因后果，有效控制事态的发展，采取相应的措施，制止流言的产生，防止事态的扩大。

(2) 整合新旧资源，实现媒体互补。新媒体在便捷性、及时性、共享性等方面存在优势，但由于新媒体也存在匿名性、消息来源的不明确性，其权威性和公信力与传统媒体相比仍然存在一定的差距。中国传媒大学广告学研究所的相关数据表明，在危机事件中，70%的公众选择相信主流媒体如电视台、报纸发布的信息。可见，传统媒体在公众心目中受信赖的占比很高。因此企业在处理危机时，应该有效地利用专业严肃、影响力大、公信力强的媒体发布相关信息，彰显企业的品牌优势，树立企业正面形象，争取获得公众的认可和信任，增强企业危机公关的效果；同时，企业可以利用新媒体的及时性和互动性，迅速解答公众最关心的问题点并以最快的速度将企业采取的措施传达到公众的眼底耳根，及时获得公众的谅解。总之，在新媒体环境下，处理企业危机时要善于整合新媒体和传统媒体的优势，妥善处理企业危机。

(3) 重视领袖意见，培养正面力量。随着互联网的飞速发展，网民的意识、素质、责任感逐步提高，对新媒体的运用也越来越成熟。他们不但是企业广告的对象、企业产品的消费者，同时也是潜在的投诉者、批判者和评论人。而在互联网的世界中，舆论领袖可以产生巨大的引导作用。比如著名的“打假人”方舟子，在微博上拥有 400 万粉丝，他对某企业的一些好的或坏的评价都会对公众有引导的作用。

网络意见领袖的形成过程与现实社会中的有所不同，现实中的意见领袖通过其社会地位、贡献与荣誉、专业权威性等树立起领袖地位；新媒体环境下的意见领袖则可能是因为

① 尹逸又．新媒体环境下的企业危机管理探析[J]．经济研究导刊，2011 (20)：38-40.

某些言论、意见契合大众的需求、观点而在短期内受到追捧并迅速形成的。企业在开展危机公关的过程中，要关注这些新媒体意见领袖的舆论方向，采取得当的措施去影响和聚合他们的意见，并通过影响意见领袖的看法对他们的舆论进行引导，改变危机发展的方向，减轻危机破坏力。

8.2.1.3 事后的总结与恢复

事后的总结主要包括做好经验总结，对公众开展情感引导；寻找危机中存在的机遇，进行企业形象的重塑等。

（1）做好经验总结重引导。危机过后，企业仍不能掉以轻心。首先要继续对各种媒体实行重点监控，防止危机死灰复燃，杜绝危机卷土重来的可能；同时要结合危机处理过程中做得不够好的方面，完善危机公关计划，制定更有效的措施；最后是总结经验，吸取教训，要寻找危机发生的深层原因，彻底解决危机发生的源头问题，防止危机的再次发生；要将整个危机发生到结束的过程汇编成案例集，在企业内部实现共享，树立危机处理典范。

除了在企业内部采取一系列恢复措施外，企业还要学会开展情感引导。现代社会竞争压力越来越大，房价、物价高企，人们普遍生活在焦虑当中，心理积存了越来越多的不满情绪和怨言。论坛、贴吧、微博等成了人们发泄情绪的集散地，而企业危机事件的产生恰好给人们提供了一个发泄的借口和空间。由于自身认识的局限性和对社会的不满综合作用，公众可能会针对危机事件发表非理性的言论或过激的谴责，甚至是没有根据的谣言，以达到情感宣泄的目的。危机过后，企业应该主动利用新媒体的互动性，积极走到公众的身边，开展正面的情感引导，消除人们对企业的负面情绪，重建人们对企业信任的基石。

（2）进行逆向思维寻商机。在新媒体时代，企业要善于整合新媒体和传统媒体的优势，利用相关资源，及时与公众进行有效的沟通交流，提高企业信息传播的公信力，有效引导舆论方向。一方面，企业可以利用大型的门户网站、社区类网站、专业性网站和传统有影响力媒体的网站以及搜索类网站的力量，将企业的软性广告融入新闻类信息中进行传播；另一方面也要关注虚拟社区、微博、论坛、贴吧中网民的言论，并利用新媒体与网民进行充分的信息沟通和互动。

企业产生危机不等同于企业的失败，危机产生的同时也可能带来机遇。在危机过后的恢复期，企业要尽快淡化危机造成的不良影响，及时修复在危机中遭受的破坏，尽快恢复正常的生产经营。同时，企业还可以利用新媒体传播的速度和多样化，在公众仍高度关注企业的时候，号召公众共同参与到企业的改善措施中，表明企业改进的决心；或投放企业形象广告，发布新的市场拓展计划或产品计划等；适当把握时机，展现企业的新举措，重塑企业形象。

8.2.2 新媒体环境中政府危机公关的应对对策

当前，以移动互联网为代表的新媒体已成为信息传播的主要渠道。在新媒体环境下，全面提高政府部门应用新媒体来处理公共危机的能力，已然成为政府危机公关领域的重要内容和必然趋向。政府部门应当改进危机管理理念，重视新媒体在危机传播中的重要作用，全面提升政府在新媒体环境下的危机公关的能力。

8.2.2.1 树立危机公关意识，确立危机公关基本原则

政府部门应当转变思想，充分认识新媒体在当前社会中的地位和作用，树立新媒体环境下政府预警、处置公共危机的公关意识以及基本原则。以下两个原则是在当前新媒体影响下政府在危机公关过程中需要注意的。

（1）真实性原则。政府部门在危机公关过程中，应当保持真诚平等沟通的态度，及时向社会公众传达真实准确的信息，切勿隐瞒真相、封锁言论、拒不回应。政府部门要做到危机信息的公开化和透明化，拒不回应与传播虚假信息只会加剧民众的不安与恐慌，使政府形象与威信受到严重损害，有时甚至会促使国内的公共危机升级成为国家形象危机。因此政府部门在危机公关中应当做到实事求是，向社会公众传递真实信息。

（2）第一时间原则。随着新媒体技术的迅速发展，传播速度的快捷性使得公共危机的潜伏期已经变得越来越短，危机爆发的时间越来越难以把握。政府部门能够越早预测到危机爆发的可能性，在危机处理中就越有占有主动权。因此，政府部门需要投入更多的人力、物力和财力来进行危机信息的搜集与预测，做到在第一时间发布危机预警信息。

8.2.2.2 完善相关法律法规体系

随着社会的进步与发展，传统的法律法规体系已难以有效控制约束新时期的新状况。在新媒体环境下，政府危机公关不断出现的新问题，这就要求政府部门应当加强立法工作，积极完善相关法律法规体系，不断完善危机应急法律体系建设，并加强对政府危机公关实践的法律指导。

目前，虽然我国已颁布《中华人民共和国突发事件应对法》以及其他相关法律法规，但在危机管理方面的立法状态仍然较为薄弱，法律体系有待进一步完善。国家要弥补法律空白领域，完善群体性突发事件处置法、反恐怖法、紧急状态法等法律制度，明确法律适用范围，进一步规范整合应对各种危机的法律法规。同时要加强针对新媒体的立法工作，来弥补我国法律在对新媒体监管方面的空缺，确保对新媒体的监管有法可依，使新媒体市场健康有序发展。

8.2.2.3 提高政府工作人员危机公关能力

目前，政府部门严重缺乏危机公关方面的人才以及熟练运用新媒体技术的人才，面对此问题，政府部门应当建立有效的人才选拔机制，吸纳专业人才，定期开展业务培训，逐步完善从事危机公关人员的知识结构和专业技能，构建起一套可持续发展的危机管理人才体系。在人员选拔上，要注重挑选具有较强新媒体应用能力、沟通协调能力和舆论监测分析能力的人才；同时对相关工作人员的危机公关专业技能进行培训，为政府危机公关提供必要的人才保障。

专业的危机公关人才需要具备以下三大能力：第一，危机洞察能力。危机公关人才要有较强的危机敏感性，能在纷繁复杂的信息中甄别真伪信息，迅速判断危机事件的性质，

准确评估危机可能给社会造成的影响，并帮助政府部门做出正确的危机应对决策。第二，思辨能力。危机公关人才需将思辨能力运用到舆情分析中，对危机情况做出准确的判断，不盲目跟帖、发帖，慎重回答公众的质疑和提问，对舆情进行正确引导。第三，熟练应用新媒体技术的能力。危机公关人才要掌握信息的监控、查找、删除、屏蔽等技术手段，加强对网络言论的监测和管理，提高引导和控制舆论的速度及准确性。

8.2.3 新媒体环境中个人危机公关的应对对策

除了企业、政府机构、公共组织等容易发生危机事件之外，个人也难免会发生危机事件。危机事件发生后，由于情况紧急，大部分个人都会感到手足无措，不知该如何应对。为了使危机处理有序进行，将危机造成的负面影响降到最低程度，个人在危机公关中应当遵循危机处理的以下几个基本原则。

8.2.3.1 加强个人危机公关意识原则

松下电器创始人松下幸之助先生在总结其企业的成功经验时说过："长久不懈的危机意识是使企业立于不败之地的基础。"这句话不仅适用于企业，也适用于个人的危机处理。个人加强危机公关意识是个人在日常生活中处理自身事务与社会事务的一项必要内容。个人也应该时刻树立危机公关意识，这样才能够有效减少危机对自身所造成的损失。

在这个人人都有麦克风的时代，在日常生活中个人难免会遇到各种各样的危机事件，比如有很多网民将身边的不文明行为拍摄成照片或者视频发布到网络中，那么这就会给事件的主体造成危机。因此，个人对危机保持一种积极警惕的态度，及早意识到危机事件的发生，可以迅速制定相应的应对危机的措施，从而有效地减少危机对个人财产或名誉等方面造成的损害。个人形象是每个个体重要的个人资源，危机公关的首要目的就是形象管理，树立危机公关意识，不仅能够及时将危机造成的损坏减小到最低，还为个人形象的修复与维护提供充分的时间与机会。因此，树立危机公关意识，有助于及时维护与修复个人的形象。

8.2.3.2 勇于承担责任原则

当个人危机事件爆发后，许多与个人利益相关的个人或团体的利益连带着受到一定的影响，此时这些因个人危机而遭受利益损失的相关个人或团体需要的是危机事件主体个人的承担与安慰，任何推脱责任和过多的解释只会招致他们的反感与厌恶。一旦个人危机爆发，个人勇于承担责任最容易得到外界的理解和支持，勇于承担责任也是处理危机最有效的公关策略。因此危机发生之后，个人应该勇于承担责任及因个人危机所造成的损失，要表现出解决问题的诚意，为自己创造一个妥善处理危机的良好氛围，以真诚的态度面对外界公众。这样既缓和了外界对待个人的猜疑和怨恨，也为解决危机提供了很好的环境与时机。

8.2.3.3 配合媒体原则

配合媒体原则是个人做好危机预防与危机公关最重要的原则之一，这一原则是由媒体的传播属性所决定的。众所周知，大众传媒受众范围广、传播速度快，实时发生的事件能够以较快的速度传播开来；同时，大众传播承载的信息量巨大，它们的表达方式或表达倾向能够赋予被传达信息某种特殊的引导含义，大众传媒所传播的信息具有可复制性，这使被传播内容在传播时间上也具有长久性，从而能够成为影响和引导公众舆论走向的主要力量。西方学界普遍认同大众传媒是“无冕之王”与“第四种权利”，在中国，大众传媒也被赋予党和政府“喉舌”的功能，由此可见媒体对于公众舆论有着较大的影响。

媒体决定着信息的流量与流向，媒体可为公众舆论设置中心议题。因此，个人应与媒体建立良好的关系，配合媒体的工作，这样能够使有关处理危机的信息较为便捷地通过媒体传播，获得更多的传播机会，从而形成对个人比较有利的舆论环境。

8.3 危机沟通的模式

在全球化背景下，加强对公共危机事件的研究，促进政府建立和完善公共危机应对机制，不仅有利于推动危机管理学科的发展，推进危机管理研究理论性与实用性相统一，而且对于转型时期我国公共危机管理体系建设以及构建社会主义和谐社会具有重要的现实意义。

8.3.1 危机沟通的原则

8.3.1.1 快速沟通原则

快速沟通原则就是指危机沟通的主体在危机发生时一定要在第一时间将关于危机事件所掌握到的情况发布给公众。当危机发生时，人们迫切地想知道具体情况，所以这时候，作为公共危机沟通主体的政府就要以最快的速度向公众发布危机事件的信息。我国乌鲁木齐“7·5”事件发生后第二天，政府才向市民发布了该事件，其实在前一晚事件刚刚发生之后网上就有大量不完整的信息，但是市民并没有真正了解具体情况。所以说快速沟通非常重要，可以帮助政府以及社会公众快速了解真实情况。

8.3.1.2 信息公开化原则

信息公开化原则就是指政府应该将所掌握的关于危机事件的各类信息公开，而不要隐瞒信息，漏报信息。如果在危机事件发生时，政府不想将掌握到的部分信息告知民众而避重就轻地发布信息，当民众从其他渠道得知了一些信息但又不能辨别真伪的时候，就会以讹传讹，形成不可收拾的谣言，此时政府再站出来澄清谣言就为时已晚。因此，信息公开化就是为了加强民众对政府的信任，让民众愿意相信只要是政府说的就是事实的真相，不会被谣言所蛊惑。2011 年 3 月日本地震海啸核泄漏引发抢盐闹剧，让原本是人们生活中最普通的食盐“一夜受宠”，食盐抢购风急速升级。抢盐闹剧过后，很多轻信谣言的人因囤积了大批食盐，到最后陷入“盐多成灾”的尴尬局面。但在这样的事件过后，一些人却还是没有吸取教训。自 2014 年清明节开始，兰州市部分市民因轻信食盐“涨价停产”等谣言，开始较大批量购买食盐，至 4 月 3 日，抢盐闹剧正式大范围上演，很多商场、商铺出现食盐被抢一空的现象。如果兰州市政府机构以及相关部门及时做出回应，就能够有效地避免抢盐闹剧的发生。因此，信息公开化原则在危机沟通中起着十分重要的作用。

8.3.1.3 沟通法制化原则

沟通法制化原则是指不论作为政府、媒体还是社会公众都要在沟通过程中遵循相关的法律法规，做到依法办事。公民对于危机事件的情况有知情权，政府要遵守公民的权利，合法地将危机事件的发生及发展趋势公布给民众。另外民众也要遵守法律法规，沟通时不能做出有违法律的行为。而媒体也一样，在报道危机事件的任何信息时，都要遵守法律法规，不报道虚假信息，不报道没有调查过的信息，不报道有害于国家民族的信息。因此，不管是政府、媒体还是公众在进行危机沟通时一定要做到有法可依、有法必依。

8.3.1.4 双向沟通原则

双向沟通原则是指政府与民众之间要做到双向沟通，做到有来有往，协作配合。危机发生时，政府不是单纯地将信息告知民众，还要让民众明确地知道政府处理危机事件要采取的措施、政策。同时民众会有很多想要知道的问题，会通过诸多方式表达自己的想法和意愿，此时政府就要主动打开大门与民众进行沟通，对不符合实际情况的信息立即向民众澄清，将事件的进程随时公布给民众；民众也可以将政府采取措施处理危机事件后的发展反馈给政府。因此双向沟通原则尤为重要，政府不能仅仅把民众看作是接受者，更应看作是合作者，这样才能更快更好地化解危机。

8.3.1.5 真诚沟通原则

真诚沟通原则是指政府不能为了自身的利益或者包庇下属部门或行政人员而向外界发布不真实的信息。政府要做到真诚就必须真实地将信息公布给民众，除非涉及国防或者特殊政策。政府沟通过程中往往需要依靠生动的、前后一致的信息中蕴含的象征性行为来强化政府意志。信息前后一致的政府沟通，可以减少普通民众认知的不确定性①。如厦门市PX项目正是由于政府没有做到真诚沟通而没有得到社会公众的好评。原本2004年就被审批通过的厦门市PX项目，虽然在2005年、2006年分别通过了国家环保总局和国家发改委的审批，却在2007年3月有政协委员、化学专家呼吁停工迁址，因为该项目会对厦门的中长期环境造成可见的乃至潜藏的种种危害，而政府的行为却是封口或是销毁杂志，引起市民的怀疑。市民不知道政府到底想要掩盖什么，以致最后演化成了市民的群体性抗议与抵制，项目胎死腹中，政府再站出来解释什么都没有用了。政府在此危机事件发生时所采取的态度和做法并没有体现出它的真诚，造成市民的恐慌和对政府的质疑。因此，真诚沟通原则是沟通的最基本的要素，有了这一要素，政府才能真正在民众中树立其形象，得到民众的信任。

8.3.2 危机沟通的特点

8.3.2.1 明确的目的性

危机沟通的目的是显而易见的，就是为了预防、控制、化解、修复危机。通过危机沟

① 李德平．政府危机管理中的信息公开问题[J]．江西社会科学，2007（5）．

通，给人们传达各种相关信息，让涉及危机的各部门和人员能够一起行动起来，共同努力化解危机带来的伤害；通过危机沟通保护人民大众的利益不受到伤害，减少生命财产损失，使人心稳定，社会稳定发展。由此可见，危机中，我们所做的一切都是围绕着明确的目的进行着的。

8.3.2.2 公共性

危机沟通的公共性首先体现在沟通主体具有公共性，即政府、公共事业部门、非营利公共组织是为人民大众服务的，因此具有公共性；其次体现在沟通手段上具有公共性，即其沟通都是依据宪法、法律及各种规章制度，借助公共权力进行危机沟通；最后体现在沟通内容上具有公共性，即政府传达给人民大众的各种信息是公共的，是公众有权利知道的，而不是单独一个部门或个体所有。

8.3.2.3 方式上的直接性

公共危机发生时，相关部门必须快速行动，明确目的，制订方案，领导小组必须亲临现场，掌握第一手资料，在现场与危机相关人员做最直接的沟通，同时也要通过媒体直接将最重要的信息传达给公众，在稳定民心的基础上快速化解危机。

8.3.2.4 手段上的非常规性

我们知道当各种公共危机发生时，政府会根据危机的不同程度而采取不同的沟通手段，亦即特殊情况特殊对待。有时一些常规性的沟通手段就会得到很好的效果，但有时为了能够迅速控制危机蔓延，政府不得不采取一些强制性的、非常规的沟通手段让公众配合。

8.3.2.5 过程的互动性

由于危机具有突发性、不确定性、破坏力强、影响范围广等特点，当它发生时就会受到各界的高度关注。而危机沟通中正是由沟通主体——政府——将所有相关信息传达给受体人民大众，基于所传达信息的多少、利害关系、影响等，主体和受体之间会具有强烈的互动，亦即公众通过接收到的信息会做出不同的反应，而这些反应也会直接影响着政府。

8.3.3 危机沟通模式

8.3.3.1 危机潜伏期的沟通方式与策略

在危机爆发前，各种危机的隐患、先兆、迹象处于孕育形成时期，一般都具有其特定的外部表征。例如对于一些社会危机，往往会表现为大规模群众上访、示威游行、小规模暴力行动等。处于危机潜伏期，政府部门应注重做好以下沟通应对工作：

（1）加强动态预测预警。这需要启动危机管理体系的预测预警系统，积极主动收集各类信息，根据科学的依据进行分析，对可能引发危机的事件前兆进行防范、加以疏导，争取将危机的前兆消灭在萌芽状态，从而避免危机的发生。相对于政府而言，媒体在信息捕捉收集和危机预警方面存在着先天的优势，应注重发挥媒体的作用。

（2）加强危机意识和知识的宣传。应通过媒体在民众日常生活中进行危机意识的宣传和教育，树立现代危机观念，形成一致的社会舆论和大众共有的危机共识，增强公众危机应对的意识和能力。例如日本作为地震多发国家，就非常重视地震知识的宣传教育，重视对国民普及应对地震危机的常识。

（3）制定危机沟通方案。这是危机准备阶段制定应急处置预案的一项重要工作，是危机沟通的基本依据。沟通方案主要内容包括确定信息沟通媒介、建立危机新闻中心、确定新闻发言人、准备有关背景资料等。

（4）进行危机沟通培训。有效的危机沟通需要掌握沟通技能、具备良好沟通能力的人员，因此在危机准备阶段挑选合适人员进行危机沟通培训十分必要，如对于如何接受记者采访、电话问讯的培训，对于新闻发言人的培训等。

8.3.3.2 危机爆发期的沟通方式与策略

危机的爆发和发展进程充满突发性、紧迫性和震撼性等特征，因此，对危机爆发期的沟通策略具有特殊的要求。

（1）时间第一，争取舆论主动权。危机爆发后，为控制危机事态、稳定社会秩序、避免社会恐慌，危机管理主体应快速应急，争取以最快时间发布信息，这就要求“说真话，立刻说”。即使调查清楚有关危机的成因、破坏程度等情况还需要时间，也应该按照“快报事实，慎报原因”的要求，在第一时间发布有关危机的信息，表明政府正着手处置危机，给公众以信心。在互联网时代，如果政府不主动去填补信息真空，流言和小道消息就会泛滥，不利的舆论会给政府带来更大的损害。

（2）建立制度，明确权威的信息发布渠道。中国有句古话叫三人成虎，讲的是人多嘴杂的可怕。危机具有紧迫性、高度不确定性，紧急关头，组织内部的人员很难立刻对危机达成共识。因此，越是危机时刻，越是要一个声音，不能“七嘴八舌”，这就要求设立新闻发言人制度。其实，我国的新闻发言人制度早在1983年就已经建立，但直到2003年“非典”之后，新闻发言人制度才开始逐渐进入公众视野。政府设置新闻发言人制度，是政府信息公开的重要内容，也是树立政府形象的新策略，同时更是一种与公众、媒体“人性化交流”的新途径，是人际传播优势的彰显。危机事件爆发期，政府新闻发言人是政府危机传播的“先头部队”，他代表政府设置议程，掌握信息发布主动权，不断地向社会公众和新闻媒体说明危机发展的状况，发布权威精准的危机信息，唤起社会对危机管理行为的支持。

（3）加大力度，进行全方位及时动态沟通。在危机爆发期，危机事态发展变化很快，公众的恐慌心理增加，各种小道消息容易蔓延，这就要求危机管理者加大沟通的力度。应加强与媒体的合作，恰当处理和“敌对”媒体的关系，尽量避免与媒体对峙的态度。应增加信息发布的频度、强度，滚动式地发布危机信息，及时将组织应对危机的行为及出台的有关政策告知公众，满足公众的知情权，获取公众的支持。

（4）言行一致，确立信息沟通的可信度。危机状态下，公众的心理承受能力降低，为了尽快争取民众的支持和理解，危机管理者必须言行一致，讲清事实真相。传统的政府管理思想认为，民众知道得越多，就越有可能引发社会不稳定。然而“非典”和汶川地震等危机都表明，民众知道得越多，行为就越理性。因此，危机管理者采取瞒报、谎报、说假话等应对措施，只会失去公众的信任，对克服危机是不利的。美国心理学家奥尔伯特和波斯特曼在《流言的心理》中揭示的流言传播法则表明，信息公开透明，谣言也就没了市场。为了增加信息沟通的可信度，管理者可以多请有关专家出面，科学分析危机成因和发展趋势，讲解危机应对的知识，这样往往会取得更好的沟通效果。

8.3.3.3 危机恢复重建期的沟通方式与策略

美国社会学家L. 科塞认为，作为社会的安全阀以及调整规范适应新环境的激发器，冲突（危机事件）激发了新的规范、规则和制度的建立，强化对社会生活的参与，使社会关系的调整成为可能。因此，在危机事件解决后，危机管理主体应积极宣传危机管理绩效，尽快调整、恢复社会结构和功能，重建社会秩序；同时，要有效利用媒体发动社会对危机事件进行理性反思，挖掘危机事件的原因，寻找今后更加有效避免危机发生或改进应对策略的办法。可以邀请专家，从多侧面、多层次进行理性分析，弄清危机演化过程中动态的社会秩序与失序状态，理清危机演化不同阶段社会失序的原因与特点，进一步掌握危机变化发展的进程和规律；有必要对危机管理者、媒体、公众在危机前后的应对和细节进行反思，总结经验和教训；发动媒体对处置危机中的先进典型进行挖掘、宣传，积极引导社会舆论的方向，重塑政府的良好形象。

思考题：

1. 公共危机对组织及个人形象有哪些影响？
2. 新媒体环境中企业和政府在危机中的形象修复策略有哪些？
3. 新媒体环境中个人在危机中的形象修复策略有哪些？
4. 危机沟通的原则是什么？
5. 危机沟通的模式有哪些？

推荐阅读书目：

1. 《危机管理》，[美] 罗伯特·希斯著，王成等译，中信出版社
2. 《危机沟通与传播》，提莫斯·库姆著，林文益、郑安凤译，台湾出版社有限公司
3. 《危机预警》，高民杰、袁兴林著，中国经济出版社
4. 《舆论学》，陈力丹著，中国广播电视出版社
5. 《危机状态下的政府管理》，许文惠、张成福主编，中国人民大学出版社
6. 《群体性突发事件与舆情》，陈月生主编，天津社会科学院出版社

9. 危机传播与新闻报道

☞导论

公共危机是现代国家与公众经常需要面对的社会现实，由此而产生的“突发公共事件”危机报道成为极具新闻价值的报道领域，国际新闻界在这方面已经积累了大量的实践案例并形成了较为成熟的理论观点。事实上，在危机传播过程中，媒体的责任、报道的方式以及报道内容的选择对危机事件的结果起着至关重要的作用，尤其是媒体在危机事件中的反应直接影响社会舆论和民众情绪。本章重点从传播学的角度来分析这三个问题。

9.1 危机报道中媒体的社会责任

在公共关系中，危机传播主要指企业、组织或政府面对危机事件所采取的旨在减少危机损坏程度的沟通信息、树立形象的公关策略。媒体的危机报道对公民应对危机能力的提高、政府危机决策的制定、整个社会与媒体自身的发展都起着至关重要的作用。危机本身具有自己的发展规律，一般来说，危机的发展大致可以分为四个阶段：潜伏期、爆发期、扩散期和消退期①。媒体的危机报道在危机发生的不同阶段所起的作用是不同的。在危机的潜伏期，媒体的主要作用是预警，即通过自己的报道引起社会注意并采取相应的措施。在危机的爆发期，媒体的主要作用是让人们了解危机的真相，消除人们对危机的各种误解，维护社会稳定。在危机的扩散期，媒体的主要作用是协调社会，通过自己的报道形成有利于危机解决的良好的社会氛围，团结、引导各种社会力量共同面对危机。在危机的消退期，媒体的主要作用是反思，通过反思发现各种社会弊病并探求救治的对策，避免同样的危机再次发生。当然，由于危机的四个阶段并不是泾渭分明，危机在不同时期的功能也只是一种总体的评价，彼此之间存在着交叉和重叠。比如在危机的潜伏期，媒体在担负预警功能的同时，实际上也在担负着告知功能，而媒体的反思功能其实贯穿于整个危机的过程之中。

9.1.1 媒体要承担环境预警的社会责任

媒体预警，从字面上解释来看，预是预先，即事情发生前，警是警惕、警示，即对可能发生的危险保持警惕和发出警告。因此，媒体预警就是在危机发生之前，根据危机发生的一些征兆，媒体预先政府和公众发出警示、警报，使其做好充分准备，应对危机的来临。

---

① 赵士林．论媒体危机报道的四大功能[J]．新闻界，2004（8）：23.

美国著名报人约瑟夫·普利策曾说过一句名言：“倘若一个国家是一条航行在大海上的船，新闻记者就是站在船头的瞭望者。他要在一望无际的海面上观察一切，审视海上的不测风云和浅滩暗礁，及时发出警告。”这句话很形象地说明了新闻媒体的职责在于守望社会环境①。

案例一

2008年3月，三鹿集团先后接到消费者反映，有婴儿食用三鹿奶粉后，出现尿液变色或尿液中有颗粒的现象，接下来的几个月全国频频出现类似案例。然而，三鹿集团并未采取有效措施，反而继续销售有毒奶粉，甚至还出资300万元进行网络公关，要求百度搜索屏蔽负面信息。2008年9月9日，《兰州晨报》一篇题为《14名婴儿同患“肾结石”》的报道，揭开了三鹿毒奶粉事件的序幕。面对消费者的投诉和质疑，三鹿奶粉相关负责人仍以“三鹿所有的产品都是没有问题的”予以回应，直至2008年9月11日凌晨，上海《东方早报》记者简光洲首次点名报道《甘肃14名婴儿同患肾病　疑因喝“三鹿”奶粉所致》，引起社会一片哗然。随后卫生部发布消息，高度怀疑三鹿奶粉受到三聚氰胺污染。三鹿集团不得不发表声明，宣布召回产品，并向广大消费者道歉。三鹿毒奶粉事件才全面被曝光。

在整个三鹿事件中，媒体的作用不容小觑。记者简光洲在危机爆发期做出的第一篇“点名”报道，推动了危机的真相揭示和危机处理的进程，这种勇气和责任感是令人崇敬的，也为媒体在危机初发期及时告知公众最真实、全面的危机信息做出了榜样。

案例二

安县桑枣中学毗邻汶川大地震伤亡最为惨烈的北川县。地震爆发时，全校2200余名学生、百余名老师按照平时的训练，在1分36秒内全部安全地撤到了操场上，学生无一伤亡，老师无一伤亡。学校的墙上写着：“责任高于一切，成就源于付出。”校长叶志平视他的第一任务为确保学生的安全，为此他采取了两项重要措施：一是修缮他上任时接手的一座建筑质量很差的实验教学楼。地震时实验教学楼内有700多名师生，实验教学楼没有塌，而学校以外的房子百分之百受损。他的第二项重要措施是每学期都要组织紧急疏散演习，演练时每个班级的疏散路线都是划定好的。尽管有反对意见，但校长坚持，学生老师终于习惯，每次疏散都井然有序。正是校长叶志平的危机意识以及在危机潜在期采取和实施的应急预案，才使全校师生无一伤亡，创造了地震灾区的奇迹。

从媒体传播的角度分析，如果平时注意地震安全知识的普及，尤其是在地震多发区域

---

①　罗伯特·希斯．危机管理[M]．北京：中信出版社，2004.

的地震安全知识普及，应该可以有效地减少个体面对突发地震危机时的伤亡率。因此，如何把握机会，积极应对下次危机的预警传播与研究，是媒体面临的不可忽视的问题。从管理者的角度看，邻国日本就是一个地震多发国，他们在受灾后的恢复与复兴的规划、组织结构以及各种危机预警传播制度的形成过程等方面都有值得我们借鉴的方面。

9.1.2 媒体要履行传递信息的重要职责

每次危机爆发的时候，就是人们渴望获得与危机相关的信息的时候，这时候人们的第一个念头往往是把目光投向大众媒介。可以说，当社会环境情况不明、有威胁性或迅速变化时，个人和群体的媒介依赖关系便更加强烈。如果媒体能够及时提供有关危机事件的全面的信息，人们就会消除对于突然爆发的危机的恐惧，形成对危机的正确认识，并且采取相应的自我保护措施，这对于维护危机时刻的社会稳定是非常重要的。反之，如果人们不能及时获得有关危机的信息，各种谣言就会盛行，进而导致社会恐慌和不稳定。

政府是危机管理的核心，所以媒体的危机报道要充分配合政府决策层与管理层的应对工作，维持危机时期的社会秩序①。在危机时期，对于承担着社会公共管理责任的政府来说，媒体的危机报道是打好危机战役的重要武器，对于身处危机中的社会公民来说，危机报道则是他们思考和行为的指引者。媒体要做好政府与公民信息交流的重要平台，通过危机报道将民意上传至政府，将政策下达至社会，成为这两者之间的重要桥梁。一旦危机报道不利，可能导致的结果就是管理层意见与民意堵塞不通，危机舆论陷入混乱，社会秩序失去平衡。

尤其在危机持续期，危机的破坏力表现得最为完全和稳定，危机的影响达到最大值，常常深入至社会的各个领域，这一时期里，政府、企业、公众相互之间可能因为各种原因产生冲突，从而导致事态恶化。这时，新闻媒体完成公共管理层与社会公众之间的协调对于维持社会稳定尤为重要。

一方面，危机报道对于管理层制定的决策措施进行正确的报道传达、解释引导，能够促使公众更准确地理解掌握政府决策，催化社会更迅速地采取统一行动。相比起没有任何催化作用的强制性政府行为，通过危机报道这一中介，建立在理解基础上而达成的社会一致行动所取得的效果会好很多，成本也会小很多。2012—2014 年期间，总有 H7N9 甲型禽流感疫情在我国部分省市爆发，危机爆发后，在协助政府处置和应对 H7N9 过程中，很多媒体都开设了有关 H7N9 的知识普及专栏和热线电话，帮助民众来解释与危机相关的信息，并解答他们的疑惑，以人性化的方式来消除民众的恐慌情绪。

另一方面，媒体要尽量全面地做好舆论监督，反映公共意见。对于危机持续期社会各个领域的危机隐患，媒体应该迅速考察并做出反映，对于违背公共利益的各种行为进行不遗余力的揭露和批判，对于危机时期的公众心声进行全面考察和反映，帮助政府了解社会环境，及时做出决策，采取举措。在危机时期，社会秩序的紊乱经常是由于信息流通不畅而引起的。而媒体通过危机报道及时科学地传达政策、疏导民意，这对于协助政府进行危机管理、带领公众走出消极心态、引导社会秩序走向稳定发挥了重要意义。

---

① 胡百精．危机传播管理——流派、范式与路径[M]．北京：中国人民大学出版社，2009.

在2014年的两会期间，我国的媒体广泛运用“网络直播+高层与网友对话+热线电话+网络留言”的报道方式报道两会，并给公众提供了很多信息选择路径，打破单向沟通模式，实现双向乃至多方位的交流沟通模式，民众的意见诉求和建议渠道畅通无阻，媒体成为连接政府和民众之间的桥梁。2014年3月1日，昆明火车站疆独分子砍杀无辜群众事件过后，国内的各大媒体除了讨论恐怖袭击这一事件本身，还利用各种消息传播策略和手段对突发事件后民众如何调整心理状态、恢复火车站周边的正常生产生活秩序，进行了大篇幅的报道。从这里可以看出，媒体落实责任的过程不仅仅包括做好危机中的信息传播，而且还要更多地对公众加以引导和鼓励。只有这样才会使公众安心，社会秩序得到稳定，更有利于政府提高公共危机管理的效率，为政府分忧。在这次“3·1”昆明火车站“疆独分子”砍杀大量无辜群众的报道中，国内多家媒体在第一时间对事件的起因经过进行了通报，在第一时间内把危机的信息传递给公众，避免了小道消息和谣言的传播。媒体传播功能是媒体最基本的社会责任，它是通过向民众提供及时和准确的信息来落实的。与此同时，媒体除了搜集与危机信息有关的内容之外，还要保证信息的准确性，不能够凭借自己的经验和平时的判断进行报道，杜绝“拍脑袋”式的报道行为，不能想当然地认为事件“应该”朝什么方向发展，要保证信息的准确无误，对自己和社会负责。

9.1.3 媒体要承担协调各方关系的社会责任

当危机进一步扩散时，危机的各种破坏力开始表现出来，这时候危机的影响往往会深入社会生活的各个领域，因此我们往往需要动员各种社会资源与各种社会力量来共同应对危机。在这样的情况下，强有力的政府管理是必不可少的，而媒体的宣传报道就是把所有人团结起来行动的一个重要动力。“一次又一次，我们记录着不幸；一次又一次，不幸警醒着社会。”《南方周末》数年前在记者节致辞中写的这句话很深刻地点出了媒体危机报道的重大意义。

在我国社会主义市场经济高速发展的过程中，不成熟的制度体系以及不合理的经济结构使得新时期危机频频爆发，影响深远，媒体的危机报道怎样从更深层面来解析我国危机频发后的本质问题，怎样培养社会的危机意识，号召全社会共同思考怎样从本质上远离危机，是新时期媒体危机报道的重大课题。在每次危机进入消退期之后，媒体对于危机的反思，其实也是对下一轮的新危机实施预警功能。应对危机事件的最重要的对策是防范，媒体在积极促进现实危机解决的同时，要引导社会深入反思，以便之后能够更好地应对相似相关的危机事件，防止悲剧重演。也只有对整个危机事件中暴露出来的各种社会问题以及危机解决过程中的所有经验教训进行总结反思，才能将危机转化为机遇，推进社会进步。

首先，在危机的扩散期，媒体是协调社会关系、动员社会资源、实施舆论监督的重要工具，是促使社会形成合力采取一致行动的催化剂。通过媒体积极的报道可以形成有利于危机解决的良好的社会氛围，团结、引导各种社会力量共同面对危机①。

媒介系统依赖论认为“个人、群体和大型组织为了达到个人和集体目标，必须依赖

① 叶皓．政府在突发事件处置中的舆论引导[J]．现代传播（中国传媒大学学报），2007（4）．

媒介所掌握的信息资源”①。危机扩散的时期，也是危机的各种破坏力表现得最突出的时候，危机的影响往往会深入社会生活的各个领域。因此需要动员各种社会资源、各种社会力量来共同克服危机。在这样的情况下，强有力的政府管理是必不可少的。但是媒体的宣传报道是把政府的各种决策变成所有人的行动的一个重要动力。

在中国的SARS危机中，2003年4月20日以后我国大众传媒对于危机的集中和全面的报道，尤其是对于医务人员这个特殊群体的报道，使得人们恐慌和无所适从的心理得到了缓解，激发了公众的社会意识和责任意识，调动了公众积极参与的热情，全社会形成了一个合力来共同面对。陈力丹教授在接受SARS专题采访时曾说道：“一旦信息公开了，战胜SARS和克服恐慌就成为一种大家共同面对的问题，而不再仅仅是少数官员秘密状态下处理的事情。这时的当权者和人民的心态就改变了，产生一种互相信任和依靠的健康心理。而以前，人民是迷茫的，对当权者不信任；当权者也不信任人民，生怕出现社会的盲目行动……经过持续几天的定时公布情况，起初怀疑的人也开始产生了信任的心理，这就是公开的作用。尽管事实是严峻的，局部地区和具体方面的利益会受到一定的损失，但是整体的团结一致被动员起来了。”②

其次，危机的协调功能还表现在对于社会各种违法违规或者不负责任的行为的监督上。虽然危机时刻总体上表现为公众的高度团结，但是不可避免地会出现一些浑水摸鱼发国难财的人，不可避免地会出现一些临阵逃脱的胆小鬼，不可避免地会出现一些依然麻木不仁、不负责任的官员，不可避免地会出现因缺乏社会公德而导致危机恶化的个人行为。而媒体强大的舆论压力可以减少上述现象的发生，为危机的解决提供舆论支持。在SARS的报道中大量关于因防治不力而被撤职的官员的消息对于当时的中国政府官员无疑是一针清醒剂。关于“首诊负责制”的宣传也对那些企图开小差的医务人员敲响了警钟，对于政府表明的针对发国难财的不法商人的严厉态度的报道无疑让那些不法商贩在受到良心的谴责之外必须考虑自己行为的代价。对于个人责任的强调又使得人们能够更好地配合流行病学调查和隔离。另外，媒体的协调功能也体现在对于受灾群体或者社会弱势群体的保护上，比如洪水过后的灾区孩子的上学问题、蓄洪区灾民的补偿问题等。

最后，危机解决的期间，常常不会有迹可循，缺少专业性的团队进行指导，这就容易导致公民在参与的时候不会得到好的结果，如果能加强媒体与社会组织的联动，多方位、立体式的对公民参与公共危机进行引导，将有利于危机的尽快解决。2008年5月12日，汶川发生百年罕见的地震之后，作为以传播公益为理念、弘扬公益精神为己任，倾力打造公益领域的信息交流与合作平台的《公益时报》，利用自身强大的媒体资源优势和整合资源的能力，和多家媒体合作，发表了一份国内民间组织抗震救灾的联合声明。其中一家社会组织号召了很多社会团体的领头人，专门为灾区提供灾后救助和服务，表现出了对灾区人民的关心和爱护，让灾区人民感受到了温暖。正是由于我国民众的参与实现了高度的组织化和协调性，我们政府的危机管理机制才更加完善，行政效率更加提升，处置和应对危机的能力才大大增强了。

---

① 赵士林，彭红．现代危机意识与危机报道[J]．新闻记者，2004（10）．

② 陈力丹．论突发性事件的信息公开和新闻发布[J]．南京社会科学，2010（3）．

9.1.4 媒体要履行总结和反思的重要职责

危机进入消退期的时候，危机爆发的强度大大降低，危机已经处于一个可控制的范围之中，社会生活正在逐步走向正常。这时媒体的主要作用是对整个危机事件中暴露出来的各种问题以及在危机处理过程中获得的经验进行总结和反思，把危险转化为发展的机遇，以避免类似的危机再次发生。这里需要说明的是，危机消退期媒体的反思功能绝不仅仅是媒体从业人员的反思，这种反思实际上是一种社会的整体反思，而媒体是这场反思的平台，媒体从业人员是“社会反思的记录者”。虽然社会反思可以通过各种形式来表达，但是在现代社会里通过媒体表达可以产生巨大的社会影响，并因此影响舆论，进而可能影响公共政策。因此，借助媒体的反思可以说是所有反思形式中最具活力的，也是最具有普遍意义的反思方式。

许多文明进步的足迹，都与人们对社会危机的反思有关，而现代社会媒体作为社会的“守望犬”，反思危机是自己义不容辞的责任。2003 年 4 月 25 日《南方都市报》的那篇《被收容者孙志刚之死》的报道注定要成为未来中国当代新闻史必须提到的报道。这篇报道所引起的社会反响是极其巨大的，报社的热线电话几乎每分钟都要接到几个读者对这件事的评价，新浪网上的跟帖数量几个小时内就达到上万条。无论何种职业，无论哪个阶层，几乎全社会的人都做出了回应，并且回应的声音没有减弱，而是越来越强。由于媒体的报道和推动，“孙志刚被故意伤害致死案”最终推动了中国法治向前迈进了一步，在中国实行了 21 年的《城市流浪乞讨人员收容遣送办法》被废除，取代它的是《城市生活无着的流浪乞讨人员救助管理办法》。

对于孙志刚案的反思如果停留在个案的层面上，那么它的意义就非常有限。但是孙志刚案实际上已经触及到了中国法律制度深层次的弊端。孙志刚之死的报道之所以引起巨大的社会反响，背后实际上隐含着一个巨大的危机——司法信任危机。司法腐败与司法暴力会危及所有人的心理承受底线，当人们感到自己最起码的生命安全都不能保障的时候，这种危机感所激发出来的能量是无比巨大的。孙志刚事件发生后，司法界自身的反思其实是所有反思中最深刻也最具有代表性的。本案反思的重点已经涉及政法机关在执法工作当中存在一些深层次的问题，而这些问题的存在是导致司法信任危机的社会根源①。

综上所述，媒体在危机事件中担任着不可推卸的舆论引导的责任和使命。身负政府对公众发言和公众实现知情权的双重传播身份，媒体必须做出最大努力促进危机事件的解决。同时，危机潜伏期的预警功能是考验媒体的重要环节，而这一功能的发挥一直以来都是我国媒体所缺乏的。无论是艾滋病、SARS 事件还是三鹿危机，媒体在危机潜伏期的沉默不能不说是一种巨大的失职，对于危机爆发之后带来的社会恐慌和巨大破坏力，媒体要承担不可推卸的重要责任。

危机报道是新时期媒体赢得市场竞争的重要契机。一方面，危机报道具有极大的新闻价值，危机本身的突发性、重要性、破坏性等因素极大程度地契合了新闻价值的标准，成

---

① 周榕. 我国公共危机传播中的媒介角色研究——以 2000—2012 年重大公共危机事件为例[D]. 武汉：武汉大学，2013.

为媒体赢得市场竞争的重要砝码。另一方面，传播方式的多元化发展和公民意识的觉醒等新状况使得危机报道拥有了新机遇，媒体做好做强危机报道的空间变大，赢得诚信度和知名度的机会也变大，危机报道将成为媒体创立品牌、树立权威、提高影响力的法宝，成为吸引新时期高端受众的重要途径。

在社会急剧转型的今日，各种社会矛盾错综复杂，交织在一起，从而导致公共危机事件频繁发生。媒体及其从业人员若不能及时准确地发布危机信息，协助政府处理危机事件，落实好媒体的责任，在公共危机事件过程中产生的一些消极因素可能会占据主导位置，最终对危机的处置带来不利影响。所以，只有积极落实和优化媒体责任的路径，才能有利于媒体正确规范传播行为，同时进一步协助政府加强和深化信息公开，有利于将公共危机管理中的社会舆论引向一个正确的方向。

9.2 危机报道的原则及形式

9.2.1 危机报道的原则

转型期的中国，危机事件频频发生。经济转轨、社会变迁，加之生态环境的恶化，使危机成为一种“常态”。从 2003 年的 SARS，到龙口粉丝、红心鸭蛋、苏丹红事件、金华毒火腿等食品安全问题，再到 2008 年初的雨雪冰冻灾害、“3·14”打砸抢烧事件、汶川大地震、奥运火炬事件，直至三鹿毒奶粉事件，这一系列严峻的危机向我们的国家、民族、政府提出了挑战，也向我们的新闻界提出了挑战。按照凤凰卫视董事局主席、行政总裁刘长乐的观点，危机具有意外性、聚焦性、破坏性、紧迫性等特点。危机一旦发生，可能会迅速成为传媒的聚焦点，强烈地吸引公众的眼球。然而，危机事件对于新闻界来说并不是止于赚取注意力，从经济上获利。摆在我们面前的问题是：什么样的危机报道才是适宜的，才能肩负起社会责任，有效地协助危机处理，化解或降低社会风险，而不是扩大危机，增加风险的能效范围。总体来说，危机报道需要坚持理性报道、责任报道两个原则。

9.2.1.1 理性报道

所谓理性，即是指媒体具备大局意识，兼顾多方利益，理性、客观地报道新闻事件，有效地发挥其正外部性，减少负外部性。首先，危机报道要树立理性的报道观念，对现实的认识、分析和报道要采取理性主义——唯物主义的范式①。也就是说，既要按照现实危机本身报道，又要联系社会情境用理性论证、分析危机。其次，危机报道要进行理性的内容选择。什么样的信息有助于公众了解危机事件真相，作出理性、正当的反应呢？公开、客观、充分、及时、平衡的报道是公众认识危机事件始末，建立正确、合理应对观念和行为准则，获得警示、教育和启发的重要信息保障。但目前的报道多是以自上而下的“文件传达式”为主，而关于奶粉受害者、食品安全受害者等弱势群体、企业生产等的深入报道匮乏，信息的充分性和平衡性不足。再次，报道要采取理性的报道方式。要以理性的

---

① 宋倩．突发事件需要理性报道[J]．新闻传播，2013（7）．

报道方式呈现事实真相、剖析原因、影响，其中以媒体为主体的调查性报道、深度报道、连续报道、解释性报道、综合评论尤为重要。只有及时、全面、平衡的报道才有助于化解风险，帮助公众从以自我为中心的情感判断中抽身，拨正其理性对待事件的方向。

9.2.1.2 责任报道

就微观层面而言，新闻报道须敞开事实真相，满足公众的知情权，为他们提供观念和行为的指南；就宏观层面而言，新闻报道应发挥舆论导向及社会动员作用，促进政府危机处理决策的形成和实施等。

首先，危机报道的责任路径体现在职业责任。作为一种独立的职业，新闻界应以信息为本位，将最充分、最客观、最全面的信息提供给受众，满足其对信息的需求。在新闻学的范畴中，信息是指“消除受信者随机不确定性的东西”①。也就是说，新闻报道提供的信息包含着受众所需求的新内容、新知识、新情况、新动态等，能够帮助人们更清楚地认识自己所处的现实环境，从而更好地应对事态的变动。这也是商品社会传媒产品供求关系的客观要求。在这次毒奶粉事件报道中，信息本位被宣传模式替代，媒体报道在信息的全面性、充分性和平衡性上有所欠缺：信息源相对单一，主要来自政府部门，这导致报道呈现严重的不平衡性，展现的似乎不是危机事件本身，而是危机处理的过程和反应；信息的缺失、单维、含混、矛盾和报道中的欲盖弥彰倾向加剧了公众的恐慌情绪，严重削弱了人们对食品安全的信心，而且使随后出现的柑橘生蛆事件、三聚氰胺鸡蛋事件发生连锁反应，远远超出其本身的影响范畴。

其次，危机报道肩负政治责任。危机报道的客体决定着它已然超越了日常生活报道的范畴，成为牵涉诸多利益层面、影响范围极深远的重大新闻。承载事实、勾勒轮廓只是危机报道的初级任务，更深层次的任务是在政治层面上维护国家形象、政府形象，发挥社会动员作用，促使政府快速、及时、有力地形成危机处理决策并实施。这是维持一个国家安定繁荣、规避社会风险的必由之路。在这次毒奶粉事件的报道中，媒体的政治使命感体现得比较充分，对政府各部门的意见、政策、措施、行动、数据、调查给予了及时、全面的报道，使公众随时能够获悉权威信息。但从另一种视角来看，广伸触角的媒体并未能成为敏锐的“领航者”，走在风口浪尖，发现危机征兆，发出预警信号和参考信息，引导和促成危机的处理和化解，而是跟随政府的足迹按部就班地进行日常报道，这就丧失了其独立性和启发性。除维护国家及政府形象之外，危机报道的政治责任还在于维系安定团结的社会秩序。就奶粉事件而言，媒体报道不应是一味地批评指责，抑或是在诸种利益博弈下的简单维护，而应该发挥其监督功能，并促成全国奶业乃至整个食品行业的合理整顿和信誉恢复，包括在国际市场的信誉恢复。对于奶粉事件，媒体的前期报道可谓集体炮轰、骂声一片，但是事件频频升级，三聚氰胺污染案范围扩展，整个民族奶业和食品工业陷入尴尬局面，这时媒体也有些傻眼了，是批评还是维护？坚持批评意味着击碎人民及国际社会对中国食品安全的信心，

---

① 刘丹凌．理性与责任：媒介危机报道的路径——兼评毒奶粉事件报道[J]．廊坊师范学院学报(社会科学版)，2011 (5)．

简单地维护可能会招致怀疑和反感。这时新华社等媒体开始补进对三元、味全等合格产业的正面宣传，地方媒体也积极地为本土产品摇旗呐喊，比如重庆的天友乳业一时间就成为媒体明星。但这样的宣传效果有限，消费者心里已埋下阴霾，信心的恢复和重建有待时日。如果媒体能在第一阶段意识到毒奶粉问题的严峻性，高瞻远瞩，权衡利弊，对问题进行全面揭露、曝光，同时对优质企业整顿后的产品进行妥帖的报道，比如以独立身份监督生产流程，并真实地呈现给受众，那么可能就会收到更好的效果。

最后，危机报道必须彰显社会责任。这里的社会责任主要是指对公众肩负的责任。社会是由公众构成的，对公众负责是最基础的社会责任。危机的影响范围通常是广泛的，广大公众都可能成为直接或间接的受害者。危机报道应站在全社会的高度，从保障公众的权益出发。毒奶粉等问题食品牵涉的是公众的生命及健康，媒体报道首要的责任是提供及时、全面的问题产品信息，必要时甚至可以做一些预测或预警，以免更多的公众付出生命及健康的代价。这次奶粉问题的报道只能说及时反映了政府部门调查、处理的情况，而不能说及时反映了事件本身。在数名儿童因毒奶粉丧命，成千上万患者涌现，卫生部处理意见已形成之时，媒体才站出来，实属反应迟缓。同时，针对危机中慌张无助的公众，媒体应及时提供服务性报道，具体指导人们如何应对，比如如何辨别食品的安全性、可替代产品的选择及如何提高应对危机的能力等。另外，提供危机时刻公众发泄和表达的平台也是媒体的一项重要社会责任。危机爆发通常是突然的，波及面巨大，公众可能因此受到伤害，这种伤害不仅是身体上的，还有心灵上的。他们需要一定的平台来表达意见、宣泄情绪，而危机报道就应成为这种平台之一。然而，在这次毒奶粉事件报道中，我们极少能听到来自各个层面的公众声音和意见，只有少数整齐划一的声音，比如超市里继续购买奶品的消费者表示支持国产奶业等，这种声音显得苍白而无力。

风险社会中，危机报道可能成为媒体新闻工作的常态。从这次三鹿奶粉事件报道中，我们可以看出，媒体报道总体上来说缺乏成熟的理性，从而也无法承担起应有的责任。危机打乱常态生活，带来诸多不安的可能性，极大地破坏了固定的生活逻辑和观念。因此，对危机的完整叙述和判断离不开理性的认识和论证，危机报道就应该遵循唯物主义的理性模式。这种模式既能带来理性化的、真实的报道，也能够打破固定的观念和逻辑空间的束缚，有助于大众形成理性的认知和行动准则。大众对危机的感知容易形成放大效应，媒体的理性报道，应着力消除这种放大效应，让大众回到正常生活中来。可以说，这是媒体责任的最终体现。从理性到责任，媒体的危机报道需要承受比日常报道更大的压力，它的报道模式和认知面临着固有的社会信念、意识形态和危机放大效应的冲击。一方面，媒体需要不断探索科学的报道方式，形成关于危机的完整叙述和判断；另一方面，媒体还需要不断地向大众灌输新的观念，以冲破固有信念甚至社会传言的禁锢，从而帮助大众和整个社会在面对危机时依然镇定自若，迅速恢复正常秩序。

9.2.2 危机报道的形式

9.2.2.1 网络专题报道

专题报道是对现实生活中某些具有典型意义或较高新闻价值的新闻人物、问题、事件、现象进行记录、调查、分析、评述，深入系统又生动形象地反映其发生发展的结果和影响，从而揭示主题的深刻意义。这种报道类似于报纸广播的通讯体裁，是电视新闻深度报道的主要形式之一，同时也是各大门户网站追踪报道的主题①。

在传播样式上，专题报道不仅集纳了通信、消息、评论等多种体裁，而且也包括了所要表达主题的文字、图片、音视频、Flash、互动调查、留言板等多种传播样式。从目前我国官方网站和商业网站的专题报道来看，大多注重对事件的快速报道。多种体裁稿件的配合全面展示了事件的进程和由此引发的多元思考，给网友提供了一个全面认识事物和独立作出判断的平台。

重大新闻事件尤其是危机事件，是网络媒体吸引网民、广告客户和提升自身形象的重要契机。在新闻报道同质化的今天，各大网站都努力地在竞争中寻求独家性。因此，专题报道的优势就凸显出来，以丰富的页面形式、更多元化的视角、更丰富的内容去吸引网民的眼球，赢得更多的社会关注。

重大突发公共事件的网络新闻专题报道是以网络为依托，围绕对社会产生重大影响的突发公共事件，综合多种表现手段和多种报道体裁，进行连续的、全方位的、深入的报道，并挖掘重大突发公共事件背后故事的一种新闻体裁。它具有传播内容即时丰富、传播形式变化多元、提供各种服务平台、展开多角度互动等优势，吸引了大量网民的关注，具有非常好的传播效果。同时，重大突发公共事件的网络新闻专题报道不仅有助于维护社会稳定、增强网络新闻专题的传播力，而且有助于促进网络新闻的发展。

由于网络媒体不受篇幅、发布时间、发布地点等限制，网络媒体在重大危机事件报道的策划与实施中，对于信息的传递自主性较高，在报道的深度与广度上都强于传统媒体，更容易形成专题效益。重大危机事件的自身属性使得新闻报道难度加大，媒体报道应该把握好分寸、尺度与理性。专题报道中，记者需要适时调整报道的方向、基调、节奏、进程，察觉到报道中可放大展开、深入报道的关键点，以加强媒体的品牌效应。通过专题报道的展现，危机事件的解决进程被一一呈现出来，这样动态以及综合性的报道方式能够提升报道质量，在深度与广度中进行扩展。有时，由于危机事件的某些相似之处，新闻媒体会将两个或两个以上危机事件的报道拿来进行对比研究，在时间与空间的层面上考察每个事件的不同之处，并有意地着重报道某一事件的某个方面，成为普通危机事件报道中的特殊报道。

例如 2012 年伦敦奥运会刘翔退赛事件，人们对刘翔寄予的巨大希望与现实形成鲜明反差，使得媒体和公众高度关注。刘翔退赛事件一经发生，各大网络媒体将其置顶到首页的主要版区或头条，并全方位聚集多种报道和资讯，很快形成专题版区、文字、图片、视频等多种报道资源；同时，利用整合消息、背景资料、评论等多种报道方式，与微博、论坛等平台链接，形成多元化、动态化的全媒体报道专题。一时间，刘翔退赛事件成为我国网络媒体关于 2012 年伦敦奥运报道的焦点事件。这不仅是刘翔和刘翔团队必须面对的危机事件，而且在一定程度上成为需要国家关注和应对的危机事件。

从危机新闻报道的效果方面看，经过网络整合的专题报道，把关于刘翔退赛的网络舆

① 冯丽．重大突发公共事件网络新闻专题报道研究[D]．西安：陕西师范大学，2011.

情聚集到网络新闻媒体上，形成了热点聚焦效应，在吸引公众注意、吸引社会舆论方面效果显著。同时，这种报道把多元化、弥散化的网络资源集中到专业性的传播媒体上，有效地连接了网络舆论场与主流网络媒体舆论场。除此之外，网络专题报道克服了信息传播的碎片化，有效地将刘翔退赛事件的前因后果予以阐述。从新闻的广度和深度层面讲，专题报道将刘翔退赛事件的新闻信息片段收集在一起，通过主题提炼和排版设计把整个事件串联起来，并进行多层次、多角度的剖析解说，从而在一定程度上避免了公众的片面化情绪。最为重要的是，专题报道并不仅仅指向事件发生的当时，还延伸到之后，进行全方位的跟踪报道①。综上所述，我们可以看出网络专题报道具有如下特点：

（1）超容量性。人们纵然不会在一个页面上停留太久，但打开一个网页的同时，也就打开了一本百科全书，将形形色色的逸闻趣事一网打尽。相对于传统媒体而言，网络新闻专题超越版面和播发时段的限制，用固定的网络页面，集合网络特有的传播方式，例如超文本结构、容量巨大的数据库功能、形象生动的直播视频和 FLASH 等元素，使网络新闻拥有无上限的信息空间。网络新闻专题通过主题网页对焦点事件进行系统介绍，对相关题材进行深度挖掘，保证传播内容的丰富性和完全性；理论上无限容量的数据库，方便地将文字、声音、图片、图表、动态图像等网络媒体符号集合和存储，既保证信息的大容量，又能达到综合传播的效果。

（2）去中心化。在“注意力经济”时代的浪潮下，受众对海量新闻的接受更加理性，而且对新闻信息需求的主动性更强，他们不仅是单一的接收者，而且也是具有发布权的传播者，甚至是某一传播领域的“意见领袖”。从某种意义上讲，正是因为网络赋予了受众传播主动权的特权，网民才对网络情有独钟，欲罢不能。例如在“H1N1 甲型流感”的专题报道中，网站不仅发布了政府和专家的权威解读，也积极传递出了草根阶层的声音，让患者参与新闻报道，把自己掌握的新闻信息通过网络论坛、博客、播客等传递出来，通过网民的阅读、评论和转发产生巨大的影响和传播效应，使信息流通更快更透明。

（3）集束态式。借助于网络新闻专题集装箱式的报道方式，网络新闻专题报道在突发事件中的信息传播优势如同“达摩克利斯剑”般强大，无论是在报道数量还是报道质量上都让传统媒体相形见绌。全方位、立体式、多角度的报道使得新闻信息不再是一条条，而是一束束。进入网络新闻专题，受众不仅可以看到事件当下的蔓延情况，还能了解其来源和未来发展趋势；不仅能够浏览专家和权威人物给予的专业建议，还能与网民分享个人的心得见解。

网络专题报道虽然优势十分明显，但是还有很多不足之处，主要表现如下：

（1）人文关怀缺失。例如甲流侵袭，其来势凶猛、声势浩荡、传播迅速等特征使得全球恐慌，异质的、分散的大众在某种程度上存在心理恐慌。但是，商业化的网站片面追求点击率和轰动效应，将疫情扩散速度和疑似病例增加人数“浓墨重彩”地给予格外关注。打开专题首屏，偌大的数字让人不寒而栗、胆战心惊，不仅不能让人们正确地认识甲型流感，反而起了引发恐惧的负面作用。网络新闻专题求速求全的信息报道方式，使得新闻的可靠性、真实性降低，例如各大网站中经常出现前后信息不一致、报道互相矛盾等弊

① 周科进．网络媒体表现形式的集大成者：网络专题[J]．新闻战线，2004（6）．

病，甚至还有一些从论坛的社区中剪切的尚未经过证实和核查的信息。这些不加筛选的信息罗列，不仅把信息甄别的任务丢给受众，使原本有价值的信息被埋没，而且让网民心存疑惑，大大降低了网络媒体的可信度和公信力。

（2）理性分析匮乏。网络新闻专题报道以其强大的包容性博得了受众的厚爱，各个网站间为了争取网民的“芳心”，竞相提供海量的、多而全的信息。但是由于网络工作人员的能力有限，他们只是尽力地集纳，仅仅体现了其大容量的仓库功能，而没有理性地扩展和延伸到新闻的导向功能，所以其中经常包含一些无效或低效信息。仅仅就报道新闻而报道新闻，没有形成引导意见流的聚集效应，使得原本具有深度报道优势的网络专题报道变成缺乏理性分析的信息的罗列。

（3）整合能力欠佳。浏览各大网站关于甲流的专题报道不难发现，虽然它们所提供的信息都是按照时间先后顺序依次堆砌，且文字、图片、音频、视频、动画等各种多媒体形式一应俱全，但是给受众的印象依然是缺乏关联的、散沙状的新闻碎片。这种缺乏有效的整合和梳理的传播方式，给受众带来了信息的断裂感和阅读后的茫然迷失，使受众无法找到深层的、正确的解决方案，同时也培养了受众“浅尝辄止”的不良阅读习惯。

（4）信息同质严重。从各大门户网站的甲型 H1N1 流感专题报道板块设置上看，它们各有特色，但由于类似新浪这样的商业网站还不具有时事新闻的采访权，所以大部分新闻都出自同源。虽然各网站推出专题的初衷是展开差异化竞争，但是，新闻信息来源的过多重复，又让网络新闻专题陷入“千题一面”的尴尬。除了新闻信息的同质化，页面设计及版面策划也无一例外地出现雷同现象①。

9.2.2.2 调查性报道

调查性报道又称“揭丑”报道。它是西方国家报刊上的一种特殊报道形式，专门用来揭露社会阴暗面、政府里的黑幕、大企业的罪恶勾当以及黑社会的内幕等。在我国，调查性报道是指对重大事件、重大问题的来龙去脉、相关方面做深入调查后所写的报道。突发事件中专题报道和调查性报道在西方新闻学中占有很大的分量，在普利策新闻奖中，分别设有这两个报道的奖项。而且在其他奖项中，有很多新闻其实也都属于突发事件专题报道或调查性报道。从中我们发现：突发事件中的专题报道和调查性报道之间存在着一种对立统一的关系。一方面，它们是对立的，突发事件专题报道最讲究时效性，要求在“第一时间”发稿，快速向受众传递信息；而调查性报道强调的是全面、准确、充分和深刻，不太讲求时效性。另一方面，它们又是统一的，大多数调查性报道也都是对突发事件专题报道的延续。

调查性报道不同于解释性报道、精确性报道和一般的客观报道，它是以记者独立调查的方式来建构新闻事实，并且以其独有的“对抗性”区别于其他各类报道方式。所以，调查性报道一般存在两个过程，一是事件的发展过程，二是记者的调查过程。通过记者极具冲突和对抗的调查过程来展现新闻事件的真相和内幕是调查性报道最基本的叙事模式。

① 刘凡．突发公共事件网络新闻专题的操作特点——以新浪“智利地震”专题报道为例[J]．新闻世界，2005（5）．

但是，这种叙事模式由于记者的大量介入而容易主观性过强，且对抗性的调查过程也会让报道带有某种倾向或暗示，从而使报道有失客观公正。因此，比较常见的做法就是将客观调查和个人体验相分离，这样既保证了报道的冷静和客观，又不至于浪费新闻素材。

然而时代的变化为调查性报道提供了全新的语境，新媒体日益走红的大环境为调查性报道带来了巨大的发展机遇。调查性报道的隐秘性、危险性等特点，导致信息提供者匮乏，许多新闻事件的当事人或目击者出于自身安全或利益的考虑而拒绝提供线索，这也在一定程度上增大了获取新闻材料的难度。而在新媒体语境下，人人都可以成为新闻线索的提供者，受众可以通过微博等方式实时发布自己的所见所闻，为记者提供信源。对于一些突发事件或还没有造成巨大影响的事件，受众可以通过转发、评论参与调查过程。

例如，2010年李刚门事件报道，最初就是来源于天涯论坛的一篇帖子，随后引发网友广泛讨论和转载，李启铭的一句“我爸是李刚”更让网友把事件的前因后果翻了个底朝天，父子俩被推上风口浪尖，这一事件影响力迅速扩大，最终有关部门介入调查。在这一过程中，受众的推动作用不容小觑，正是因为受众的参与才使事件最终得到解决。再比如，2010年《中国经济时报》一篇题为《山西疫苗乱象调查：近百名儿童注射后或死或残》的报道在中国的各大网站上疯传。这篇近两万字的调查报道揭露了山西的一些疫苗在流通使用过程中的一些问题。一时间，举国皆惊。国家领导及卫生部、国家食品药品监管局对此高度重视，按照相应的法律法规要求，分期分批地派出纪检、专家、工作人员等组成的调查组赴现场对报道涉及的患儿、疫苗和有关情况进行全面调查。此次有关山西疫苗的报道，不仅使全国的疫苗管理工作发生了很大的变化，而且对全国公共卫生行业起到了警示作用，也唤醒了全民的危机启蒙意识。

事实证明，调查性报道在危机报道中发挥了非常重要的作用，推动了社会的进步和发展，为净化社会环境、稳定社会经济秩序、揭露打击犯罪作出了应有的贡献，让违法犯罪分子闻风丧胆，让危害公众和国家利益的罪恶组织不敢肆意妄为，对社会起到了一种警示作用，同时也提高了媒体的影响力和公信力。

9.2.2.3 组合式报道

近年来，组合报道在各大报纸上频繁出现。作为一种新闻报道方式，组合报道从多重角度全面地反映了所要反映的新闻事实和新闻主题，赢得了受众的欢迎。早期的新闻教科书上没有明确组合报道这个词汇，新闻评奖也没有组合报道的一席之地。虽然如此，组合报道仍在当今的新闻报道中如鱼得水、脱颖而出。大量成功的范例表明，组合报道正日益显示出它全方位、多角度、立体化深度报道的魅力。

南京大学的杜骏飞在其所著的《深度报道写作》一书中对组合报道作了如下定义：组合报道是将关于某一新闻事件的各个侧面的报道及素材组合在一起，从方方面面对新闻进行透视的一种报道方式。也有学者把组合报道定义为：围绕同一事件将不同地点、单位和不同内容的新闻编排组合在一起，形成宣传上的一种阵势，使读者从若干新闻事实的联系、对比或隐喻中，得到超越于碎片新闻的启示和教益。

组合报道有两种基本形式，一是以事实为中心的多角度报道。在事实中心型组合报道中，单篇稿件之间存在着特定的逻辑关系，这种关系规定了稿件之间的顺序关系，每篇报道都有它存在的特殊意义。这种报道多见于线性发展的新闻事件。二是以主题为中心的多角度报道。在主题中心型组合报道中，单篇稿件之间存在一定的关联，但是这种联系远没有事实中心型组合报道那么强。联系各篇稿件的不是稿件之间的关系，而是报道本身所围绕的新闻主题。例如，《文汇报》2004 年 2 月 1 日的科技专刊，报道的中心内容是禽流感，整个版面共 7 篇稿子，每篇一个角度，从不同的层面反映禽流感，包括禽流感的预防、是否会传染给人等一系列敏感话题。但这组报道稿件之间的逻辑关系并不强，把各篇稿件凝聚在一起的仅仅是禽流感这个中心话题。

组合报道具有以下特点：

(1) 完整性。组合报道是深度报道的一种，因此它在反映问题的时候不仅报道新闻事实本身，还要对新闻事件发生的起因、过程和影响等进行报道。例如 2005 年 4 月 5 日出版的《新华每日电讯》第四版的新闻焦点，主题是房价，组合报道由 5 篇稿件组成，分别从政府、市场、专家等角度，分析了房价上涨的原因、影响以及对策等内容，使该报道把房价问题分析得清晰明了，让读者豁然开朗。

(2) 全面性。组合报道反映的问题是不同层面、不同角度的、全方位的意见。同时，组合报道是由多位记者相互配合共同完成的，所以每位记者看到的、了解到的事情各不相同，他们通过客观的记录，将事实告知受众，在很大程度上避免报道失实现象的出现。

(3) 综合性。消息、通讯、特写、评论等只要适合表达内容均可为它所用，所有组合报道在新闻体裁的运用上具有综合性。

(4) 多样性。组合报道可以报道各方面的新闻事件如经济、政治、法律等，但更适合于报道重大公关事件和受众关注的焦点问题。

(5) 合作性。组合报道需要的是记者和编辑的相互配合，在合作过程中编辑要把握报道的大方向，并且保证传播效果的稳定性；而记者则要严格按照策划的要求进行采访写作，并在采访过程中实现新闻资源的合理配置和互补。

(6) 统一性。组合报道是“残缺”的报道与完整的组合的统一。所谓“残缺”的报道是相对于完整的组合报道而言的。组合报道中的每一篇文章都只讲一个方面的问题，但是这一个方面的问题要说得明白无误，报道本身也必须完整。所谓统一性是指由各篇报道组合而成的报道呈现给受众的应该是完整的新闻事实，必要的话还应该包括新闻事件的影响及后续报道等。

2003 年春季，中央电视台播报了一系列报道，主题是有关某城市一些群众为一个白血病患者捐款的消息。关于孩童患白血病因治疗费用不足，群众自发捐款、解囊相助的报道，近年来在中央电视台及许多省、市电视台屡见不鲜，几乎所有的新闻报道都选择了同样的角度——赞扬捐款群众的助人为乐精神，而对给病人捐款问题的其他侧面没有提及。其中，只有一个作者一反常态，从两个方面进行了报道：一方面同其他报道一样赞扬了捐款群众的助人为乐精神；另一方面，通过大量的现场采访提出这样一个问题：如果一个人有病，群众可以通过捐款帮助患者治病，但是如果十个人或更多人有病怎么办？难道都要靠捐款解决吗？捐款人能不能承受？从这个角度出发，作者得出两个结论：一是群众为白血病人捐款值得称赞；二是为病人治病筹资，不能只依靠群众捐款这一条路，必须通过完善社会医疗保险制度来解决。这样的报道一出，立刻受到社会公众的关注，引发热烈反响和深度讨论。该报道荣获年度最佳新闻报道奖。

2012 年，刘翔退赛事件惹得满城风雨，各路媒体纷纷从不同角度展开报道。新华网率先以《刘翔退役亦英雄》为题展开报道，及时回应了公众，表明了媒体态度。随后，人民网以《“折戟”刘翔亦英雄》一文对刘翔给予了支持态度。网易也翻译了路透社的一篇文章，将李娜的澳网失败和刘翔的退赛进行对比，并发表了名为《李娜虽败令中国人骄傲，刘翔退赛遭指责》的文章，把刘翔事件置于一个具有可比性的理性场景中。新浪体育以《伦敦奥运留下几多遗憾，刘翔退赛引全国一片叹息》为题，报道相对中立，体现出对刘翔退赛事件的惋惜。

总体上来看，对此次事件的组合报道主要分两个方面：一方面，从当事人角度展开报道。刘翔退赛事件中，受影响最大的还是当事人——刘翔，他的心理压力一定非常大。很多网络媒体从刘翔能否再参加比赛、刘翔的成长历程以及刘翔伤病情况等多种角度展开报道。如北青网报道《刘翔在美治伤，无奈缺勤两会》，中国日报网报道《解密刘翔退赛的 5 大真相，医生称手术后难康复》，而人民网就《央视披露刘翔退赛内幕，揭秘不为人知的 4 年惨淡生活》进行系列报道，比较客观地讲述了刘翔 4 年的训练历程①。另一方面，很多网络媒体从事件本身展开报道。如新华网为公众提供了一个思考方向即《刘翔摔倒退赛有两个疑问没有解开》，提出了对刘翔退赛事件的质疑，即刘翔的治疗针剂是什么时候打的以及“1356”号码牌的问题，引发了媒体和公众的探讨。另外，《央视刘翔退赛解说内幕曝光》中，也对刘翔退赛背后的利益相关者提出了犀利的批评，受到广泛关注。

9.3 危机报道内容选择及确定

在我国，公共危机事件的报道尚不十分成熟，这与新闻从业者没有深入分析受众心理以及固守传统报道“报喜不报忧”的报道方式有关。这就造成了在危机事件发生的地区，报纸多采取“内紧外松”的传播策略；而在危机事件以外的地区，则出现过于尖锐或不全面的批评。

危机报道不同于普通的社会新闻、时政新闻的报道，对于新闻从业者来说，危机报道传递信息的功能远大于提供娱乐的功能，社会责任远远大于新闻价值。在报道公共危机事件的过程中，应当尽量避免走上两个极端，在体制允许的范围内找到适当的平衡点，最大限度地服务社会公众。

9.3.1 选择角度：客观公正，有所侧重

新闻报道的新闻价值要求新闻报道具有新鲜性和独特性，因此，记者在采写新闻的时候，一般会把事件的新鲜性和独特性作为新闻的采写角度。但对于公共危机事件的报道，过于强调新鲜性和独特性会削弱报道的客观性和严肃性。

公共危机事件的报道不同于一般的新闻报道，它更强调新闻的社会功能和信息传递功

---

① 程帆．网络媒体危机事件报道方式与改进策略——以 2012 年伦敦奥运会刘翔退赛报道为例[J]．新闻知识，2014（5）．

能。对于危机事件的报道应当本着实事求是的原则，做到客观、准确、严肃、公正，树立权威可信的报纸形象；不应当故意选择危机事件中暴力、血腥、灾难性的场面、细节大做文章，忽略对事件的总体把握。对公共危机事件客观公正的陈述，可以避免谣言、稳定民心，树立良好的报业形象，对报业的长期发展具有不可忽视的作用①。

单纯对危机事件事实的报道，并不能达到良好的危机传播效果。因为对事实的简单陈述，仅满足了受众对危机的认知需求，公众更想了解的是有关危机事件的相关政策、法规以及自救手段。这显然是更具有新闻价值和社会价值的报道角度。

例如，在松花江水污染事件中，《第一财经日报》在第一时间采访了吉林化工，并称“吉林化工否认爆炸污染到松花江水源”，以事实暗示了二者的相关性。《北京青年报》则以肯定的态度报道了松花江水污染的事实，并从几个贴近公众的角度对哈尔滨市当时的情况进行了报道，如机场、市区交通、医院、超市的情况。报道既体现了市民抢购饮用水的情况，也突出了有关部门的解决办法和相关措施。

与此相反的是，当危机事件发生后，如果一些政府部门不在第一时间公开事件真相，而是掩盖事实、封锁信息，或者是选择性地报道，造成信息的不透明，将会造成很严重的后果。例如，在 2006 年 5 月 18 日，山西左云县张家场乡新井煤矿发生一起特大井下透水事故，56 人被困井下。在这起矿难事故处理中，煤矿所在地张家场乡书记、乡长等干部有瞒报矿难信息、阻挠新闻媒体记者报道的行为；2012 年在某煤矿事故后，媒体记者有为帮助责任人掩盖责任排起长队领取“好处费”的行为，没有体现新闻规律的要求，不利于促成积极的新闻舆论走向，破坏了矿难事件新闻的报道进程和媒体的作用的发挥。如果各种新闻媒体，充斥着这些报道的话，那么我们就看不到社会中的真实情况，负面的真实情况被隐瞒住，那么这个社会就会很危险。

一篇优秀的危机新闻报道的出炉，背后总有难以想象的艰辛和努力。特别是在危机时刻，什么该报什么不该报，一些外宣部门、新闻发布机构、主管媒体的政府机构已制定框架，媒体的报道内容牢牢框定在所控制的范围内。宣传和新闻的区别就是，宣传是传布一定观念以影响人们的思想和行为的社会行动。它的本质职能是传递观念，凡能说明观点的事实都可以借用。新闻是传布新近变动的事实的信息，它的本质职能是传递人们所需要的信息。危机时刻，描述政府救援措施、树立形象的宣传报道总受欢迎，涉及危难中的失职、过错、责任追究的报道像不听话的孩子，难免遭“毙稿”的命运。如何突破这种框架，舍弃“喂新闻”的舒服日子，跑到混杂的民众中间，从各种猜测和带情绪的讲述中寻找真正客观的信息，需要记者不寻常的意志力和报社坚强的承受力。

在危机事件中，政府或者企业的直接利益部门难免会对事件报道制造压力。从国家利益和社会整体大局着想，本着稳定第一的原则，记者的稿件被“毙”掉，或者中宣部精神下来后，停止对事件“炒作”，这样的情况十分多见。媒体要将事件报出不仅需要勇气，更加需要策略。总地来说，记者严格按照新闻专业主义的一套理论（真实、客观、全面、准确），做出的报道很少出现问题②。

---

① 肖鹏军．公共危机管理导论[M]．北京：中国人民大学出版社，2006.

② 肖鹏军．公共危机管理导论[M]．北京：中国人民大学出版社，2006.

首先，媒体和记者需要具备高度的新闻敏感性。危机的潜伏期，媒体的主要作用是预警，即通过自己的报道引起社会注意并采取相应措施。敏锐的嗅觉来自媒体培养的“线人”、通讯员，对于记者拿到的每条线索，都要通过精细推敲，把握线索之间的关联性，寻找事件背后的直接利益者。例如在重庆文强案的报道中，《中国青年报》或许很早就已经得到内部消息，但迫于利益压力没有及时报道新闻，没能很好地发挥预警功能。

其次，报道内容应客观公正，官方消息与实地调查相结合，不可片面而言。危机爆发时是人们急切希望了解危机的相关信息的时候，媒体成为获取信息的重要渠道，当社会环境出现情况不明、有威胁性或迅速变化时，个人和群体的媒介依赖关系便更加强烈。政府或者利益相关的集团的新闻发布，是媒体获取信息的重要源泉，比如伤亡数字、财产损失、应对措施、事故原因等，媒体不是职能部门，不能做具体考究，但是这不代表媒体可以毋庸置疑地接受这些信息。《中国青年报》在甲型 H1N1 流感的报道中，新华社报道占 54%，本报报道只有 39%。从之后的反思中，我们看到还是有人提出了甲流数据不准确的问题，民众反映医院监测系统不完善，这是媒体最容易得到的事实——去医院实地探访。往往媒体习惯了“喂新闻”的传统，质疑、反思能力缺乏，懒于深入第一线听取民众的声音，大众媒体营造的“虚拟世界”也是领导们关注的，这个世界里更多的应该是民众。

最后，对危机事件的报道应有所侧重，不能泛泛而谈。灾难中，受害者（幸存者）、救援者总是记者寻找的对象，他们处于最前线，经历了事件破坏和挽救损失的过程。这些人的所见所感或许是只言片语，但是还原事实需要这些破碎的信息，这是作为记录者的根本职责。例如，在玉树地震的报道中，不必规避“悲情色彩”，也不必责难媒体拿坍塌的房屋做头版主图太煽情，这就是现实。一位奶奶守着孙儿痛哭的镜头，一位父亲平静地抱着卷着儿子尸体的被子走过，还原灾难现象而不是为了满足受众需求，这是在诠释生命无常、人的悲欢离合。这里的人，包括受害者和救援者两个群体，要尽量达到两者平衡。《中国青年报》在玉树地震的报道中，受害者和救援者的报道出现严重失衡，抗震典型、官兵救援的稿件占总报道的 1/3。

9.3.2 选择形式：软硬穿插，讲究顺序

任何报道都不能面对所有受众，面对所有受众的报道通常意味着没有受众。危机事件的报道不同于一般的报道，它要求新闻的传播具有最大的社会影响力。面对趣味、水准各不相同的受众，唯有采取软硬新闻穿插结合的方式，使理性、深刻的报道和事件性、情感性的报道相互补充，才能起到良好的传播效果。公共危机事件的报道还要注意讲求顺序，尽量将事实性、政策性或者方法性的报道放在事件发生发展时期，而将反思性的报道和评论放在事件的平稳期或者结束期，尽量不要一边如火如荼地解决问题，一边坐而论道地“深刻反省”，那样可能会引起受众的恐慌，不利于危机事件的传播。

危机的扩散期，是危机的各种破坏力表现最突出的时期，形成很多意想不到的热点话题。特别是在网络发达的当代，言论自由的同时也充斥着各种流言蜚语。主流媒体要做“雷达”、“把关人”，核实话题出现的真实性，对民众的舆情及时反馈到版面，做出理性深刻的报道，澄清事实、引导舆论，争取做到“意见领袖”的地位。

危机消退期，危机爆发的强度大大减低，危机已经处于一个可以控制的局面，社会生

活逐步恢复正常。一场重大灾难过后，人们的生活追求和价值观念可能发生巨大变化，那些恐惧的气氛和镜头一直影响着人们，对人们进行心理疏导、让他们对生活的态度恢复到正常就非常重要。同时，政府采取的善后措施及关注受害人群的态度能部分缓解他们的心理创伤，避免让他们形成被社会抛弃的感觉，让他们感受到活下来的幸运和温暖。

危机事件中，各种利益关系交叉在一起，形成错综复杂的关系网络。事件中暴露出的各种问题，责任归属，要进行慢慢梳理。媒体的反思不单单停留在一次事件中，更要联系到社会、经济、人口的发展，以及政府或者企业集团在以后的危机事件中如何应对。例如，在文强案中，《中国青年报》缺少反思总结，没有突出这场案件绝不是一个官员或者几个官员落马的问题，案件背后是整个官场的风气、管理制度和利益链；另外，对于公众在这场有史以来的"打黑风暴"中的心理变化没有太多反映。与此相反，在松花江水污染事件当中，《北京青年报》的报道就做得比较到位。该报重点报道了环保总局张军力副局长在新闻发布会上的通报，内容涉及专家预测、应急方案、长期生态影响及该由哪个单位负责等情况，消除了公众对危机信息的模糊认识，起到了稳定公众情绪、增加对政府理解支持的作用，有利于危机事件的控制。

美国社会心理学家霍夫兰研究传播来源对受众态度影响的时候提出，可靠的危机信息来源能够更好地进行危机信息的流通和传播，民众也乐意接受来自于此的信息。在确保危机信息准确无误的时候，大众媒体还要对危机中的信息进行全面的把关和控制，来确保危机信息来源的可信度和美誉度①。只有这样，媒体在引导舆论、改变公众习惯和印象中的某些错误的想法和偏见、防止社会公众有过激情绪和行为以及解除危机中的其他问题中才会起到事半功倍的效果。2012 年 7 月 21 日北京发生特大暴雨降水造成了人民财产的巨大损失。灾后，虽然北京市政府新闻办表示，经历了"非典"，在死伤数字上"绝不会隐瞒"。但在最终的准确数字出来之前，人们对伤亡数据的关切仍然不会消减。灾后，相关部门联动积极应对。7 月 26 日，中央电视台在报道该新闻时，央视女主播逐个读出北京暴雨遇难者名单。7 月 27 日，《人民日报》在 2 版要闻版刊登北京暴雨死难者名单，并通过官方微博发表评论，建议公布遇难者名单应成制度。这些都是政府应对公共危机的进步。无独有偶，刚刚过去的 2014 年 3 月 8 日的马来西亚航空播音 777 客机失联者名单也在中央电视台公布，保证了传播来源的可信度，同时也提高了媒体的公信力。

9.3.3 确定基调：诉诸理性，兼顾情感

公共危机事件一般涉及公共卫生、安全等与公众生命财产密切相关的领域，往往具有一定的专业性。对于公众，即使是知识水平较高的公众来说，危机事件所涉及的领域也可能是极为陌生的。对于熟悉的事物，人们往往乐于通过自己的经验进行判断；对于自己不熟悉的事物，高质量、负责任的观点更容易争取到受众。而且，在各种媒体高速发展的今天，报纸在时效性和画面感上并不具有优势，报纸的优势在于新闻报道的深刻性和公信力，这正符合危机事件报道的要求。面对危机事件，公众需要理性的报道加深对事件的认识，同时也需要获得情感的支持，帮助度过危机，采用诉诸情感的报道方式贴近受众，容

① 诺曼·R. 奥古斯丁，等. 危机管理[M]. 北京：中国人民大学出版社，2001.

易使受众产生共鸣。例如，在松花江水污染事件中，《第一财经日报》发表报道《追究环境灾难的法律责任》，从法律角度对危机事件进行评论，联系前苏联切尔诺贝利核电站泄漏事故，提出只有将法律责任融入灾难机构决策中，才能保证公共利益，论述深刻、富于启发性。而《北京青年报》则选择一位哈尔滨市市民面对停水比较乐观的态度进行报道，引起受众共鸣。

1942年哈钦斯委员会的报告中说：我们必须承认大众传播机构是一种教育工具，而且也许是最大的，它们必须在陈述和阐明共同体应该为之奋斗的理想中承担起教育的责任①。教育大众、舆论引导是媒体承担的又一重大责任。媒体要向大众传输文明、传递观点，对于大众的想法给予引导。在危机事件中，民众的心理、心态、情绪处于一种脆弱的紧张状态，任何有意无意的刺激都可能导致意想不到的后果。危机事件容易形成舆论激荡的由头，而不恰当的报道往往会为这种舆论激荡增添动力。媒介的舆论风险主要在于媒介对于舆论形成、发展巨大的影响力如果失控，则容易成为群体非理性的动力。这需要媒体在报道时考虑事件中的受众心理，从大局和稳定出发。例如，在唐某学历门中，事件主人公原本是个精英和英雄的人物，是许多青年人学习的榜样。出现学历造假的事情，让青年人追求理想的真实性变得虚无化，受众会做出这种归结，任何一个成功人的背后可能都会有个资本掠夺的历史。受众会由此联想到官员、学者造假的种种行为，一时间学历造假成了普遍化的社会陋习。其实，很多人都是经过辛苦努力才得到回报，而非通过不正常渠道来跳跃。在此事件中，如果媒体不能察觉到受众的这些细腻的心理，很可能发生舆论引导偏差，造成无法挽回的影响。

在危机报道中，媒体要积极地传递危机信息，第一时间让民众知道信息，做好这些的同时，媒体还要对危机中的人倾注人文关怀，做到以人为本，积极对事件中的当事人进行安抚。例如，2014年3月1日晚，云南省昆明火车站发生砍人事件，持械歹徒团伙冲进昆明火车站广场、售票厅，见人就砍，造成28人遇难，另有113人受伤。这一突发事件给受伤者及逝者家属造成了很大的心理创伤，人们短时间内很难接受亲人受伤乃至离世的消息，身心备受打击。灾难发生后，国内多家媒体滚动播出和回放事件过程，让民众在第一时间内得知消息，并协助当地志愿者一同组成心理辅导小组对伤者和家属进行心理疏导和安慰，使其能够在最短的时间内抚平心理创伤，尽快回到正常的生活轨道。正是由于媒体在危机发生后能在第一时间内把消息传递给公众，安排了相应的灾后心理救助，才稳定了群众的情绪，避免了社会恐慌和更多谣言的传播，对案件的侦破以及善后工作的妥善处理起到了积极的作用。

9.3.4 确定立场：积极建设，与人为善

随着20世纪80年代以来我国传播业的不断发展，如电视的推广、电话的普及、互联网的兴起、卫星等移动通信的发展，一个以信息传播为纽带的新的社会形态开始形成，而由报纸、杂志、书籍、电影、电视、广播、互联网以及手机等组成的社会化传播环境已

① 朱春阳．社会责任论中“政府—媒介”关系再探——以美国哈钦斯委员会专门报告《政府与大众传播》为起点[J]．西南民族大学学报（人文社科版），2006（2）．

经形成，并在继续快速发展。在信息社会，信息是社会的动力，是人类生活的重要内容。它既是人们工作、生活的指南，又是人们赖以谋生的工作本身。一个由信息构筑的“拟态环境”在我们的生活中扮演着越来越重要的角色。

在这个虚拟的环境中，网民的数量越来越庞大，人类的网络化生活也越来越深入、广泛，一些个性化网络工具如博客、BBS 等，扩大了网民个体作为信息发布源的空间和权利，使“人人都是记者”成为可能。但是这些独立的个体记者不受任何新闻单位的约束和管理，他们或许是没有经过任何新闻专业培训的普通市民。他们传递的信息有些可能是真相，但有些可能是掺杂了某些观点的情绪化发泄。所以，新媒介环境下的“虚拟环境”更加复杂化。作为有公信力的媒体，应该学会充分利用网络媒体获取新闻线索、寻找新闻采访对象，增加采访渠道，获取更多信息源；另外，还要不回避网友提出的问题，让复杂的媒介环境有章可循，承担起辟谣和正确引导舆论的责任。

对于公共危机事件的报道，多年来在业界一直存在“异地监督”的问题。很多报纸将批评异地权力机关和利益团体作为树立报纸新锐形象的有力武器，而对本地发生的危机事件避而不谈。可以说没有批评性报道就没有报纸影响力，而没有批评当地政府，就没有风险成本。面对松花江水污染事件，《中国经济时报》和《东方早报》两家异地报纸都进行了相当尖锐的批评。新闻媒体是社会的良知，在社会生活中具有广泛的影响力，在监督权力机构和规范社会秩序等方面确实具有不可低估的作用。但这并不意味着新闻从业者就一定要站在一个“超然”的立场上，仅针对事件本身进行空泛的批判。报纸应当对公共危机事件进行建设性的批评，将敏感的话题以一种含蓄渐进的方式引向深入，本着与人为善的态度，多提建设性的意见，采取用事实说话的方式，将记者自身的观点隐藏于事实之中，吸引公众的注意，将对于危机事件的讨论引入公众当中去，起到抛砖引玉的作用①。

新闻工作者掌握着媒介权利，左右着舆论。舆论反映人心向背，虽然它对任何人都不能发生强制作用，它不能命令人们必须这样，也无法规定人们必须那样，但是它能产生一种精神上、道义上的力量，给人以压力。因此，在进行危机报道时必须出于公心，以督促人端正思想、纠正言行、改进工作为目的。揭露、批判不是危机报道的唯一任务，它所具有的保障、肯定、推动、建设的作用更大。揭露是为了推动，批判是为了建设，这是危机报道功能的意义和独特价值所在。例如，“孙志刚事件”促进了我国收容遣送制度的结束和新的救助管理办法的建立，“非典”时期媒体的强势介入形成全社会对公共卫生管理制度改革的关注，都可以说明这一点。可见，对“危机报道与人为善”原则的正确理解应该是：要以批评的方式教育人，以改正错误、解决问题、做好工作为目的，决不能怕得罪人、态度暧昧、文过饰非、推卸责任，也不能利用报道来制造矛盾、发泄私愤。

现代社会是个危机频发的社会，媒介作为社会公信力的象征，肩负着重大的使命和责任，怎样避免过于尖锐而缺乏深度的“异地监督”，同时又不拘泥于“内紧外松”的传播传统，真正树立在危机事件发生时媒体的权威公正形象，真正做到在第一时间为社会公众服务，是每一个业内人士应当继续深入思考的问题。

---

① 陈先红，何舟．危机管理与整合策略传播[M]．武汉：武汉大学出版社，2010.

思考题：

1. 危机报道中媒体的社会责任有哪些？
2. 危机报道的方式有哪些？
3. 危机报道具有哪些特点？
4. 危机报道的内容如何选择？
5. 危机报道的选题角度有哪些原则？

推荐阅读书目：

1. 《危机传播管理——流派、范式与路径》，胡百精著，中国人民大学出版社
2. 《危机管理》，罗伯特·希斯著，中信出版社
3. 《危机管理》，诺曼·R. 奥古斯丁著，中国人民大学出版社
4. 《公共危机管理导论》，肖鹏军著，中国人民大学出版社
5. 《危机管理与整合策略传播》，陈先红、何舟著，武汉大学出版社

10. 中外危机传播比较分析

☞导论

从2003年爆发的“非典”公关危机到2008年的四川“汶川大地震”，我们可以看出“危机传播”的概念在我国由引入、认可、普及到实施的发展过程。突如其来的“非典”疫情使得“危机传播”一词成为我国政治和公共话语中的一个关键概念。它所引发的社会震荡和对我国国家形象的巨大破坏促使我们主动学习、逐渐认可和彻底实施“危机传播”、“危机公关”、“危机管理”等源自西方的概念和策略。本章重点从信息发布、修辞理念和传播特征三方面入手，对比分析中外危机传播中的差异。

10.1 危机信息发布

随着信息互联网技术的快速发展，信息已经成为一种最具潜力、最活跃的战略性资源，任何一个国家、组织和个人，对信息的管理和应用能力将成为成败的关键因素。在危机信息发布中这一点尤为突出。因此，如何加强危机管理，是公共危机应对中的一个重要课题。尤其是在新媒体崛起的时代，全媒体随之到来，受政策与市场因素的影响，新媒体与传统媒体逐渐呈现融合之势。随着媒体自由度加大，公众传播地位的提升，在一定程度上削弱了危机传播中政府的主导地位，加之舆论观念落后、传播策略单一、信息发布守旧，危机信息发布越来越显露出与时代的格格不入。所以，分析中外危机信息发布机制的差异对于解决国内目前暴露的问题具有十分重要的参考意义。

10.1.1 国外危机信息发布机制

为了在重大公共危机中实现迅速、有效的信息发布，有着成熟经验的西方政府主要从以下四个方面完善其新闻发布机制：

第一，尽快提供有关危机的现况。英国危机公关专家里杰斯特认为，在危机事件中，信息发布要遵循首要原则，即“尽快提供有关危机的现况”。民众对危机的负面反应与时间成正比，如果政府在危机发生后不及时反应，时间就会让市场风险呈几何级增长。相反，如果政府迅速地采取了应对措施，市场风险就会随之下降。2003年8月14日下午4时11分左右，包括纽约在内的美国东北部和加拿大部分地区突然发生大面积停电事故。纽约市政府对事故作出迅速反应，市长布隆伯格在停电后半个小时内就举行了新闻发布会，及时通过广播电台向市民公布相关信息，消除市民认为可能发生恐怖袭击的恐惧。发布会上，市长布隆伯格说，这次停电虽原因不明，但不是恐怖袭击。他还呼吁人们保持镇静，多关心邻居，尤其是孤寡老人。纽约市政府处变不惊的态度、有关事故信息的及时发布，稳定了民心。

第二，成立机构，专门负责危机信息发布。综合世界各国应对危机的经验可知，控制危机的最佳手段就是制定详细的危机应对措施，尤其是危机中的信息发布机制。西方国家的危机应对机构往往都有一个重要的部门——新闻中心，专门负责危机信息的发布工作。2000 年 9 月大规模流血事件“以巴冲突”爆发后，以色列鉴于 CNN 的报道“给以方的时间明显少于巴方”，迅速在耶路撒冷市中心成立了新闻中心，采取联合办公的形式，每周 7 天，全天 24 小时开放，每天邀请政府和军方官员举行新闻发布会，并将来自总理办公室、国防部、外交部和警察总署等方面的所有信息及时通过电子邮件发布给登记在案的外国记者。

第三，提前准备相关资料。美国一家大公司的 CEO 在为国际公共关系协会撰写的一篇文章中指出：“任何公司如果不预先考虑和制定自己的一整套关于危机发生时如何发布相关‘坏消息’的政策，一定是错误的。”因此，为了能在危机爆发时及时提供信息，政府部门要根据自己部门所涉及的工作事务，针对可能发生的公共危机事件，准备应急的新闻发布资料，如事故报告书、情况与背景说明、证明观点的有关文章、问答文件等。

第四，建立新闻发言人制度。西方国家无论是政府机构，还是企业，在其危机的应急预案中，一定包括一项重要的内容：确定新闻发言人，并做好应急的演练工作。在危机发生期间，政府新闻发言人往往是政府媒体形象的重要代表，特别是在发布重大信息的记者招待会上，由领导人担任的新闻发言人更是政府媒体形象的重要代表。通过展现发言人在危机时刻处变不惊、临危不惧的人格魅力，可以充分提升公众对政府危机控制的信心。

例如，美国在“9·11”事件后，启动了反恐战争。作为国防部长的拉姆斯·菲尔德在媒体曝光的频率非常高，几乎每天都要向全国人民通报战争进展情况。菲尔德个性鲜明，在媒体前表现出强烈的个人风格，不仅敢于用富有感情色彩的词汇表达爱憎，还善于以坦率明了的对答驾驭采访现场的气氛，涉及机密的问答又表现得滴水不漏，《纽约时报》称其为政府的“首席发言人”。菲尔德自信、理性、立场分明的形象，也给曾受恐怖打击的美国人民带来很大的慰藉和鼓舞。

10.1.2　国内危机信息发布机制

一直以来，中国的危机信息发布存在诸多弊病，例如公开速度缓慢、信息透明度低、渠道狭窄、相关法制不健全等。2008 年 5 月 12 日汶川地震后，在《政府信息公开条例》的指导下，政府的危机信息发布机制有了显著改善。大量信息通过多种渠道及时公开，受到国内外舆论的一致好评。

面对突然发生的、对公众具有重大威胁的公共危机事件，政府作为公共事务的核心管理者，是危机管理职责的主要承担者。在实施危机管理的过程中，政府的新闻发布活动是很重要的一项工作，即政府采取大众传播手段，对社会加以有效控制，目的在于按照新闻传播的规律，对危机事件进行干预和影响，促使危机向好的方向转化。尽管国内的危机信息发布机制仍有许多不足之处，但此次实践已经证明中国的危机信息发布开始了新的征程。

简单来说，危机管理包括两个过程：一是收集信息；二是传递信息①。其中，及时地传递信息能使公众准确地了解相关事件的真相，并配合、理解政府的工作，从而使政府在危机处理中掌握主动权。这就要求政府必须建立一套完整的危机信息发布机制。

在中国，传统的危机信息发布特点是“内紧外松”，认为“保密有利于防止恐慌和维持社会稳定”，然而现实恰恰相反。随着信息渠道的日益多元化、互联网的普及和全媒体时代的到来，政府企图掩盖信息的做法不仅难以达到预期目的，反而会造成严重的负面影响②。总体来说，中国的危机信息发布机制存在以下不足：

（1）信息公开速度慢。危机传播要求迅速快捷，失去时间就会丧失处理问题的最佳时机。当面临重大危机时，人们的生存与安全突然受到威胁，便会陷入极度恐慌。人们为了减轻心理上的紧张与压力，必然会通过各种渠道去获取信息，当无法获知信息时，就会出现各种谣言。以“非典”事件为例，从2002年1月广东首次发现病例到2003年2月广东省政府召开新闻发布会正式公布疫情，期间整整经历了2个多月。在这段信息真空的时间里，公众的恐慌情绪迅速蔓延到广东全省并波及全国多个地区，以致出现了醋、板蓝根、抗病毒类药的抢购风潮。

（2）信息透明度低。我国政府危机信息传播形式上公开多，实质上公开少；结果公开多，过程公开少；原则上公开多，具体内容公开少；公众被动接受多，主动参与少。尤其是受传统观念和不完善的信息管理制度的影响，很多与人民切身利益相关的、应该被公开的信息却被列为“保密”范畴。例如，1970年在云南通海发生了7.8级地震，曾参与指挥救援的一位昆明军区的首长说：“关于死了多少人是绝对不能问的，谁问谁犯错误。”除了对本国人民封锁消息外，政府也拒绝在国际上通报重大公共危机事件的相关信息。

（3）信息公开渠道窄。在我国，政府危机信息发布仅局限在政府、红头文件、电台、专栏、布告等范围内。这些公开范围极其有限，不能起到公开发布的作用和效果。虽然也建立了政府信息网站，但相关信息发布不及时，更新缓慢。在这种情况下，各种小道消息、流言蜚语就会通过新兴媒介迅速扩散，对政府应对危机造成负面影响。

（4）信息公开法制不健全。虽然我国宪法对危机信息公开机制进行了原则性规定，但这些规定在实施中并不能保证公众能够顺利获取政府相关信息，具体公开什么、怎样公开都取决于政府机关的裁量。例如，2003年，迫于“非典”的严峻形势，国务院不得不颁布了《突发公共卫生事件应急条例》，并在第三章中出台了关于突发性公共卫生事件的发布主体和时限规定。但是这一条例仅限于卫生领域，远远不能满足应对各种危机公关的需要。

然而，直到汶川地震的发生，我国的危机信息发布机制才出现了转折点，堪称危机传播和危机信息发布的经典案例，其转变也标志着我国危机传播的发展迈出了非常重要的一步。

首先，信息发布及时迅速。2008年5月12日14时，汶川地震发生后，新华社在20分钟后发出第一条英文简讯，随后第一时间根据中国地震局，向全世界发布了准确、权威

① 薛澜，张强，钟开斌．危机管理[M]．北京：清华大学出版社，2003.

② 李喜童．政府应对突发事件的信息发布机制研究[J]．中国应急救援，2011（2）．

的消息。随后，新华社从成都发出第一张地震的图片。到 15 时，中央人民广播电台“中国之声”节目插播地震消息，并紧急推出特别节目《汶川紧急救援》。13 时 32 分，中央电视台新闻频道首发新闻，推出直播节目《关注汶川地震》。5 月 13 日下午 4 时，国新办在国务院新闻发布厅举行新闻发布会，对灾情、波及范围、总体救援工作进行了统一介绍。同日下午 5 时，四川省人民政府新闻办公室主持召开了“汶川特大地震”新闻发布会，对各地区详细死亡人数、救援工作和捐助情况都做了详尽的介绍。

其次，信息透明度明显提高。以最敏感的死亡人数为例，仅 5 月 12 日当天，新华网发布的遇难人员就有 16 条新闻，其中 13 条报道提及具体数据来源，有 5 条报道来源于当地政府，有 3 条来源于抗震救灾的总指挥部，还有 2 条来自地方民政局，另外 3 条分别来源于抗震救灾总指挥部、地方的地震局和防灾减灾局。由此可见，在这次地震中，从中央到地方，都主动公开了有关信息。国际上，中国政府也秉持开放的态度及时通报信息。5 月 15 日，已有多家境外媒体到达四川，并采访灾情和救灾情况，包括路透社、日本广播协会、美国全国广播公司、澳大利亚广播公司等。傍晚，一个由国务院新闻办公厅邀请的中外记者采访团从北京出发，前往地震灾区采访。该记者团共有来自 20 个国家的中外媒体，其中包括美联社、《纽约时报》、路透社等外国媒体以及香港商业电台、《香港经济日报》、台湾“中央”社、澳门澳亚卫视等港澳台媒体。该代表团在四川省人民政府新闻办公室了解了相关情况后，又前往德阳和什邡两个重灾区进行实地采访①。截至 5 月 21 日，已有 10 多家境外媒体记者领取了灾区采访证并进入地震灾区采访报道。

最后，信息公开渠道多样化。一方面，大力发扬传统媒体的力量。从 5 月 13 日到 15 日，人民日报社关于抗震救灾的版面占了总版数的 40 %到 80%。从 12 日地震发生后至 16 日，新华社播发有关汶川地震和抗震救灾的中英文文字和图片共计 7000 多条，播发音视频节目共计 310 条、730 分钟。中央人民广播电台“中国之声”在 5 月 13 日 24 小时连续播放特别节目《汶川紧急救援》。另一方面，政府用新兴媒体公布信息。地震发生后，相关权威部门通过手机短信发布灾情信息：14 时 52 分，新华社发布短信称四川发生地震，北京地区有明显震感；15 时 53 分，河南省地震局发布短信，告知此次地震中震级等权威信息；16 时 39 分，河南省地震局再次通过手机短信发布公告，详细地介绍了地震的有关情况，并告知公众地震不会影响正常生活，呼吁民众不要恐慌。由于汶川地震在全国多个省市均有震感，引发了一些群众的不安和猜测。于是此次受地震波及的省市也通过电视滚动字幕、广播、网络、短信等方式向公众持续地公布震情，在最短时间内消除了民众的恐惧心理。

此次汶川地震的危机传播工作受到了国内外的广泛赞赏。此次信息发布的透明与公开得益于本届政府领导人的态度。例如温家宝同志在前往汶川视察时，破例邀请外国记者一同上飞机，显示了政府高层对于此次信息公开的理念。信息公开是政府获得广泛民意支持的基础，是政府工作中攻克难题的武器。汶川地震让中国政府和人民都及时领略了信息公开的魅力，成为中国在危机传播史上的转折点②。

---

① 李凌娅．从汶川地震透析当前中国的危机信息发布机制[J]．中国民政，2008（10）．

② 易臣何．突发事件网络舆情的演化规律与政府监控[D]．湘潭：湘潭大学，2014.

10.1.3 新媒体语境下的危机信息发布机制

一般来说，人类的新闻传播活动可以分为三个阶段：印刷媒介传播、电子媒介传播和数字媒介传播，这三个阶段或技术形态均有其对应的技术基础和承接信息的载体。印刷媒介传播以文字传播为手段，其载体是报纸、书籍和杂志；电子媒介传播以电磁波传递为手段，其载体形式是广播、电视和网络；数字媒介传播以编码程序为内核的计算机技术为传播手段，其载体形式是音频、视频和多媒体。我们现在正在经历的正是第三种传播阶段，清华大学教授熊澄宇在中国网络媒体论坛的发言中说："我们所谓的'新传播技术'现在正在经历着尚未完全定型的数字媒介。"

综合国内外研究者对新媒介技术的界定，这里所讨论的新媒体是指以互联网、手机为主要传播媒介，运用博客、播客、网络论坛等多媒体手段发布、接收、反馈信息的信息传播媒介。新媒体环境下，博客、微博客、Twitter 等以微内容生产为目的的"自媒体"传播形式正在为更多人熟悉和使用。此时的新媒体既有专业媒介机构的信息，也有草根阶层生产的信息，网络传播实现去中心化的多点传播。例如 2007 年陕西的华南虎造假事件、2008 年的汶川地震、2009 年的邓玉娇事件等，网络媒体都在这些突发事件中制造了无数话题，吸睛无数。由此看出，新媒体时代用户不再只是一个统计学意义上的符号，而是每一个有能力随时发布信息的具体的人。

10.1.3.1 新媒体环境下的危机传播特征分析

（1）时效性强。Web2.0 时代，个性化的新媒体凸显了"第一时间"播报的优势。以 2005 年 7 月英国伦敦地铁爆炸事件为例，伦敦地铁爆炸案的第一张照片的发布者是一名普通的英国市民亚当·斯塔西。当时斯塔西被困在地铁里，他用手机拍摄了一张照片——模糊的画面上一个男子站在拥挤昏暗的地铁隧道里，用手绢捂着嘴，身后是刚刚发生爆炸的车厢，车厢内亮着灯，挤满了乘客。斯塔西将照片传给经营着一家博客的朋友并最终发布在博客上。这张图片很快被 Wikipedia、天空电视台、美联社采用，最后，英国 BBC 和英国卫报等媒体也采用了这一照片。"手机"、"博客"这一系列关键词使这张照片成为传播史上的一个里程碑。再比如 2010 年 3 月 3 日发生在武汉的一起强拆事件，七旬老妇王翠云在对抗强拆的过程中死在被掘开的土坑中。该事件最早是在"猫扑"网站散开，随后关于老妇是自己跌入土坑还是被铲车故意"活埋"的疑问引发网友热议，之后包括《南方都市报》在内的主流媒体也开始介入调查，该事件成为 2010 年 3 月的焦点事件。可以说互联网宣告了"公民新闻"时代的到来，强有力地冲击了传统媒体的传播模式。

（2）信源多样。新媒体环境下，信息发布不再是传统媒体的特权。博客、播客、网络相册、DV 短片、手机视频赋予每个人获取和发布信息的能力。2007 年 4 月 16 日，在美国弗吉尼亚校园枪击案中，博客、手机成为了媒体报道的第一手新闻来源。枪击案发生之后，一个名为"I can tread 01"的网友在自己博客上贴出了自己女友遭到枪击的帖子，引来无数网友跟帖，也引起了传统媒体的关注。2008 年的新春我国南方遭遇罕见雪灾，由于积雪地区交通停滞，很多传统媒体的信息都只能来自互联网上网友发布的视频。还有传统媒体通过手机 QQ 与困在火车上的乘客保持联系并将聊天记录发布出来，向公众通报第一现场的情况。这些近乎直播的素材作为第一手新闻来源向社会通报了事件的最新动态，由于没有经过复杂的信息加工也显得更为真切感人。

（3）淡化中心。尼葛洛庞蒂说："我们正处于'沙皇退位，个人抬头'、'消解中心主义'的时代。"① 新媒体环境下，政府、媒体不可动摇的权力中心正在被慢慢瓦解。突发事件的信息传播不再沿着某种单一的方向流动，而是在立体的网状结构中向着多个方向同步发散。这种中心的淡化，使得信息的流动更加快速，传播的效率更高，传播的格局也更加复杂。在新媒介出现之前传统媒体或媒介管理者才是信息传播的中心，他们掌握着信息的选择、发布和编辑整个过程，通过议程设置掌握着话语权。突发事件往往意味较大的消极因素，历来我国媒体坚持的是一种"反面事件正面报道"的新闻传统。然而新媒体环境给了所有人编码和解码的机会，从而改变了话语权被一方垄断的状况。例如，2010年1月5日湖南省湘潭县发生矿难，导致25名矿工遇难。事故发生后湘潭县政府网发布了名为《国家煤监局副局长王树鹤肯定湘潭县救援工作有力》的新闻稿。新闻稿称："事故发生后领导高度重视，反应非常迅速，措施非常有力，取得很好成效。"这篇由官方提供的新闻稿被网民转载后，引来众多网友的批驳和嘲讽。网友质疑："都死25个人了，还措施有力？""我们只想问问这些处理事故的人，成效在哪里？"面对网友的质疑，采写新闻稿的当地报道组张组长不得不承认："这段文字放在这里感觉有些不妥。"② 由此可见，新媒体环境下，话语权变得更为开放，一旦政府在某一方面处理不当哪怕是措辞上的疏忽大意都可能引发政府的危机公关。

（4）个性化。默多克说过："我们所做的一切都是给人以选择。"③ 这句话在新媒体环境中更表现得淋漓尽致。从Web1.0到Web2.0再到P2P，新媒体环境下，媒介的功能使信息能够"全民生产"，再把这种全民生产的信息最大程度地、精准地满足每个民众个性化定制的需求。Web2.0的范式转变不仅仅使信息生产和信息组织发生了转变，还包括对"人"的态度的转变。人是新媒体环境下最关键、最活跃的因素。新媒体打破了传统媒体对信息的垄断和对舆论的控制，从单向度传播到多向度传播的转变使得在突发事件中个人的声音能够凸显出来。新媒体是以个人为中心的信息组织，信息也是围绕个人来组织、呈现的，个人主动地以信息来描述自我。此时，用户不再是一个统计学意义上的符号，"人"的加入，使信息和用户、用户和用户之间的关系出现了无数的机会和可能。与一般社会信息不同，突发事件能够在瞬间成为人们关注的焦点，新媒体又使"焦点"有了走向不同版本的可能。每个人都可能对事件"插上一脚"，哪怕仅仅是传播一个文本符号，其信息内容也会迅速被接收、接受并得到反馈。2009年的邓玉娇事件的最终走向，可以说充分体现了新媒体环境下整个社会对人的价值考量和关注。邓玉娇事件发后，网络上出现了《烈女邓玉娇传》、《侠女邓玉娇传》、《生女当如邓玉娇》等文，舆论几乎呈一边倒——纷纷攻击淫官黄德智、邓贵大等人，邓玉娇成了网友膜拜的偶像。且不论这种膜拜是否合适，这种民意的表达和对历来处于高位的政府、官员的公开质疑就是在过去传统

① ［美］尼葛洛庞蒂．数字化生存［M］．海口：海南出版社，2003：25.

② 湘潭矿难28人受困其中25人遇难［N］．都市快报，2010-1-7.

③ 转引自张国良．全球化背景下的新媒体传播［M］．上海：上海人民出版社，2009：234.

媒体环境下所不可想象的。

(5) 谣言滋生。我国学者胡百精在其《危机传播》一书中主张将谣言作为一种动态的信息进行考察，而非静止的。谣言本质上是一种未经证实的信息。突发事件恰恰提供了“谣言狂欢”的机会。“突发”使得真相的揭示尚待时机，“异常”又引起各方关注，可以说突发事件的这种未知性和反常性契合了所有谣言中心事件的共同属性。同时，危机背后不可忽视的“利益相关性”又使利益相关者本能地关注“谣言”、散布“谣言”。“利益相关者”所受的冲击越严重，谣言就越有可能在这一群人中产生和传播。美国社会学家希布塔尼认为，谣言是一群人议论过程中产生的即兴新闻。他提出，谣言是一群人集体智慧的汇总和扩散，以求对事件得出一个满意的答案①。希布塔尼的结论很好地点明了谣言的生产方式：“一群人的议论。”在实际的社会实践中，网络环境最大程度上实现了“一群人的议论”。过去，谣言传播的主渠道是人际传播和群体传播，而非系统化、制度化的组织传播和大众传播。新媒体的兴盛催生了大众传播内人际传播和群体传播的可能性，给谣言的传播“插上了翅膀”。新媒体结合了人际传播的直接性和随意性、群体传播的集合效应和胁从规范等特点，加上虚拟环境下的责任淡化、从众心理，这些都为谣言的生根和成长提供了极其现实的土壤。

例如，2010 年 2 月山东泰安下辖的县级市新泰拟任命 23 岁的王然为国有资产管理局副局长，25 岁的刘婷婷为县级市法院副院长，而在该市的两次领导干部选拔中，7 人中有 6 人是“80 后”。该任命在新泰政府门户网站公示后立刻被网名为“andybigfan”的网友以《令我十分震惊的任命帖子》在各大主要网站曝光，引起网友热议。很多网友都对新泰任命的这两位“80 后”能否胜任以及以何德何能当上干部提出质疑。有关刘婷婷、王然学历造假，刘婷婷来自“官二代”家庭、背景深厚以及王然是某市委组织副部长的儿媳妇等传言在网络世界甚嚣尘上。随后当事人刘婷婷、王然一再回避媒体，王然又否认其有男友，一时间网友对其身份、能力、人品的猜测和质疑更是形成了网络狂潮。而后经《中国青年报》的调查证实，刘婷婷和王然的学历并未造假，刘婷婷来自单亲家庭，两人的公务员考试成绩也的确比较优秀，然而网络一边倒的舆论态势还是给当事人以及新泰政府造成极大的压力。当事人一直选择回避媒体，拒绝采访，新泰政府则除了以“选拔严格按程序执行，公开进行，在程序和操作上没有任何问题”回应外，并无太多积极应对的行动。这种滞后的、被动的危机应对策略在网络时代必然会造成进一步的谣言传播和组织危机。

10.1.3.2 新媒体环境下的危机传播机制分析

危机事件的发展是一个过程，它是以某一突发事件为爆发点，之前的酝酿过程称之为潜伏期。爆发期是指危机发生后的一段时间，并逐渐过渡到持续期，这两个阶段在时间上有长有短，但是没有严格的界限。最后按照事物发展的一般规律，危机进入消退期。危机事件在不同的发展过程具有不同的特征。为了最大化限度地发挥危机传播的效果，可以让新媒体与传统媒体进行融合，在危机发展的不同阶段采取不同的传播策略，从而实现新媒

① 转引自［法］卡普费雷．谣言[M]．上海：上海人民出版社，1991：6.

体环境下的危机消除。

（1）危机潜伏期——建立危机预警机制。美国著名报人约瑟夫·普利策曾对报纸功能做过一个经典的表述："倘若一个国家是一艘航行在大海上的船，新闻记者就是船头的瞭望者。他要在一望无际的海面上观察一切，审视海上的不测风云和浅滩暗礁，及时发出警告。"这句话形象地揭示了传统媒体在监测社会环境中的预警作用。

危机在潜伏期经常会露出种种迹象，这个阶段社会组织积累了较长时间的矛盾，是解决危机最容易的时期，但是这些迹象却往往因为没有明显的标志而容易被人忽视，因此危机预警显得尤为重要。所谓危机预警，是指组织采取定量与定性相结合的方法，对危机的诱因及危机的征兆进行事前监测和评判，并据此做出危机警示的管理行为①。危机预警，我们可以采用两种方式，一种是政府、专业机构和权威部门的预警传播，另一种是社会舆论的预警传播。

传统媒体作为职业化的信息搜集者，有较为成熟、专业的采编队伍，通过新闻"线人"可以将敏感的神经末梢伸至社会各个阶层。这种网络化的信息采集系统有利于进行危机预警。但传统媒体在体制管理之下，因媒介技术和运行模式的影响，并不容易发挥这种预警功能。

新媒体在社会舆论的预警传播方面的功能无疑是强大的。虽然也有负面传播的成本付出，但从预警的效率与效果来看，它更符合社会舆论自由而公开的本质要求，能更好地达到预警的目的。网络媒体的开放性赋予受众充分的话语权，使得公众得以自由地在网上发表意见。公众对于社会制度中所存在的某些问题的不满和抱怨，常常会在网络上无所顾忌地进行表达。这些看似偏激、片面的言辞却是一种真实情绪的表达，是民意的反映，有助于政府及时发现危机的苗头，提前采取措施加以控制和解决。公众的不满情绪如果不被重视，得不到正确引导，则有可能在网络上蔓延和扩散，酿成严重后果。当政府掌握了这些信息，并恰当地运用网络媒体与公众进行及时的沟通，有效地疏导和化解他们的负面情绪，则能够有效防止事态扩大和危机的发生。因此网络媒体被称为"民众意见的集散地"，它在了解民意、危机预警方面具有先天优势。

（2）危机爆发期——快速反应、扼杀谣言。危机爆发之后，公众迫切希望了解事情的真相。政府处理危机的措施，一方面能够满足公众的知情权，另一方面能够缓解危机带给民众的心理恐慌和压力。此时媒体的主要作用是帮助政府与公众及时沟通，传播处理危机的积极态度和采取的有效行动，消除人们对危机的各种误解，增强社会公众对政府危机管理能力的信心。网络媒体在信息的传播上固然有传统媒体无法替代的优势，但它也是一把"双刃剑"，既能传播真实消息，也能传播谎言和谣言，所以危机爆发期政府的危机信息管理应重点防范谣言的产生，合理利用网络媒体稳定民心。

英国著名危机公关专家迈克尔·里杰斯特说过："对传播的有效处理如同处理危机本身一样重要。毕竟，外界对危机的看法依赖于他们所收到的信息。"长期以来，我们对于危机信息传播存在着这样一个基本的假定——负面信息的传播会引起恐慌，会影响社会稳定，会破坏我们的形象。所以过去当危机发生时，我们不去公布事实真相，反而采取

① 胡百精．危机传播管理[M]．北京：中国传媒大学出版社，2006：95.

“捂盖子”的策略，使谣言滋生。谣言“是社会不安定状态的反映，当社会危机四伏，或发生重大的事件时，随着谣言的增多，流言也在社会上蔓延开来”①。一般来说，危机状态不仅导致社会秩序失衡，还会导致公众心理的压力、紧张乃至心理危机。此时人们缺少安全感，缺乏信任，判断能力下降，相互影响感染的程度增强。这就为谣言的产生提供了温床。谣言的出现会对社会心理、公众情绪产生极大的干扰，使公众心理变得更加恐慌，继而影响到正常的生活和工作，甚至影响社会稳定。

信息的时效性和真实性在危机爆发期显得尤为重要，政府的信息处理要利用网络的社会影响力传播信息，通过建立政府门户网站，利用网络新闻、电子公告、网络论坛等形式及时、准确地发布最新、最真实的消息，以此占领舆论的制高点，对公众进行正确的引导，才能在危机处理中掌握主动权。通过政府权威及时地发布信息，流言不攻自破，从而稳定了人心并帮助公众正确认识危机事件及其危害程度，提高公众对政府的信任度，为政府解决危机营造良好的环境。

（3）危机扩散期——全面报道、引导舆论。如果说在危机爆发期，由于客观因素的限制，传统媒体无法做出详细全面的报道可以理解，那么当危机事件进入扩散期时，还遮遮掩掩、挂一漏万地进行报道，则是一种极不明智的做法。在这个阶段，印刷的、音频的、视频的、互动性的数字媒体相互配合，传统媒体和新媒体联合作战，对危机进行全面深入的报道。

在危机扩散期，以互联网为平台的新媒体在动员公众上具有传统媒体无法媲美的优势。随着自媒体的发展和兴盛，人人皆记者，人人皆媒体，大大激发了群体的传播作用。公众不仅参与到危机报道中，更亲身参与救灾与灾后重建工作。例如在汶川大地震发生当天，很多心系震区的网民选择了最直接的捐赠方式——网上支付。当日凌晨，淘宝页面上开设了使用支付宝募捐的快速通道。短短一分钟内就有数百位网民捐款。同时，网上掀起了义卖、义演等活动，报名义卖的商品，所有收入直接捐给灾区。同时，全国各地献血地址、献血注意事项等，都在第一时间被汇总，贴在各大论坛上，在群里迅速传递，方便网民献血。

除了新闻报道、传递救灾信息以及发挥公众的动员作用外，新媒体也越来越成为公众舆论的场所。一些敏感的、传统媒体不能发表的信息和观点，在网上特别是网络论坛可以自由地传播。不同观点和思想在互联网上集中碰撞，促进了社会思潮的多元化，并形成网上舆论，进而产生了巨大的舆论压力，达到任何组织、机构甚至公众人物都无法忽视的地步。中国社科院网络技术研究所闵大洪认为，“以往只有权势阶层和知识精英才拥有话语权，而网络论坛这类互联网功能，则使普通公众包括弱势群体、边缘群体也拥有了某种话语权”，“在一定意义上网络发挥了自由与启蒙的作用”②，“网络的出现加快了一般民众成为行动公众的速度。行动公众在权力分配上居弱势的现象，在网络传播上得以重新分配。近年来，我国的重大危机事件中，网络舆论的声音强劲，甚至直接推动了事件发展的进程”。从“最牛钉子户”事件、厦门事件、山西黑砖窑事件、陕西华南虎事件到抵制家

① 贾玲，刘昊．中国电子政务组织的网络沟通现状分析[J]．重庆工学院学报，2006（3）．

② 林楚方．网上舆论的光荣与梦想[N]．南方周末，2003-6-5（A8）．

乐福事件、汶川大地震等，网络民意对政府的决策起到了积极影响。过去几千年、几百年、几十年以来，我们从来不缺乏民间的声音，但是民间的声音往往只是闲聊，民众向上反映问题的途径，比如信访、向报社投稿等都是分散的，没有形成集中的声音。随着新媒体介入危机传播，使得我们大众的声音能够集中地在网络上得以体现，使得我们网络媒体能够在一定程度上反映民意，反映民声。

（4）危机消退期——引导民众、理性回归。危机扩散期过去之后，社会生活正逐步走向正规，社会秩序相对稳定。在危机消退期，政府的工作重点是对危机进行反思，防止危机再次发生或升级，从本质上找到消除危机根源的合理方法。这一时期要继续对危机进行监控，预防危机死灰复燃或出现新危机，同时，进一步修正危机公关计划，制定出更加完善的危机应对措施，从而进入到新一轮的前期阶段——危机预警。

在新媒体环境下，政府应通过设立专门的网络反馈机制，强化与社会公众之间有效的双向信息传播，加强与社会公众的良性互动。危机过后，公众会对政府的危机处理工作形成自己的意见，其中不乏非常有价值的信息，政府应该利用网络平台收集来自公众的意见并进行统一整理，倾听民意，从中总结在危机工作中的成果与不足。

另一方面，危机消退期可以修复危机给组织带来的破坏，同时，政府还可以利用危机创造机会，重新树立民众对政府的信心、恢复政府的信誉。政府在危机消退期的传播中可以利用大型门户网站、社区网站、专业网站、传统有影响力媒体的网站以及搜索类网站的力量，不仅注重新闻类的信息传播，也要关注虚拟社区中网民的言论，利用网络媒体进行充分的信息传播和信息反馈。

危机消退期既有对已经过去的危机处理的反思与总结，也有对未来的危机管理的准备和预防。网络的开放性、共享性和平等性使传播主体和受众的沟通、交流更容易进行并取得良好的效果。政府危机管理应利用网络传播的这种特性，有意识地、有针对性地对网络受众进行危机知识的传播，培养和强化受众的危机意识，进而通过网络传播进一步影响社会其他公众，从而提高全社会抵御和应对危机事件的能力。

综上所述，网络时代的危机传播不再遵循传统媒体简单的线性模式，而以离散的、无中心的结构模式和运作特征消除歧视，努力实践着民众的平等参与。与传统媒体环境下的危机传播相比，新媒体显著的特点之一是民众的反馈在危机前、危机中和危机后都发生了明显的作用。网络传播的交互性将一种由上至下的信息传播方式改变为一种“滚雪球”式的平行传播。每个人都可以自由地发表自己的言论，自己的言论又会受到他人的重视和传播。这种被尊重、被认同的心理优越感大大地减少了信息向社会传播时公众的抵制心理，更有利于通过多重途径了解公众的需求，掌握他们对事件的意见反馈，及时调整或改进工作。

10.2 中外危机修辞理念及策略

10.2.1 国内危机修辞理念及策略

修辞在西方文学中指的是通过象征手段影响人们的思想、态度、感情、行为的语言表达方式。今天的沟通、公关、广告等宣传形式中，修辞的应用随处可见。

近年来，危机事件不断发生，对于各地方政府来说都是一个极大的挑战。现实中很多危机事件不能顺利地解决，其中一个很重要的原因是政府的新闻发言人在发言中的修辞上经常失误。在危机公关中，修辞替代不了应急救助、价值救赎和利害补偿，但它可以提升公关的效率和质量。好的修辞不一定能够拯救危机，但糟糕的修辞一定会恶化危机。

10.2.1.1 危机公关中政府的言语修辞表现回顾

（1）河南光山县22名小学生被砍杀事件。在事件发生的第三天，当地《信阳日报》在头版头条刊登《光山：努力办好人民满意的教育》一文，引起舆论哗然。光山县县委书记事后说："没有安全，何谈教育？我们必须反思，反思干部作风的浮夸，要向全县人民进行深刻检讨。"网友对此言论进行了热烈讨论，一致认为此种表态的用语措辞完全是官方式的语言，一副事不关己高高挂起的态度。作为一个县委书记，本县发生的事，用这些高深理论和大帽子就能解决吗？对被无辜砍杀的小学生都没有一点愧疚之情？

（2）"1·4"河南兰考"爱心妈妈"孤儿收养所火灾事件。河南省兰考县发生"1·4"火灾事故，市县领导在相关情况通报中通篇使用"高度重视"、"重要批示"、"亲赴现场"、"亲临兰考指导工作"、"作出重要指示"等语言。副县长吴长胜表示"袁厉害自己有子女，没有足够的抚养能力，也没在民政局登记，不符合《收养法》，不具备收养条件"。据了解，袁厉害多年来一直在兰考县人民医院摆摊卖东西，以收养弃婴和孤儿闻名，其安置孤儿的地方紧邻兰考县卫生局和兰考县人民医院。对此事件，舆论一致表示不满，认为政府在推卸责任，很像旁观者。整篇汇报冷血无情，彰显领导的功劳。

（3）郑州"房妹"、陕西"房姐"事件。郑州市房管局回应称"房妹"拥有的11套房子，均是商品房，不是经济适用房，该业主与该局领导没有任何亲属关系。神木公安局回应称龚仙霞和龚爱爱是同一人，是派出所工作人员在输入时失误造成的。网友表示此回应欲盖弥彰，只是极力撇清关系。龚仙霞和龚爱爱拼音和五笔输入都有很大差异，很难用失误解释。

（4）湖北麻城3000多名小学生背课桌上学事件。对于3000多名小学生背课桌上学事件，麻城市政府表示："没有一项可用于添置课桌椅的资金。"不久后，市委书记杨遥很快通过微博发出了书面回应：市政府将在3个月内全部解决中小学生书桌问题。据相关知情网友反映，麻城市正在修建的市教育中心综合楼耗资数千万，已建成的市政府大楼耗资过亿，而3000多名孩子的课桌，花费只需20多万元。有钱修大楼，无钱买课桌的解释很难让群众信服。

10.2.1.2 危机公关中政府的修辞理念之失

亚里士多德是西方古典修辞学理论的创始人，他认为修辞演讲就是对听者的一种说服，让听者形成某种判断，认同、赞成并采纳自己所持的观点或采取某种行动①。亚里士多德提出了三种基本说服方式：情感诉求、人格诉求、理性诉求。现具体分析政府在应对危机事件时在这三方面的缺失。

（1）情感诉求的缺失。情感在说服中起着最重要的作用。亚里士多德指出，只有把

---

① 牟晓鸣．亚里士多德与西方古典修辞学理论[J]．大连民族学院学报，2008（4）．

听众放置在某个合适的情感框架内，才能达到最理想的说服效果。如果忽视公众情感，在其他处做再多的努力也是白费。情感诉求指通过对听者心理的了解来了解他们的感情，用言辞去打动他们，即我们通常所说的“晓之以理，动之以情”。演讲者通过带有倾向性或暗示性的语句向听者施加某种信仰和情感以激起共鸣并最终促使他们产生行动。具体分析，在上述事件中政府的情感诉求缺失主要表现在两个方面。

一是在错误的方向上为自己辩解。亚里士多德认为，为自己辩解是人之常情，但是如果自己犯了错，不承认错误反而争辩和抵赖，他所受的惩罚会越重。在这方面，兰考县火灾事件就非常具有代表性。悲剧发生之后，有关部门不仅不反思自己工作哪里不到位，反而在情况通报中书写领导的功劳，为自己辩解，推脱责任。这种修辞方式其实是政府工作人员没有意识到自己的责任所在，一味地为自己辩护，其结果可想而知。

二是漠视公众情感。这种情况主要反映的是政府有关部门在处理危机中对公众的情绪不敏感。这种不敏感是不负责任的工作态度造成的，也是轻视公众的表现。同样在兰考县火灾事件中，当地政府发表声明，极力澄清与此事件没有关系，一切都是袁厉害的个人行为导致。这种声明其实并没有使自己摆脱干系，反而陷入了越抹越黑的境况。其实在群情激奋之时，勇敢地站出来承担责任，会让公众的愤怒得到宣泄，待人们冷静下来后再努力澄清，谁对谁错一目了然。

（2）修辞人格的缺失。在说服效果上，演讲者的个人魅力起到至关重要的作用。亚里士多德说，演讲者的性格是最有效的说服手段。在修辞学中，人格魅力是一种修辞身份，他是演讲者作为一个社会阶层所享有的“身份”和他个人性格中所包含的品格。在现实生活中，危机的解除在很大程度上依赖于修辞者所塑造的个人性格。而在上述危机事件中，我们很难看到政府有一个强大的具有人格魅力的人物出现。在上面所列举的事件中，各政府部门并未在人们心中建立让人满意的“人格”，机构品德的缺失是应对危机失利的主要原因之一。

（3）理性诉求的缺失。理性诉求是指言语本身所包含的推论和逻辑。“修辞三段论”被看作是西方古典修辞理论的核心。它在劝说听者的演讲中，指的是演讲者只给出大前提，听众在猜测小前提的基础上推断出结论，通过让听者去猜测演讲者的意图来激发起他们的参与意识。郑州“房妹”、陕西“房姐”事件中，有关方面的回应欲盖弥彰，违背常理。这样的修辞理念不仅不利于事件的良性发展，反而引来公众更大的抵触情绪。

10.2.1.3 应对危机公关中政府的修辞理念之失之对策

（1）提高政府新闻发言人的修辞素养。新闻发言人是架在政府与公众之间的桥梁，如何把政府的立场、观点表达得准确，使媒体和公众都能清楚明白地接收，这其中，语言修辞起着至关重要的作用。在前面所提及的案例中我们可以看到，很多政府新闻发言人在修辞表达中观点错误，信息发布不及时，其动机是急于为政府部门撇清关系、争辩，忽略了对事件中受害者表示足够的关怀。更让人担忧的是，有的新闻发言人出于私心，对一些信息隐瞒不报，或说假话、“捂盖子”。在信息如此透明、传播如此快捷的网络时代，“不公开和伪公开”注定是要失败的。所以，提升地方政府新闻发言人的修辞素养对于危机的消除很重要。具体来说，有四方面需要改善：一是修辞表达时不能有私心，要尊重事实，敢于通告真相。二是修辞表达要真诚认真，不要打“官腔”，要给人以真诚感，而不是傲慢或缺乏自信。三是面对公众的质询，既不能因怕出错而“守口如瓶”，也不能样样“全盘托出”。四是修辞表达时应具有大爱无疆的情怀，尤其是面对大灾大难等重大事件时，要关注民意，重视情感，懂得关怀，懂得抚慰。

（2）注重多元修辞手段的运用。在修辞手段中，比较常用的是讲故事、象征性叙事及构建核心话语等手法。讲故事是媒体和公众最愿意接受的。对于修辞者来说，就是要提供合适的故事素材，可以让公众自愿传播，并成为可以持久讨论的话题。它比冰冷的数据、生硬的口号更具有真实丰富的信息，也让公众看到一个有血有肉的人物形象。在上面的案例中，政府新闻发言人除了要具备上面提到的修辞素养外，在具体的修辞行为上还应该从事件的一些具体故事情节入手，以此获得公众情感上的共鸣，争取他们的理解。象征性叙事是指用符号来承载意义、传递信念并塑造公众的认同。如对有重大伤亡的事件，政府可以通过组织默哀、开设纪念馆等方式传达共同的哀悼情感。除此之外，修辞中的譬喻等多种修辞方法也可以用来表达政府的理念。核心话语指的是政府应对危机事件时的价值主张，如“我们的责任是不可推卸的”、“我们正在积极解决”、“我们一定严惩肇事者”等都是正确的示范。在危机传播修辞中，政府必须要有一个明确稳定的核心话语，对内统一思想，对外传递组织的态度和重要思想。核心话语所承载的价值就是公众对政府的期待。

10.2.2 国外危机修辞理念及策略

20 世纪 20 年代，李普曼在《公众舆论》一书里提出了“拟态环境”理论。该理论主要观点为：“‘拟态环境’并不等于客观环境，它是由大众传播活动形成的信息环境。它不是客观环境镜子式的再现，而是传播媒介通过对新闻和信息的选择、加工和报道，重新加以结构化以后向人们所提示的环境，并非是对客观事实的真实反映，媒体是‘拟态环境’的主要塑造者。”“人们对超出自己亲身感知的事物只能通过新闻媒介去了解，在媒体提供的各种信息的重重包围中，真实的世界因此渐渐离我们远去，取而代之的是大众传播为我们所构建的拟态环境。这样，人的行动已经不再是对客观环境及其变化的反映，而形成了对新闻机构提示的某种‘拟态环境’的反映。”① 这种“环境再构成”的过程是传播者及其媒介通过对具体事件的观察、选择和分析的结果，它所反映的是传播者及其媒介对事件的态度与认识。在突发事件的报道这一传播过程中，时时刻刻都需要运用修辞策略，“修辞是一种有意识的语言活动，不管说写者‘达情传意’圆满、适切的程度如何，只要他是有意识地朝着力图提高语言表达效果的方向努力，都是修辞”②。

公众对突发事件发生后的第一需求就是真实性，但是公众对突发事件真实情况的了解，是依赖于媒体的文字、语言、图片、视频等信息传播的载体，而这些载体都脱离不了传播者的主观意识，同时也离不开新闻修辞策略的运用。梵·迪克曾表示，“新闻修辞的形式不仅仅是建立在语法层次的音韵学、形态学或句法的基础上”，“它完全是通过运用

① ［美］沃尔特·李普曼．公众舆论[M]．阎克文，译．上海：上海人民出版社，2006：36.
② 吴礼权．修辞心理略论[J]．复旦学报（社会科学版），1998（5）：3.

提升新闻特征的各种相关性或者显著性的方式来实现强调具体内容的目的”。因此在大众媒体在向公众传播突发事件相关情况的时候，不仅要根据新闻的真实性、客观性和本质来报道事件，也要借助新闻的修辞策略来突出突发事件的“真实”。由于修辞学理论起源于西方，所以国外在危机事件中的修辞策略有很多值得我们借鉴，其主要特点主要表现为以下几点。

10.2.2.1 及时报道，现场感强

突发事件发生以后，国外记者往往第一时间赶到现场，了解事件的真实状况，并运用高科技手段，配以逼真的文字，最大限度地还原事件的原态，给公众带来“现场感”的体验。所谓现场感，就是指新闻作品能使读者身临其境、如闻其声，产生强烈的共鸣；用绘声绘色的描写，再现事物的本来面目；用情景交融的写法，见事又见人，展现事物“多维的画面”；用进行式的手法，呈现事物动态的发展全过程。例如，美国发动伊拉克战争时，美国记者在第一时间冒着战火向战争中心巴格达进发，并在现场连线美国新闻中心总部，将战时的第一手消息传递给全美公众，连美国总统有时都感慨：公民知道信息比自己还快。但往往很多时候，记者无法在第一时间到达灾难现场，所以记者也可以通过采访在场的目击证人来还原事件，通过直接引语与间接引语的使用，避免记者在报道时的主观意识，从而达到贴近真实。另外，许多报道中，往往有“亲历”、“目击”等醒目的字眼，这也是还原“真实性”的一种修辞手法。

10.2.2.2 多用数据，增强准确性

美国北卡罗来纳大学新闻学教授菲利普·迈耶曾于 20 世纪 60 年代提出“精确新闻学”，精确新闻报道指的是一种侧重采用抽样检测、数据分析等手段，对社会现象进行精密的分析、加工，使公众从一般时间看出其潜在意义的报道方式。用精确的数据、概念来分析新闻事件，可以尽可能避免主观的、人为的错误，从而使新闻报道更加客观、公正、令人信服。“新闻话语的修辞还通过确切数字所隐含的精确性来强烈地暗示其真实性。”“真正重要的并非数字的精确性。而是通过数字表现出来的事实。即使使用的是同样的消息来源，各家媒体发布的数字还可能出现很大的不同……即便这些数字出现不同，媒体在后续报道中也很少纠正。”“他们最重要的是用来表明报道的精确性，从而显示其真实性。”① 可见，通过数据来说话可以显著提高新闻的准确性和客观性。例如，在德国之翼 A320 客机坠毁事件的报道中，飞行数据显示，飞机在 8 分钟内下降了约 3.2 万英尺的高度。德国之翼总经理温克尔曼介绍，客机于 10 时 45 分达到 3.8 万英尺（11 582 米）的高度，坠毁前最后一次出现在法方雷达中是 10 时 53 分，高度约 6000 英尺（1829 米）。飞机坠毁前的下降过程共持续 8 分钟。这些具体的数字清楚地向公众展示了飞机失事前的真实状态，可见数字的合理使用在新闻修辞还原真实性中的重要地位。

---

① 喻国明．解构民意——一个舆论学者的实证研究[M]．北京：华夏出版社，2001：33.

10.2.2.3 加强深度报道，挖掘事件本质

媒体在对突发事件有一个全面的把握以后，应客观、公正并准确地对突发事件进行深度报道，并对事件的深层进行挖掘，向公众揭示事件的本质。例如，在美国“9·11”事件发生以后，美国媒体第一时间对该恐怖袭击事件进行了报道，并深入挖掘新闻事实，对恐怖组织的身份和来历以及此次事件对美国的影响进行客观全面的报道。对突发事件报道最重要的便是揭示事物本质，不回避问题，不夸大情绪，以事实为依据，对事件进行全面客观的描述，准确地预测事件的发展趋势以及所受的影响。美国“9·11”事件的修辞报道可以说是危机报道的典范，及时消除了民众的恐惧，安抚人心，并对公民进行了安全教育普及。

10.2.2.4 注重政治修辞，凸显领导魅力

在重大危机或威胁面前，美国总统的权力及领导力凸显，运用恰到好处的修辞学展现领导力，从而使危机消解。总统的政治修辞通常具有“普世价值”元素，又具有个性风格，重视政治修辞的人本表达、多元表达及象征性表达，能有效地鼓舞民气，提升国民战胜困难的勇气与信心，起着组织动员、提升公众凝集力、强化美国民族认同、赢得国民支持的重要作用。这也有利于增强总统的领导地位，有利于提升总统的政治权威。总统的领导力在危机修辞中运行，权力合法性在运用修辞的过程中有机地生成。在“9·11”事件后的安全情势下，布什总统有选择、有意识地使用行政机构的信息收集与分析各方面的优势，精心运用政治修辞说服国会及公众，对发动伊拉克战争的必要性、紧迫性及其正当性、合法性进行修辞建构。在布什的修辞体系中，频繁使用负面修辞定义伊拉克萨达姆政权，并渲染其日益逼近的威胁、捍卫并拓展自由民主、诉求伦理与宗教的力量三位一体，互相作用。其危机修辞成为推动制定、形成和实施政策的有力工具。危机状态下美国总统运用修辞传播的背后，是如何考量和推动美国国家安全战略的实施。在布什政府的安全战略中，价值观和理想胜过利益，强大的军事力量塑造了进攻性政策，冒险就胜过审慎。正如美国史学者麦温·莱夫勒所言：“威胁认知的增强促进了进攻性战略的形成，但远不止这些，它还提升了价值观和理想的内涵。美国历史上的其他时期一样，当威胁感很强烈时，决策者就倾向于采取在修辞上强调理想和价值观的策略。反之，当威胁感降低时，决策者们则倾向于强调利益。”①

10.3 基于集体记忆的中外危机传播特征

集体记忆是社会心理学研究的一个对象。广义而言，集体记忆是一个具有自己特定文化内聚性和同一性的群体对自己过去的记忆。这种群体可以是一个宗教集团、一个地域文化共同体，也可以是一个民族或是一个国家。这种记忆可以是分散的、零碎的、口头的，

① Melvyn P. Leffler. “9/11 and the Past and Future of American Foreign Policy [J]. International Affairs, 2003, 79 (5): 1045-1063.

也可以是集中的、官方的、文字的，可以是对最近一个事件的回忆，也可以是对远古祖先事迹的追溯。

集体记忆（collective memory）又称为群体记忆，一般认为是由法国社会学家哈布瓦赫于1925年发表的《记忆的社会性结构》一文中首次提出的，哈布瓦赫认为："集体记忆是一个特定社会群体之成员共享往事的过程和结果，保证集体记忆传承的条件是社会交往及群体意识需要提取该记忆的延续性。"在俄国心理学家维哥斯基、英国心理学家巴特雷特等人的不断研究下，集体记忆被赋予了更加丰富的心理学内涵。它描述的是一种普遍存在的社会心理学现象，即一个团体组织内的全体成员对所共同经历过的大小事件所留下的深刻印象或记忆。此处所提及的团体组织可以是社会中的任何一个集体，小到一个家庭、班级，大到一个企业、协会甚至国家和民族。就性质效果而言，这里所说的事件可以是愉快难忘的，也可以是悲伤遗憾的①。

集体记忆对于一个团体组织十分重要，因为它能瞬间激活全体组织成员的某个共同印象，唤起他们内心的一种归属感，让他们清晰地意识到：我们拥有一段共同的集体记忆，我们属于这个团体组织。当然，这种归属感有些令人欢喜愉快，有些则令人痛苦遗憾。比如，对于全体中国人来说，八年的浴血抗战给中华民族带来了无法估量的重大损失，这是一段大家难以磨灭的深刻记忆。这一段惨痛历史在任何时候都能让所有亲身经历过甚至没有经历过抗战的中国人立刻感觉到，自己是中华民族的一分子，而非其他国家或民族。集体记忆的产生，是受到组织成员这些记忆主体和诸多外界力量互相影响的结果，例如当时的政治、经济、文化、地理等。

在塑造集体记忆的过程中，媒体扮演着越来越重要的角色。众所周知，媒体既是公众获取信息的重要途径，也是国家实施新闻宣传的重要手段。一方面，媒体时刻引领着社会舆论和文化的发展方向，弘扬着时代主旋律，在践行社会主义文明等方面起着不可代替的作用；另一方面，媒体在产生或唤醒集体记忆以及在产生民族认同感上也具有十分重要的作用。

当今社会是一个信息发达的媒介化社会，每个人的生活都离不开信息化装备。因此，人们的集体记忆也主要被运用信息化手段的大众媒介所承载。任何一个国家或地区在发展历程中总会遭遇到许许多多的困难和大大小小的危机，特别是在面对重大自然灾难、恐怖暴力活动等导致社会秩序混乱时，公众就更加期待大众媒介能够及时、准确而适当地传达"认同凝聚"的集体记忆，众志成城，化危为机，实现社会的快速号召和动员。本节就在集体记忆的基础上，一同分析讨论中外危机传播过程所具有的不同特征。

10.3.1 国内危机传播特征

在重大事故或灾难发生的时候，社会最需要的是稳定和秩序，而及时、高效的媒体宣传在现代社会中对于社会秩序的稳定、共识的凝聚、心理的抚慰有着举足轻重的作用。由于技术的进步、硬件的普及，世界各国许多有着足够辐射力和号召力的媒体组织应运而生。这些现代媒体的影响力远远超过过去。比如，电视媒体、互联网媒体等是当今社会主

① 周海燕. 媒介与集体记忆研究：检讨与反思[J]. 新闻与传播研究，2014（9）.

流媒体的代表，某种程度上实施和引领着这样一种能力。中国中央电视台 CCTV，可以说是我国电视媒体中最具影响力的品牌，不仅在国内有着数量最大的收视群体，在海外其他国家也有一批忠实的观众。每次遇到重大事故和灾情时，人们都会将目光投向央视，因为央视作为我国中央级的电视媒体，自然成为信息最权威的发布者，成为其他媒体的领导者，担负着及时准确报道灾情、救灾方案及灾后安置工作的任务。但是我们也必须看到，中国的电视媒体由于起步晚，加上我国具体的国情和制度因素，与西方发达国家相比，在重大事故和灾难的报道上有自己的视角和深度，在媒体宣传引导上带着政治色彩，这也就形成了我国电视媒体的中国特色①。

第一，重大危机事件采用现场直播方式，强制性收看特色。

直播这种大型事件，可以唤起传授双方的集体记忆和核心价值。也就是说，原本分散的受众，通过收看电视直播的重大突发事件，意识到自己也是作为这个集体的一员在参与这个具有重要意义的历史时刻，他们的集体感、归属感以及使命感便会油然而生。在此过程中可以发现，社会运行秩序的统一就是通过媒体传播得以实现的。

以我国电视报道为例，2008 年我国汶川发生强烈地震，人员受伤惨重。震后，央视在 5 月 18 日现场直播了募捐晚会，数千位名人明星齐唱《爱的奉献》。5 月 19 日在天安门广场举行默哀，当庄严的国旗在所有人的注视下缓缓降落后，进行了 3 分钟的举国默哀。那一刻几十万民众在天安门广场和四川成都天府广场上摒弃悲伤，齐声喊出：“汶川加油！中国加油！”这种画面通过电视直播，具有很强的视觉冲击力，很好地营造了全民参与的氛围，促成了全国人民的情感共鸣，让广大受众产生了一种“亲临现场”的集体感。借助这种国家级的叙事框架，所有中华民族的成员，不分天南地北、不分男女老幼、不分贫富贵贱，大家一同产生和存储这样的“集体记忆”，从而将他们紧密地连接成为一个集体，让他们确定自己就是处于这个特殊的历史时刻和族群文化当中，并确认自己也是这个集体中的一员。这是一种寻根式的集体记忆，能把无数早已分开的枝叶重新连接在一个共同的根上，不仅取得了互相认同的基础，更仿佛找到了力量的源泉。

第二，新兴媒体作为传统媒体的完善和重要补充，不仅促进重大危机事件的社会资源整合，而且也为民众提供交流互动的平台，承担安慰和调和的职责。

电视传播的事件和重大仪式的互动具有更多的官方色彩，而新媒体网络则充分展现了“多难兴邦”的一种集体记忆，以及这种记忆对民族凝聚力的唤醒。比如，2013 年 4 月 20 日四川省雅安芦山发生强烈地震，腾讯网及时设立了“直击芦山救援、祈祷雅安平安”专栏。在此专栏中有以下若干个栏目：最新消息栏、网友捐款栏、网友慈善栏、明星祈福栏、体坛界祈福栏、将爱闪电送达栏、宝贝行动栏、地震寻人栏、微信微博寻人栏等。与此同时，百度也在其“地震贴吧”中及时设立了消息发布栏，让广大网友通过该平台为灾区人民祈福。360 搜索也设立了“四川雅安地震寻人”网络平台。搜狐网进行了直播服务，全天 24 小时不间断追踪报道相关新闻事件。微信设立了“地震救助”公众账号。阿里巴巴支付宝则在线上设立“紧急捐赠平台”。此外，其他多家公益网站也紧急设立了捐赠平台。一批知名企业家，如马云、马化腾、柳传志等，以及众多知名演艺人士也通过各

① 廖声武. 把握危机传播特征，做好危机事件报道[J]. 湖北大学学报(哲学社会科学版)，2013(5).

自的渠道纷纷解囊相助，踊跃捐款。这场网络救灾活动，很好地凝聚了中国13亿人的巨大力量，让众多网民参与进来，同时网络社区也对救灾过程积极出谋划策，显示了网络的无与伦比的重要作用。

第三，报道尺度有限，注重感情渲染，鼓励民众投入抗震救灾工作中。

我国的新闻报道机构直属于政府宣传部门，可以说从建党开始至今一直牢牢坚守着“新闻媒体是党的喉舌”的原则。因此，政治掌握着新闻报道话语权是新闻报道的突出特点，具有显著的中国特色。例如，2003年“SARS”疫情爆发，央视对该疫情报道前后有着明显的不同。从最初阶段的低调掩饰、知情不报，到末期的信息公开透明。可以看出，我国历次重大灾难事件的报道必须经过上级领导组织的层层审核，只有通过批准，整个过程才能对外报道播出。而这一点与新闻价值的时效性产生了很大的矛盾。

一方面，我国拥有13亿人口且国情复杂，这样一个大国在重大灾难来临之际，往往给我们带来巨大的生命财产损失。然而这种特殊时刻更能体现出国家的凝聚力。国内媒体针对灾难事件的新闻报道，一般会采用煽情的文字描述、图片以及画面进行呈现，更加侧重受众的精神感受，力争把整个报道变得更加感人，更多体现出人文关怀。如，阅读“汶川地震”的救灾报道，经常能看到不少歌颂英雄主义和英雄人物的报道，如《寻找救命恩人》、《面对悲痛选择坚强——记民警蒋敏》等，这些报道着力凸显了救灾中的英雄形象，努力凝聚人民抗灾的意志力，感动受众，唤醒受众，鼓励民众一起携手，抗震救灾。

另一方面，我国是一个人口众多的社会主义发展中国家，各地区经济发展水平差别很大。面对突如其来的重大灾难时，往往人心摇摆，民众容易出现恐慌情绪。为了做到及时安抚民众惊恐的心情，平息民众对有关部门机构的质疑，同时也为了能够凝聚人心，共同抗震救灾，我国的电视媒体应该从大局着眼，努力宣传报道全国人民的救灾决心和能力。例如，中央电视台在汶川地震发生后，及时播报了《众志成城抗震救灾》节目。在重大灾难事件时，央视采取以正面报道为主，努力宣传众志成城共同救灾的主旋律，很好地引导了社会舆论，疏导了民众的恐慌心理，也避免了被国外一些反华势力的利用和误导。

10.3.2 国外危机传播特征

中国和日本是亚洲两个一衣带水的邻国。近些年来，两国都经历过巨大的自然地震灾难，如我国的“5·12”汶川地震、日本的“3·11”地震。但是由于两国体制相异，其主流媒体CCTV和NHK在报道灾难时的差异比较明显，这种差异主要体现在新闻体制和报道方式上。

中国和日本两个国家的体制具有显著区别。日本电视媒体的起步较早，因此其电视媒体报道相关制度和策略相对较完善和先进。日本NHK是一家私有电视台，其具有“紧急预警”职责。因此，NHK都会在发生灾难后第一时间通过媒体渠道报道，发出预警，并且准确及时地播报灾难等级和自救信息等。基于NHK独有的这种灾害应急制度，其对灾难报道的优势和特色就显得更加突出①。

---

① 王德迅．日本危机管理体制的演进及其特点[J]．国际经济评论，2007（2）．

10.3.2.1 重视灾情发布

日本拥有世界一流的灾难预警系统、完备的灾害信息播报制度以及一套成熟完善的应急措施和救灾活动体系。面对突如其来的灾难，日本政府将会第一时间通过 NHK 等电视新闻媒体向民众准确详细地传递灾情等级、受灾范围、自救技巧等信息。

除此之外，日本相关法律中也有详细明确的法律条文。例如《灾害对策基本法》中就对灾难情报的收集传播、防灾信息、救灾情况等方面作了明确而详细的规定。该部法律条文明确了在面临灾难时，灾难或灾情的首先发现者具有通报义务，且地方政府具有向上级政府通报灾害的义务。灾害预警传达、灾情信息公布所用的通信设备拥有优先使用权等。无疑，这些法律为电视媒体准确及时发布灾情信息提供了坚实保障。NHK 作为日本国家的“法定报道机构”，其自身也制定了一套《防灾工作计划》。根据 NHK 的统计，迄今为止，NHK 每次发布的灾难事件报道，无一例是应日本政府的要求制作报道的，这也从侧面说明了 NHK 的自主性和独立性。

10.3.2.2 承担预警职责

新闻价值的一大核心就是时效性，这点在灾难报道中则更加重要。在日本，人们普遍认为，对于灾难的后续跟踪报道远远不及灾难到来之前的预警更有实际意义。因此，对于灾难新闻报道中的时效性，日本的电视新闻媒体在报道时更加注重有实际意义的灾难预警，也就是“高时效性”。作为日本主流的全国性电视媒体 NHK，对于灾害预警的高时效性追求仍在不断提高，而这也同时是日本公众对于预警需求不断提高的结果。1954 年日本发生了“洞爷丸台风”灾害，NHK 对灾难报道的时效性显得不够，并且 NHK 事后总结发现，即使后续的生命财产损失报道再多，但对于降低灾难的损害则无太大的帮助，所以意义不大。因此，当之后的伊势湾台风逼近日本时，气象厅的一位负责人首次亮相电视台，向民众报告这个台风的行进路线和强度，同时发出了紧急台风警报。从那时起，灾害的预警报道高于损害报道就成为了日本灾害报道的一条基本原则，并且一直沿用至今。通过之后的数次灾难报道，NHK 电视台持续总结并吸收历次灾难报道中的经验，最终实现了现在的超时效性报道。可以说，以日本 NHK 为代表的电视媒体在新闻的时效性上始终都处于世界前列，我国台湾地区也效仿了日本 NHK 的这套灾难报道机制。

10.3.2.3 维护民众尊严

日本 NHK 电视台在报道重大灾难事件新闻时，非常重视保护人权、传达新闻事实和引导救灾抗灾工作。受众通过电视画面看不到令人恐怖的死亡特写和尸体面容，也看不到灾民们哭天喊地、痛不欲生的残酷镜头，更看不到一线救援人员对抗震救灾工作的歌功颂德。相反，大多看到的是对景物和灾民生活状况的特写。NHK 是日本影响力最大的新闻机构，作为公共属性的媒体，更侧重让民众看到灾难中灾民们镇定自若、理性应对的场景。NHK 的灾难报道始终遵循着保护人权、拒绝煽情夸张手法和不制造恐慌的原则。

10.3.3 启示与思考

由于中日两国体制不同，媒体的报道形式也不同。报道形式包括报道观念、报道尺度和媒体工作者的角色等，这些将决定灾难报道的最后结果和方向。总体上看，中日在重大危机事件的报道上有以下不同。

10.3.3.1 议题遴选机制不同

“5·12”汶川地震发生后，中国中央电视台迅速做出反应，及时调整了原先的节目议程，用客观、平衡、高效、透明的报道在第一时间赢得了主动话语权，起到了良好的舆论导向作用。但是，“报喜不报忧”仍旧是我国电视媒体在发生灾难性事件后一贯不变的作风。

在新闻报道的内容选择上，“把关人”会根据上级政策对议题进行遴选并排序，受众需要无条件接受。所以，最后的传播效果则是由政策、媒体和公众相互影响而决定的。在“议程设置”中，媒体会根据受众所需信息，在上级政策方针允许的基础上对自我议题进行遴选和设置，同时政策和方针又会反过来影响媒体的议题遴选和设置，并且制约公众所需要的部分信息。

众所周知，日本是一个多地震的国家。日本 NHK 电视台是日本唯一一家不以营利为目的，且不受政府、党派的资助，完全靠收取民众收看费为经济来源的电视媒体。所以，NHK 具有一个特殊职责，那就是灾难报道和紧急警报。它的宗旨就是为国民服务，允许随时插播国家大事和灾难紧急警报。由此看出，NHK 在突发危机事件中是基本不受政府政策制约的，它可以根据公众关注的焦点进行深入调查报道，满足日本受众的信息需求。这样的议题选择就相对简单很多，报道顾虑也少了很多①。

10.3.3.2 报道者角色扮演不同

灾难事件中，中国媒体一般扮演“介入者”的角色。中国的新闻记者经常会混淆自己的身份和职责，不知不觉地从一个客观的“报道者”变成一个灾难事件的“介入者”。这不仅扰乱了现场的救援秩序，而且也干扰了救援人员的工作进程。如 2008 年 5 月 14 日中午，CCTV 新闻频道的新闻主播赵普在直播汶川地震的过程中，因为持续看到现场发回的灾区受灾情景，情绪比较激动，在面对直播镜头时无法控制自己伤感的情绪，一度哽咽，泪水盈眶。

这个瞬间镜头引起了很多观众的共鸣，和赵普一样，还有很多主播也在镜头前流下了泪水，对这种现象的评价褒贬不一。有的受众认为赵普情不自禁地流泪表现了一个新闻工作者的“人情味”，应该鼓励、赞扬，中国的新闻工作者终于从冷漠变得人性化；但也有受众认为这样的画面不应该出现，赵普的眼泪具有误导之意，同时这也不是一个新闻工作者应有的角色，因为新闻报道者不是演员，不能感情用事，而应该是一个客观事件的“转述者”，应该时刻保持客观和镇定。笔者认为中国的新闻工作者在镜头前总表现得模

---

① 龚维宾. 公共危机管理[M]. 北京：新华出版社，2004.

糊不清，将自己的身份与演员混淆，无法做到一个客观的新闻转述者。我们希望看到的是一个客观的“事件转述者”、不加个人感情的“事实传播者”，而不是一个置身其中、带有浓浓的个人感情色彩或个人目的的事件“介入者”。

日本在这方面就做了很好的示范，日本媒体在灾难事件往往扮演了“记录者”的角色。日本 NHK 报道国内自然灾害事件时，记者不允许采访任何救援队员，也不允许采访受害者家属，并且不会在电视上播放血腥场面。在报道遇难者时，遇难的惨状绝不允许拍摄，媒体要尊重逝者。所以我们在电视上经常看到日本人在井然有序地安置受灾现场。无论在灾难中情况如何紧迫，NHK 的报道者都会始终坚守报道原则。

日本 NHK 的新闻报道者就像一个新闻“记录器”，用镜头和相机记录下灾难的每一个细节，每一个瞬间，每一个工作的开展状况，绝不介入新闻事件中。同时，NHK 的主播在灾难发生的瞬间仍然保持从容不迫、镇定自若，准确地用简练的语言向民众传达了灾难的真实情况。在这种巨大灾难发生的瞬间，NHK 新闻工作者将自己的身份和职责划分清楚，反应迅速，头脑清晰，工作安排井然有序，在任何时候都把自己的角色定位在事实的“传达者”上。

综上所述，我国在重大危机事件报道中应借鉴发达国家的成功经验，增强媒体的灾难预警观念，明确报道者的角色定位，同时拓宽报道范围，注重媒体与受众的互动，呈现集体记忆，更好地起到安抚民心、凝聚人心的作用。

思考题：

1. 国内危机信息发布制度是什么？
2. 国外危机信息发布制度有哪些特点？
3. 什么是危机话语修辞理论？
4. 我国危机修辞策略有哪些优点和不足？
5. 国内外危机传播的差异是什么？

推荐阅读书目：

1. 《政府危机管理》，李经中著，中国城市出版社
2. 《危机管理》，薛澜、张强、钟开斌著，清华大学出版社
3. 《“非典”时期的非常法治——中国灾害法与紧急状态发一瞥》，莫纪宏著，法律出版社
4. 《公共危机管理》，龚维宾著，新华出版社
5. 《我国重大突发事件解析》，朱力、韩勇、乔晓征著，南京大学出版社
6. 《国外大城市危机管理模式研究》，赵成根著，北京大学出版社

参考文献

[1]《财经》杂志编辑部. SARS 调查[M]. 北京：中国社会科学出版社，2003.
[2]《学习时报》编辑部. 国家与政府的危机管理[M]. 南昌：江西人民出版社，2003.
[3] 蔡静. 流言：阴影中的社会传播[M]. 北京：中国广播电视出版社，2008.
[4] 陈先红，何舟. 危机管理与整合策略传播[M]. 武汉：武汉大学出版社，2010.
[5] 陈秀丽. 世界十大公关经典败局[M]. 北京：清华大学出版社，2006.
[6] 陈秀梅，甘玲，于亚博. 领导者应对突发事件的理论与实务[M]. 北京：人民出版社，2005.
[7] 龚维宾. 公共危机管理[M]. 北京：新华出版社，2004.
[8] 顾杰. 现代行政管理学概论[M]. 武汉：湖北人民出版社，2000.
[9] 郭庆光. 传播学教程[M]. 北京：中国人民大学出版社，2013.
[10] 胡百精. 危机传播管理——流派、范式与路径[M]. 北京：中国人民大学出版社，2009.
[11] 加藤邦宏. 企业形象革命[M]. 台北：台北艺风堂出版社，1992.
[12] 克里斯·安德森. 长尾理论 2.0[M]. 北京：中信出版社，2009.
[13] 李普曼. 舆论学[M]. 北京：华夏出版社，1989.
[14] 李习彬，李亚. 政府管理创新与系统思维[M]. 北京：北京大学出版社，2002.
[15] 罗伯特· 希斯. 危机管理[M]. 北京：中信出版社，2004.
[16] 莫勒. 黑寡妇：谣言的示意及传播[M]. 上海：商务印书馆，1999.
[17] 尼古拉·尼葛洛庞蒂. 数字化生存[M]. 海口：海南出版社，1996.
[18] 诺曼·R. 奥古斯丁，等. 危机管理[M]. 北京：中国人民大学出版社，2001.
[19] 彭伟步. 信息时代政府形象传播[M]. 北京：社会科学文献出版社，2005.
[20] 史安斌. 危机传播与新闻发布：理论·机制·实务[M]. 北京：清华大学出版社，2013.
[21] 陶东明，陈明明. 当代中国政治参与[M]. 杭州：浙江人民出版社，1998.
[22] 王佃利，曹现强. 公共决策导论[M]. 北京：中国人民大学出版社，2003.
[23] 吴宜蓁. 危机传播：公共关系与语艺观点的理论与实证[M]. 苏州：苏州大学出版社，2005.
[24] 肖鹏军. 公共危机管理导论[M]. 北京：中国人民大学出版社，2006.
[25] 薛澜. 危机管理——转型期中国面临的挑战[M]. 北京：清华大学出版社，2003.
[26] 杨魁. 危机传播新论[M]. 北京：中国社会科学出版社，2011.
[27] 杨魁，刘晓程. 危机传播研究新论[M]. 北京：中国社会科学出版社，2011.

[28] 张成福，唐钧．政府危机管理能力评估——知识框架与指标体系研究[M]．北京：中国人民大学出版社，2009.
[29] 张克非．公共关系学[M]．北京：高等教育出版社，2001.
[30] 赵成根．国外大城市危机管理模式研究[M]．北京：北京大学出版社，2006.
[31] 周裕琼．当代中国社会的网络谣言研究[M]．北京：商务印书馆，2012.
[32] 朱力，韩勇，乔晓征．我国重大突发事件解析[M]．南京：南京大学出版社，2009.
[33] [澳] 罗伯特·希斯等．危机管理[M]．王成等译．北京：中信出版社，2001.
[34] [德] 乌尔里希·贝克，约翰内斯·威尔姆斯．自由与资本主义：与著名社会学家乌尔里希·贝克对话[M]．路林译．杭州：浙江人民出版社，2001.
[35] [法] 鲍德里亚．消费社会[M]．刘成福，全志钢译．南京：南京大学出版社，2001.
[36] [美] 奥尔波特，波斯特曼等．谣言心理学[M]．刘水平等译．沈阳：辽宁教育出版社，2003.
[37] [美] 戴维·奥斯本，特德·盖布勒．改革政府——企业精神如何改革着公营部门[M]．周敦仁译．上海：上海译文出版社，1996.
[38] [美] 戈夫曼．日常生活中的自我表演[M]．徐江敏译．昆明：云南人民出版社，1988.
[39] [美] 凯瑟琳·弗恩．危机传播：基于经典案例的观点[M]．陈虹译．上海：复旦大学出版社，2013.
[40] [美]沃纳·赛佛林，[美]小詹姆斯·坦卡德．传播理论：起源、方法与应用[M]．郭镇之等译．北京：华夏出版社，2000.
[41] [法] 让-诺埃尔·卡普费雷．谣言：世界最古老的传媒[M]．郑若麟译．上海：上海人民出版社，2009.
[42] 蔡哲．新媒体全交互危机传播模式构建研究[D]．长沙：湖南大学，2010.
[43] 崔恩慧．网络谣言的扩散与消解问题研究[D]．沈阳：辽宁大学，2012.
[44] 冯丽．重大突发公共事件网络新闻专题报道研究[D]．西安：陕西师范大学，2011.
[45] 韩全辉．企业应对产品危机的信息策略[D]．合肥：安徽大学，2007.
[46] 何霞．自媒体影响下的我国政府危机传播研究[D]．成都：电子科技大学，2010.
[47] 金丹．我国公共危机预警机制研究[D]．南京：南京师范大学，2011.
[48] 李磊．经济时代的政府危机公关研究[D]．成都：四川师范大学，2006.
[49] 李世雁．环境危机的多向度分析[D]．沈阳：东北大学，2002.
[50] 李贞．娱乐精神与文化使命[D]．开封：河南大学，2014.
[51] 梁红霞．危机信息互联网传播仿真研究[D]．哈尔滨：哈尔滨工程大学，2011.
[52] 林海燕．美国政府危机管理的信息传播机制研究[D]．武汉：华中师范大学，2011.
[53] 刘燕．国外大城市危机管理机制比较及其对上海的借鉴意义——以纽约、伦敦和东京为例[D]．上海：华东师范大学，2007.
[54] 刘钊．都市文化：危机及拯救[D]．苏州：苏州大学，2014.
[55] 刘志顺．美国公共危机预警体系特征分析及对我国的启示[D]．武汉：华中师范大

学，2008.
[56] 卢祎．从“7·23”甬温线事故看突发事件的微博传播[D]．长春：东北师范大学，2012.
[57] 鲁松．群体极化的负效应——网络暴民现象初探[D]．济南：山东大学，2013.
[58] 潘泳洁．企业修复策略对危机修复效果的影响研究[D]．广州：暨南大学，2014.
[59] 彭玲莉．大数据时代背景下政府“形象修复”问题与应对策略研究[D]．重庆：重庆大学，2014.
[60] 任轶群．媒体危机传播对公众危机感知的影响研究[D]．合肥：中国科学技术大学，2009.
[61] 邵静．《纽约时报》和《华盛顿邮报》的涉华报道研究[D]．上海：上海大学，2011.
[62] 唐琼．全媒体语境下危机信息发布机制研究[D]．广州：暨南大学，2012.
[63] 王懋康．危机话语修辞情境理论研究[D]．上海：上海外国语大学，2013.
[64] 王云．我国政府危机公关存在的问题研究——以“7·23 甬温线特大动车事故”为例[D]．郑州：郑州大学，2014.
[65] 辛立艳．公共危机信息预警系统的构建及响应机制研究[D]．长春：吉林大学，2009.
[66] 杨峰．完善我国公共危机预警的思路与对策[D]．成都：电子科技大学，2008.
[67] 易臣何．突发事件网络舆情的演化规律与政府监控[D]．湘潭：湘潭大学，2014.
[68] 张静敏．网络环境下政府公关危机研究[D]．长沙：湖南师范学院，2011.
[69] 周榕．我国公共危机传播中的媒介角色研究——以 2000—2012 年重大公共危机事件为例[D]．武汉：武汉大学，2013.
[70] 左玮娜．网络谣言传播研究[D]．北京：中国社会科学院，2006.
[71] [美] J.Y. 基．普遍服务与因特网的商业化[J]．国外社会科学，1999（1）.
[72] 巴里布赞．全球化与认同：世界社会是否可能？[J]．浙江大学学报，2010，45（5）.
[73] 陈力丹，陈俊妮．松花江水污染中信息流障碍分析[J]．新闻界，2005（6）.
[74] 陈力丹，荦晨宇．甲型 H1N1 流感国内主流报纸新闻报道分析[J]．新闻写作，2005（7）.
[75] 樊葵．大众传播中反馈资源的匮乏及对策分析[J]．传媒学术网，2003（6）.
[76] 高小平，陈茂生，刘杰．关键环节：突发事件应急处置的重要视角[J]．中国应急管理，2008（2）.
[77] 顾林生．危机管理借鉴东京[J]．建设科技，2004（7）.
[78] 郝卿．自媒体环境下大学生思想教育创新途径探究[J]．新西部（理论版），2015（6）.
[79] 雷跃捷．互联网媒体的概念、传播特性、现状及其发展前景[J]．现代传播，2001（1）.
[80] 雷战波，赵吉博，朱正威．企业危机预警理论及其对我国社会危机预警的启示[J].

中国行政管理，2005（2）.
[81] 李冰．文化坚守与娱乐表达的共赢之道[J]．中国电视，2013（10）.
[82] 李鹏程．文化危机三题[J]．江海学刊，2014（3）.
[83] 李燕凌，陈冬林，周长青．农村公共危机的经济研究及管理机制建设[J]．江西农业大学学报（社会科学版），2004（1）.
[84] 林剑．文化危机与文化进步[J]．江汉论坛，2011（11）.
[85] 凌守兴．基于六度分隔理论的企业微博营销模式研究[J]．电子商务，2011（10）.
[86] 刘艳．试析日本危机管理机制及其对中国的启示[J]．中国人民公安大学学报，2004（1）.
[87] 鲁津．形象修复理论在企业危机传播中的应用——以“双汇瘦肉精事件”为例[J]．现代传播，2011（9）.
[88] 马建珍．浅析政府危机管理[J]．长江论坛，2003（5）.
[89] 马梦砚．提升政府公共危机管理能力努力构建和谐社会[J]．中共乌鲁木齐市委党校学报，2008（1）.
[90] 马宁．解读网络语境下道德品质构成要素的变化[J]．经济与社会发展，2005（7）.
[91] 梅琼林，连水兴．公共危机中的信息传播“失衡”现象及其应对策略[J]．社会科学研究，2008（5）.
[92] 彭剑．应对重大危机：政府信息如何传播与管理——由“汶川大地震引出的思考”[J]．西南民族大学学报，2008（8）.
[93] 钱珺．第二媒介时代下的危机传播模式初探[J]．新闻知识，2007（2）.
[94] 唐俭．论政府在公共危机预警中的责任[J]．前沿，2007（7）.
[95] 田冉，柯惠斯．网络环境下的舆论形成模式及调控分析[J]．现代传播，2010（10）.
[96] 汪宇．博客现象及其对主流媒体的启示[J]．学术界，2007（3）.
[97] 谢菊．构建整体性治理的计划生育政策协调机制——以重庆市忠县、铜梁县和南岸区的调查为例[J]．学术交流，2007（9）.
[98] 薛克勋．美国紧急事务管理体制给我们的启示——对美国紧急事务管理体制学习调研后的思考[J]．广东公安科技，2001（1）.
[99] 杨慧琼．当谣言的翅膀飞向网络——关于“玉田谣言”的传播学分析[J]．东南传播，2008（12）.
[100] 姚萃群．体育赛事危机事件与媒体传播[J]．新闻研究导刊，2014（14）.
[101] 张成福．公共危机管理：全面整合的模式与中国的战略选择[J]．中国行政管理，2003（7）.
[102] 张宁冶，张维张．日本防灾减灾体系与明石市灾害管理情况[J]．无锡经济，2010（2）.
[103] 张维平．中美日三国预警机制比较评述[J]．中国减灾，2006（4）.
[104] 章兴鸣．符号生产与社会秩序再生产——布迪厄符号权力理论的政治传播意

蕴[J]. 湖北社会科学，2008（9）.
[105] 陈力丹. 论突发性事件的信息公开和新闻发布[J]. 南京社会科学，2010（3）.
[106] 陈小彪，佘杰新. 网络谣言刑法治理的基本立场[J]. 吉首大学学报（社会科学版），2014（1）.
[107] 程帆. 网络媒体危机事件报道方式与改进策略——以2012年伦敦奥运会刘翔退赛报道为例[J]. 新闻知识，2014（5）.
[108] 冯丙奇，朱广慧. 跨国品牌危机回应策略分析——形象修护的视角[J]. 国际新闻界，2007（4）.
[109] 李德平. 政府危机管理中的信息公开问题[J]. 江西社会科学，2007（5）.
[110] 李凌娅. 从汶川地震透析当前中国的危机信息发布机制[J]. 中国民政，2008（10）.
[111] 李喜童. 政府应对突发事件的信息发布机制研究[J]. 中国应急救援，2011（2）.
[112] 廖声武. 把握危机传播特征，做好危机事件报道[J]. 湖北大学学报（哲学社会科学版），2013（5）.
[113] 廖为建，李莉. 美国现代危机传播研究及其借鉴意义[J]. 广东大学学报（社会科学版），2004（8）.
[114] 刘丹凌. 理性与责任：媒介危机报道的路径——兼评毒奶粉事件报道[J]. 廊坊师范学院学报（社会科学版），2011（5）.
[115] 刘凡. 突发公共事件网络新闻专题的操作特点——以新浪"智利地震"专题报道为例[J]. 新闻世界，2010（5）.
[116] 清华大学公共管理学院危机管理课题组. 中国城市居民危机意识网络调查报告. 中国公共安全：综合版，2006（6）.
[117] 宋倩. 突发事件需要理性报道[J]. 新闻传播，2013（7）.
[118] 王德迅. 日本危机管理体制的演进及其特点[J]. 国际经济评论，2007（2）.
[119] 王良. 论国外危机管理机制的特点及启示[J]. 毛泽东邓小平理论研究，2008（7）.
[120] 王邈，蒋一斌. 网络群体极化及其心战功能[J]. 西安政治学院学报，2006（4）.
[121] 王世彤，肖雅楠. 突发公共事件中政府形象的变化分析[J]. 求索，2006（6）.
[122] 王晓艳. 国外危机管理的经验及启示[J]. 辽宁行政学院学报，2010（9）.
[123] 叶皓. 政府在突发事件处置中的舆论引导[J]. 现代传播（中国传媒大学学报），2007（4）.
[124] 叶凌. 谈新闻报道最佳角度的选择[J]. 采写编，2014（2）.
[125] 尹涣又. 新媒体环境下的企业危机管理探析[J]. 经济研究导刊，2011（20）.
[126] 喻国明. 微博，一种蕴含巨大能量的新型传播形态[J]. 新闻与写作，2010（2）.
[127] 张肖莉. 消费·内爆·超真实——关于鲍德里亚理论之网络随想[J]. 文学界，2011（3）.
[128] 赵士林. 论媒体危机报道的四大功能[J]. 新闻界，2004（8）.
[129] 赵士林，彭红. 现代危机意识与危机报道[J]. 新闻记者，2004（10）.

[130] 曾庆双，曾国平，徐艳．政府形象力的价值及其构建过程[J]．云南社会科学，2005（5）．

[131] 周海燕．媒介与集体记忆研究：检讨与反思[J]．新闻与传播研究，2014（9）．

[132] 周科进．网络媒体表现形式的集大成者：网络专题[J]．新闻战线，2004（6）．

[133] 朱春阳．社会责任论中"政府—媒介"关系再探——以美国哈钦斯委员会专门报告《政府与大众传播》为起点[J]．西南民族大学学报（人文社科版），2006（2）．

[134] 公民道德建设实施纲要[OL]. http：//www. people. com. cn/gb/shizheng/16/20011024/589496. html.

[135] 中华人民共和国政务信息公开条例[OL]. http：//www. gov. cn/wgk/2007 · 04/24/content-592937. htm.

[136] 中华人民共和国突发事件应对法[OL]. http：//www. gov. cn/flfg/2007-08/30/content732593. htm.

[137] 美国白宫政府网站[OL]. http：//www. whitehouse. gov/news. /release/2005/'09/20050928-2. html.

[138] 四川会理悬浮照事件：新华网[OL]. http：//news. xinhuanet. coni/local/201 l-12/I2/c_122411486. htm.

[139] 章人焕．信息透明共享是抵御甲型流感良方[OL]. http：//news. qq. corn/a/20090512/00081I. htm.